U0901759

我的母亲杨沫

老鬼●著

北京日报报业集团
同心出版社

写《青春之歌》时的杨沫

写完《青春之歌》后的杨沫

缅怀杨沫同志

吕正操

二〇〇〇年十二月廿一日

开国上将、原冀中军区司令员吕正操将军题字

目录
CONTENT

说说杨沫（代序）

邵燕祥[①]

杨沫很轻信、天真

我与杨沫交往主要集中在20世纪八九十年代。杨沫原来是晋察冀边区的，在邓拓领导下的《晋察冀日报》工作过。而邓拓的夫人“文革”之前在中央人民广播电台国际台当台长，我们那时是同事。1966年8月23日这一天，一起被剃了阴阳头，然后一起进了牛棚。这样在“文革”之后，在为邓拓身后著作的出版等活动当中，我与杨沫认识并有了交往。之前我主要是通过作品来认识她的。1960年杨沫的《青春之歌》受到一次围攻，又受到主流意识形态的规范，就在书里增加了“林道静下乡跟工农结合”这一部分章节。今天看来这一部分章节是硬塞进去的，并不是很成功。

在与她的接触和交往中，我感觉杨沫并不像是《青春之歌》里的林道静，更多的是一个解放区来的老干部，而在她身上又有着女学生式的天真，非常轻信，有时候甚至上当受骗。“文革”之后我注意到，她除了写作之外，还帮人打官司的事情。《我的母亲杨沫》里也写到了，她也为此付出了代价。

另外，她还有经过思想改造以后留下的一些缺点。比如，从《我的母亲杨沫》和老鬼以前写的《血色黄昏》里也看到，她在教育孩子这方面的确是严格要求了，这可能是在不小的程度上受到“反对人性论”的思想教育的后遗症。杨沫的可爱就在于这一面，一方面是近于驯服工具的模式，同时，她身上的确又保存着一些野性的，在旧社会受教育的女中学生的天真、执拗、执著。因此我觉得，要写出杨沫身上复杂的性格构成，与她过去的经历和后来的经历都是分不开、互为因果的。

要把杨沫如实地写出来，比杨沫写出《青春之歌》里面一个比较单向

① 著名诗人、杂文家。

的林道静还要复杂一些，因为我们在《青春之歌》里看到的林道静，基本就是一个思想进步、向往革命、有一定程度浪漫主义、理想主义的一面。她是“文革”以后最早写出自述的一个人，但是限于当时的社会条件和她思想上的局限，她的自述没有把自己充分表达出来。我最后一次见她是参加一次活动，当时她与最后一个老伴一起来的。本来老伴可以不来，但他为了照顾杨沫，还是过来了，两人一起搀扶着上楼，我看到以后很感动。

老鬼写杨沫不违反人伦

说到老鬼的这本书，我知道杨沫晚年非常想念这个她过去恨铁不成钢的儿子。因为老鬼从小就很调皮、叛逆，在他进入少年逆反心理时期以后，没有适时地得到父母的关爱。这样他的逆反心理就一直保持下来了，到内蒙古兵团以后，不断给他妈妈添麻烦、闯祸，让杨沫处于左右为难的地步。尽管如此，我还是觉得杨沫对老鬼的爱越来越强烈，特别到晚年的时候。老鬼随着自己的成熟，对他妈妈的感情也越来越强烈，从写《血色黄昏》的时候我就感觉到这一点，他对母亲出于理性成分的理解越来越深。我觉得老鬼写这本书的时候，处在一种矛盾的心情当中。一方面是对母亲强烈的爱和怀念，另一方面又是理性和求实的眼光。我们在舞台上看到很多高大全的人物都变成了大家的玩笑。那些“身穿红衣裳，站在高坡上”的人物而今安在哉？

所以我觉得老鬼这本书不仅仅是对母亲杨沫最真诚的纪念，也是向读者叙述杨沫这样值得我们尊敬、记住的中国文学史上的一个历史人物。同时，这本书对我们了解这样一个作家有着历史证词的意义，了解这个作家的生平、心理史、创作史，有着很重要的史料意义，可以供文学史家来研究。还有就是这本书可以作为我们研究杨沫这一代中国知识分子的一部分，特别是在抗日战争前后参加共产党领导下的抗战的这部分作家的心路历程，包括思想改造在他们身上留下的烙印。因此，这本书很有价值。

写历史人物需要真实

我认为，写历史人物第一是真实，第二是真实，第三还是真实。我们了解一个人，不能只看他做了什么，应该了解他的性格，他的性格与他所做事情之间的因果关系。不能把一个人物和传主，当成一个简单化的符号的注解。《我的母亲杨沫》突破了这些，作为子女这样写完全无悖于伦理。对于作者把他妈妈不太光彩的一些事情写出来，我是这样看的——在他之前，郭小川的夫人和儿女已经做出了先例，他们在《郭小川全集》里已经收了郭小川在“文革”当中的检讨、交代，这些都是一些过来人往往视为耻辱，不愿意示人的东西，他们还把郭小川1957年的日记整理出版。我们并没有认为郭小川的形象不那么高大全了，而是相信他确实在那个时代生活、工作。我们再去读他的诗歌就觉得真实可信了，因为我们面对的是一个真实的诗人。我觉得，对于一般没有偏见的读者来说，读了老鬼的《我的母亲杨沫》，也许更乐于去阅读《青春之歌》。这本书里面写到了杨沫和那个秘书之间的暧昧关系，北京市文联的老人都知道。

在这里我还必须说一点，两千多年来从孔孟那里流传下来了“为尊者讳、为长者讳、为亲者讳”的观念，同时也推崇古代的史官如实记录历史的精神。作为一个现代人，应该继承我们传统文化中好的东西，坏的东西能抛掉的都抛掉。

前　记

20 世纪 80 年代母亲在接受广东电视台记者采访时，曾表示晚年想写一部卢梭式的回忆录。她说：我很佩服卢梭，很佩服卢梭敢讲真话的勇气。所以也打算把自己的一生，尽可能大胆地写出来，以一个真实人的面貌出现在读者面前，而不愿意像有些人那样总把自己装扮成完美无缺的人。实际上，一个人总是有很多缺点的，有很多内心不一定是很健康的东西。

可是因为年迈体衰，身体多病，母亲的愿望没有实现。

在母亲去世 10 周年前夕，我放下了手中的其他稿件，花了一年多时间，集中精力完成了这部书稿，概述了母亲的一生，算是对母亲的一个怀念。

我遵循母亲的愿望，尽量客观地把母亲一生中我所认为的重大经历记录下来，尽可能大胆地再现出一个真实的，并非完美无缺的杨沫。但碍于年代久远和自己的视野所限，在事实和看法上难免会有不足和偏颇。欢迎知情者提出宝贵意见，以便将来再版时补正。

说真话难，说父母的真话就更难。

一个真实的杨沫，比虚假的杨沫能更久远地活在人们心中。

老鬼

1. 缺少温暖的家

大户人家的孩子并非个个都幸福——杨沫小时候像个孤儿，缺衣少穿，还经常遭到打骂——惟一的好处是藏书很多——迷小说，迷武侠，跟镖师学武——寄养农村的小妹白杨9岁才接回城里上学

1914年8月25日（阴历七月初五），杨沫生在北京，原名杨成业，在家里排行老二。哥哥杨成勋，大杨沫12岁。二妹杨成亮，小杨沫4岁。三妹杨成芳，即白杨，小杨沫6岁。

杨沫是个圆脸，大金鱼眼睛，扁鼻子，阔嘴，胖乎乎的。自幼有点“笨”，3岁才会说话，少哭少笑，安安静静，外号“老乖子”。

杨沫的母亲叫丁凤仪，湖南平江县人，出身书香门第，曾在长沙女子师范学校读书，俊美出众，懂诗文，远近闻名。

杨沫的父亲叫杨震华，湖南湘阴人，出身地主，中过举，毕业于京师大学堂（北京大学前身），曾任北京新华大学校长。他头脑聪明，以办教育为名，募集到了一大批捐款，低价在热河省滦平县买了不少土地，收取农民地租，很快发达起来，成为大地主。之后，渐渐沉醉于声色犬马之中，不管全家老小。

很多人都羡慕大户人家，其实大户人家的孩子并非个个都幸福。

杨沫虽然有亲生父母，事实上却好像是个孤儿。衣服破了，没人缝；生病了，没人照料；身上长了虱子，没人管；季节变化，该换衣服了，没人提醒……平时吃饭、睡觉都和佣人在一起。她衣衫褴褛，处境还不如阔人家里的一条小狗。

母亲杨沫后来在一篇文章中写道：“我父母不和，他们都各自寻欢作

乐，不管儿女。我幼年虽然生活在这个大学校长的书香之家里，家中有时还有几个佣人，人们还管我叫着大小姐，可是，幼小的我，过的是一种什么生活呀？数九寒天，我穿着露着脚后跟的破袜破鞋，脚后跟生着冻疮，流着脓血。浑身长满虱子，成天和街头捡煤渣的孩子一起玩，一起在寒风中乱跑。夏天，母亲嫌我麻烦，把我送到舅舅家里去寄养，表兄弟多，他们欺负我没人疼，骑着我，打我，唾我，骂我是杨老狗。”

这些孩子还像踢皮球一样地踢着弱小的杨沫，恣意取乐。

家，对大多数人来说，是个温暖的、光明的、舒服的场所。但对杨沫来说，却是个冰冷的、阴暗的、不堪回首的地方。

▶杨沫的二妹杨成亮

◀现存母亲最早的照片(1933年,19岁)

▲杨沫的三妹白杨(13岁)

她下学回家，母亲丁凤仪总不在，即使在家也冷冷冰冰，不理睬她。

她得了痢疾，拉肚子拉得面黄肌瘦，母亲丁凤仪无动于衷，不闻不问。还是嫂子悄悄用自己的钱托人买药治好了她的病。

父亲杨震华有钱之后，整日出没于娱乐场所、妓院、百货店，并娶了姨太太。但丁凤仪很厉害，不断跟他争吵，还一个一个打跑了他的姨太太。那些姨太太都是杨震华用很高的价钱，从当时有名的妓女中赎买出来的。但丁凤仪打跑第一个，杨震华再偷着讨第二个；打跑第二个，再讨第三个……反正他有钱，这位大学校长风流成性，后来干脆搬到外面居住。

家里除了哭喊就是吵骂，逢年过节也如此。

到讨了第五个名叫红凤的姨太太时，丁凤仪没力气管了，杨震华就长久留下这个女人。为丈夫的行径所寒心，丁凤仪心灰意冷，她想你既然不管家，凭什么我管？气愤之中，她整天与一帮阔太太们打牌、看戏、串门，过着今朝有酒今朝醉的生活。对孩子完全撒手不管，还常常动手打。心情烦闷的她把孩子当成出气筒，懒得费口舌，说打就打。用笤帚疙瘩、鸡毛掸子或者手拧，甚至牙咬，因为咬比较省力，又解恨。她相信“棍棒底下出孝子”的古训。

三个女儿之中二女儿杨成亮最漂亮，最受丁凤仪疼爱，可也免不了挨打。这个妹妹性格刚烈，挨打时拼命反抗，不惜伤痕累累。一次，当着母亲的面，客人问她胳膊上的伤痕是怎么回事，她瞪着母亲说：“是狗咬的。”

杨沫挨打时虽然一声不吭，非常温顺，也照样被咬。一天深夜，杨沫在睡梦中，突然被一阵剧疼惊醒。原来丁凤仪正在使劲拧她的小腿，大骂：“小兔崽子，谁让你把我的花瓶送人？”

那花瓶本是丁凤仪的一个好友拿走的，保姆不敢阻拦，当丁凤仪来问时，为推卸责任，保姆就说是大小姐杨沫送给那人的。

丁凤仪怒火满腔找大女儿算账，狠狠拧着杨沫的肉。

幼小的杨沫哭喊道：“不是我送的，我没有送！”

但她母亲掐得更狠：“好，你还敢抵赖！”

“真的不是我送的啊！”

“我让你嘴硬！”丁凤仪暴跳如雷，双手抓起杨沫的小胳膊就咬，把小孩子疼得尖声惨叫。

杨沫的腿、胳膊被掐得红肿，留着一个个大牙印。

“虎毒不食子”这句话在丁凤仪身上不灵。母亲的严酷无情给童年的杨沫留下了终生难忘的印象。

当时，丁凤仪晚上常常出去打牌，留下幼小的杨沫一人守在那个空荡荡的房间里。一个深夜，杨沫已上床睡着，被开门说话的声音惊醒。在昏暗的灯光下，她看见丁凤仪正要向外走，急得哭了起来。她不顾一切地跳下床，追了过去，要跟妈妈在一起。那时候她可能也就七八岁，害怕黑暗，害怕妖怪。可万万没料到，丁凤仪却狠狠抽了她两个嘴巴，怒吼道：

滚回去，睡觉！

……

她名为大小姐，实际上远不如有母爱的穷人家孩子幸福。她穿得破破烂烂，身上又脏又臭，虱子把她咬得全身一片片红，却没人过问。望着那些有母亲疼，可以偎依在父母膝盖上撒娇的孩子们，杨沫非常羡慕，常常黯然神伤。

这个家是个破碎、畸形的家。

因为杨震华不给生活费，丁凤仪常常缺钱花，不得不当东西，可她自己不好意思去当铺，就让大女儿去。杨沫年纪很小时，就已经熟悉了当铺。

父亲看破红尘，在外面花天酒地，沉溺于脂粉堆，根本不管家。

为了生存，丁凤仪只好和杨震华打官司，老公不得不同意从滦平的农田中划出一部分，给了丁凤仪，以解决一家的生活问题。

大约1924年以后，也就是杨沫10岁时，这个富裕家庭开始衰败。滦平的农田不断变卖，家里不再租包车，佣人也逐一辞退。宅院不断出卖，越来越小。到后来连白杨奶妈的工资都无法付，只好让奶妈把白杨带到她昌平小汤山农村的家里寄养。那时候，白杨才4岁。

所以杨沫后来填履历表时，“出身”一栏中总填“破落地主”。

白杨奶妈家是个佃农。白杨在这个家里整整呆了5年，完全变成了一个农村土丫头。父母对她不闻不问，几乎把她忘记。

这个缺少亲情温暖的家惟一的好处就是藏书很多。

孤寂的少女杨沫，识字之后，就用看书来填补精神的空虚和情感的冷漠。

最初看的都是武侠小说，如《七侠五义》、《峨眉剑侠》、《江湖奇侠传》等等。她有个毛病，特别容易被书感动，特别轻信。看了《红楼梦》，她难受了好一阵子，还给自己起了个“野鹤”的绰号。读了《水浒》，她就幻想自己练一身好武艺，去闯荡江湖，杀富济贫。她看武侠小说时，总是一拿起书来就放不下，非要一口气看完，顾不得吃饭睡觉。

受武侠小说影响，她立志要当个侠客。于是来到北京鼓楼附近的四民武术社，拜著名武术家邓云峰为师，习武学拳。大师哥吴子珍也常常给予指导。在四民武术社，杨沫还认识了另一位武术师的女儿杨斌贞，二人很快成为朋友。杨斌贞的父亲杨德山原是位镖师，后成为太极拳名家吴鉴泉的大徒弟。杨沫也向这位老镖师学过武功，为练习刀术，还特地请老镖师代她选购了一把好刀。

镖师的女儿经常到杨沫家来玩。一来二去，就与杨沫的大哥熟悉了。那时大嫂刚刚病逝，大哥非常痛苦，遇见了这位镖师的女儿之后，情绪才好了一些，不久结为伉俪。

可以说，大哥的婚姻，还是杨沫练武术带来的。

每天放了学，杨沫都步行到四民武术社，压腿、踢腿、蹲桩、冲拳……苦学六合、太极、八卦和形意。并在腿上绑沙袋，练轻功，希望能飞檐走壁。她还练过飞镖和弹弓，企图练出百发百中的本事。就这样她坚持练了三四年。后来去英国定居的同学李绍强是她练武的师妹，她们俩兴致勃勃，不论酷暑严寒，坚持习武，为当剑侠，付出了辛勤的汗水。

因为练武，杨沫身体健壮，在中学拔河时，三四个女同学都拉不过她。人们再也不叫她“老乖子”了。

都说峨眉剑侠厉害，杨沫动了心思，想去峨眉山学武功。但她身无分文，峨眉山在四川，路途遥遥，怎么去呢？她就偷偷和李绍强商量，想出了要饭去的办法，这不用多少钱，只要有个饭碗和打狗棍。

碗和打狗棍都准备好了，但出发的前一天晚上，有个亲戚突然去世，家里让杨沫第二天前去看望，并在那里住了几天。结果，这桩乱哄哄的丧事打消了她去峨眉山的行动计划。

白杨9岁时，大哥向父母提出：爹好歹是一个大学校长，你们把三妹扔在农村不管，会让人笑话的，该把她接回家念书了。

父母无言以对，这才把白杨接到北京城里上学。

白杨刚从农村接回家后，土里土气，什么也不懂。二妹杨成亮经常欺负她，又骂又打。杨沫看不惯，就站出来保护小妹妹，成亮则转而攻击大姐。母亲丁凤仪的娇宠，养成了她天不怕，地不怕的性格，打起人来，又撕又咬又踢，颇为凶勇。杨沫心慈手软，跟二妹厮打，很难占到便宜，虽然练武几年，还是打不赢。

有一次，成亮妹妹竟把胖胖的杨沫推了个大跟头。两个人扭成一团，在地上滚来滚去，把个小白杨吓得目瞪口呆。

杨沫后来在文章中说：当她压住二妹时，白杨敢上来帮她，踢二妹一脚。但当二妹压住她时，白杨就躲得远远，恐惧地望着她们，不敢靠前。

母亲丁凤仪知道她们打架后，不分青红皂白，首先惩罚杨沫，连骂带打，又撕又拧。

老牛会用舌头一下一下舔自己的犊子；大鸟会嘴对嘴地饲喂雏鸟；鳄鱼会把小鳄鱼含在嘴中；母狮会让小狮子踩着自己身子嬉闹……可杨沫却还不如这些动物的小崽子们幸福。多年后，她对我们孩子说起自己的童年时，还反反复复诉苦：寒冬腊月，穿着破棉袄，全身污黑；脚腕上的冻疮流着脓血，走路一跛一跛；天气炎热了，还趿拉着一双破棉鞋，露出脏脏的脚趾头；亲妈一点也不管她，待她冷若冰霜，动不动就挨打挨骂……终日只能与保姆在一起。

破裂的、冷酷无情的家庭环境，养成了她敏感、多疑、忧郁，不重亲情的性格。

从我记事时起，母亲在提到她的父母时，从没说过他们一句好话。

附：杨震华先生生平

杨震华（1872—1947），原名杨凤穆，字云卿，湖南湘阴县东山里人。出身于地主家庭。其父因吃尽了文盲的苦头，倾尽全力培养杨震华上学。在家乡的师范学校毕业后，来到北京，考入京师大学堂（北京大学前身），修商科，1904 年毕业，获商学学士。毕业后被分至满清政府的户部任职。不久辞官以举人身份回乡办教育。

辛亥革命后，再次赴京，开办了新华商业讲习所，教授新的商业财会知识，培养了一批金融商业人才。随着事业的顺利，1914 年又开办了新华商业专门学校，得到了当时一些官绅及社会名流如汪大燮、江朝宗、李烈钧等人支持，学生最多时曾达千数。

由于办学成绩优秀，杨震华受到当时的交通部部长叶恭绰赏识，被任命为交通部主事。但他热衷于教育，婉言谢绝，于 1924 年筹建了民国后我国第一所私立大学——新华大学。为克服经费困难，他在热河省滦平县筹措了一些农田，以收取地租和四处募捐维持学校的运转。

继新华大学开办后，国内各界人士私人办学者日增。新华大学学生不足，经费日益枯竭，至 1930 年被迫停办。杨震华事业潦倒，于 1935 年返回湘阴，在自己家中开办学校，继续从事教育工作。抗战时期，他曾两度上书当时的中央政府，陈述保卫华北及热河的意见，洋洋数千言，充分表达了他的爱国热忱。1947 年去世，享年 75 岁。

前妻早逝，生二女一子。妻丁凤仪，湖南平江县丁耿光先生长女，自幼读书，富胆识才情，生一子三女：

长子——杨成勋（高岱）

长女——杨成业（杨沫）

次女——杨成亮（韵琴）

小女——杨成芳（白杨）

（1987 年 12 月根据舅舅杨高岱口述记录）

2. 抗婚与失业

惊世骇俗的邓肯滋养叛逆意识——哥哥为婚姻自由出走——不当小军阀的老婆——困厄中认识了北大学生张中行——18 岁怀上了第一个孩子——二妹 14 岁嫁去东北——白杨 12 岁考入电影公司

大哥为人厚道，自从与镖师的女儿好了之后，母亲丁凤仪极力反对。她鄙视练武术的，认为这些人属于“下三烂”，又穷又没地位，因此，她把大哥骂得狗血淋头。大哥一气之下，带着女友离家出走。以后无论生活怎么穷困，也咬牙自己忍受，绝不回家。

杨沫对大哥充满同情和尊敬。

1928 年杨沫 14 岁时，考入北平西山温泉女中。那年全校共招生 22 人，编为一班，均住宿。校址在温泉村的一座庙旁。

这时候，杨沫对武侠小说的兴趣淡漠了，而更喜欢读中外新小说。最早读的是郭沫若用书信体写的小说《落叶》，一个中国男青年和一个日本姑娘的恋爱故事。此后又读了不少郁达夫的小说。这些书籍更贴近现实生活，更能引起她的共鸣。特别是日本文学作品对她影响很大。芥川龙之介的感伤小说让她流了不知多少泪。小林多喜二的左倾作品则激发了她对革命，对动荡生活的向往。

因家境的衰落，生活越来越窘迫，杨沫回到家中，常常是有一顿，没一顿，饿肚子习以为常。家里经常不做饭，上街买几个烧饼，就着酱萝卜，打发了事。等 1931 年上到初三年级时，父亲为躲债，逃之夭夭，全家更加贫困。

为减轻家里的负担，母亲丁凤仪打算把杨沫嫁给一个有钱的军官，这样既省了一笔开支，家里又能有个依靠。一天，丁凤仪突然打电话把杨沫叫回家说：“孩子，咱家现在维持不下去了，你父亲跑了，就剩下咱们母女几个。我现在几乎没有什么收入，以后的日子可怎么过呀！”说着哭了起来。

杨沫的心情也万分沉重。

过了一会儿，母亲说：“好孩子，你也老大不小，该嫁人了，你想找个什么样的，给我说说。”

杨沫回答：“我现在什么也不想，只想上学读书。”

母亲脸上露出了平日少见的笑容：“现在有个机会，你可以嫁个军官，不愁吃，不愁穿，有房住，有钱花。咱家的生活也能有个依靠，你看行不?”

杨沫说：“不，我还要念书呢。”

丁凤仪说：“那我实在没力量供你上学了。就剩下那么两个钱，我还得留着养老呢。”

杨沫说：“哪怕借钱，我也得熬到毕业。”

丁凤仪说：“为了全家的生活，我才给你找个有钱的男人。嫁个军官多好，薪水高，不受欺负，全家都能沾光。你听妈的话，去学校收拾收拾东西，回家来结婚吧!”

杨沫头脑发蒙，久久说不出话来。

此时的杨沫，已经读过不少反对包办婚姻，争取个性解放的小说，如冯沅君的《隔绝》等等，给她留下深刻的印象。而大哥勇敢地离家出走也直接给她做出了追求婚姻自由的榜样。她鼓起勇气，对母亲说：“不，我要念书。我不嫁人。”

母亲没料到温顺的女儿竟敢跟她顶，生气地说：“这不能由你，我到哪儿给你弄钱念书?”

杨沫天真地说：“找人借。”

“到哪儿借？你给我借去!”

“反正我不嫁，我不当小军阀的老婆。”

丁凤仪勃然大怒：“不嫁，你就别再进这个家门！好，你上学去吧，从此以后，你的饭费学费，我概不管！想一辈子当大小姐让我养着呀，没门儿!”

杨沫愤然返回学校。

一向柔和，几乎逆来顺受的杨沫，这时候竟跟自己的母亲顶撞。她哪儿来的胆子，敢不听母亲的话？

——是那些争取婚姻自由的小说给了她力量和勇气。

她曾有个很要好的女同学，也喜欢文学，两人经常在一起聊世界名著。可惜这姑娘听从了父母的安排，当了军官的姨太太，最后沦落风尘，下场悲惨。这件事对杨沫刺激很大，知道自己绝不能重蹈她的覆辙。

最初杨沫以为母亲不会真的不给自己饭费，这只是她的气话。某日，她收到了母亲的一封信，声明从此她上学的一切费用自己解决，家里概不再管。

受此突然一击，杨沫当场昏了过去。

1931 年暑假前的几个月，杨沫的饭费是同学们自发地捐钱提供的，其中有个失恋的音乐老师也曾给过她资助。

杨沫暗恋这个音乐老师，可音乐老师却热恋着另外一个女同学。

杨沫跟那个女同学很好，常帮音乐老师与那个女同学搭线，然而那女同学偏偏不喜欢这个音乐老师，让老师伤透了心。杨沫常常安慰痛不欲生的音乐老师，为他出谋划策，照顾他，陪他说话。老师很感激杨沫，却始终没有接受她的感情。

▲1936 年母亲在天津

解放后，这音乐老师还来看过杨沫，早已没有当年的英俊和倜傥。大冬天穿着单鞋，全身给冻得瑟瑟发抖，临走时杨沫送给了他一双棉鞋。

杨沫感激地说，这个老师品行很好，始终像亲哥哥一样对待自己。

孩子般的初恋带给杨沫的是忧愁与迷惘。

这一时期，杨沫还看了很多“五四”以来追求个性解放的书籍。当时“叛逆女性”这个词儿非常时髦，杨沫也很神往。其中美国著名舞蹈家伊莎多拉·邓肯（Isadora Duncan，1878—1927）既让她惊骇，又让她敬佩。

邓肯出生在海边，喜欢大海，富有激情。她因贫困很小就开始跳舞，以此为生，并开创了一种全新的舞蹈观念，成为了现代舞的先驱。她的舞冲破一切传统理论和习惯束缚，不守成规，大胆奔放，不落俗套。她的私生活也像她的舞蹈一样落拓不羁，放浪恣肆。她可以随便跟陌生男人做爱，只要喜欢，哪怕是船上的伙夫……为此，不少国人斥她“淫荡”、“伤风败俗”、“高级娼妓”。

杨沫对这个舞蹈家却从无恶感，觉得她活得真实潇洒。受邓肯影响，杨沫喜欢大海，追求爱情自由，有叛逆意识。

暑假到了，杨沫终于读完了初三。

回到家，母亲态度依旧，她软硬兼施，威胁利诱。见杨沫死活不肯嫁，大骂她“不听话”，“没良心”，“忘恩负义”。最后恶狠狠地说：“不听我的话，你就滚蛋!”

滚蛋就滚蛋，杨沫心一横，离家出走，偷偷跑到了北戴河，去找在那里教书的哥哥。哥哥为争取婚姻自由，不惜与家庭决裂，远走高飞，博得了杨沫敬佩。

但哥哥自顾不暇，力量有限，根本没能力帮助妹妹找工作。他生活极其贫困，妹妹来后，时间一长就产生了矛盾。杨沫很痛苦，给同学们写了一封又一封的信，请大家快快帮自己找个工作。

在等待回音的日子里，杨沫的情绪极为悲观。受芥川龙之介的感伤小说影响，她常常想到死。当她徘徊在北戴河的海边上，望着茫茫滔滔的大海时，感到生命是那么短暂渺小，大海才是永恒，何不让自己这渺小融入不朽的永恒?

芥川，以及有岛武郎这些日本大作家自杀身死的行动，使年轻的杨沫非常羡慕，她觉得自杀也是一种美，一种光荣。

回想起自己这短暂的一生，她感到生活对她太残酷了。有家却无家的温暖，有母亲却无母爱，有房子却没有住处，有男人却得不到爱……她想入非非，觉得如果实在找不到工作，不如追随那些小说中的人物，自杀算了。这大海是自杀的最理想的地点，美丽，壮阔，万世长存。

可快满 17 岁的她，又不甘心这么早地喂给鱼吃掉，化作乌有……正痛苦挣扎时，同学李绍强来信，说工作问题有了希望。这个练武的师妹非常同情杨沫的处境，托自己表哥帮忙。其表哥跟当时刚考入北大的张中行认识，又托张中行，因张的哥哥当时在香河县立高小当校长。

张中行是香河县东河屯镇人，当时叫张玄，1909 年生。三四岁时就由家庭包办，与一农村女子订了婚，1926 年 17 岁时正式结婚。妻子是个文盲，小脚，相貌平平，性格温顺。张中行在外面上学，只寒暑假回家相聚一下。妻子任劳任怨，洗衣做饭，下地干活，孝敬公婆，恪守妇道。即使后来张中行在北平与杨沫公开同居，这妻子也没一句怨言。

张中行此时也看了不少进步书籍，当朋友请他帮忙时，他对抗婚的女中学生充满好奇和同情，答应见面谈谈。

因此，杨沫就从北戴河返回北平，与张中行见了面。在张中行的眼里："她 17 岁，中等身材，不胖而偏于丰满，眼睛明亮有神。言谈举止都清爽，有理想，不世俗，像是也富于感情。"（张中行《流年碎影》224 页）

当时张中行在北京大学国文系读书。知书达理，满腹经纶。他跟有文化的小自己 5 岁的杨沫聊天，比跟已结婚 5 年，岁数比自己还大，彼此没话说的农村妻子有意思得多。两人谈得非常投机，彼此印象都相当好。

到吃饭时分，张中行就请杨沫和介绍人在东安市场的东来顺吃了午饭。之后，张中行立刻给哥哥去信，询问学校是否缺人，如缺，自己认识一个，很是不错，遂把杨沫介绍给哥哥。

哥哥回信说缺人。

于是，在 1931 年 9 月初，杨沫就准备动身去香河教书。去香河之前，张中行又跟她见了两面。在其寓所里，杨沫感叹张的书多，学问大，博古通今。张中行也喜欢杨沫的清纯，热情，以致在杨沫上车离别之际，两人已经恋恋不舍。

杨沫很感激他在自己走投无路之时，挺身而出，帮自己找到了工作，解决了生计问题。同时发现他虽是北大的大学生，却没一点名牌大学生的架子和狂妄，谦虚有礼；肚里虽有很多学问，出口成章，却对女性相当尊重，绝不狎昵。

此后，两人开始了频繁的通信联系，感情迅速升温。

杨沫去香河教书没多久，大约也就两个来月，她母亲病了。打听到杨沫下落后，丁凤仪托人劝她回北平，并答应以后还供她去读书。杨沫急忙返回家中。丁凤仪此时已经病重不起，危在旦夕。因感情破裂，她丈夫和儿子都没有回来。家中只有杨沫和两个年幼的妹妹，守着她们贫困垂危的母亲。

但杨沫此时正与张中行热恋。她没怎么照顾垂危的妈妈，却成天去找张中行，两人在公寓里厮守，形影难分。这个自小缺少亲情温暖，日夜渴望爱抚的女孩，现在为爱所包围，天天都沉浸在甜蜜的愉悦里，望着母亲的病一天比一天重，她甚至没怎么觉得难受。

在她少女的生活中，充满了太多的冰冷，她幼小的心灵受到了太多的伤害，张中行给了她呵护和尊重，让她尝到了从没感受过的、巨大的、令她晕眩的幸福。

张中行在杨沫的心目中，简直光芒四射。他待人认真负责，处事严谨，治学勤奋，多情多义……杨沫与他的恋爱，是第一次热恋，熊熊大火，势不可挡，很快就怀了孕。当她喜悦地把这个消息告诉张中行时，谁知他的脸色立刻阴沉起来，愁眉不展，让杨沫十分困惑和吃惊。随之，对他极为不满。

后来，据张中行对徐然姐姐说："你妈只看表面，不是我负心冷淡，当时生活艰难，加上她怀孕，就更困难，心情沉重，你妈就以为我冷淡了她……"

杨沫非常敏感，认为自己怀孕后，张中行明显地与自己疏远了。她很好强，一赌气，也不再去找他。

年底，母亲丁凤仪病逝，这个家也随之就散了。杨沫没掉一滴眼泪，挤也挤不出。因杨震华另有外遇，丁凤仪的后事他根本不管。家中没钱办，丁凤仪的棺材就一直放在她的卧室里。次年年初，为给丁凤仪出殡，哥哥带杨沫到热河省滦平县去变卖杨震华的土地。得了一些钱后，才给放了两个多月的母亲出了殡，姐妹三人还分了一些剩余。

1932 年春，14 岁的二妹杨成亮嫁到东北，给一个律师做姨太太。这个人是她在天津打官司时认识的。以后音信全无，仅在"七七"事变前来了封短信，说她在长春的生活没意思，并寄来一张相片。不久，1938 年因病去世，年仅 20 岁。

而三妹白杨却走上了当演员的道路。那是 1931 年秋季，联华电影公司要在北平办演员养成所，登报招募学员。眼看这个家庭难以维持，面临散伙，为了谋生，白杨和成亮都去报名应考。哪知考试的那一天，成亮被票友拉去唱戏，白杨不得不独自前去。她年纪虽小，才12岁，居然被录取了，从此进入了电影界。

迫于生计，姐妹三人各奔东西。

到了1932年夏，杨沫的肚子在一天天变大。她不好意思住在家中，就悄悄在张中行的住处附近，租了间房子。

张中行还常常来看她。可两个人感情上已有隔膜，相对无言。最后，杨沫决定去小汤山白杨的奶妈家把孩子生下。临走时，张也没有说送她一程。杨沫后来在文章里写道：眼看着我挺着大肚子，一个人上了路，他竟连送送我的意思都没有，好狠心的人呀！

儿子生下12天后，杨沫就坐着一辆毛驴车从乡村回到了北平城。儿子留给奶妈照看。没叫张中行花一分钱，费一分力，杨沫自己把孩子的事处理完毕。很快的，张中行又恢复了对杨沫炽热的爱。毕竟杨沫年轻，不难看，有文化，他农村的妻子没法比。

杨沫虽然埋怨他，却还是深深爱着他，原谅了他。自此，也就是1932年下半年，两人在沙滩的小公寓里开始同居。

杨沫给丈夫做饭、洗衣、缝缝补补，过着失学失业，半饥半饱的生活。

据张中行说：杨沫"读了不少新文学作品，并想写作。又为了表示心清志大，把有世俗气的学名'成业'扔掉，先改为'君茉'，嫌有脂粉气，又改为'君默'，以期宁静而致远"。（张中行《流年碎影》225页）

那时，张中行还是个学生，杨沫没有工作，全靠张一个人的生活费。他们的日子自然清苦。一天上午，白杨来到大姐和张中行的住处。

屋里酷冷，窗台上的水杯里结着冰碴。已经十点多钟了，却还没有升火。屋里没烟筒，只有一个做饭用的小煤球炉，奄奄一息。

人在屋里不敢脱衣服，还冻得哆哆嗦嗦。白杨问："这样冷，你们怎么能住？"

杨沫说："每天上午十来点生火做饭，到下午吃完晚饭灭火，烧了七八个钟头，屋里挺暖和的。晚上进了被窝，有厚被子，再怎么冷也不怕。"

白杨发现饭柜里除了点咸萝卜，什么吃的也没有，问："你都吃什么菜？"

杨沫说："每天有肉有菜。"

白杨说："大姐，你别开玩笑了。"

杨沫说："每天买一毛钱猪肉，再加上半棵白菜，这不有肉有菜了吗?"

大姐的生活如此清寒，叫白杨着实吃了一惊。

但张中行有学问，精通古书。他隔长不短给杨沫写诗，让她感受到了一种高雅的情趣，弥补了房子寒冷和吃不上肉的缺憾。

以下一首就是他从《乐府诗集》或什么地方找来，送给杨沫的诗：

> 阳春二三月，杨柳齐作花，春风一夜入闺阁，杨花飘荡落南家。含情出户脚无力，拾得杨花泪沾臆。秋去春还双燕子，愿衔杨花入窝里。

娓娓表达了对爱妻的缱绻依恋。在一段时间内，这种爱让童年不幸的杨沫感到了莫大的满足。

母亲在"我一生中的三个爱人"中，也明白指出张中行为第一个丈夫。

3. 进步青年的熏陶

偶然一面，改变一生——许晴、宋之的、陆万美等新朋友如同一股清新的风扑面而来——跟张中行渐行渐远——13岁的白杨被误认为带特务抓人——抓白杨的人看上了白杨——老友情深，烈士遗孤

母亲杨沫与张中行过着平淡琐碎的北平小市民的生活，日复一日。

母亲说：直到1933年的除夕之夜，自己的生活才像缓慢行驶着的汽车，突然来了个急转弯，从此，一泻千里地转向了另一条道路上。

过年前张中行回香河和父母团圆去了，母亲一个人孤零零留在北京。

1933年1月25日大年除夕，妹妹邀请大姐来玩儿。母亲杨沫就来到了白杨的住所，宣武门头发胡同的通顺公寓，见到了一批进步青年。如后来的新四军文艺干部许晴，后来的《解放军文艺》总编辑、老共产党员宋之的，后来的云南省文联主席、党组书记陆万美，还有后来的北京电影学院表演系主任、中共老党员邸力等等。

这次偶然的见面，改变了母亲的一生。

原来，白杨的朋友许晴将白杨介绍到苞莉苞剧社。“苞莉苞”是俄文“斗争”的意思。这是左联领导的共产党外围组织。当时的负责人是地下党员于伶和宋之的。那天来这里聚会的大多是苞莉苞剧社的成员。

13岁的白杨这时正在北平演话剧，和演员刘莉影住在一起。

她向姐姐一一介绍了自己的朋友。

许晴是一位年轻英俊的小伙子，眼睛又黑又大，炯炯有神，高个子，这在南方人中极少见。中学毕业后在南京搞进步文化工作。读过不少俄国革命文学作品，特别崇拜高尔基，曾把自己的名字改为许尔础。还曾把高

▲母亲新结识的一批进步青年（1933 年 1 月 30 日摄）
自左至右：杨沫、邸力、刘莉影、白杨、许晴、张子杰、陈晶秋

尔基的三部曲送给白杨阅读。这位安徽来的青年，从小没父亲，是老妈辛辛苦苦把他拉扯大。

刘莉影是北平法学院的学生，美丽热情，喜欢交际。与白杨一起拍过无声电影《故宫新怨》。当时白杨担任一个小角色，而刘莉影却担任主角，20 世纪 30 年代小有名气。她思想进步，曾演过不少进步电影，如《马路天使》、《生死同心》等等，当时与宋之的同居。

刘莉影原籍东北，对东北特别有感情，聊天时，总是离不开“九一八”事变的话题。她痛骂国民政府对日本唯唯诺诺，没有骨气。她向母亲杨沫介绍了苏联，特别是苏联妇女的生活情况，还讲了“九一八”后东北人民的感受。同时也嘲讽身边那些对东北沦亡漠不关心，只顾自己读书的书呆子。

邸力与母亲同岁，内蒙古土默特右旗人，1932 年在北平参加了左翼戏剧联盟，年仅 18 岁。以后一直在北平、天津、上海从事左翼文化工作。1938 年赴延安鲁艺戏剧系学习，毕业后去八路军 120 师战斗剧社工作。

在这次聚会上，母亲还认识了陆万美，著名女作家陆晶清的弟弟。他大母亲 4 岁，生于昆明，因患小儿麻痹后遗症，一只脚微跛。陆刻苦学习，1929 年考入北平中法大学。1931 年冬，继女作家石评梅之后主编《世界日报》的副刊《蔷薇周刊》，受到左翼进步人士的好评。陆万美还联合许晴等在《蔷薇周刊》上提出了“活路文学”的口号，齐集了一大批不满现实，寻求出路的青年。

1932年春，陆万美参加了“北平左联”，并担任北平左联常委等职。1932年11月，鲁迅来到北平，在五所大学做了著名的“北平五讲”。陆万美受组织委托参加了欢迎鲁迅的宴会和内部会议，并和鲁迅有过两次秘密会谈。

▲陆万美同志（1910—1983）

▲许晴烈士（1911—1941）

因陆万美积极从事学运，曾两次被捕入狱。直到抗战全面爆发，国共再度合作，经周恩来多次交涉才得以获释。上海解放后，陆万美曾任上海军管会文艺处处长。1950年调云南，长期担任云南省文化局长、文联主席、党组书记等职。

母亲后来写的《青春之歌》中卢嘉川被捕的一些情节，就源自陆万美的经历。

还有宋之的，1932年即参加了中国左联北平分盟，任其机关刊物《戏剧新闻》主编，先后在上海、重庆、太原等地从事革命戏剧运动。解放后历任武汉军管会文艺处副处长、总政文化部文艺处处长、《解放军文艺》总编辑。可惜1956年才42岁即英年早逝。

……

这些青年多是外地人。大年三十，他们在北京无家可归，聚在一起，免不了高谈阔论，抨击时弊。他们关心东北的沦丧，在小屋子里纵情高唱《松花江上》，凄婉的曲调，把大家唱得热泪纵横，母亲也哭了。

这都是一帮“左”倾青年，关心国家大事，对现实不满。他们在一起不是谈吃喝玩乐，穿着打扮，男女之事，文物古籍，赚钱之道，而是谈当前民族的危机，救国救民的道路，当局的反动腐败，共产党的主张如何正确……

他们说唱就唱，说哭就哭，说骂就骂，说笑就笑，手舞足蹈，充溢着青春朝气。让母亲受到了强烈的感染，耳目为之一新。

母亲觉得这些人与自己的丈夫完全不同，自己跟他们更谈得来。

玩了一个通宵，也聊了一个通宵。闲谈中，有人给母亲推荐了几本进步书籍。聚会后的第二天，陆万美就给母亲送去了一本《怎样研究马克思主义》。

与这帮人一接触，母亲就被他们迷住了。一个一个都那么有思想，有理想，忧国忧民，不畏强权，不怕坐牢，好像有一股清新的风，向母亲迎面吹来，搅乱了她的心绪。

与他们分手之后，再回到自己的家，母亲觉得冰冷阴暗。丈夫整天看线装书，不闻天下事。“九一八”事变之后，爱国知识分子普遍感到了小日本儿的威胁，可他还那么专注于做自己的学问，对时局安危毫不关心，名副其实的书虫。

母亲在家里贪婪地读着那些进步书籍……对共产党、共产主义、十月革命等等有了最初的感性认识。她找不到工作，穷困寂寞，渴望变革，很容易地就接受了这些革命道理。

在新朋友的介绍下，母亲还看了高尔基的《母亲》、法捷耶夫的《毁灭》和绥拉菲莫维支的《铁流》。她后来说：“这几本书对我影响最大并促使我走上了革命道路。”

而张中行与母亲的差异越来越大。他是个学者，深受中国传统文化影响，重研究，轻实践，重东轻西。母亲接触了马列主义新学说后，觉得很时新，很现代，特别好奇和神往。而他呢，却看不大惯，认为是西方来的，背离了中国的传统文化。他崇拜胡适，喜欢研究具体的问题，而不喜欢谈什么这个主义，那个主义。

他不满意国民党，对共产党也敬而远之。他醉心于中国古文古籍的研究，反对母亲参加过多的社会活动。他只要求母亲给他做饭，操持家务，陪他睡觉，生儿育女，老老实实过日子。

但母亲不是贤妻良母型的女性。她渴望动荡，渴望干出一番事业，渴望改变自己的平庸命运。她有激情，爱幻想，看了革命的书就想参加革命，正如儿时看了武侠小说就想当侠客一样。

她越来越感到跟张中行过日子庸庸碌碌，没有色彩。张虽也是个青年人，却少激情，安于现状，循规蹈矩，一门心思读书和过小日子，对国家大事漠不关心。

随着整天围着锅台转，为柴米油盐等琐事费心，母亲情绪不好，两个人的摩擦增多，不断吵架。母亲在一份材料中说：

> 张仲衡（张中行）在我和他一起生活的5年中（1932—1936），并没有参加国民党或从事什么政治活动。当时，他是个不问政治，一心走白专道路的知识分子。1933年后，我思想开始倾向革命。因为我们思想有了分歧，我们不断吵架，1936年终于和他脱离了关系。

许晴自认识母亲后，也很关心母亲。他那时在西单一家书店当经理。1933年春天，曾介绍母亲到这家书店当店员。许晴以这个书店为掩护，偷偷销售进步书籍。母亲一度很高兴。但不久许晴被捕，母亲在书店无法呆下去，又失业了。

许晴的被捕是因为白杨引起的。

一天白杨突然对母亲说，自己刚被捕过，在北平市警察局给拘留了一晚上。因为年龄小，又给放了。抓她的原因是有人给了她一本《北方红旗》（大概是当时中共河北省委的刊物），她放在皮包里去一个朋友家串门。可能是上厕所时，她把皮包放在桌上，被也来这家串门的便衣特务偷看。晚上，她刚从那家出来就被捕了。在路上，她暗暗把刊物扔了，却让特务发现。

这刊物是宋之的、刘莉影给白杨看的。

特务审问：反动刊物是从哪里弄来的？

白杨谎称：是从后台捡的。

特务质问：为什么偷偷把它扔掉？

白杨说：因为抓我时很害怕，才将刊物扔掉。

特务看她年岁小，很清秀，挺可爱的，就放了她。

白杨对母亲讲过上面情况之后，有一天，陆万美忽然找到母亲说："你要小心，白杨带人抓人了。"但具体情况如何，陆万美没对母亲说，只警告母亲要小心。

母亲很是担心，遇见妹妹后，问她到底是怎么回事。

白杨说她被释放之后，有一自称是记者的去访问她，她并不知道这家伙是特务，相信了他。一天，这个记者跟她一起上街，迎面遇见一个在苞莉苞剧团演戏的人，白杨就与他打了招呼。身边的记者问：这人是干什么的？白杨说是剧团的，那记者上去就把那个人抓走了。白杨这才发现所谓的记者是个特务。白杨向母亲解释说，她并不是有意带特务捉人。

这时白杨也就 13 岁，还是个孩子。

为此，母亲后来向陆万美做了解释，澄清了所谓"白杨带特务抓人"的传言。

白杨被释放后，有个国民党北平市党部的特务顾宝安开始频频向她讨好，又是请客又是送礼，最后向她求婚。据白杨自己说，是顾宝安在审讯时看上她的，所以很快把她放了。可白杨不喜欢他，却又怕他，就想出各种理由推托。有一次就推到了大姐身上，她叫顾宝安来问大姐，看看大姐的意见如何。约在 1933 年秋，顾宝安忽然来找杨沫，见面就说，他深深爱上了白杨，想向白杨求婚。但白杨说她年纪小，叫他来问大姐。

母亲回答说："婚姻大事，非同小可。你还是问她吧，由她自己做主。"

顾宝安在白杨的挎包里发现过许晴的照片，知道白杨和许晴的关系密切，以为白杨不答应他，是许晴从中作梗，即把许晴逮捕。

许晴的母亲是寡妇，只有许晴这么一个独生子。儿子被捕后，她非常痛苦焦急。听说儿子被捕是顾宝安追求白杨引起的，就找到了母亲杨沫，泪流不止，哭着再三请求母亲带她去找顾宝安，恳求顾放了她儿子。

母亲没有拒绝，她陪许晴的母亲一同到国民党北平市党部去找了一次顾宝安。许母对顾说："许晴不是共产党员，我只有这么一个儿子，生活很苦，求您尽快把许晴放出来吧。"

母亲也说，抓许晴没有道理。

顾宝安不敢得罪母亲，就敷衍道："行，我可以帮忙。但你要在白杨面前美言我几句。"

顾虽然表面答应，事后依旧判了许晴3年徒刑，说他贩卖违禁书籍，又死不认错。

为了摆脱掉这个特务的纠缠，1935年白杨南下演戏，委托母亲探望许晴。母亲出于对许晴母子二人的同情，出于对共产党的向往，以妹妹的身份陪许母多次到功德林第二监狱探望许晴，并设法给他带去革命书籍等。

母亲私下猜测许晴是个共产党员。

许晴为写东西，托母亲带些铅笔。母亲不知怎么带进来。因为所有东西都要检查。许晴的狱友，地下党员郑依平说：这好办，你蒸一锅馒头送进来。和面时，把铅笔放在面里。

母亲激动地开始干了。她和了一大团面，把铅笔放在里头，再做成馒头。不巧被张中行发现，指责她：两个人吃，用得着和这么大一堆面吗？

母亲正沉浸在兴奋和喜悦之中，没有搭理他。

张中行说：你做这么多馒头干什么？

母亲说：给许晴送去。

张中行说：小心点。他是个赤色分子，别把你也给抓进去。

母亲说：没关系。

张中行看着母亲的眼睛里闪着兴奋的光，非常不快。

……

据母亲说，有关这一段她探望许晴的情况，原哈尔滨市委书记郑依平可以证明。郑曾和许同住一间牢房。他出狱后，许晴还托他给杨沫送过一封信。

这样，一直到1936年秋，许晴出狱为止，母亲一直定期陪同许母看望许晴。

50年之后，在江苏省建湖县党史办编印的《华中鲁艺殉难烈士纪念册》一书中，母亲工工整整地写了以下这篇文章，来缅怀许晴烈士。

献给老战友许晴

不是烟，这是火，它照耀着许晴光辉的一生，也有斑驳的亮点洒在我的身上。

约在1933年秋，许晴在北平被捕了，被捕前，他曾介绍我到他担任经理，偷卖进步书籍的卿云书店做店员，我们成了朋友。他被捕后，他的寡母只有他一个儿子，非常痛苦，找到我。从此我成了许晴的妹妹，从1934年初到1936年冬，我常伴随许母到北平德胜门外的第二监狱去探望许晴。他穿着和尚式的囚服，剃了光头，但端正的脸上没有愁颜，只有微笑。透过监狱粗大的铁栏，透过许晴坚毅、微笑的脸，我默默地接受着党的教育，感受着党的温暖。

▲华中鲁艺殉难烈士纪念碑
（江苏省建湖县庆丰乡）

因为狱中同志没有书读，没有纸笔。许晴叫我找到进步书籍，然后包好书皮，在上面写上《江湖奇侠传》、《小五义》、《七侠五义》之类的书名拿给他，他还叫我蒸一大锅馒头，在其中一两个里面放入些铅笔芯。在严重的白色恐怖下，我不断做着这些事，就这样，我们结下了患难与共的战友友谊。

1936年冬，他出狱了。我们仍有来往，不久他去了上海。1937年7月底，我也去了上海，又常见到他，他依然干着革命工作。8·13抗战爆发后，我回到了华北，他当时似乎还留在上海做救亡工作。但从此我们就再也没有联系，没有见面。我再也得不到他的消息（因为我在八路军，他在新四军）。

全国解放后，他的儿子许雷找到我，告诉我他的父亲已在新四军的一次战斗突围中牺牲了。

我深深叹息——他，许晴，多么好的才华，多么睿慧的才智，是党和人民的损失！

我捧着他的照片，仿佛又回到了30年代，我又看见了那穿着囚服，那年轻微笑的脸。

杨沫

于1986年7月7日病中

据《华中鲁艺殉难烈士纪念册》记载：

1941 年 7 月，日伪军集中一万七千余人，分数路向新四军军部驻地盐城合击。华中鲁艺进行转移。7 月 24 日部分师生在建湖县北秦庄遭遇日军偷袭，在突围中，丘东平（陈毅的秘书，鲁艺的实际领导）、许晴（戏剧系主任）等 30 多位同志牺牲。

1943 年 7 月 7 日，陈毅为《新四军抗战殉国先烈纪念册》写的前言中，对丘东平、许晴等烈士作了高度评价。

我从小就能感受到母亲非常怀念许晴。当他的儿子许雷来访时，母亲不管多忙，多累，总要放下手中干的事情，亲自接待，娓娓交谈。

母亲身体不好，找她的人又多，对很多陌生人，她常常让阿姨推说自己不在家，把他们拒之门外。那时候，许雷在电影学院上学，他如果来了，母亲无论身体多不好，总是随到随见，嘘寒问暖，当成贵客。临走时，还要亲自给他送到门口。

当时正值困难时期，父母有令，任何人来家吃饭，都要交粮票，否则不给吃饭。但对许雷，母亲却实行特别优待，可以不要粮票。每次他来，还总设法弄点好吃的招待。苹果、橘子、香蕉等这些水果，母亲很少给我们孩子吃，许雷来了，却都能吃到。母亲的日记中还记载曾给过他钱。

有一次当许雷走后，母亲很郑重其事地对我说，他是一位烈士子弟。他爸爸是一位烈士，宁肯坐牢也不写悔过书。在敌人的监狱里很英勇，谈笑风生。

多少年过去，母亲总把许晴的相片保存在相册里。直到晚年，还重印了很多很多许晴的照片，并小心地保存着许晴的坟墓相片和华中鲁艺烈士纪念碑的相片。可以说，许晴对母亲走上革命道路起了很重要的作用。

我从网上查到，新四军团以上干部阵亡名单中果然有许晴，简历如下：

> 许晴（1911—1941），祖籍安徽歙县，生于江苏扬州，中共党员，华中鲁迅艺术学院分院戏剧系主任。1941 年 7 月 24 日凌晨，在掩护鲁艺师生第二队突围时牺牲于建湖县北秦庄。

解放后，在建湖县北秦庄建立了纪念碑。这是全国惟一的抗战文艺工作者烈士纪念碑，上有张爱萍将军题词：“华中鲁艺抗日殉难烈士永垂不朽！”

4. 入党

方先生是个好人，共产党员是好人——不甘当贤妻良母——马建民来香河避难——由同情而产生感情——与张中行分分合合到最终分手——跟马建民结婚时，还怀着张的孩子——1936 年 12 月入党

母亲杨沫很早就接触过一个共产党员，他叫方伯务，后与李大钊同时就义。

母亲说，她十多岁时，有一阵子，一个蓄着长头发，高高个子，长脸盘的大学生常到家里做客。因为都是湖南老乡，她父母亲对这个似乎是搞艺术的年轻人很热情，称他为方先生。来了以后，杨沫喜欢躲在角落里听他跟父母聊天，天南地北，聊各种各样新奇的事，杨沫听得津津有味。大人在家，方先生就和大人谈，大人不在，方先生就和杨沫聊。这个人和蔼可亲，气度不凡，经常给母亲杨沫讲一些历史故事。他尊重幼小的杨沫，

▲方伯务烈士墓（北京八宝山革命公墓二墓区）

见面总客客气气跟她打招呼，注意倾听她的说话，回答她的问题，所以母亲见了他感到非常亲切。

记得1927年4月的一个晚上，方先生又来了。那时，母亲的家中已经潦倒，住在北京西四附近的西皇城根。母亲才13岁，听方先生和她父母说了一阵话后，就睡着了。等她睡醒一觉后，听见外面还有方先生和父母的谈话声。母亲感到奇怪，这么晚了，方先生怎么还不走呢？往常方先生从来没呆过这么晚。母亲看见白布幔上，有一个巨大的黑影来回踱着步。刚开始还吓了一跳，但很快就明白，这是方先生。灯光把他的影子投到幔帐上。接着，母亲又睡着了，不知道方先生什么时候走的。

没过两天，母亲忽然看见《顺天时报》上有一条惊人的消息：李大钊等20名共产党员被逮捕，其中有方伯务的名字。

母亲看逮捕的日期，正是那个晚上，就明白了方伯务总也不走的原因，可能是想在自己家里躲一躲。

又过了些日子，仍是在《顺天时报》上，母亲发现了更加吃惊的消息：李大钊等20名被捕的人，其中也有方伯务，全部被判处死刑，绞杀了！

什么，那个和蔼可亲，气度不凡的大学生给绞死了！母亲大惑不解。为什么要杀死他？为什么？他的死，使母亲难过，更多还是惊奇，迷惑。他有学问，待人谦和，温文尔雅，根本不是强盗土匪，为什么要杀死他呢？说他是共产党，那这样的共产党并不坏呀！反正方先生是好人，绝对是好人！

方伯务生前并没有对母亲讲过任何有关共产党的事情，但他却以自己年轻的生命，自己的献身，给母亲的幼小心灵刻下了深深的几个大字：共产党员是好人！

当时共产党被宣布为非法，处于被通缉、被监禁、被追杀的状态。如处决李大钊后不久，北洋政府同年11月又枪杀了以中共北方局书记王荷波为首的18名共产党人。次年（1928）2月15日中共北平市委书记马骏也被枪杀。1931年8月在阜平起义的工农红军第24军政委谷雄一被捕后押解到北平处决……

母亲的不幸童年，使她本能地具有反叛意识，对当时现实社会不满，对当时政府不满。共产党人的被处决，只是更激发了母亲对这个危险的，非法组织的同情和好感。

1933 年 4 月在北平举行李大钊公葬后不久，中共地下党组织遭到严重破坏。数日之内被捕上千人，其中四五百人被杀。（见《中共北京地下党斗争史》）

苞莉苞剧社的成员纷纷被抓，剧社归于解体。

虽然如此恐怖，母亲却仍沉浸在阅读非法刊物、非法书籍的快乐之中。

1934 年，母亲到河北定县铁路员工子弟小学教书，第二年又失业。只好终日给张中行当家庭妇女，刷盆洗碗，生火做饭。一有闲暇就看进步书籍。

这时，北平的地下共产党组织通过贴标语、撒传单、飞行集会、罢工等一系列活动在遭受镇压的同时，已引起社会各界的注意。而母亲也因自己的失业，对社会更加不满。自从接触了马列主义之后，她感到这个学说是科学的，有着强大的生命力，对实行这个学说的共产党非常向往。

但当时共产党是秘密组织，即使真的是共产党员也不公开承认。许晴曾告诉母亲自己不是共产党员，但母亲不相信，以为那是对她保密。

据母亲自己描述：从 1933 年到 1936 年，她一直希望能找到共产党。每逢徘徊在北平街头，看见一个衣着朴素，面容正派的人，她就多看他几眼，心里猜想，这个人是不是共产党员呢？他要是，能够介绍我入党，那该有多好呀！

她冒充许晴的妹妹，总去监狱看望许晴，也是希图通过许晴，能与共产党联系上。果然许晴的狱友郑伊平就是共产党员。可郑出狱后很快就去了延安，不曾帮她与党组织联系上。

当时反动报纸杂志上对共产党有不少污蔑之词，什么共产共妻，乱杀乱抢，还不断刊登“共党分子”被枪决的消息。因此多数民众都怕跟共产党沾边。在这种情况下，母亲却向往着这个秘密的、四处被追杀的一群人，不能不说是个另类。

有时候，母亲也想跟爱人张中行谈谈国家大事，可话不投机。张中行是北大高材生，根本瞧不起初中毕业的母亲。他数次警告母亲：少看赤色书刊，太危险。不要跟共产党掺和，当心坐牢。然而母亲继续我行我素。只是不再跟他谈政治，自己去找什么朋友，也不敢再告诉他，两人感情上的裂痕越来越大。

母亲醉心于看各种革命书籍。一次，她因为看书，忘了做饭。张中行回来吃午饭，见她还专心看书，不司妇职，生气地说：你这么喜欢看马克思的书，喜欢无产阶级，为什么不下煤窑去啊？为什么还穿资产阶级才穿的皮大衣呢？

母亲有一件她妈留下来的翻毛皮大衣。

母亲气极了，与他争吵起来。

但张中行尽管对母亲不满，还是深深地爱着母亲。

有一次，母亲到滦平县办事，因吉鸿昌将军在长城一带抗日，交通断绝，一时间回不到北平。张中行急坏了，如热锅上的蚂蚁，坐卧不宁。还写了一篇情深义重的散文，登在报上，寄托自己的思念。吃不好，睡不好，整整瘦了一大圈儿。母亲返回来后，很受感动。

母亲与任弼时是同乡，身上流着湖南湘阴人的血液，渴求动荡，不甘平庸。她厌烦整天围着锅台转，当家庭妇女。她渴望投身到一个伟大运动中，给自己的生命注入价值，即便危险丛生，也比这种灰色平庸的小布尔乔亚生活有意思。

母亲曾向妹妹白杨透露过自己的苦闷。

白杨劝她与张中行坚决分手：这老夫子有什么可爱的？何况他家中还有老婆。

母亲心情矛盾，下不了决心。毕竟是张中行在她陷于绝境时，帮助了她。

白杨劝母亲："他成天钻在古书里，整个一书虫，还戴着礼帽，穿着长袍，一副老学究的样子，要我早就跟他分手了。"

妹妹的观点，在母亲的内心深处得到共鸣。她确实不甘心给圈在这个胡适崇拜者的书生笼子里，不甘心在老学究家里当贤妻良母。

1936 年春，丈夫大学毕业，在天津南开中学教书，他们的生活条件好了不少。但母亲仍想出去工作，不愿靠丈夫养活。经过努力争取，疼爱她的张中行终于让步，母亲再次来到香河县立小学教书。

结果这次去香河，母亲遇见了马建民，也就是我的父亲，她的入党介绍人。

当时香河县小学有个叫贾汇川的老师，与马建民认识。下面是母亲叙说她是怎样找着党的。

▲1936 年初的母亲

1936 年前，我曾听贾汇川谈起过马建民，说马是个革命的青年。所以，在没有和马认识前，我心目中对马先就有了好感。1936 年 3 月末，有一天，马突然到香河高小找贾汇川。他来后，贾即介绍我认识了马，并告诉我马是因为在北平有个同志被捕，为预防万一，他才到香河来躲避的。但具体是谁被捕，他们没有对我说。我对马非常同情，也非常愿意和他接近。马也是听了贾的介绍，对我很信任。他在香河住在贾的房间里，我课外时，常和他在一起谈话。印象中他鼓励我参加革命，并给我讲当时的政治形势，如蒋介石不抗日，共产党坚决抗日，红军已到了陕北等（我还记得有一个题目叫《中国能够战胜日本么?》），还教给我当时进步青年都喜欢学的拉丁化新文字。因为马建民积极热情地帮助我，所以我很高兴和他接近。且庆幸自己认识了一个革命同志。马当时并没有对我说他是共产党员，但我心目中却当然地认为他是共产党员。

那时马也没有讲过他自己的过去。直到 1950 年后，要写《青春之歌》，才向马了解了一些他过去的经历：他 1926 年 12 月即参加了共青团，在保定上中学时，先后两次被开除。在宛平县田各庄搞地下工作时，常和同志在河边的苇子丛或坟地里开会。有一次，不知怎么回事，敌人得到消息要抓他，他就跑到一个学生家里躲了几天。这个学生和他母亲对他非常好，掩护他和帮助了他。

他于 1930 年 2 月转为中共党员。

在我和马建民经过一段时间来往后，他和贾都对我提出过这样一个要求，为了使马能够在香河栖身，不被敌人发现，他们叫我找张一真（张中行的哥哥，时任香河县教育局长），请他为马安排个小学教员的位置。我欣然答应，就对张一真说了，叫他帮助给马找个地方当教员。开始张一真不愿意，但我和他再三地说，叫他一定帮忙。大概张一真看在我和他弟弟的关系上，最后答应替马打听一下，找到了后，可以叫马去。后来，约4月初，张就把马介绍到香河河北屯教书了。

马和张中行不认识。我记得他们俩从没有碰过面。

以后，贾汇川和马建民又向我提出，叫我替马到北平取一趟东西，并打听一下马出走后，北平的情况。我认为这是革命同志对我的信任和考验，欣然接受。在1936年4月5日趁学校放春假时，我就到北平去了。在我离香河前，马写了一封介绍信，叫我到北平西单附近地方去找当时正在中国大学上学的侯薪，叫他帮助了解情况和取东西。我到北平找到了侯薪。大约过了一两天，一个傍晚，侯到我住处找我，我们一同到宣武门一条东西街的一个小门前（马当时的住处），侯叫我在门外等着，他进去一会儿，取了一包东西就出来了。他把这东西交给我。当我回香河后，马已去河北屯教书。我给马写了信，过了几天，马到香河来找我，就把东西取走了。从此后，我在香河没有再看见马建民。

我和马建民认识后，时间虽短，接近却频繁。这就引起了张一真的怀疑。他写信向张中行告了密。不久，张中行突然从天津来到香河，非叫我辞职和他一起回天津不可。

按张中行的说法，是收到了在香河小学任教的一位朋友的信，说杨沫与马建民来往过于亲密，如果你还想保全这个家庭，最好把杨沫接到天津去。

张中行听从了这个朋友的话，先是写信，然后亲自去香河劝说杨沫。

母亲不同意。好不容易有个职业，还没有干上两个月，为什么又回去？

但张中行苦苦哀求，说他挣的钱足够两个人用，何必辛辛苦苦当孩子王，两地分居？在张兄弟二人的压力下，母亲只得和张一起离开香河，回到了天津，但仍旧暗暗与马建民通信。

张中行发现后，勃然大怒，平时文质彬彬的他一脚踢翻了火炉上的蒸锅，弄得满屋是蒸汽。母亲二话没说，立刻向同学借了几块钱，返回北平哥哥家。谁知没几天，张中行又追回北平，眼泪、情话一大堆。母亲看他那么痛苦，只好又跟他返回天津。

这时母亲已经与马建民有了感情，既然不能公开通信，就由同学替她秘密传书。母亲不是很孔老二的人，她受五四精神影响，思想开放，感情丰富，好就住在一起，不好就分，没有从一而终的那套观念。她欣赏舞蹈家邓肯，敢于叛逆传统习俗、传统道德……妹妹白杨也相当前卫，自然对母亲有所影响。

道不同不相与谋。此时母亲虽然怀上了张中行的第二个孩子，但她越来越不能忍受这种学究妻子的生活。整天就是买菜、做饭、洗碗、扫地、睡觉。

1936年6月，终于有一天，她偷跑回北平，并给张中行写信要求断绝关系。

按张中行的说法，最后分手经过是：学期终了，我解聘，一同回到北平，投奔杨沫哥哥的住处。不记得是因为有预感还是另有所图，我在母校新四斋借得一个床位。不久，我反复衡量当时的情况，头脑中忽然理智占了上风，确认为了使无尽的苦有尽，应该分手，另谋生路。记得是一个下午，在她哥哥的住处西屋，我向她说了此意。她面容木然，没说什么。我辞出，到北大新四斋去住，我们就这样分手了。其后很多天，我的心很乱，因为感情常常闯进来，与理智对抗。

这时，马建民已从香河回到北平的《世界日报》，每月有20来元的收入。

母亲在1974年6月10日的日记中说，这年（1936）6月10日，他们两个结合了。

热情奔放的母亲，见到了共产党员马建民之后，由敬佩转为爱慕，3个月就与之结合。

应该说，是母亲抛弃了张中行。

父亲马建民当年也是很英俊的，眼睛炯炯有神，鼻梁挺直，宽宽的肩膀，说话温和，举止沉稳。母亲把对党的热爱，全放到了父亲的身上。

母亲后来在文章中写道：1936 年 10 月后，马建民搬到我哥嫂家里，我们就结婚了。马建民的薪水比张中行少得多，两个人的生活相当清贫，但母亲心甘情愿。

白天父亲在报社工作，晚上陪伴即将生产的母亲。他很少说感情上的话，却喜欢分析当时的中国局势、共产党的主张，以及听说来的红军长征传闻。

母亲饥渴地听着，感觉似乎进入了一个全新的世界。生活虽不及与张中行过得富裕，精神上却很愉快、充实。

她想起了那些纷纷坐牢的进步青年，猜测他们肯定都是共产党。她渴望自己能与他们为伍，多次向父亲提出入党要求，父亲一次一次答应，却都没有结果。母亲挺着大肚子，整天在家闲得无聊，总缠着父亲要入党，要父亲帮她这个忙。她认准了一件事就死盯着不放。

因为这件事总没进展，母亲着急，一度对父亲有些不满。

刚刚与母亲同居的父亲，其实有个农村的妻子，但由于躲避敌人抓捕，被冲散了。无奈现在陷于爱河，不能自拔。他不住安慰母亲，劝她不要着急。因他有难处，自从同志被逮捕后，为躲避国民党的抓捕，他的关系已经失掉了一段时期，无法满足母亲的要求。

11 月，母亲生下了姐姐徐然。父亲明知道这是张中行的孩子，却像对待自己的孩子一样疼爱。细心给她换尿布，抱她，哄她，亲她的小脸。这让母亲有些出乎意料，她还担心老马会嫌弃这个孩子呢！心里暗想：共产党员就是好，没有一点封建意识，没有一点自私观念，胸怀多宽广！比那学究，真是高尚多了！

对自己亲生的孩子，老学究都那么冷酷，而对不是自己的孩子，老马却那么呵护，这两个人的巨大反差，让母亲深受感动。

想想方伯务，想想许晴，想想老马，母亲更加觉得自己找个共产党员当丈夫找对了。她巴不得自己也赶快入党，便隔三差五地催父亲，缠着父亲，要父亲向上级反映。她以加入这个神秘的，有危险的，荟萃一帮好人的组织为荣。

在母亲的不断催促下，1936 年 12 月的一天，父亲让母亲写个材料，讲讲自己的出身历史。

母亲问：写它做什么？以为父亲给自己找了个工作。

父亲说：你总缠着我要干什么？

母亲马上明白了，欣喜若狂。

12 月末的一天，父亲通知母亲，党组织批准了，她已成为中国共产党党员。

母亲感觉无比幸福。她后来在文章里多次自豪地提到 1936 年 12 月她加入了党的怀抱。她非常看重这个。

以后，父亲常常给母亲一些文件和材料看。

那时候入共产党，当不了官儿，长不了级，分配不了好工作，不会受重用，却有可能坐牢，甚至被杀头。

▲母亲与父亲最早的合影（1936 年 12 月）

为什么母亲还要冒着危险参加，图个啥？

很简单，母亲就是觉得它好，它革命，它代表未来。

母亲这时 22 岁。

附：

1981 年 8 月 10 日，方伯务之子方世锝（铁道部武昌第四设计院主任工程师）给母亲来信介绍：

方伯务，湖南衡山县人，出生于地主家庭。他的父亲是举人，当时任教于长沙公立法政学堂，共有儿女八人，男四、女四。方伯务为长子，在家求学于县立学堂，北京师范大学毕业，后任教于北京艺专。1915 年结婚，1920 年生一子。

因与李大钊交往，接受了共产主义，1920 年毅然与家中决裂，在北京寓居湖南会馆。先加入共青团，1921 年或 22 年加入中共，具体负责北京市车业工人的组织工作。他一生清苦，教学所得，除供应妻子生活费用外，全部交了党费或接济穷困工人，连自己的头发都自己剪。他常拜访一些有名望的学者，如蔡元培、杨震华等，并常与姚彦、张挹兰等老乡来往。姚、张也在 20 个被绞死者之中。

1927 年 4 月某日他发现有人跟梢，就跑到杨震华家，说有人跟着他。杨震华让佣人去门口观望，发现一个空的人力车。杨震华感到害怕，不同意方伯务留宿。方于是回到自己的公寓，大约一个多小时后被捕。

4 月 23 日妻子获准探望。方伯务告诉妻子，上了刑罚，琵琶骨上穿了铁丝，脚后跟也穿透铁丝。脸上、背上被烙起了大泡，无法走路。

1927 年 4 月 28 日下午 4 时，方伯务在北京看守所光荣就义。

其陵墓现在八宝山革命公墓二墓区北数第 7 排，剑字组与巨字组之间，东数第 17 座（顶西侧）。

5. 战火中锤炼

冀中十分区与敌犬牙交错，斗争惨烈——战友被俘后把布片塞入喉咙活活憋死，将筷子插进耳朵撞墙自尽——始终保存着一张照片和一块怀表——血迹斑斑的小册子《牺牲》伴随着她的一生——那些倒下的英魂总在她眼前晃动，不写出来，难受得慌

1937 年“七七”事变后，母亲不愿在北平当日本鬼子的顺民，随她哥哥到上海投奔妹妹白杨。不久上海又发生战火，妹妹要去重庆，劝母亲也去。这时候，母亲收到了父亲的一封信，说他已回到老家河北深泽。母亲决定返回河北，寻找父亲。在兵荒马乱的时刻，她抱着一岁多的女儿徐然，历经千辛万苦，终于回到了深泽县，随即与父亲一起参加了冀中地区的抗日战争。

1938 年 1 月中下旬，中共安国县委、安国县人民抗日政府成立。父亲马建民任第一任县委书记，师容之任县长。

1938 年 5 月 15 日，在安国县召开冀中第一次妇女代表大会，正式成立冀中区妇女抗日救国联合会，推举赵亚平、郭茂桐、杨沫、韩朝新、李振庸、齐岩、刘沙 7 人为执委。由赵亚平任主任，郭茂桐任组织部长，杨沫任宣传部长。

母亲自己在自传中这样写道：

1937 年 12 月，担任安国县妇救会主任

1938 年 5 月，调冀中区任妇救会宣传部长

1939 年 5 月，调冀中十分区妇救会宣传部长

1941 年春，因病到铁路西十分区易县的后方医院疗养半年多

▲晋察冀边区文协第一次代表大会（1942年河北唐县张家庄）
自左到右：前排葛文、柳荫、方行、不详、杨沫、孙犁、邓康、邓德滋；后排右二穿白衣带帽者为田间

1942年1月，在平西游击区的《挺进报》工作

1942年4月，到华北联大文学系学习半年

1942年11月到1943年3月，在十分区政治部临时帮忙

1943年4月，回十分区任抗联会宣传部长

1944年8月，调十分区《黎明报》任编辑

1945年11月，调《晋察冀日报》任编辑

……

看得出，母亲主要搞妇女工作和宣传报道工作，并不在第一线打仗作战。但就是这样，她作为根据地的文职人员，每天的生活也充满危险。她这个昔日的“大小姐”得以有了一段无比艰苦和难以忘怀的经历。

她曾亲眼目睹叛变投敌的霸县县大队副大队长靳国梁将丈夫马建民抓

走；她为躲避鬼子搜捕钻进狭小的炕洞里，几乎闷死；重病中，她曾被地主房东的儿子调戏过；还曾冒险藏在一卷苇席里，从鬼子眼皮底下溜了过去……

这些是她北平的小市民生活根本没法比的。那么危险，那么刺激，又那么丰富多彩。

母亲当时在冀中十分区工作。这里地处华北平原北部，包括永清、霸县、固安、雄县、容城、新城等县。著名的白洋淀就在这一带。

冀中是敌后抗日根据地，斗争本来就非常残酷。而母亲所在的十分区，又邻近北平、保定、天津，属于敌人的心脏地带，驻有重兵，碉堡林立，并频频扫荡，斗争就更加残酷，系冀中最危险的区域。不像地处阜平一带的边区领导机关所在地，虽然生活艰苦，但因是偏僻山区，交通不便，鬼子控制薄弱，相对安全一些。这里敌我阵营犬牙交错，短兵相接，相互渗透，彼此都是对方的眼中刺，肉中钉。互派特务，互相对杀。工作十分危险，说死就死，干部的伤亡率非常高，递补频繁。十分区所辖的几任县长、县委书记都是一个一个或牺牲，或被俘，或叛变，又一个一个上任。

据吕正操的《冀中回忆录》记载：冀中十分区交通方便，便于敌人机动；社会情况复杂，土匪流氓、封建会道门、国民党势力很大。自从1938年以来，敌人始终把这一地区当作进攻的重点，连续不断地用优势兵力围攻、扫荡，同时大量修建据点。1941年初，十分区境内驻有1万多日伪军，204个据点。

十分区司令员先后为朱占魁、周彪、刘秉彦，政委先后为周彪、师荣、李斌、旷伏兆。参谋长肖新槐，政治部主任王逸群。

所谓战火的锤炼其实就是死亡的锤炼。死神的影子总在母亲身边飞舞。

1939年12月27日，我十分区27团在雄县神堂抗击2000多敌人围攻，杀伤了大量敌寇，自己也伤亡了250余人。虽然打了胜仗，受到吕司令员的嘉奖，但把烈士遗骸集中起来之后，放在地上也密密麻麻，占了老大一片。

1940年12月22日，我十分区32团一部，约500余人在容城县北后台被围，从黎明战至下午，顽强不屈，最后仅数十人冲出敌人包围圈，共有

▲母亲在抗日战争中（1945 年）

497 名干部战士阵亡，震动了全冀中。

1941 年 10 月，冀中妇救会主任韩朝新在完县贾西庄牺牲，年仅 22 岁。她比母亲小，在父亲的老家深泽县当过妇救会主任，曾与母亲共同出席过冀中第一次妇代会，1940 年当选为冀中妇救会主任。1941 年春韩朝新与冀中党委宣传部部长周小舟结婚，还不到一年，即在反扫荡中为国捐躯。

1941 年 11 月 19 日，原霸县县委书记高均被反动的红枪会杀害。当县长马建民被企图叛变的副大队长靳国梁抓住后，就是高均率部队前来解救的。

母亲的战友，曲阳县妇救会宣传部长任霄，南方人，热情奔放，喜欢写诗，1942 年 10 月被俘之后，用衣服拧成绳子，断然结束了自己的年轻生命。

很多同志，几天前母亲还跟他们聊天交谈，几天后再也看不见，长眠在泥土中。身边每一个人倒下，都似利刃刺扎着母亲的神经。她是个对死亡特别敏感的女人，见个死人照片都能让她沉闷几天。

1942 年 4 月 5 日，二联县六联区区长王泰和警卫员李尚亚（外号小厉害），被敌人包围在雄县马浒村。当时正刮大风，对面看不见人。为了群众安全，他们离开了堡垒户，跑到了村边的一个磨棚里。敌人包围了这个磨棚，伪军头子将劝降信用弓箭射入。王泰奋笔疾书：共产党员视死如归！将回信裹个土块投向敌人。日伪军立刻发起进攻，王泰与警卫员沉着还击，一连打倒了多名敌军。后来敌人爬上房，凿开屋顶，往里扔成捆成捆的柴禾，放火烧，王泰和警卫员在烈火中英勇牺牲。

▲王泰烈士送给母亲的怀表

几天以前，这个胖胖的王泰还见到母亲，送给了母亲一块精致的小怀表。他微笑着说："老杨呀，你看这玩意儿稀罕吧，是我缴获敌人的战利品。送给你掌握时间吧，别起晚了，叫敌人逮住。"

母亲非常感谢。但万万没料到几天之后，王泰就牺牲了。小怀表成了王泰区长的最后遗物。虽然战争环境经常有人牺牲，可听到王泰牺牲的消息后，母亲还是感到晴天霹雳，像被电击中一样，愣了好一会儿。因为王泰原来当过教师，有文化，看了很多书，很能跟母亲说到一块。他死得又那么英勇壮烈，让母亲万分悲痛，久久不能平静。她把这块小怀表一直保存到最后根本不能走了，还舍不得扔（现存中国现代文学馆）。

1942 年 10 月 22 日，三联县县长胡春航住在永清县庞各庄，因暴露目标，遭敌包围，突围中左臂和右腿被打断，伤重被俘。在敌人将其用担架抬往永清县城途中，他悄悄把手绢塞入口中，希图自杀殉国，不料被日寇发现而未遂。原副县长叛徒贾树元说："胡老师，你别走这条路，到了县城，皇军错待不了你。"胡春航回答："我不是你的老师，我没你这样的学生。你叫我老师，等于骂我八辈子祖宗。"当担架抬到惠元庄时，他再次偷偷撕下衣服，将布片塞入喉咙，终于自尽。

同月，二联县委组织部副部长谭杰因叛徒告密，不幸被捕。敌人将其关押在马庄据点，严刑拷打，谭杰宁死不屈，在牢房中把吃饭的筷子插入耳中，撞墙自尽。

这些都是她所熟悉的战友，平日貌不起眼，关键时刻却那么英勇，惊天地，泣鬼神，能写上书。他们牺牲的细节，被同志和当地老乡们广泛传颂。

把布片塞入喉咙，活活憋死自己，这是何等的毅力?

把筷子放入耳中，对着墙撞，这是何等的勇气?

母亲听说了之后，数日食之无味，夜不能寐。过去在文人张中行的爱巢里，温情脉脉，哪可能有这些阅历?

母亲还有一个好朋友，原二联县八区区委书记吕烽，河间县人，1943年夏母亲曾在他的地区工作。吕烽常常夜间带着警卫员陪母亲下到老乡家做群众工作，他管母亲叫大姐，无微不至地照顾着母亲。这是个勇敢机智的小伙子，曾带区小队3人，在刘庄巧俘伪警察8人；还曾指挥游击队员夜入高庄击毙日军小队长和班长各一人，后任县敌工科副科长。1945年5月25日，日军400多人将吕烽等抗日干部包围在四联县小芦昝村。经过4天激战，击毙日军50余名。最后转入地道战，又坚持了3昼夜，总共战斗了7天。地委城工部长穆占祺牺牲，吕烽同志也在这次战斗中被俘，旋即惨遭杀害。

据生还者说：极度饥渴之时，在地道里的同志们曾喝自己的尿，生吃腐烂的小猪……

烈士的鲜血洗礼了母亲的灵魂，让母亲无比震撼。她曾反复质问自己，如果换了自己，能否像牺牲的同志那样视死如归？她在日记中坦率承认自己有点怕死，特别是怕腐烂的尸体，臭烘烘的。

她担心自己经不住敌人的严刑拷打，在小包袱里，经常带着一颗手榴弹和一把撸子，随时准备与敌人同归于尽。

……

母亲的小资味儿很浓。她不喜欢刀枪，却喜欢花儿，看见一朵花，欣喜得要命。因为多愁善感，她对死难的烈士总是忘不了。经常恍恍惚惚觉得这些人还在自己身边走动，说话，开玩笑。换了别人，难受几天就过去了，她却要沉痛许久。每一个熟识的战友倒下，对她都是一个莫大的刺激，使她惊悸，使她难忘。

她后来在一篇文章中写道：

> 我的战友，我的同志，他们牺牲的时候都不过20多岁，他们一直活在我的心头——在我的心头矗立着一座丰碑。现在，我要把我身上的丰碑搬出来，搬到广大人民群众的面前，叫后世人民永远记住这些英勇献身的同志们。
>
> ——马敦来。他牺牲时不过20岁，我们《黎明报》的刻字员。他刻得一笔好字，圆圆的脸总是含着微笑。前一两天，我们还在一起，突然听说他夜里遇见敌人，被杀害了。

▲马敦来烈士（1943年牺牲）

多年来，母亲始终保留着马敦来的一张照片。至于这个马敦来是哪里人，详细情况如何，照片是他死前的近照还是过去所照均已无法知道。

母亲在同一篇文章中还提到了好几个战友，他们是：

新城县县长杨铁，1943年7月13日被敌人堵在地道里，打死一个敌人后，开枪自尽，头颅被敌人割下挂在城头示众。母亲在笔记本上这样写道：

> 我们的农民县长杨铁，矮矮的个子，敌人笑他是卖豆腐的傻蛋。人民却爱他像爱自己的母亲。
>
> 鬼子搜捕抗日的县长杨铁，把他堵在地道里，千呼万唤，甜言蜜语：出来吧，出来没事，到皇军那儿也一样做官儿。
>
> 在死亡面前，这矮矮的卖豆腐的汉子，没有恐惧，没有悲伤，从容殉国。

十分区敌工部副部长李守正，喜欢文学，常和母亲切磋写作，1944年3月31日被敌人包围在一所房内，战斗到最后一颗子弹，饮弹自尽。

还有韩菊林同志、赵辉同志……

从延安来的新华社记者安适，母亲在平西根据地与他相识，常常向他打听延安的情况。他喜爱文艺，跟母亲能谈得来。母亲调回平原后，他曾送给母亲一本精装的《联共党史》，可不久，就听到这个远离家乡的青年记者牺牲了的消息。

这还都是在地方工作的同志，牺牲率不算高，远比不上吕司令员领导的冀中主力部队，一牺牲就是十几人，几十人，上百人。

……

母亲说，太多了，太多了！无法全把他们一一给描绘出来。然而这些同志却永远活在她的心头，她说：我爱他们！

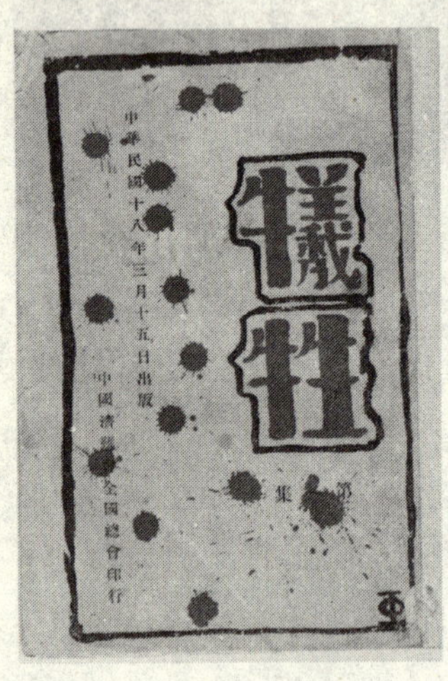

▲封面上留着点点血痕的这本书母亲保存了一辈子

确实，母亲打心眼儿里热爱他们。这从她特别喜欢搜集烈士的传记、遗书、各种资料等能够感觉出来。家里有很多烈士传。如《湖南革命烈士传》、《江西革命烈士传》、《荣哀录》、《河北革命烈士史料》、《牺牲》等等。

早在20世纪50年代，母亲就对我说过，她在抗日战争期间偶然得到了一本书，名叫《牺牲》，封面上印着殷红的滴滴鲜血。里面有张太雷、向警予、赵世炎、罗亦农、陈延年、陈乔年、萧楚女、夏明翰等烈士简历。其中还附有不少烈士死后的照片，大部分是躺在棺木里照的，也有躺在刑场上的，如罗亦农就躺在草地上，头部给打得面目全非，血迹斑斑，相当惨烈。

母亲说她看了这本书后，难受极了，一夜睡不着觉。

母亲去世后，我真的在母亲的书柜里发现了这本书。确实触目惊心。这部印制粗糙，纸已经发黄的书里展示了70多具装在棺木中的尸体相片。有的是同一个人两个相片，一个生前，一个死后。个别的还龇牙咧嘴，相当惨苦，相当恐怖。男人看了脊梁骨都要冒冷汗，别说女人了。等于是在死尸堆里走了一遭，能闻见尸臭和血腥。可以说，任何人看了这部书，都会被震撼，毛发竖立。何况母亲这么一个多愁善感，富有小资味儿的知识女性。她看后心惊肉跳，彻夜难眠太正常了。母亲是城里人，家境富裕过，平日看见一只死老鼠都吓得要命，躲得远远。

自那以后的漫长岁月里，《牺牲》这本书的影子总也摆脱不掉。母亲在她的文章和讲话中，多次提到这本书。她说，就在她开始写《青春之歌》时，还浮出了《牺牲》书里的画面，那一具具死难烈士的尸体，刺透了她的灵魂，几十年怎么也忘不了。

她把这本书当作宝贝，当成最珍贵的藏品，当成了烈士的遗骸，小心翼翼，精心保存了50多年。正是这些认识的和不认识的烈士的牺牲对母亲造成了强烈的冲击力，才使她有了写作《青春之歌》的冲动。

能感觉出来，母亲参加革命斗争，虽有不怕死的一面，更有怕死的一面。堡垒户王寿云的孩子说：当村里一有狗叫时，杨沫就很紧张，我母亲就安慰杨沫：不要怕，有我就有你，敌人来了咱能对付。

因为她对死极端敏感，所以她身边的每一个战友牺牲都给了她超强刺激，撕裂着她柔弱的神经。这一点，从母亲解放战争中的一篇日记中，可以看出。

1946年4月22日　张家口

王若飞、秦邦宪、叶挺、邓发等8位同志遇难的消息，对于我这样一个极平常的革命同志是一种什么心情呢？我愿记下来，作为一生中永远难忘的事。

两天前，我的心脏病又复发了，而且很重。根据过去复发的原因，不外是精神过度疲劳或者受了刺激。但是这次，我的精神并没有疲劳，也没有受刺激。生活得很平静。我对这次犯病的原因有些莫名其妙。但是今天我才恍然发现我犯病的原因了。从12日以来，只要和人谈话，都是王、秦等“四八烈士”的死，看报纸也是王、秦等同志的死。这里是追悼会，那里是公祭、唁词……而每次谈话、看报、念祭文、读唁词，我都抑制不住地要流泪。尤其当我独自一人的时候，泪珠不知不觉地淌得更凶。有时甚至捧着报纸放声大哭。孩子看我无故流泪，睁大眼睛感到惊奇。一天、两天如此，三天、四天还是如此。眼泪好像流不完似的。于是怕受刺激的心脏病又怎能不犯呢？

也就是说，为了王若飞、秦邦宪、叶挺、邓发等8位素不相识的领导同志牺牲，母亲悲愤异常，以致犯了一场心脏病。

连根据地的地主也那么忘我，那么爱国！雄县东河岗村的开明士绅王汉秋，为支援抗日，帮助老百姓度过饥荒，主动将自己的土地无偿献给农民。当有人对他这样做不理解，认为别有用心时，他一时冲动，用镐头剁掉了自己的左小手指，表明铁心跟共产党走，抗战到底。

当这位王汉秋把血淋淋的手指头和血书当面交给了我父亲马建民时，母亲也在场，亲眼目睹了这一场面。

可歌可泣呀……

尽管在十分区这一段经历是她毕生中最危险、最残酷、最紧张、最艰苦的一段生活，随时都有可能牺牲，母亲却说：

> 多少年过去了，可是，抗日战争中的那段生活，那段往事，却变成了我一生中最美好，最幸福，最难忘怀的记忆。回忆起来，无论那之前或那之后，我的任何生活都不能和那段生活相比。我爱那段生活，我以自己有幸参加了那种充满战斗气息，而又无比丰富多彩的生活而自豪。(见《杨沫文集》5卷446页)

是的，在抗日战争中，她才有机会与120师师长贺龙和政委关向应亲切聊天，并一同在小饭桌上吃饭；才有机会在大苇塘里，过着“天当被子，地当床”的野外露宿生活……才有机会与冀中区党委书记黄敬同志随便开玩笑，被他称为“洋（杨）马同志”。

她曾冒着危险去一个大地主家进行说服反正，却无功而返；也曾在盛夏季节领略过躲藏在青纱帐里的酷热和憋闷。农村里一贫如洗的老大娘曾给过她大枣，让她充饥；在日本鬼子进村的危急时刻，一被称为“傻蛋”的憨厚农民，把她给带出了村……

多少难忘的经历啊！

抗战中她也写过一些通讯，却没有特别精彩的。因为那些有名的战斗，如齐会之战、宋庄之战、掌史之战等，她都没参加。她是一个女同志，主要是做群众工作，搞宣传，写的东西就是些伤员、老大娘、小姑娘等平淡无奇的琐事。

她自然不满意，心中的激情发泄不出去，难受得慌。她出自本能地渴望写出八年抗战来，于是她孜孜不倦地写，除了应景的小文章，一生就写抗日战争这一段，别的不写。

我们下乡插队8年，并没有生死危险和那么激烈残酷的斗争，大多平平淡淡，想写的欲念都那么强，母亲经历了战火煎熬，九死一生，其内心的百感交集和表现欲就可想而知了。

多年来，那些倒下的英魂总在她眼前晃来晃去……促使她非要用笔写点什么不可，这样就诞生了《青春之歌》。此外她还写了不少怀念牺牲烈士的散文。如：《忆“哥哥”许晴》、《一只小怀表》、《再上雨花台》、《烈士与爱情》等。

附一　马敦来同志牺牲的情况

1942年秋收的一天晚上，冷了，我们住在杨庄老曹同志家东边路北的一家，正开一个会，忽然听到爆炸声。开始吃一惊，炸声没有接着响。我们也就没有注意。过了一天，听到群众传来消息，说马敦来同志在小芦昝村牺牲了。

马敦来同志刚从路西回来不久，住在小芦昝村，是战报社印刷员，安次县人。1940年战报创刊时我认识了他。因有人告密，被该村敌伪岗楼敌人晚上绑走。敌人非常残暴，在他腰里绑上一颗手榴弹，把手榴弹的弦接在一条长绳上。绑出村外不远，敌人拉弦，轰的一声，将马敦来同志炸死。听到这消息，我们都很难过。马敦来同志非常诚实，认真负责。是个共产党员。无论接到什么任务都能出色完成。他和老康同志担任战报的印刷任务，每期都按时印完。并且善于钻研，印刷技术精益求精。一张蜡纸，由最初的印四五百张，增加到印一千三四百张。而且印的字迹清楚，让人们看起来有快感，愿意看。

他们都在夜间印刷，将印刷机放在炕上。两个人弯着腰印。一印就是三四个钟头，常常弯的（得）腰疼。为了防止驼背，他和老康同志想了个办法：无论到什么地方睡觉，都不用枕头，只用一块小毛巾放在脑袋底下，仰着身子，面朝天。将两腿伸直，平着身子睡，不翻身。时间长了，这样睡觉就成了习惯。所以他们走起路来，腰板还是挺得直直的，很有精神。

马敦来同志对人和蔼可亲。与身边一起工作的同志都团结得很好。他还特别能吃苦。1941年冬天，为了锻炼吃苦耐劳精神，他和老康同志相约，一冬天不穿棉鞋，不穿袜子，只穿单鞋。老康则提出，一冬用冰块洗脸。两人都自觉地这样办了。老康同志怕他冷，常常摸摸他的脚，果然不凉，很温和。

在我的印象里，马敦来同志无论怎么困难，从来没有诉过苦，无论工作多么繁重，从来没有说过累。这样一个忠于革命的人竟被敌人残害了，死时才23岁。

（这是父亲马建民在一稿纸上写的，2009年发现）

附二　王泰同志生平

王泰（1908—1942），河北省霸县披甲营村人，自幼刻苦自学，练得一笔好字，1932年被乡亲们推荐在本村小学任教，后又当了校长。“七七”事变不久，王泰奋笔疾书，写出了声讨日寇罪行的文章，刻印散发给群众。1938年2月，县区民主政府相继成立。王泰积极参加各项抗日工作，写标语，搞宣传，成为霸县北区的抗日骨干。同年9月，中共霸县县委成立，王泰于10月加入中国共产党，翌年担任了霸县一区区长。因工作出色，对敌斗争坚决，敌人多次派特务暗杀并悬赏捉拿，但均未果。

1942年4月4日夜，王泰带警卫员潜入雄县马浒村开展工作，次日清晨被敌人包围。王泰为了不让堡垒户受连累，没有下地道，而是强行突围。他们躲到了村边的磨棚里，等敌人靠近时，突然射击，击毙数名敌人。战斗持续到上午10时，敌人把点燃的秫秸一捆一捆投向磨棚，大火冲天而起，王泰和警卫员李尚亚壮烈殉国。

6. 疾病的折磨

黑热病几乎夺去生命——12 年后返回北平，全身是病——工作不顺，心情不好——在白杨家度过了温暖的 3 个月——日记里充满着求医看病的记录，苦闷绝望却不外露——痛苦出作品，大痛苦出大作品——会遗传的神经官能症

据母亲说，她第一次患重病是 1939 年春。

那时，她担任冀中妇救会的宣传部长，跟随贺龙的 120 师行动。部队在前面打仗，妇救会等群众团体在后面从事战斗结束后的群众工作。这一段日子非常紧张，经常连续几天的行军，日夜和日本鬼子兜圈子。母亲有生以来头一次这样大运动量地徒步行军，整夜整夜地走。因过度劳累，缺乏营养，染上了黑热病，终日发着高烧，肚子又大又硬，像石头块子。

骨瘦如柴的母亲濒临死亡。

组织上提出让她回北平治病，她却舍不得战友，舍不得大清河，不肯去。后来多亏固安县牛驼的一个农民老头儿，姓勾，用自己的偏方挽救了她的生命。

但身体总没好利索，这样维持了两年，到了 1941 年春，因病重无法工作，她不得不到易县十分区后方医院休养，住了半年多才痊愈。

解放战争期间，母亲调到了《晋察冀日报》。在这一阶段的日记中，母亲所写的最多内容是生病（所引用的均为没有出版的日记原文）。

1947 年 4 月 6 日　阜平县麻棚

……这要命的身体，真是要命！这几个星期，除了病还是病，简

直没什么可记的。……

1948年9月10日于石家庄

……

我又来石治卵巢发炎，病已经使我半年多不工作了。我渴望健康，比之大旱望雨，青年望爱人还切。但是健康何日才能给我呢？民前几天曾说："你闹了这些年病，你好过么？还盼什么健康……"这话如针刺我的心。这么大的人，我竟呜呜地哭起来。真的，在我心底，似乎常有一种绝望的情感绞扰我的心。我觉得什么都完了，不健康，还提什么事业，成就……

1949年1月2日

……从上月26日，我头痛得不能忍受了。一点工作不能做，我才告了假。但这是多么难于启齿呀，整整治了半年多病，才工作一个月，又病了。我好像做了什么坏事一样，非常不好意思再请假。……歇到哪天为止呢？看看报就头痛，怎能工作？为这问题，我心里总是不安。我怕对不起党，总试问自己：你今天可以工作么？当回答的确是全无力量，心才安一点。如果自己有一点力量可以工作，而没来工作，我觉得异常羞惭。这几天我很不愿见编辑部同志，不愿进我工作的那个屋门……

1949年2月23日　东焦

这是不是我精神的堕落呢？这几天我精神竟如此的焦灼烦闷。外表上一切都安静得很，我照常地整理着什物，带领孩子做饭、做活、读报、看《参考消息》，但我内心的烦躁，使我不断向孩子发脾气，大打孩子，让我自己也有些惊异了。昨天我曾狠狠地打小胖嘴巴，狠命地向她身上打，并且自己还大生其气。我的脾气变得如此暴躁，使我自己也极奇怪……

《晋察冀日报》的老领导邓拓曾对父亲说：转告杨沫同志，不要逞英雄，有这么多孩子，身体又不好，安心养病吧。谁知母亲听了却感到不快，觉得报社领导没理解自己渴望工作的心情，不注意发挥女同志的作用……

母亲总担心自己工作太少，对不起党。她在一篇日记中曾说：

> 我鄙视自己，这多年来，我向人民要的多（有时却还自私的嫌少），给人民的却太少，现在我吃着中灶，每天都是大米、白面、肉，那样好的饭给了我吃，但是我给党作了什么事呢？资格，似乎只是资格给了我这些待遇，使我的心异常不安。（1949 年 2 月 25 日）

1949 年 3 月 15 日母亲在解放区生活了 12 年之后，重又回到北平。

尽管不久后环境好了，生活安定了，母亲在兴奋之余，还是郁郁寡欢。这除了病痛，其中很大原因是工作上的问题。

▲ 1949 年刚进北平时的母亲

她在《人民日报》的一段期间，与顶头上司有些隔阂，所以特别想调离开。这位领导对她的病，不闻不问，把她看成可有可无的人，让母亲内心很压抑。

当时，报社内一些做文字工作的同志都不太安心，觉得这工作没多大出息，不被人重视，不如干群众工作或政权工作，又可深入实际，又受人尊敬。

经多方奔走，母亲终于如愿以偿，离开了报社，调到北京市妇联。她觉得这样能深入生活，深入群众，对创作也有好处。谁知到市妇联上班后，只看了两天文件，头就疼得受不了。母亲只好到妇婴保健所找温泉中学的同学齐珍屏大夫看病。齐给母亲介绍了一位外国医生，仔细检查了一番后，说子宫没病，只有一点炎症，血压不高，头痛可能是眼睛的毛病引起的，建议她到同仁医院看眼。

母亲听后，非常高兴，如果真是眼睛的病，配副眼镜，就解除了缠绕自己多年的疾病，那真是太好了。

▲很多同事都把母亲当成了工农干部（大约1949年）

但配了眼镜之后，头痛依然如故。

其他的苦恼又随之而来。根据地12年的血与火的磨炼，长期跟河北农村的大娘大婶们打交道，一个炕头睡觉，与农民们耳鬓厮磨，养成了她平易随和，甚至有几分憨厚的气质。让母亲从外貌到说话腔调，都有些土里土气。她平日戴着蓝帽子，穿着列宁服，讲话通俗，杂有河北雄县一带的口音，完全没有城里小知识分子的文绉绉。她与大家交往谦虚随和，毫无架子。外人很难想到她是个1936年入党的老革命。

她的同事吕果说："1949年5月我调到北平市妇联宣教部，为的是创办妇女刊物。因此得以和杨沫共事。起初，我完全没有想到她是文化人，竟以为她是个工农出身的干部。皮肤黑中透红，胖胖的，戴一顶八角帽，一身洗得发白的粗布列宁服。大大咧咧，憨厚随和，满口老百姓的京白，用语也不严谨。平易爽朗，很少当时某些干部的那种浓重政治色彩。"

不止吕果，很多同事都把她当成了工农干部，以为她是乡下人，因而或多或少有些轻视她，不把她当回事，随便给她点工作干。她在日记中这么说：

1949年5月2日

……这些天来，我是痛苦而沉闷的。原因也许是我的地位观念。我觉得我工作了这多年，却和新参加工作的同志几乎同等的职务，使我很不高兴。加之又无固定业务，打杂式的飘来飘去，我怕这样进步更慢……因此，我心里常常被苦闷占据着。十几年来对工作第一次如此地情绪不高。

母亲对职务待遇有些想法是很自然的。干什么都要有个先来后到，刚参加工作的怎么能与十多年前就参加革命的一样对待呢？论资排辈怎么也得讲一点。

当革命眼看就要胜利，已成为一股不可抗拒的潮流时，任何人都会随大流参加革命，根本不需要什么觉悟。谁势力大投靠谁算觉悟吗？这些随大流的，跟母亲那些在革命还很危险，却冒险投身革命的人没法比。

解放后，对那些经过长期考验的老同志，待遇上好一点，职务上高一点理所当然。所以母亲对工作安排上的不满，也算不上斤斤计较。她到市妇联时，正值初建阶段，领导工作比较忙乱，不那么细致。她参加革命十多年，却还和一些新分配去的大学生，干同样的工作。而过去的一些老战友，在其他单位都提拔了，自己却还是个小办事员，母亲嘴里没说，心里却有些失落。

当时市妇联在洋溢胡同，一栋三层小楼，所有工作人员都要求住在机关，周末才能回家。女儿小胖患了肺结核，母亲也不能回家照料，十分痛苦。

一次为件小事，市妇联的某领导对母亲大加呵斥，让母亲难以忘怀。事情的起因是，一位刚从香港回来的女同事，快要临产了，还住在集体宿舍。这位女同志有些担心，找到母亲问，如果分娩了怎么办？母亲安慰她说，你不用着急，共产党还能让你在大街上坐月子？

当母亲向妇联某领导反映这个女同志的担忧时，出乎意料，这位领导发了脾气，她脸涨得通红，瞪着母亲，拍着桌子喝道：杨沫！你说的是什么话？怎么这样没水平！我们妇联要求所有干部都住在单位是因为现在刚解放，工作繁忙，你是不是认为我们制定的规定不通人情，让人家在大街上坐月子？

母亲克制着怒火，没跟她争吵。事后她百思不解，自己说这句话有什么错？再加上这位领导比母亲年轻，参加革命的时间也比母亲晚得多，却如同主子训仆人似的厉声呵斥，让母亲的心情骤然恶劣起来。

自到妇联宣传部后，母亲似乎被当成一个打杂的，给人抄过登记表、到电影院当招待、帮后勤分发节日用品、下被服厂了解女工情况……从没有一个固定工作。领导和同事们都认为她动过几次大手术，百病丛生，身上的好零件寥寥无几，也不指望她干多少工作。

母亲对妇联失望了，后悔了，觉得还是搞自己的报社编辑好。

工作不顺心，身体又不好。

1949 年 7 月因剧烈腹痛，检查出是宫外孕，母亲在市立第三医院动了手术，把子宫、盲肠全都割掉，连右卵巢也割掉。

手术后一段时间，她经常全身疼，还总失眠，头发大把大把地脱落。她才 35 岁，就开始秃顶了，所以她常年戴一顶帽子，不管上班还是回家。她照的相片中也大多戴着帽子。

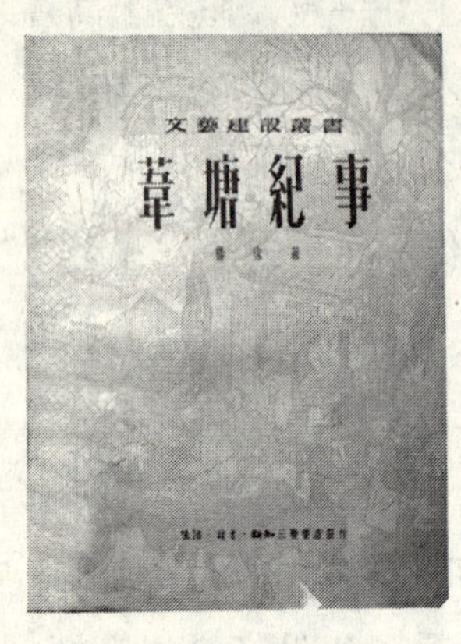

▲母亲出的第一部书（1950 年）

有时候，她病痛得偷偷掉泪。她曾绝望地想，老天真是不公！为什么让自己扛这么多病？要这样下去，还能活几年？

所以，母亲的心绪极坏。不过养病期间，她没闲着，修改好描写抗日战争一段经历的稿子《苇塘纪事》，于 1950 年 7 月正式出版。这是她出版的第一本小说集。它的出版给了母亲一丝安慰。

那时还是供给制，每月的钱很少，她连个刷牙缸子都没有，为省钱，特地到东单的集市上买个旧的。有一次，得了几块钱稿费，把父亲高兴得大笑，竟笑出了眼泪，因为能买点好东西吃了。尽管母亲有公费医疗，很多药还是报销不了，如当时的中药就无法报。她的肝、胃、子宫、关节、眼睛、神经……都有问题，还有一些没搞清楚的病。要彻底治愈，需要自己掏一部分钱。可哪里有钱呢？正忐忑不安时，母亲的妹妹白杨听到了她的情况，热情邀请她到上海治病，一切费用由白杨来解决。

于是，绝望的母亲赶赴上海。她的日记有以下记载：

1950 年 9 月 10 日　上海建国西路 641 号 三妹处

我到上海来治病已两周了（8 月 29 日到）。不好不死的病使我在北京越来越苦，甚至每况愈下。可是当君超 8 月 27 日把我从北京带到上海后，我神经的毛病便突然减轻了。14 天没有失眠，心情也较平静。在这儿，我是如何感激三妹啊，她是这样真挚、热情、细心地为我治病，十几天便花掉将近百万元（系旧币，一万元等于一元——作者注）。这一点真使我不安。

▲父母合影（1950 年）

她日记中还说，白杨妹妹比亲生母亲还关心自己，安排自己做周身检查，陪同自己去医院。并请来上海最好的神经科专家粟宗华大夫，为自己看病。在日常生活上也照顾得无微不至，顿顿好饭好菜，还经常带她到著名餐馆品尝——母亲自进城后，每月仅几块钱津贴，生活拮据，除了去小饭馆吃一碗面条之类，就从没上过大饭馆吃饭。因此，母亲心里热乎乎的，深深地感受到了妹妹的手足之情。

那位中外有名的专家粟宗华诊断母亲患有忧郁性精神病，只要快乐，多玩，多运动，病一定会好。但母亲觉得自己没有精神病。她认为自己才 35 岁就把卵巢、子宫都摘除了，病是内分泌失调所致。听说有的妇女一摘子宫、卵巢，神经就不正常。所以她认为自己的病也是如此，大夫曾给她打过荷尔蒙，还挺有效。

1950 年 9 月 22 日

……过去，默默中，我不加思考地总认为我的病是在妇联那个环境造成的。尤其是梁的领导逼成的。因此我对妇联及梁说不出的厌烦。可是昨天我仔细作了一番分析，客观上他们没及时分配我适当工作，梁对我个人及孩子问题没多做照顾，因而引起我情绪不安，但是这个客观原因是毫无理由来强调的。主要的全是我思想上的不开展，个人主义在作祟。我分析造成我的神经毛病有以下三个原因：

一、胜利了，以功臣自居（虽不是有意识的），对工作分配不满，因而情绪低落，工作情绪不饱满，满腹牢骚。

二、太过于关心自己的孩子，小胖的病不能随时照顾，使我痛苦得很。每次回家后再回单位妇联，竟心如刀割。日久，神经受损伤很大——这简直是不可饶恕的个人主义的母爱。

三、偏偏又是个好强的，不顾及自己力量的个人英雄主义者，情绪不高，工作没有劲，可是又怕人说，又要逞强。不会适当休息，因此有时工作过劳。……这仿佛是一个病人，你并没有把他的病治好，使他健康后，再愉快地劳动。而是叫一个病人背起沉重的大包袱，去跑路。他哪能不倒下呢？我思想上的根源没肃清，勉强被自己的所谓"党性"鞭策着去工作，这种不愉快地工作最伤人。因而我神经的毛病便如此闹起来了。

我想到因我思想上的毛病，而造成党的人力财力的损失，造成自己长期不能工作，使无数大好光阴白白过去，我痛恨自己，我想哭……

1950年11月母亲从上海返回，在上海妹妹家共住了3个月。

年底，母亲因养病无法上班，正式辞掉了市妇联的工作，把组织关系转到了市委组织部，后又转到了北池子街道（当时住在马圈胡同12号，白杨买的院子）。她开始与街道家庭妇女、小贩、小手工业者、蹬三轮的一起过组织生活。

到了1951年，她身体依旧不见好转，日记中所记载的全都是这方面的内容。

1951年6月28日　雨

一星期来，又被关节炎所苦，周身关节忽上忽下地疼痛。

7月3日

已经快一年半了，离开了工作，离开了人生最快乐的源泉，整日呻吟，半死不活的……

8月8日

一个多月来，关节炎之外，头晕头痛又重了，血压也高了，不能久坐。坐久了，晚上疲乏，周身痛得难过之极。

8月13日

……徐然常问我：妈妈，你为什么总不快活？总发脾气？我怎样对孩子说明我的心境呢？有病休息理所当然，我却总是痛苦——不仅是肉体，而且加上不能工作的精神痛苦。每天，每天，我像瘫子似的，不是倒在床就是呆在躺椅上。坐凳子只能很短时间。凉一点要赶快穿衣服，路多走几步要休息，不然难忍的痛楚，就锥子扎似的刺上来了。……这样的生活谁能过得愉快呢？

1951年10月15日

想把天安门美丽辉煌的景象描述一下，可是现在身体各处痛，痛得不能写。除了上医院，我已连着躺了三四天了。昨天下腹痛得厉害，已开始烤电。百病丛生，如何得了！我简直痛苦得像祥林嫂，她不住地喊着：我的阿毛！我的阿毛！

我也忍不住总是喊着：我的病！我的病！

11月17日周六

身上总是难过，痰粘得嗓子说话、呼吸都困难，胃消化不好，头又痛，每天恹恹无力，什么都做不了。有时，我真恨造物主不该造了我这个人！

……

痛苦出作品，大痛苦出大作品。《青春之歌》就是在这种近乎绝望的痛苦情绪中开始酝酿，开始写作的。

这时，母亲37岁。

为了治病，她四处求医，找过中医针灸大夫胡荫培、秦祥麟……找过苏联专家，找过林巧稚，后来还找过卫生部顾问、北京医院中医科主任章次公先生。此人先后为毛泽东、周恩来、朱德、邓小平等中央首长看过病，是中南海的保健医生。

她曾对苏联专家发明的组织疗法抱有很大的希望，据说这种疗法包治百病。——在人身上切个口子，然后把经过药物泡制的牛脾脏埋在人体内，再缝上。母亲忍痛做了好几次，效果却不如意。

她还打过胎盘，注射过罗瓦尔精以及FCC等等药品。

……

翻开母亲20世纪50年代的日记，其中大多数篇幅是写她的患病感受和对疾病的忧虑。这样的内容差不多占了全部日记的四分之一到三分之一。由于病休不能工作，她痛苦；由于总养病，父亲对她不热情，她痛苦；由于生病总失眠，睡不好觉，她痛苦；由于才30多岁就大把大把掉头发，脑袋秃顶，她痛苦；由于肝痛，怀疑自己得了肝癌，她痛苦得甚至动过自杀的念头……她那痛苦不是无病呻吟，而是真的发自内心深处的绝叫。

看她的日记就像看一个在死亡线上挣扎着的灵魂，不住地哀号。她对父亲发脾气，对孩子暴躁，对人生绝望，对自己的痛恨，全跃然纸上。这么不断地痛苦，让我大吃一惊。跟我平时见到的母亲完全判若两人。她在孩子面前，总是从从容容，雍容大度，从没有流露出过什么悲观情绪。当哥哥一度肚子总疼，查不出什么病，心神不定时，母亲还批评哥哥不该胡思乱想，瞎难受。

母亲说哥哥疑神疑鬼，她自己何尝不是呢？很长时间以来，她因肝部不适，四处求医诊断，却总也诊断不出是什么病，就怀疑是癌，心情极端沉重。

所以，她总在死亡的阴影下生活。

很多老朋友都说杨沫心宽坦荡，无论得了什么病都不慌不忙，想得开。可事实上，母亲的内心与外在完全不一样，她的日记里有那么多的痛苦和绝望。经过了十几年根据地艰苦斗争生活的磨砺，她练出了“表里不一”的功夫，能把痛苦埋藏在内心而丝毫不露。

如果母亲给我们孩子什么遗传的话，就是她的神经官能症。我们几个孩子都犯过这个毛病。比如20世纪80年代徐然觉得胸口痛，吞咽困难，几乎无法进食，跑了很多医院看，查出的结果却一切正常。上大学时，我也曾觉得吞咽困难，有时候连一块馒头都无法吃，只能喝粥，一检查也全都正常。

看了母亲的日记，我才恍然大悟，原来我们这病根都来自母亲。她自从割掉卵巢之后，内分泌紊乱，一不打荷尔蒙就全身难受，这疼那疼——其实就是神经官能症。

从日记里可以看出，疾病给母亲造成了多么大的压力。她的精神天空上有时候是多么黑暗，压抑。肉体上的痛苦压迫着她人前一个面孔，人后又一个面孔。

如果她身体健康，正常上班工作，终日快快乐乐，仕途顺利，绝写不出《青春之歌》。

痛苦给了她紧迫感，给了她创作《青春之歌》的冲动。

7. 动笔写《青春之歌》

牺牲的战友不时在她脑海浮现——和路扬的一段罗曼蒂克的友情——卢嘉川背后的身影——边打荷尔蒙，边坚持写作——林杉的支持令她信心大增——3 年 7 个月完成了 35 万字初稿

养病期间，离开了单位，离开了集体，离开了紧张火热的社会生活，终日躺卧病榻，独守空屋。在寂寞孤独的日子里，冀中十分区血与火的抗日生活，过去那些牺牲的战友，时不时浮现在母亲的脑海。

老马的搭档，霸县县委书记高均；

卖豆腐的新城县县长杨铁；

把衣服片塞进喉咙，自戕殉国的三联县县长胡春航；

靠一根筷子结束生命的二联县委组织部副部长谭杰；

送给自己一块怀表的区长王泰；

喜好文学的敌工部副部长李守正；

多次陪自己下去工作的区委书记吕烽；

在敌人面前忠贞不屈的妇救会干部任霄。这也是一位喜欢文学的战友，曾写过一首诗，题目是《我还没有死》：

虎狼咆哮般地问着：
“谁是大春？”
我闭着我的气儿，
不慌不忙地回答：
“我不知道！”

他们疯狂地扑来，
拔出那闪亮的刺刀——
架在我的脖子上。
……
我的脸没有变色。
我更沉着地
更坚定地说：
“我不是；
我也不知道
谁叫大春！”

不久任霄被捕了，为免于受辱，在敌人监牢中，她用自己的衣服缀结成绳子，果断地结束了自己的年轻生命。任霄用鲜血刺激了母亲……每当想起这位无名女诗人任霄，母亲就不禁涌起深深的思念。（见母亲散文《我以是女人而骄傲》）

▲仓夷烈士（1921—1946）

还有仓夷同志，从新加坡回来的华侨，《晋察冀日报》的战友，这小青年镶有两颗金牙。母亲在张家口怀抱小胖和徐然的照片及自己戴军棉帽的单人照片都是他拍照的，那天是1946年3月8日。5个月后的8月8日，这位仓夷同志在大同被敌人抓住用刺刀捅杀，年仅25岁。

他给母亲拍下了有生以来最好的几张相片。多年后，一看见这几张照片，母亲就会想起拍照片的小伙子仓夷。

……

1950年10月13日，母亲在日记中写道：

……一个人坐在收音机旁收听音乐，无意中听到一个外国女人报告什么，我停下了，当一个男同志翻译后，知是苏联少年先锋队的事迹。我注意地听了起来。那些英勇的，忘我的苏联少年先锋队的爱国行动，使我激动了。我自然地想起抗日战争时，我们也有多少儿童为保卫祖国而英勇献身。我又想起了多少群众，多少干部、战友，牺牲自己，保卫祖国的行动。不知怎么的热泪竟夺眶而出。于是决定把它写出来，把这部作品献给那些为祖国而牺牲自己的勇士。这思想像命令似的在我的心里响起。一些人影在脑际里翻腾……

▲仓夷烈士为母亲拍摄的照片
（1946年3月8日张家口）

母亲暗下决心，要在自己的作品中，把这些烈士们的形象再现出来，永留人世。1951年6月9日，她在日记中说：

> 这两天，我有时忽然想，身体总是不好，干脆来个灯尽油干，尽所有力量写出那长篇小说来，然后死就死了，也比现在不死不活，一事无成的好。这是孤注一掷的想法，当然不对。可是这种养病的生活，实在烦人。

1951年9月，在读了《钢铁是怎样炼成的》之后，保尔·柯察金身患重病写书的举动大大鼓舞了母亲，激励她快点把那部盘旋在脑海中很久的书稿写出来。她想先大胆写吧，等身体好了或各方面都准备好了再写，是没日子的。

她对自己说：不要总这么怯懦，成天酝酿呀，思索呀，准备呀，就是不动笔。保尔一个瞎子、瘫子都能写，我还犹豫什么呢？

在疾病缠身的情况下，她开始动笔。9月25日那天，她草拟了全书提纲。最初的名字叫《千锤百炼》，后改为《烧不尽的野火》。

自从一开始写，她整个身心都沉浸在自己所创作的那个虚幻世界里。全部精力被吸引进去，对疾病的注意力转移了，身体反而变好。不过她还是很注意，别犯病影响写作。为防治腿病，她想起了抗日战争中睡在老乡的热炕上，关节炎从没犯过。她就花了几十块钱，请人在小西屋里盘了个热炕，有钢丝床不睡，她却非要睡在土炕上。

花了十多天的时间，她终于修改完成了全书的提纲。

▲原中央军委办公厅主任路扬（1917—2001）

也就是在这个月，1951 年 9 月份，母亲接到了抗日战友路扬的信。这封信唤起了她心中一段很美好的回忆。

1941 年左右，母亲所处的十分区根据地沦为敌占区。母亲因病随卫生部来到了铁路西的后方医院休养。好了一些后，路东回不去，就到十分区政治部宣传科路扬手下当起了小报编辑。那时，母亲总打摆子（疟疾），每日或隔一日就先冷后热，缩在老乡炕上难受得低声呻吟。晚饭多是一个玉米饼子。同志们给她送来，她没胃口吃，就拿饼子和房东大娘换小米粥喝。谁知换了几次后，被有的同志反映了，说她娇气，不珍惜宝贵的粮食。母亲得知后，心里很难受，可又不便说什么。一个衰弱的病人用玉米饼和老乡换碗小米粥喝，竟也招来非议。路扬知道了这件事，悄悄来安慰母亲，向母亲解释道：由于敌人的三光政策，边区生活很苦，粮食十分紧张，大家都吃不饱。一个饼子对常常挨饿的男同志是什么分量，你一个女同志可能想象不出。所以同志们对你的不满是很自然的……路扬说得母亲心服口服。

自那以后，母亲对路扬就有了好感。那时母亲和父亲两地分居，感情上出现了问题。母亲觉得父亲待她不像刚开始那么好了，多日不见面，见了也不冷不热。路扬虽然比母亲小，却很有修养，对母亲体贴入微。

用母亲的话来说，他们之间有过一段罗曼蒂克的友情，当时母亲 27 岁，路扬 24 岁，以至于这段友情曾经让母亲很痛苦。

路扬送给母亲一本《鲁迅选集》。母亲一直带着它东奔西走，爬封锁沟，涉大清河，宿老百姓家。1945 年春天，敌人铁壁合围时，母亲把它坚壁在新城县或雄县的东照村一个姓杨的村长家中。因该村后来发了大水，这本书就再没有找到。

1942 年春，母亲听说路扬私自脱离了部队，到敌占区了。从这天起，母亲一想起这个朋友，就感到惭愧，不愿意再回想，并驱逐了过去对他的好感。

后来经过整风，母亲对此事做了公开检查，彻底消灭了对他的那种感情。

但1949年2月母亲在石家庄某医院看病时，无意中与7年不见的路扬重逢。当晚，路扬就找到母亲，解释了他们之间过去的误会。

他说他并不是私自去敌占区，而是因为患病，刘秉彦司令员批准他去治病的。以后病好些了，组织上就让他和刘民英一起在保定地区工作。

本来经过整风运动后，母亲已经消灭了对他的感情。没料到，他这次见面又重提这个问题。他说，为了母亲，他1942年拒绝了李，前两年，因为婚姻问题的刺激，他随便找了一个老婆，没当回事，结果在党校整风时，别人批评他对婚姻问题不严肃。

他目前一个人在石家庄看病，遇见了母亲很高兴，并表示想和母亲“死灰复燃”。

母亲的内心矛盾重重。她现在已经有了四个孩子，对方这么些年还在惦念着她，让她感动。最后理智还是占了上风，她坚决拒绝，害怕自己再重陷进过去的痛苦。

路扬失望地走了。

到了解放后，1951年9月，母亲忽然收到了路扬7月份的一封信，这使母亲又高兴又惊奇，两个人自从石家庄见面之后已经两年多没联系。他在信中说，他现在随19兵团到了朝鲜战场，利用战余时间写信，对祖国人民很是怀念。母亲慎重考虑了一番是否给他回信。后来觉得他是多年的老战友，又远在朝鲜战场，随时有可能牺牲，就给他回了一封信。

这样两个人又恢复了联系。

母亲与父亲的关系此时已经出现问题。他们俩个性、志趣、嗜好差异很大，隔长不短要吵。母亲爱吃零食，父亲一点不吃。母亲一到了隆福寺，总要买两大碗羊双肠，可父亲闻着这味却要皱眉头，以至掩鼻。母亲有小资情调，多愁善感，父亲严肃沉稳，很少激动。母亲喜欢文艺，父亲却毫无兴趣，对母亲写的东西看也不看。

据母亲的日记记载：20世纪50年代初，有一次，母亲对父亲说：我现在发现了犯病的规律。

父亲把脖子一扬，满脸不高兴地说：又是什么规律，规律一年了……母亲气愤地嚷道：什么夫妇，还不如同志、朋友、邻居！连自己的老婆都不爱，还谈什么爱人民！

母亲觉得父亲对她漠不关心。她在1951年10月22日的日记中叹道：

> 可是有什么办法呢？他不但对我不好，对孩子，对他父母，对他朋友……全是冷冷淡淡的，他也许是个性如此。晚上他下班回来，吃过饭，便自己看书。睡觉时，他在外屋，我在里屋，虽然一起生活，可是我们的心灵却隔的（得）远远的。

根据母亲的日记，我是1951年4月16日被父母从河北农村接到北京。自我到家时起，父亲和母亲两个人就分着住。母亲住在北房的东屋，父亲住在北房的西侧，有一个屏风挡着床，中间隔着一个很大的会客厅。

母亲与路扬恢复通信联系的时候，就是这样的家庭背景。

1951年10月，她开始正式写作《烧不尽的野火》时，收到了路扬的回信。这才知道路扬现在19兵团任宣传部长，之前曾在63军当了几个月的政治部主任。

这封信，又引起了她深深的思索。自己已经有丈夫和孩子了，路扬对她的感情让她惴惴不安，她感到这是一种没有希望的感情，只会让自己陷入无穷痛苦之中。阴差阳错，他们不可能在一起。

她忽然掠过一个念头，虽然和他的关系不能"死灰复燃"，但可以把他写进自己的书中，让他永远活着。对，应在小说中写出这个人物，把他高尚的革命品质，出生入死的感人事迹表现出来。顺便也写出他对自己经受了长期考验的感情。

母亲爱幻想。在朝鲜前线的路扬这么惦念她，与父亲恰成了鲜明的对比，给了她一些欣慰和满足。她和他的情谊，中间疏远了很多年，现又似乎在她心中的某个角落恢复了起来。母亲常常想起他：他正在朝鲜和美帝打仗，他会牺牲吗？他现在干什么呢？他的个人问题怎么解决？

母亲本想和他一刀两断，不再联系。但考虑到他在前线，出生入死，很希望能看到母亲的信，出于对前线志愿军的关心和支持，母亲才跟他通起了信。

他们具体的感情经历，母亲绝少透露，但根据母亲的日记所载："七七"事变前，当她还没有认识父亲时，曾和路扬认识，并有过一段友谊。但后来因为误会，他们分手了。几年后，在抗日根据地，两人重逢时，母亲已经结婚，路扬还没有结婚。母亲对他有些愧疚，他也很痛苦。这样，以后两个人发展了一段感情，又因为路扬离队治病，产生了误会……

这其中的波波折折所积蓄的感情风暴，现在终于借着写书，有个机会发泄了。

小说中的卢嘉川，就是母亲怀着对一个前线战友的深情，对一个永远不能在一起的人的爱，用最真挚的感情塑造出来的。

尽管卢嘉川是虚构的，好多人都觉得这个人物写得好，母亲把他写得栩栩如生。

其中的隐情就是这段与路扬的友谊与恋情。

母亲每天大约写两三千字，用四五个钟头，再多便支持不住。她做了一段组织疗法之后，不想再做了。因为每做一天，把牛脾埋藏在皮肤里，就要难过好多天，什么也干不了。

她常常下午头痛，胃也不舒服，只能断断续续地写。她头疼得厉害时，也懒得告诉别人。她不愿意让人感到：杨沫，你这个人怎么病这么多!

因为天天忙着写作，她不经常记日记了，担心写日记要夺去写作的精力。

该去看病时，她也常常不去。因为一去半天，回来累成一摊泥，什么也做不成。她舍不得离开写作。自从开始动笔写长篇以来，她的灰暗病号生活有了一点快乐，她能把潜伏在内心深处的东西说出来，感到了创作的无比愉悦。

但是，另一方面，她也有顾虑：如果组织上知道自己没上班工作，却在家里写东西，会如何看待呢？能否了解这是在休养中不得已的行为呢？这样的写作，算不算是个人主义，干私活呢？

到年底的时候，母亲已写了7万5千字。她似乎和保尔抱有同样的心情，觉得自己的生命快到头了，必须抓紧时间把作品写出来，做一点有益于革命的事。

她的身体时不时地出毛病。有一次，她的头痛起来，大晚上睡不着，活受罪，竟忍不住哭出声。在深夜中，一个成年女人的哀嚎，令人悚然。

为了治病，1952年春天，她连着几天到协和医院看病，请林巧稚大夫给她会诊。林说她剩下的一个卵巢已发生变化，变成了一个肿大的硬块，没有任何功能。由于缺乏内分泌才发生了各种病症，这是没办法挽救的，只有适当地人为补充各种内分泌。因此，有一阵子，她几乎要天天打荷尔蒙，不打就支持不了。

到了1952年6月，书稿完成了15章。

在写作的时候，她也曾怀疑过：自己费了好大力气写的东西，是否有价值？动笔后，才发现很多事情自己体验不深，很多基本的材料都不全，这能写好吗？接着而来的是失望、泄气、难过。后来她想起了解放军战士高玉宝，文化很低，认的字还不如自己多，不也写成了自传体长篇了吗？人家能行，自己为什么就不行？她又想起了保尔·柯察金，一个双目失明，瘫痪在床的重病号都能写书，自己四肢五官都健全，还写不出来吗？若真写不出来，那就只怨你是笨蛋一个。想到此，保尔的那双黑眼睛仿佛在盯着自己，她终于又涌出了勇气。

这年7月底，组织上决定母亲到北戴河休养。

母亲非常兴奋，她从小就喜欢海。在北戴河，她的住处紧靠海边，是一座美丽的花园。她一个人睡在宽敞的房间里。夜半醒来，听到大海安静而有节奏的波涛声，她不禁回想起20多年前，也就是这个月，这样的天

▲母亲在北戴河海边（20世纪50年代初期）

气，17 岁的她，只身跑到北戴河的南大寺找哥哥，住在放有棺材的破庙里。那时候，她是为了逃避母亲包办的婚姻，离家出走。却因总找不到工作，生活窘困，感到走投无路，曾想到了死。而现在，虽然快 40 岁了，旧地重游，却一扫凄迷之感。她作为疗养干部，好吃好喝，能在这里住两个月，多么幸福啊！她对人生充满了希望。

她像个孩子似的，成天在大海边玩，笑呀！跳呀！她感到大海是自己最亲密的朋友，它那么大，气吞山河，又那么安静，如泣如诉。它坚忍不拔，无休无止地奋斗，向目标奔跑，一波一波扑向海岸……

有时候，因为关节炎和闹肚子，她不敢下水，就坐着小船，在波浪起伏的海上游荡。她把双脚泡在海水里，遐思悠悠。远离人世，独自置身在大海上，她感觉愉快，胸中澎湃着一种诗似的情感，这美丽的景色太迷人了！

在北戴河期间，她一方面用海水和热沙治关节炎，一方面仍旧写着自己的长篇。这一段时间，她感觉特别好，文思如潮，进展极顺利。她后来说在海边写的文章，都是一气呵成，从不需要修改。

秋天回到家后，她继续写。

到 1952 年 10 月，初稿轮廓已经出现。

这年秋天，《新观察》发表了她的中篇纪实小说《七天》。是为了纪念战友——原二联县八区区委书记吕烽而写的。抗日战争马上就要胜利，吕烽却牺牲了，实在可惜。在 7 天的地道战中，同志们渴了喝自己的尿，饿了吃腐烂的死小猪。

《七天》在读者中反应很好，《新观察》准备出单行本，还请来阿英同志亲自为母亲修改。这是继 1950 年出版《苇塘纪事》之后，母亲写作事业上的又一个成就。

母亲没有单位，总在街道过组织生活，接触的都是一帮街道妇女、三轮车工人、小商小贩等。时间一长，她感到了消息闭塞，什么文件都看不见，什么会议都参加不了，水平难以提高。父亲当时在国务院文委办公厅任副主任，通过父亲与电影局领导协商，1952 年底，母亲正式调到了电影局的剧本创作所当编剧。关露、王莹、颜一烟、海默、柳溪等作家也都在这里，成为她的同事。

该单位地处西单舍饭寺。

母亲到创作所之后，遇见这些文学人才，如同从小屋里到了一个大操场，视野开阔，耳濡目染，艺术见解和写作技巧都大有提高。她的精神紧张而愉快，天天上班，身体也支撑了下来。

在电影剧本创作所的本职工作就是写剧本。母亲想首先要干好本职工作，自己的小说先放一放，等以后再说吧。

进入1953年后，随着3月5日前苏联领导人斯大林去世，母亲的神经受到一次大刺激。那一段日子，母亲见到的所有党员、干部、群众都在哭泣。母亲也哭红肿了眼睛，她甚至曾起过一个念头——拿自己生命换得斯大林同志多活几年，哪怕几天也好啊！母亲参加了苏联大使馆的吊唁，还参加了3月9日下午在天安门广场举行的80万人追悼大会。沉重悲壮的《国际歌》声，回荡在北京城上空。

可能是过于疲累和悲痛，母亲的神经性疼痛突然发作了，她全身骨头疼，尤其是双腿和双肩痛得不敢动，只好请病假，回家休息。

但歪打正着，这样，她又有时间来修改自己的稿子了。利用这次病休，她集中干了几个月，把长篇的初稿完全弄出来。还曾给创作所的同行林杉和其他领导看过，受到肯定，并让她改编成电影剧本。林杉当时曾创作了《吕梁英雄传》、《刘胡兰》等剧本，有些名气，后又创作剧本《上甘岭》、《党的女儿》等。

母亲信心大增，计划1953年9月底最后完成初稿。

由于粮食实行统购统销政策，农村的阻力很大。中央认为这是两条道路的斗争，指示中央各单位都要下农村帮助农村整改。母亲放下快要完成的稿子，愉快地来到了北京通县田家府村，参加统购统销工作的蹲点。每天她和村干部们一起开会，研究工作，经常组织老百姓讨论学习，给农民群众讲解政策。

她的写作完全停止了。

直到1954年春天，才结束了农村蹲点，回到北京。

母亲的身体时好时坏，只要能写她就抓紧时间写。又过了一年，到1955年4月底，《烧不尽的野火》即《青春之歌》才全部完成。大约35万字，费时3年7个月。

附：路扬同志生平

路扬（1917—2001），原名路天庚，河北省临城县石城村人。1937年七七事变后，投笔从戎，同年11月加入中国共产党。先后历任冀西先遣支队第二团政治处主任、冀西先遣支队政治科科长、冀中十分区第27团总支书记、十分区政治部教育科科长、宣传科科长、《前线报》社长等职。先后参加了河北安次县调和头战斗、十分区神堂战斗和百团大战。

解放战争时期，历任冀中军区政治部宣传部副部长、晋察冀军区三纵队政治部宣传部部长、19兵团63军政治部宣传部部长等职。在清风店和石家庄两大战役中，他充分发挥了自己的政治工作才能，对保障战役胜利，起了很好作用。

新中国成立后，先后任19兵团兼陕西军区政治部宣传部部长、19兵团63军政治部主任等职。参加了抗美援朝战争。1952年因做出了突出成绩，荣获志愿军总部的嘉奖。

1953年10月至1961年2月，路扬同志担任中央军委办公厅副主任。他协助肖向荣主任，出色地完成了中央和军委领导交付的各项任务，得到了周总理、彭老总和黄克诚、粟裕等同志的称赞。之后调国防科委任副主任兼秘书长。

1964年8月，奉中央军委的命令，又调回军委办公厅任副主任、主任。在“文化大革命”中，他的处境尽管极为困难，仍冒着巨大风险，同林彪、江青反革命集团进行了坚决的斗争，出色地完成了许多特殊的任务。1968年“杨余傅事件”发生后，遭到林彪一伙的打击迫害，被撤职，发配到河南省。1972年2月，又被江青诬陷入狱，关押达7年之久。其间，他曾咬破舌头，严守机密，宁死不屈。

1983年2月，中共中央军委为路扬同志彻底平反昭雪，恢复大军区副职待遇，离职休养。

路扬同志1955年被授予大校军衔，1961年晋升为少将军衔。

2001年6月6日，因病逝世，享年84岁。

8. 迟迟出版不了

6000多字的专家意见大部分是谈缺点——在中青社受到冷遇——托阳翰笙看稿，迟迟没有结果——双百方针带来了希望——老战友秦兆阳把书稿推荐给了作家出版社——中青社后悔，想要回去——几经周折，一拖再拖，终于出版

《青春之歌》的出版非常不顺。

1955年春天，中国青年出版社听说母亲写了一部反映30年代青年学生走上革命道路的作品，要去了这部书稿。看完后，拿不定主意。想来想去，他们提出，要母亲自己找一个名家给看看，若肯定了这部稿子，就马上出版。

当时，母亲是个一般编剧，默默无闻，根本不认识名作家。就由妹妹白杨介绍，一同找了阳翰笙，托他看这部稿子。阳翰笙曾是总理办公厅副主任，当时是中国文联秘书长，日理万机，但答应5月15日开始看。

母亲5月3日就出差了。在上海，她让妹夫蒋君超看了稿子，评价不错，还表示愿意改编成电影剧本，认为小说后半部比前半部好。之后母亲又到广州，采访青年学生，为写剧本搜集材料。后因开展反胡风运动，单位让立即回来，6月底母亲就返回北京。

此时，全国开展了轰轰烈烈的肃清胡风反革命分子的运动。8月，母亲担任了文化部京沪调查组组长，去南京、上海外调，又出差了两个多月。

因骑河楼马圈胡同的院子要征用，准备盖妇产医院大楼，回京后母亲就忙于搬家，于1955年11月6日搬到了复兴门外国务院宿舍，生活这才

安定了下来。

母亲一直惦念着自己的书稿，这期间，她曾几次给阳翰笙打电话，问看完了没有。阳翰笙一直没顾上看，拖到了12月9日，他有些不好意思，对母亲说，实在太忙，没时间看，他可把稿子介绍给中央戏剧学院的教授欧阳凡海同志看。这个人早年留学日本，1937年冬就到了延安，曾任鲁艺的文学研究室主任以及华北大学教授等，是研究鲁迅著作的专家。

母亲在征得中国青年出版社的同意之后，就答应了由欧阳凡海审阅这部稿子。

母亲心里很烦，来创作所3年了，却还没有写出一个剧本来，成为她一个很沉重的精神负担。看见别人一部作品还没有写好，报纸上就大登起来了（如秦兆阳的《两位县委书记》，在《北京日报》上连载了好几天）。而自己的书稿写了4年，经过多少遍的修改，迄今完成8个月了，还没有人看，很有些愁闷。

母亲曾对父亲说：即使是共产党领导的国家，文艺界还是朝中有人好做官。怨不得有些人形成了小集团，互相扶持，也怨不得胡风他们利用了我们这个弱点。但我是讨厌这种行为的，我绝不走任何人的门子。像某女士那样，为自己的写作事业，竟然可以去抱名作家的粗腿，甚至不惜出卖自己的肉体……实在没人理，我就给乔木同志或中央写信。一方面喊作品少，一方面有了作品又没人理。（见1955年11月15日日记）

胡乔木曾是父亲的顶头上司，当时任中宣部副部长。

一个多月之后，到了1956年1月27日，欧阳凡海看完书稿，给母亲写了一封长达6000字的信。对书稿肯定了两点，一是语言简练，结构活泼而紧张，二是其中一些人（如卢嘉川、王晓燕、两个铁路工人、白莉萍、许宁等人）写得相当成功。但是他又指出了许多缺点。最成问题的是作者对主人公林道静的小资产阶级意识未加以足够的分析和批判，其次江华和戴愉两人还有许多地方要重新改写。对左倾机会主义揭露得不够。

这封长信，大部分是分析手稿的缺点，优点只提了一小部分。

乍一看，母亲有些失望，但后来又平静下来。起码，自己塑造的卢嘉川这个英雄人物是成功的。只此一点，她就知足了。毕竟没有白费力气。母亲最热爱他，这是母亲理想中的英雄和爱人。别人竟也能喜欢他，给母亲带来了莫大安慰。而林道静的一些缺点，也正是母亲自己的缺点。母亲承认自己有这些毛病，认为凡海同志的许多意见是极宝贵的，但也对一些意见持保留态度。比如对揭露左倾机会主义的问题，就有不同看法。

母亲把自己的意见对欧阳凡海谈了，同时，还想请他将来修改好后，再给看一下。

欧阳凡海回答说：关于左倾机会主义的揭露问题，你那样说也有道理，我同意你的看法。但我不赞成你把稿子改完后再给我看，因为改完后，还是那双眼睛，看的人难免要受原有看法的影响，容易片面，需要换一双眼睛看。

母亲也就没再坚持。

专家的意见等于基本否定了这部作品。母亲给中国青年出版社打电话，想再与责任编辑张羽交换一下意见，却一直没有回应。看来，老专家的意见，对中青社起了作用。母亲的这部书稿被放进抽屉，坐了冷板凳。

1956 年 3 月份《人民文学》登了林杉同志的剧本，对母亲是个刺激，她联想到海默也写了不少东西，光电影剧本就五六个，还写有小说《突破临津江》，可是自己有何成就呢？啥也没有，光秃秃的零蛋！十分自责，感觉压力特别大。

这年 3 月，电影局剧本创作所正式解散，母亲和海默等留在北影。接着袁文殊找母亲，让母亲当编辑处副处长，主管政治和支部工作。母亲因为身体原因没有答应。她的身体确实糟糕。1956 年 2 月 1 日，她在日记中写道：

> 我应当老实承认，我第一次感到自己的懦弱——在病面前，它也在考验着我的意志。近来常常在夜间，猛地醒来的刹那，我忽然感到死的恐惧。它是那样尖锐地折磨着我，我留恋着世界，我怕死。

她的肝部老是难受。4 月 26 日那天，母亲的右肋下面，肝脏部位突然剧疼起来。正巧前两天，她看了一本医学杂志，上面说肝癌的特点是肝部剧疼。死的恐怖立刻抓住了母亲，她无比的绝望。晚饭后，痛得更加剧烈，以至于双脚冰凉，全身没一丝力气。这时，她不得不告诉父亲，让他要车去医院。

父亲一听，愣住了，忙问母亲详情。母亲面色惨白，说以前肝部从来没这么疼过，恐怕凶多吉少，得了肝癌。父亲有些慌了，眼睛里噙着泪，赶忙打电话要车。

等车的时候，母亲倒不恐慌了。她平静了下来。迅速回想了自己的这一生，觉得自己虽然犯的错误不少，但基本上是个好人。她暗暗作出决定，若到医院诊断出是肝癌，就吃安眠药自杀。她准备好了一瓶鲁米纳。

到了人民医院，母亲下车后连路都不能走，是用推车给推进去的。

但出乎母亲意料的是，医生检查了半天，什么病也没查出来。

母亲很直截了当地问，是不是肝癌？

大夫说不像是。母亲的精神立刻就轻松了许多。大夫观察了一段时间后，当夜就叫母亲回了家。吃了一些镇静药，小睡了一觉。第二天早上仍然疼。国务院的沈大夫介绍母亲去协和医院，检查了一天，内科、外科都闹不清是什么病，最后妇科大夫勉强说是盆腔炎，打了许多天的盘尼西林。

虽然没搞清楚是什么病，但起码不是癌，母亲放了心。她松了口气说：总又可以多活几年了。

也是在4月26日母亲犯病这一天，毛泽东在中共中央政治局扩大会议上提出，艺术上要“百花齐放”，学术上要“百家争鸣”。

报纸广播立刻开始宣传双百方针，声势浩大。一时间，出版空气变得十分宽松。母亲在沮丧中，看到了一线希望。她就与张克联系，想把书稿请老战友秦兆阳看一看。

1942年母亲在华北联大文学系学习时，秦兆阳当时是美术系的教员，彼此就已认识。从1943年起，两人都在冀中十分区工作，秦兆阳担任过《黎明报》社社长，母亲后来在《黎明报》干编辑，两人关系变密切。他的爱人张克，还是母亲给介绍的。自从进北京城后，秦兆阳的名气越来越大，而母亲却还是个一般干部。从1949年到1952年，母亲曾去看过秦兆阳几次，可不知何故，他一次都没来看过母亲。母亲很敏感，以后就不大找他了。所以当中国青年出版社让找名家给看看稿子时，母亲找了阳翰笙，却没去找秦兆阳。

1956年春，母亲把稿子给了秦兆阳，请他过目，如无大问题，拜托他把稿子介绍给作家出版社。过了些天，秦兆阳来了电话，说稿子看过了，挺好，没什么大毛病，已经把稿子转给了作家出版社。

秦兆阳当时是《人民文学》杂志的副主编，他的话有分量。作家出版社果然非常重视，经过认真阅读后，认为这部手稿是一部重要作品，想尽快出版。5月底，责任编辑任大心把此消息通知了母亲，并表示只需对个别一两处地方做些修改即可——因为要落实毛主席的“百花齐放，百家争鸣”的政策。

但事情发展到现在，母亲并不着急发表。她根据欧阳凡海同志的意见，经过反复思索，认真写出了一个修改方案。任大心把修改方案拿回去研究了之后，同意了母亲的意见，也认为还是争取尽量修改得好一些好。

任大心给母亲的时间是当年6月20日以前改好。为表诚意，作家出版社还预支了母亲一千块钱稿费。

母亲的体力发生了奇迹，她竟能每天工作五六个小时，这样改了二十多天，如期在1956年6月20日前完成。全书约40万字，书名最后定为《青春之歌》。

随着“百花齐放”的政策提出后，中国青年出版社又想起了母亲。编辑张羽给母亲打来电话，问稿子修改得怎么样了。一听说作家出版社要出，他们急了，匆匆忙忙找到母亲，表示他们最先拿到这部稿子，答应也会以最快的速度出书。母亲说恐怕作家出版社不同意，请你们和作家出版社协商。果然，作家出版社坚持自己要出。最后任大心找到母亲，请母亲定夺。母亲觉得还是在作家出版社出好。这是老秦介绍的，又那么热情和重视，还预支了钱。

于是，《青春之歌》这部书稿，就从中国青年出版社的身边溜走，进到了作家出版社。

双百方针给文坛带来了一股温暖的春风。很多过去不敢出的作品，现在都有希望出来了。母亲高兴之余，又感到了一丝悲哀。为什么干啥都是一阵风？现在是“百花齐放”了，《青春之歌》才能出来，如果没这个政策，还不知拖到哪年哪月。

其实，交稿后，离真正出版仍有一段漫长的路。

到了这年8月中旬，小说还未付排，因为责编任大心搞审干工作去了，其他人插不上手。母亲的身体又犯了病，思想很苦闷。她想，自己的病这样多，怕是活不多久，看不到自己的书出版了。

她爱胡思乱想，末日的感觉，死的影子经常盘旋在脑海，结果心情压抑而紧张。她承认，自己的精神有些不正常，本来抗战前后，自己是一个脾气温和，心情豁达，不计较小事，对人和蔼可亲的人。自从动了两次宫外孕的手术，过早摘除了卵巢、子宫，性情就变了，变得那么烦躁、易怒、忧郁，为一点小事就难受得不得了。什么死呀、活呀、病呀、疼呀，整天想的就是这些。不用说别人，连自己都讨厌自己。

到了10月中旬，母亲给任大心打电话询问进展情况，他说正在加工《青春之歌》，月底即可付排。这个消息使母亲的精神稍微振奋了一些。

但保姆王维花去人民医院检查出了乳腺癌，母亲又紧张起来。当夜失眠，把自己的病情作了详细的分析，与保姆的症状一一对比，最后才勉勉强强放了心。

可是11月1日夜里两点，她又突然被剧烈的肝疼惊醒，满头冒冷汗，直到早晨仍一阵阵剧痛。父亲要出国，住到了西郊宾馆。母亲打电话把他叫了回来，要车去协和医院挂急诊。检查结果白血球只9000多，不是急症，只好回来。

父亲出国去苏联了。母亲自己一个人忍受着剧痛。她在11月5日的日记中绝望地说：

> 当我剧痛不止的十多个小时内，我更加感到人生的美好，生活的美好。我是多么不愿意死啊！我深情地看着墙上挂着的《月夜》照片，看着灿烂的阳光和窗台上的盆花；看着写字台上的报纸和书籍。我想我就要和这一切告别了，再也看不见它们了……

母亲依旧怀疑自己得了肝癌。

一位大夫经过仔细分析后，告诉她，肝癌是持续性的疼，她却是阵发性的，她并没有肝癌的征兆，她的精神这才好了一些。

1956年11月中旬，母亲开始做蜡疗。

妹妹白杨来信，说她和君超12月来北京，君超还在搞《青春之歌》的剧本，来了要和母亲谈。母亲对这个剧本并不抱什么希望，在日记中说，随它去吧。

12月初，母亲又给作家出版社打电话，询问稿子出版的事，回答说因为纸张紧张，恐怕要拖延。

母亲一想起这部书稿迟迟出版不了，心里就烦。再加上去年所有编剧都提了级，惟有她没提，说她没写出剧本。事业、工作、身体都那么艰难，不顺利，她心里有点冒火了。

12 月底，母亲又给出版社打电话，询问稿子出版日期。编辑回答：因题材新颖，这部稿子肯定出，但是否延期，还不能肯定。母亲在日记中说：

> 看样子，书出版的可能性还是大……真他妈的，天下事，总不像你想的那么痛快。(1956 年 12 月 21 日)

这是母亲所有日记中，我发现的惟一的一次说脏话。

到了 1957 年 1 月 18 日，任大心来电话告诉母亲，因为全国纸张缺乏得厉害，《青春之歌》今年不能出了，要到明年才能出。

母亲心中不快，去找了秦兆阳询问，既然缺纸，可不可以少印一点，把书先弄出来呢？老秦说，情况确实如此，赶到了这个时候，谁也无能为力。他说《人民文学》每期 19 万册都不够卖，可现在因缺乏纸张，每期要少印 3 万册。

于是母亲给责编任大心写了封信，表示趁这个机会还想再做些修改。这一拖就是一年，也太长了。她想等责编来送稿子的时候，问问情况，甚至想到给周扬同志写封信，反映一下这个意见。(见 1957 年 1 月 19 日日记)

到了 2 月 19 日，任大心把手稿送给母亲。据他说，副社长楼适夷看了这部稿子后表示，如果杨沫同志把小说改好，下半年一定出，已为这部稿子留下了 40 万字的印刷空间。

这时，海默告诉母亲，中国青年出版社的萧也牧[①]曾对他说，如果作家出版社不出杨沫的稿子，我们出。几天前，柳溪去找萧也牧谈书稿时，萧也说，请转告杨沫同志，要和作家出版社谈好，砸死，如果他们不出，我们出。

母亲因此稍微放心了一些。但她内心深处还是苦痛不堪，在日记中说：

> 这是因为书出版有望了？还是生命的回光返照？看我的面色总是

---

① 萧也牧（1918—1970），原名吴小武，浙江省吴兴县人。抗战爆发后参加革命，曾在晋察冀边区工作。解放初因为发表小说《我们夫妇之间》而被批判为“歪曲了嘲弄了工农兵”，“迎合了一群小市民的低级趣味”，受到错误打击，被迫改做编辑。反右派斗争中被错划为右派，“文革”中在干校不幸逝世。

▲母亲喜欢大海

红红白白很健康的样子，可是内里，我总有死的预感。因为我常想到母亲是四十七八岁死的，我也快到这个年岁了，而且浑身上下这么多病。（1957 年 2 月 19 日）

1957 年 3 月，父亲在中央宣传工作会议上碰见了阳翰笙。阳询问了母亲的稿子，还很关心。母亲得知后，给他写了封长信，讲了手稿迟迟不能出版的苦闷。

过了两天，阳翰笙给母亲打来电话说，他可以和楼适夷说说，催一催，劝母亲别着急。母亲又打电话给出版社，他们说情况无变化，不过意思是让母亲把稿子再从头到尾抄一遍，那冷冷的口气让母亲有些难以忍受。她当即表示，乱的地方可以抄抄，整个抄，没有必要。（见 1957 年 3 月 27 日日记）。

到了 6 月份，当母亲给任大心送稿子时，他又说：现在已有 4 部长篇要付排，你这部挤一挤，也许能挤得下。言外之意，也有可能出不了。母亲当即表示：你们应当讲信用。

明明说好了下半年要出，为什么又把别人的 4 部书稿放在母亲前面出？母亲越想越生气，就给作家出版社一把手王任叔（巴人）写了封信，发泄了不满，讲明出书要守信用。

结果起了作用。当母亲再次打电话问任大心时，他表示今年肯定出书，还问母亲写不写序。母亲说不，能出就行了，不用序不序的。

当时出一本书周期最快也要半年，即 6 月底付排，要 12 月底才能出版。

但母亲终于放心了，这年夏天，她又去了北戴河，在海边度过了一个夏天。望着白浪滔天的大海，她激动、凄迷、感慨万千。

10月初，作家出版社寄来了《青春之歌》书稿的校样。母亲很快改完，交给了出版社。任大心告诉母亲这部书稿已由王仰晨负责。但王仰晨最近会议很多，暂时没时间看。

▲与秦兆阳（左一）、骆宾基（左二）、楼适夷在厦门（1984年）

这时，正是反右派的时候，各单位都很忙碌。中宣部召开了一个党员作家会，母亲看见了魏巍。可很多人如丁玲、冯雪峰、罗峰、白朗、秦兆阳、田间等都没有出席。原剧本创作所所长王震之因为怕被定成右派，卧轨自杀。母亲听说后非常惊讶……

肝疼还在折磨着母亲。在协和医院检查了两年，依旧查不出是什么病。她突然想起了当年在十分区给她治好了黑热病的那位姓勾的大夫。只吃了三剂药，立即见效。也许这老头儿能治好自己的肝病。

为此她坐长途汽车到了固安县的牛驼，父亲当年的警卫员赵文元就住在本地，陪她找到了那老头儿。这人外表上看有70多岁，头年刚剃掉小辫儿。他的配方还保密，不告你都是什么药。但母亲相信他。因为在1939年，他真的救活了母亲一条命。

住了几天，看完病后，她顺便看望了当年的老房东，杜庄的一个干妈，眼睛几乎瞎了。过去，她每见到赵文元都要打听老马和老杨的情况。她对母亲几十年如一日的怀念和关心，让母亲深受感动。这次来特地上家去看望了她，称她为“娘”。老大娘激动得语无伦次，一遍一遍抚摸着母亲的头、脸、手，悲喜交加。

吃了勾老头儿的药，当时没什么效果，但母亲回到北京后，身体是有些见好。而这时，老战友秦兆阳却病倒了。在反右斗争中，他受到了严厉的批判，被正式戴上右派帽子，撤了职，开除党籍。

如果没有秦兆阳出面，《青春之歌》这部书稿还不知要坐多久的冷板凳。除了母亲，他还发现和扶植了很多著名作家，如峻青、白桦、王蒙等等。

现在《青春之歌》就要出版了，秦兆阳却被发配到广西，下基层改造。在漫长的改造岁月中，在《青春之歌》炙手可热的时候，他从没向人讲过他对《青春之歌》的出版所起的作用。

母亲很幸运，这部曾被专家基本否定的手稿几经周折，终于在1958年1月出版。

母亲十分感激秦兆阳，“文革”中曾私下对马联玉说过不下几十次，是秦兆阳帮助《青春之歌》出版的。

9. 书的反响

单位领导点名批评，王阑西要她不要介意——得到了周扬的肯定——天津一17岁的孩子想认杨沫做妈妈——武汉空军某部来公函要求与林道静见面座谈——南京女学生到雨花台寻找卢嘉川的坟墓——小白玉霜上门请求改编成评剧——短短几个月成为名人

1957年年底，《北京日报》女记者田藏申打来电话，说她从人民文学出版社（作家出版社）那儿获悉《青春之歌》即将出版，因为这是写北京地区革命斗争的，《北京日报》想摘引其中一部分连载，希望母亲能够同意。

《青春之歌》初版封面

这是第一家媒体为《青春之歌》找到母亲。

小说还没有出，记者就找上门，让母亲没有料到。据这位女记者说，她粗粗看了一遍，非常感动。

母亲同意了。她不知道自己这部小说广大群众能不能接受。

1958年1月1日，《北京日报》上的“新书介绍”栏内，登出了《青春之歌》即将出版的消息。同时提到的还有李劼人的《大波》和玛拉沁夫的《茫茫的草原》。

从1月3日起，《北京日报》开

始连载《青春之歌》。连载一周后，田藏申告诉母亲，还没有收到读者来信，但报社的同志们反映较好，都挺爱看这部小说。

与此同时，历经数年坎坷的长篇小说《青春之歌》终于在北京各新华书店公开发行销售。母亲紧张地等待着群众的反应。她很怕读者不欢迎，徒劳一场。

还好，有了一点反响。北京人艺去找了《北京日报》，说这部小说很不错，想把它改编成剧本……

就在大功告成的时候，想不到单位领导却突然点名批评了母亲。

那时正赶上北影厂开展双反运动。1958 年 1 月 31 日，星期五，在全厂数百人参加的动员大会上，厂领导何文今点了母亲的名说：杨沫同志几年没有写成一个剧本，可是却写了一部 40 万字的小说……

言外之意，母亲只顾个人成名成家，不搞好本职工作。

母亲乍一听到后，感到非常愕然。连林艺同志也觉得很意外（因她已退出领导小组）。母亲怎么也想不通北影厂为何把她当成了一个浪费典型。自己如果有错误应该检查，可是检查什么呢？她仔细回忆了这几年的所作所为。

首先，1952 年 11 月她来到剧本创作所时，《青春之歌》初稿轮廓已大致完成。

到了创作所后，就投入了整党运动中，大约两个月，接着参加剧本创作会议。完了之后，与黄若海接受任务改编赵树理的《罗汉钱》。为此搜集材料，研究如何改，弄了两三个月，到了 1953 年夏天，领导上忽然决定不改了。因关节炎，她无法下去。7 月去了北戴河，一直到 10 月写了 4 个月的小说。

1953 年冬，又到通县参加统购统销的工作，单独负责一个大村子，搞了 4 个月。

1954 年 3 月回来后，被选为支部书记，脱产工作。6 月投入国际民主妇联的剧本《陈秀萍》。9 月完成，又做支部工作。直到 11 月改选。袁文殊又让写反映青年生活的剧本。因病到第二年春天才去天津、广州、上海生活 3 个月。6 月回到北京后，又投入肃反运动，到南京、上海外调，搞了 4 个月。10 月回来后，发现肝病，继续在北京搞肃反，直到 12 月病重不能支持为止。

从1956年起，因病不能工作，勉强在病中写了一个剧本，10月交给了编辑处，同志们还提了意见。1957年又重写这部剧本，可是9月份又参加反右斗争。整天开会，身体又坏了，因此这个剧本没有完成。

想到这里，母亲提笔列了一个工作表，向北影厂的林艺和鲁军说明了情况。这两位同志也都认为杨沫没有出剧本，不该负多大责任。

当时也有人写大字报，附和厂领导的说法，指责母亲拿着国家的工资，不写剧本，却给自己写小说。

这是母亲参加革命以来，头一次在大会上被点名批评。她确实有点想不通，她于是写了一张小字报贴在北影厂，列举实例，反驳了对她的指摘，以正视听，原文如下：

我是1952年11月17日来剧本创作所工作的。到1958年1月底，共是5年零两个月多一点。在这期间我都作了些什么事情，列表如后，并附几点说明，以便同志们看得较清楚。

一、我的小说是在1950年养病期间酝酿的，1951—1952年来创作所前用了将近两年的时间写成，并不是搞剧本工作之后才写的。

二、小说在1954年冬已交到出版社，一直在两个出版社中间（中青、作家）滚了3年多。这3年多内，我只用了不到3个月的时间修改过它。

三、后面表中所说的会议时间，都指的是不能再做其他工作，需要用全部时间投入的会议。

四、我一共创作过3个剧本，3种题材的酝酿，但其中有两个（《罗汉钱》和合作化剧本）刚做好了各种准备工作（如下去生活，搜集材料，写出梗概），领导上却又不许再作下去，而又分配去搞其他题材，又不得不从头搞起。这个不能说不影响我的剧本创作的完成。

工作统计表（会议时间可能不十分准确，因为记不清了）

1952.12——1953.1　在创作所参加整党运动（两个月）。

1953.2——1953.3　开剧本创作会议，全都参加（两个月）。

1953.4——1953.7　和黄若海一同着手改编《罗汉钱》（约3个月）。

1953.7——1953.10　修改小说《青春之歌》3个月（是因病不能下去生活，在北戴河休养期间）。

1953.11——1954.3　参加合作化运动到通县负责一个村子（田家府）的统购统销工作（4个月）。

1954.3——1954.4　写成农村合作化剧本的梗概交给领导，由孙谦同志提过意见。

1954.4——1954.11　担任支部书记（脱产）8个月，不过这中间即从7月到9月，曾抽出参加伊文思总导演的《五支歌》中的《陈秀萍》的编剧工作3个月。

1954.12——1955.1　领导分配编写青年剧本。因关节炎犯了，一时不能下去，在家修改小说一个多月。

1955.2——1955.6　到天津、广州、上海等地中学生活4个多月。

1955.6——1955.12　全部投入肃反运动，担任上海调查组组长的工作。

1956.1——1956.10　在病中写出一个青年剧本，编辑处提出一些意见，决定修改。

1956.11——1957.3　酝酿重写青年剧本。

1957.4——1957.5　修改小说两个月。

1957.6——1957.8　在北戴河重写青年剧本。

1957.9—1957.12　参加反右斗争。

1958年1月到公安局了解少年犯罪情况，并到狱中和少年犯谈话数次。

五、根据上面我所列的统计表，可以看出这5年两个月的时间（62个月）我的工作时间是这样分配的：

1. 写电影剧本时间共20个月（《罗汉钱》3个月，农村剧本梗概两个月，《陈秀萍》3个月，青年剧本12个月）

2. 写小说时间，共8个月

3. 下去生活时间共10个月

4. 担任工作共8个月

5. 参加会议，投入运动共15个月

说明：

以上统计共61个月。但搞《陈秀萍》是在做支部工作期间，所以应当减去3个月，约为58个月时间，我是一直在工作的。其他几个月，便是在病中完全无法工作的时间。

从以上情况看来，同志们可以看出，这几年来我是不是不肯写剧本，而只埋头在写小说。我是不是懒惰，不负责任，只在追求个人的名利。至于我为什么没有写出剧本来（虽然我一直想写，也在摸索着写），这个，我是应当检讨的。

杨沫

1958.2.1

母亲对领导的批评相当重视，也相当地抵触，她认认真真把自己这些年来的所作所为统计出来，公之于众，请广大同事评判。

不久，《青春之歌》的社会反应开始出现，出版社的编辑王仰晨告诉母亲，头一版已经全部销售一空，马上要出第二版，加印5万册。

在文艺作品必须以工农兵为主角的潮流之中，这部以女性知识分子为主人公的长篇小说，清新秀气，鹤立鸡群，与众不同，获得了各方面好评。

那时候，没有电视，没有互联网，没有酒吧、歌舞厅、游艺场，读书是人们最主要的业余精神生活，大家都很关注最近出了什么新书。《青春之歌》问世后立刻引起了人们广泛的注意。

3月份，母亲就收到了一些群众来信，《中国青年报》、《人民日报》、《读书月报》及中宣部的《宣传动态》等均有介绍和评论《青春之歌》的文章。基本上都是肯定和赞扬。

这部书稿所掀起的巨大浪潮已能明显感到。

4月1日，文化部电影局长王阑西让人捎信给母亲说，你写了40万字的小说，并不比写剧本容易，这也是对党的贡献。安抚母亲，不要介意北影厂对她的批评。但神经质的母亲能不介意吗？

4月17日，《人民日报》发表署名王世德的评论文章，高度评价《青春之歌》。

4月23日，海默写信告诉母亲，周扬同志在前两天召开的文学评论工作会上说，最近有三部好作品出现，一是《林海雪原》，一是《红旗谱》，一是《青春之歌》。

才出版4个月，反响已经极为强烈。

北京大学、北京29中、北京6中、北京石油学院、北京无线电工业学校、河北北京师院等学校纷纷给母亲来信，邀请母亲与同学们见面座谈。

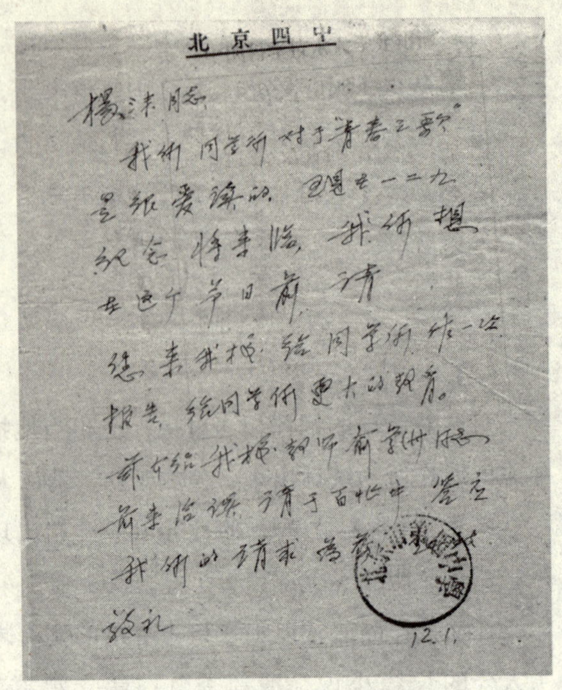

北京四中

杨沫同志：

我们同学们对于"青春之歌"是很爱读的，现值一二·九纪念将来临，我们想在这个节日前，请您来我校给同学们作一次报告，给同学们更大的教育。

并介绍我校初中部负责同志前来洽谈，请于百忙中答应我们的请求为荷。

致礼

12.1.

▲北京四中给母亲来信原稿

以下是北京大学生物系三年级三班来信：

敬爱的杨沫同志：

我们是北京大学生物系三年级的学生。最近我们很多同学都看了您的《青春之歌》。我们的书不多，大家都排好队，等呀等呀，盼着书快快轮到自己看。有一个同学生病住医院了，我们把看书的优先权给了他——这被认为是最好的关怀和很大的幸运。我们非常喜爱这本书。书中优秀的形象鼓舞激励着我们前进。看看前辈英勇斗争事迹，我们就更知道，我们今天的青年、共青团员们应该怎样去生活，去战斗。特别是我们学校现在正在进行红专辩论，向资产阶级个人主义发起了猛烈的进攻，《青春之歌》给了我们很大的教育和鞭策。我们决心让个人主义永远从我们身上滚开。为了社会主义，我们要红透专深，编织起我们的青春之歌。

我们得到的东西远不是几句话能够讲完的。我们感谢党对我们的谆谆教育，也谢谢您为我们创造了这样好的精神食粮。

我们有一个热烈的愿望，就是我们准备在最近组织一次座谈会，如果能请到您，我们该会多么高兴啊！我们希望您再谈谈《青春之歌》，再给我们讲一些革命故事。我们相信您有很多很好的故事，对吗？作家同志，答应我们的请求吧！时间您可以选择，通知我们再作具体安排。估计您是很忙的，可是像周末的晚上这些时间，也许会有空吧！那我们就邀请您来与我们共度一个快乐和有意义的周末。我们保证不让您太疲倦，而且让您很快乐，您看好不好？如果您知道，我们这些青年人是多么希望和您见面的话，您就一定不会拒绝我们的邀请了。您来吧！我们热切地，心急地等待着您。

我们大家都和您握手。

祝您

跃进

身体健康

北京大学生物系三年级（三）班全体同学

1958. 5. 19

通讯处：西郊北京大学35斋224号物三（三）收

北京大学团委也给母亲发来信，原文如下：

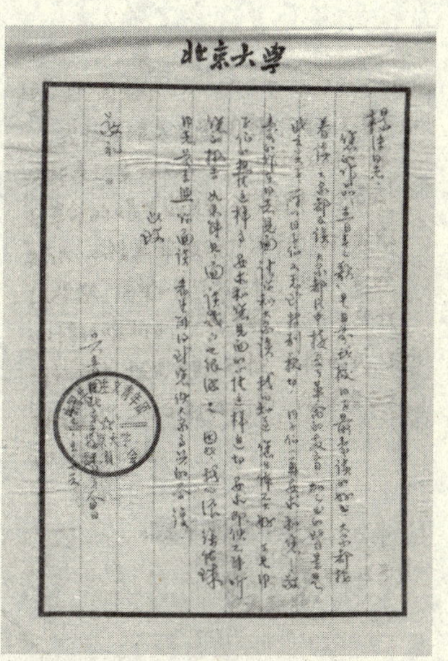
北京大学

▲北京大学团委给母亲的来信

杨沫同志：

您的作品《青春之歌》是目前我校同学最爱读的好书。大家都抢着读，大家都在读，大家都从中接受了革命的教育。加之书的背景是北京大学，所以同学们又感到特别亲切。同学们一再要求和您，敬爱的作者同志见面，请您和大家谈谈。我们知道您身体不大好，可是同学们的热情这样高，要求和您见面的心情这样迫切，要求即使不能听您的报告，如来能见见面，谈几句也很满足。因此，我们派徐佑球同志前来与您面谈，希望能得到您让大家高兴的答复。

此致

敬礼

共青团北京大学委员会

1958年5月26日

共青团北京市委宣传部也给母亲来函说：

> 据北大团委会同志讲，北大同学对《青春之歌》很感兴趣，争先恐后读，读了之后就特别希望见一见作者，听听作者的讲话。我们知道杨沫同志身体不大好，不敢冒昧介绍又感到他们的盛情难却，尤其是北大同学的要求与别处还有所不同。现在介绍他们去跟杨沫同志当面谈一谈。如果健康情况允许的话，是否跟北大同学讲一次。……

于是，母亲去了北京大学和第6中学与大学生、中学生们见了一面。

……

到了6月份，《青春之歌》已印了39万册。刘导生和袁鹰都撰写文章，肯定了《青春之歌》。

群众来信络绎不绝。

17岁的天津读者王世廉来信说，看完书后，对作者有一种孩子想母亲似的感情。特向杨沫提出：您做我的好妈妈行吗？请答应吧。

来信最多的是询问林道静、卢嘉川等书中人物是否还活着。

有一个战士来信表示，一口气读了两遍，迫切想知道林道静现在什么地方工作，叫什么名字，她的身体怎么样。并说部队里很多同志读完后，都关心她，怀念她，认为她是一个受人爱戴和敬仰的同志。

武汉军区空军司令部某部甚至开来公函，请求作家杨沫提供林道静的具体地址，以便直接与她联系，更好地向她学习。

有几个南京的女学生来信说，她们曾几次到雨花台寻找卢嘉川的坟墓，非常遗憾没有找到。

由于反应强烈，当年8月中国评剧院的著名演员小白玉霜亲自上门找到母亲，要把《青春之歌》改编为评剧。

这年的12月2日，大连工学院学生发来一份字数很长的电报，代表4320名共青团员和6371名同学请求母亲去大连与他们一起纪念“一二·九”学生运动。

……

外文出版社的同志登门求见，向母亲表示要把此书翻译成英文。

朝鲜和苏联的同志也与母亲商谈，要把小说翻译成朝鲜文和俄文。

只短短几个月时间，母亲就从默默无闻的普通编辑一跃而成为在报纸

⚠在香山与清华大学的同学们在一起（1959 年）

上经常出现的知名人物。

《林海雪原》在当时的影响也很大，也几乎家喻户晓，但该书似乎更倚重传奇的故事情节取胜，有点惊险小说的味道。而《青春之歌》没有那些传奇情节，靠的就是一个有小资味儿的女主人公的真实生活经历，抓住了读者的心。这种影响，比一个战斗故事，一场剿匪战斗，也许更深入灵魂，更为广大学生和知识文化界所接受。

有头脑比较封建的人批评《青春之歌》中的女主角接二连三地恋爱，很不严肃。其实那正是人性的普遍弱点，所以才能激起那么多人的共鸣。

随着《青春之歌》一书在全国的影响越来越大，母亲忙了起来，电话和拜访者络绎不绝。这儿请，那儿请；这约稿，那约稿；这个采访，那个采访。父亲劝母亲：采访一律不见，邀请一律不参加，以免让人说你搞个人名利。

母亲却认为这太绝对了，会脱离群众。

母亲在 1958 年 9 月 5 日的日记中记载，邵荃麟的爱人葛琴告诉她，这次去苏联开亚非作家会议的作家名单里有她。

10 月 4 日，母亲随中国作家代表团乘飞机前往苏联塔什干。代表团团长为茅盾，副团长为周扬、巴金，秘书长是戈宝权。团员有叶君健、刘白羽、曲波、祖农·哈迪尔、季羡林、赵树理、袁水拍、郭小川（兼副秘书长）、纳·赛音朝克图、库尔班·阿里、许广平、张庚、杨朔、杨沫、玛拉沁夫、萧三。

▲在塔什干亚非作家会议上接受苏联电视台采访。母亲右侧（左五）为杨朔（1958 年 10 月）

女作家中只有许广平、谢冰心和杨沫三人。

母亲从无名之辈一下子与这两位文坛名流平起平坐。

恐怕连母亲自己也没料想到，总在疾病的折磨下频频恐惧的她，单位调级惟一没有份儿的她，小说出版后还被点名批评的她，几个月之后，竟然会被上级如此重视。

10. 遭到批判

一位工人的批评引发出一场大讨论——茅盾肯定《青春之歌》是部优秀小说——何其芳力挺《青春之歌》不容否定——马铁丁指出对小说的批判是“左派幼稚病”的表现——崔嵬说《青春之歌》电影拍定了——32年累计发行500万册，译成18种文字

到了1959年初，小说《青春之歌》的影响已经弥漫全国，好评如潮。

可是，1959年《中国青年》第2期发表了郭开的文章《略谈对林道静的描写中的缺点》，对《青春之歌》首次进行了公开的、严厉的批评。

这篇文章是怎么出来的呢?

略談对林道静的描写中的缺点

——評楊沫的小説“青春之歌”

郭开

▲郭开在《中国青年》杂志上发表的文章（1959年第二期）

自从反右运动之后，全社会存在着一种宁左勿右的倾向，特别是在部分青年群众中，喜欢上纲，动辄就扣大帽子。针对这种情况，《中国青年》杂志总编邢方群在编委会上指出：目前我国青年在政治生活中存在着看问题简单化、片面化的问题，比如乱扣帽子，对一些琐碎小事也生往政治上拉等等。应当组织一些文章进行教育，请文艺组注意这方面的选题。文艺组编辑江涵到北京电子管厂参加了小说《青春之歌》讨论会，并看了郭开的文章后，感觉郭开的批评是一个看问题简单化、情绪偏

激、乱扣帽子的典型，就向总编邢方群汇报了。

邢方群当即表示，这个典型很好，要抓住不放，让文艺组去组稿。郭开获悉《中国青年》将要讨论，编辑部并将要发按语，其中含有对他的批评，表示了不同意见。经邢方群批准，《中国青年》找到了何其芳①，征求他的意见。何其芳看了郭开的文章后说：《青春之歌》不能全盘否定，郭开的论点是站不住脚的，你们可以讨论。这样《中国青年》决定从1959年第2期开辟专栏讨论。

郭开是北京电子管厂的一名工人。他批评《青春之歌》的文章有三个基本观点：

> 一、书里充满了小资产阶级情调，作者是站在小资产阶级立场上，把自己的作品当做小资产阶级的自我表现来进行创作的；
>
> 二、没有很好地描写工农群众，没有描写知识分子和工农的结合，书中所描写的知识分子，特别是林道静自始至终没有认真地实行与工农大众相结合；
>
> 三、没有认真地实际地描写知识分子改造的过程，没有揭示人物灵魂深处的变化。尤其是林道静，从未进行过深刻的思想斗争，她的思想感情没有经历从一个阶级到另一个阶级的转变，到书的最末，她也只是一个较进步的小资产阶级知识分子，可是作者给她冠以共产党员的光荣称号，结果严重地歪曲了共产党员的形象。

本来，《青春之歌》已在广大群众中产生了巨大的反响，《中国青年》杂志又是一本发行量很大的全国性刊物，当其刊登了郭开批判《青春之歌》的文章后，立刻在全国广大读者中产生了强烈反响，并为此掀起了一场热烈的、全国范围的大辩论。

这是第一篇尖锐、系统地批判《青春之歌》的长篇文章。

《文艺报》也和《中国青年》一样开辟了专栏登载对《青春之歌》的各种意见。来稿中以不同意郭开观点的为多。

当然也有个别人支持郭开的意见，对《青春之歌》提出尖锐批评。比

① 何其芳（1912—1977），资深文学评论家，四川万县人。1935年毕业于北京大学哲学系。1938年奔赴延安。曾任鲁艺文学系主任，中共四川省委宣传部副部长，《新华日报》社副社长。建国后，历任中国科学院文学研究所副所长、所长，中科院哲学社会科学部委员。

如《中国青年》第4期发表的张虹的文章，认为林道静在爱情生活上是不严肃的，"先后和4个人发生了恋爱"，已经造成了"不良的影响"。"林道静两次结婚，都是随随便便与人同居了事，不受一点道德约束。"并说有些作风不检点的人会以学习林道静为借口，动不动就闹离婚，把两性关系看得非常随便。

▲母亲充满自信

《文艺报》第4期上发表的刘茵的文章也说作者在爱情描写中，流露出一种不健康的情绪。比如作者所极力讴歌的共产党员卢嘉川在宣传革命时，却对一个有丈夫的年轻妇女发生爱情，这是损人利己的，不道德的。

……

但批评意见是少数，多数人都认为郭开的意见过于武断，过于简单。

为此，郭开本人又发表了《就〈青春之歌〉谈文艺创作和批评中的几个原则问题》一文（见1959年《文艺报》第4期）。再次表示：林道静不是共产党员的典型，而是一个因愤世嫉俗才参加革命，企图在革命运动中把自己造就成英雄的人。她没有认真地和工农相结合，而只是和个别知识分子党员接触，没有很好地到群众斗争的烈火中锻炼。郭开还认为林道静是地主出身，她身上的地主阶级的烙印没有受到应有的批判。

针对《青春之歌》在广大读者中受到热烈欢迎，郭开指出：对那些喜欢《青春之歌》的人应该进行阶级分析，看看都是些什么人。他认为这些人绝大多数是知识分子、青年学生。而工农出身的老工人、老干部则寥寥无几。

郭开的辩解又一次激起了广大读者对这场讨论的兴趣，更多的人卷进了讨论。显而易见，多数人是不同意郭开的意见的。

——根据母亲所收到的读者来信看，只要是年轻人，哪怕文化程度不高的也都喜欢，比如战士、农民、工人等等。

郭开等少数持批评意见的当然不服气。可这么讨论下去，无休无止，该告一段落了。于是《中国青年》第4期发表了茅盾的《怎样评价〈青春之歌〉一文》，作为这次讨论的一个总结。茅盾明确肯定了《青春之歌》“是一部有一定教育意义的优秀作品”。认为林道静这个人物是真实的，“因而，这个人物是有典型性的。”“从整个看来，我以为指责《青春之歌》坏处多于好处，或者指责作者动机不好的论调，都是没有事实根据的。”

茅盾也指出了作品的主要缺点表现在“下列三个方面：一、人物描写，二、结构，三、文学语言。但这些缺点并不严重到掩盖了这本书的优点”。

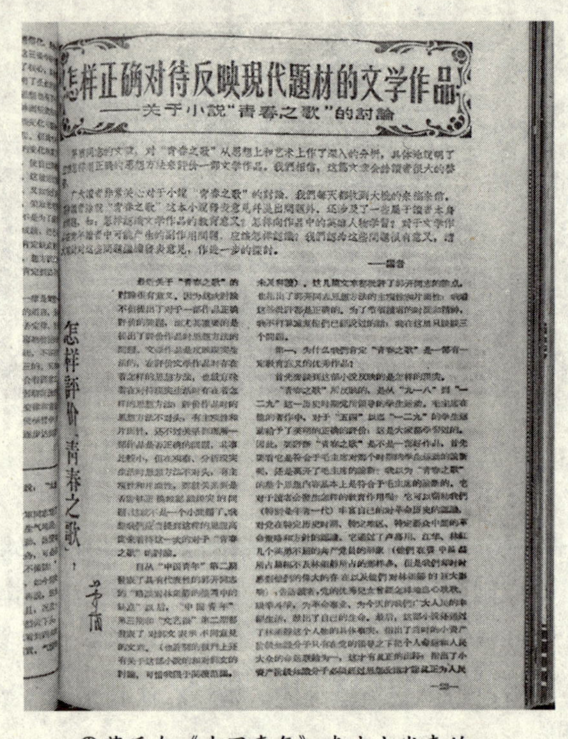

怎样正确对待反映現代題材的文学作品

——关于小說“青春之歌”的討論

怎样評价“青春之歌”？

茅盾

▲茅盾在《中国青年》杂志上发表的文章（1959年第四期）

之后，何其芳在同年《中国青年》第5期发表了《〈青春之歌〉不可否定》一文，指出：郭开虽然在他的文章开头和结尾说过一两句肯定《青春之歌》的话，实际上他是否定这部小说的，和许多同志一样，我认为这部小说不可否定。

他说：“在这几部小说中（指《林海雪原》、《红日》、《红旗谱》等），我当时估计最能广泛流传的是《林海雪原》。对于《青春之歌》的吸引读者的程度我还是估计不足的。这次，《中国青年》发起了关于这部小说的讨论，我才重又读了它一遍，这一次是一气读完的。读完以后，我好像更多地感到了它的优点，因而也就好像更明确地了解它广泛流行的原因了。”

……

《文艺报》同年第9期发表了该报副主编马铁丁[①]的文章《论〈青春之歌〉及其论证》，全面肯定了《青春之歌》。认为此书真实生动地反映了"一二·九"时期的时代面貌和时代精神，成功地塑造了卢嘉川、江华、林红这几位共产党员的形象。《青春之歌》说明了小资产阶级知识分子只有跟着共产党走，彻底地进行自我改造，才能有出路。文章指出郭开口口声声马列主义，但他的思想方法，是违反马列主义的，是小资产阶级"左"派幼稚病的表现。

有关这次全国范围的《青春之歌》大讨论，文艺评论家孟亚辉指出：

> 下至中小学生，上到文艺界领导人，从青年到老年，从知识分子到工人农民；从专家学者，到以文艺为捷径的政坛过客，几乎成了全民族的一场讨论。尽管这种讨论受到了当时政治气候的严重影响，几度脱离了文学艺术的范畴，但应该说，这种讨论还是人尽其言的。因此，研究当代文学史就不能不了解有关对《青春之歌》的讨论及其背景……

《中国青年》总共连续讨论了4期。稿子大部分是文艺组的编辑组织来的。为了这次讨论，邢方群还请示过中宣部的林默涵。林默涵表示："你们搞这个讨论很好，茅盾的文章写得很好，我同意他的意见。郭开的文章代表了目前自上而下的教条主义思潮，是得好好地搞一搞了！"

结果这次讨论的直接后果是《青春之歌》在全国的影响陡然大增。很多不知道这本书的人知道了，很多没有读过这本书的人也读过了。

1959年2月底，北影厂开拍电影《青春之歌》前曾召开了一次座谈会，文学界、电影界、新闻界等都去了人，把本厂会议室挤得满满。还请来郭开参加。会议由导演崔嵬主持。他说：《青春之歌》电影就要开拍了，特请大家就此片如何拍好提些意见，曾对《青春之歌》进行公开批判的郭开同志也在场。我们也欢迎他对小说拍成电影，提出宝贵意见。

母亲就坐在郭开的对面。这是个面貌平常，没有特征的三十岁左右男

---

① 马铁丁（1917—1966），本名陈笑雨，江苏靖江人。出身于富商之家，1937年加入中国共产党。此后任记者、编辑、新华分社副社长。从1950年起，与郭小川、张铁夫合作，以"马铁丁"的笔名轮流撰写"思想杂谈"，名声大噪，几乎家喻户晓。1952年调北京新华社工作，历任《文艺报》副主编，《新观察》主编。《人民日报》文艺部主任。"文革"中受迫害致死。

子。他的文章发表后，母亲没有对他的批评进行过任何反驳。她觉得一本书好坏应该由读者来定，自己说没有什么意思。

母亲本以为郭开会对《青春之歌》大加批判。没有料到，郭开尚未开口，周围同志们就一个接一个地发言，对郭开的观点进行批判。

有的说，林道静的小资产阶级情调是真实可信的，活生生的，这样写她才有艺术感染力；有的说郭开不懂文学，没有缺点的人物是没有的，文学就是要写出有缺点的人物如何进步，如何变完善，这种有缺陷的美比完美无缺的美更有意义；还有的说，郭开的批判不实事求是，简单片面，粗暴武断……

发言之热烈，应接不暇，郭开根本没有招架之力。这场面让母亲万万没有想到，导演崔嵬和陈怀皑也都没有想到。约来对《青春之歌》的电影开拍提意见的会，竟然变成了对郭开的批评会了。

据母亲说，郭开当时看上去很茫然，不知所措。后来他发言时，解释说他的文章不是自己主动要写的，是有个记者鼓励他写的。那个记者参加他们单位召开的《青春之歌》座谈会时，听到有些老工人说，《青春之歌》里写了很多谈恋爱的事儿，尤其是林道静跟好几个男人谈过恋爱，不够严谨。这个记者就让郭开把老工人的意见给整理出来，想予以发表。郭开一开始没有答应，因为从来没写过，但那个记者几次找他，说反映工人的意见很重要，这是工人阶级的声音，还答应帮他修改，这才把文章写了出来。

座谈会上就没有一个人支持郭开的观点。

崔导演在会议结束时有些激动地说：不管怎么批判，我们拍《青春之歌》拍定了！我们一定要拍好向国庆十周年献礼！

全场爆发出了热烈的掌声。

……

面对巨大的成功，母亲非常谦虚。她根据这次讨论中广大读者所提出的意见，也采纳了郭开批评中的正确成分，花了3个月的时间，对《青春之歌》进行了补充和修改。增加了林道静在农村等章节，以突出她和工农相结合。这一增加部分曾在《北京晚报》上连载。

不难看出，郭开的批判是极左的，他不从生活出发，而是从政治概念出发，对《青春之歌》采取了全盘否定的态度。母亲在这种情况下进行的

▲母亲写作时的情景（1959 年）

改动，自然也不可避免地受到了郭开极左观点的一些影响。

她增加了林道静与工农相结合的内容；增加了对林道静身上小资产阶级情调的批判；增加了林道静思想改造方面的描述。

打倒“四人帮”之后，人们思想大解放，文艺评论界也开始突破政治第一的禁区，实事求是地分析作品。有人对《青春之歌》的修改本提出意见，认为这些修改是概念化的，政治第一的，违背了生活真实，从而降低了全书的艺术感染力。

评论家张化隆在《东北师大学报》1981 年第 3 期说：

> 修改后，并没有使林道静这个小资产阶级知识分子变成无产阶级战士的过程更加令人信服。作者为了完成林道静阶级立场的转变，在后增加的 8 章里安排了正反两种生活教员，让她过两关：为解决对劳动人民本质的认识，让她过郑德富那一关；让她在麦收斗争中认清地主宋郁彬的真面目，从而过阶级斗争这一关。这两关集中一点是过家庭出身关。这样作者就从一定的政治命题出发，把无限丰富的生活做了机械的阶级分析。作者的主观随意性代替了生活的必

然性，抽象的演绎代替了活生生的现实，因此严重地损害了林道静的形象。

他认为，修改版本增强了对林道静的批判，是作者的一大败笔。

张化隆还认为：

> 《青春之歌》第二部不如第一部，入党后的林道静不如入党前的林道静，这原因就是作者已不是把她当成一个普通人来写，已不再把她按照一个小资产阶级女性所固有的生活规律来写，而是过早地把她作为理想化的党员和党的干部来写了。

但是母亲则坚持认为：修改后的《青春之歌》更贴近了生活的真实，并非是为图解政治概念，杜撰了一段不真实的章节。相反，她正是从生活的真实出发，补写了林道静在农村等章节。因为“一二·九”运动前后，确实有很多知识分子离开了北京，到华北农村参加了火热的革命斗争。这样的人随手就可以说出很多来。她认为这样的修改补充，对林道静的塑造是有益的。

从表面上看，修改后的《青春之歌》更全面了，思想性更强了，更紧跟时代了。按母亲自己的生活经历来说，这完全是真实的。但在不了解那一段历史的人看来，母亲这样做却有迎合政治口号、图解政治概念、随意编造情节之嫌。

战争年代，因为极左观念的影响，我们的知识分子干部所遭受的各种考验、磨难，甚至批判远比工农干部为多。似乎知识分子干部天生就比工农干部矮一头，因此必须要拜工农为师，脱胎换骨地改造。母亲的思想也无法摆脱这一历史局限。她诚心诚意地意识到初版的《青春之歌》对女主人公与工农结合部分写得不够，批判不够，立刻补写了一段林道静在农村。这其实也是她自己的亲身经历。她认为这么增加是真实的，也是必要的。

虽然母亲也知道有相当一批人对修改本持批评意见，认为改糟了，但她在以后的几次再版中，都坚持自己的意见，没有恢复初版的原貌。她认为《青春之歌》是那个时代的产物，不能用今天的眼光去衡量当时的作家和作品。现在青年人对革命好像不那么感兴趣了，不能为取悦他们就随意删改。一部作品不能变来变去。

1991年6月，母亲在《青春之歌》新版后记中说：

> 从1958年底开始，对《青春之歌》的批判，声势浩大，黑云压顶，……最后由茅盾、何其芳、马铁丁几位先生写了结论式的长篇文章，《青春之歌》才站住了，才继续大量发行。
>
> 平安了几年，“文革”时期，《青春之歌》的厄运又来了！还是那位郭先生，又起来发难。这次《青春之歌》的罪名是“为刘少奇、彭真树碑立传”……
>
> 1977年，“文革”结束不久，《青春之歌》由人民文学出版社又重新出版了……
>
> 我不能忘记前两年有一位大学生给我写信说，他是在原中学校大批焚毁“毒草”书时，冒着危险，偷偷从大火中抢救出了一本《青春之歌》而读到它的；优秀青年张海迪姑娘，当着魏巍的面，亲口对我说：她也是在“文革”中连夜偷看残本的《青春之歌》的。他们读后都受到鼓舞，都非常爱它。一本书能得到不同年代的读者，尤其是青年读者的挚爱，这对于一个作者来说尽够了，尽够了……
>
> 我深知它今后仍然不会一帆风顺，仍然会遭到某些非议。不是么，一位澳大利亚的来我国学习的留学生，去年写信给我说，她的老师就曾批评《青春之歌》不该增加农村斗争那几章（不少人都有此看法），问我对此有什么意见？还有的青年作家，说《青春之歌》是个“表达既定概念的作品”。还有的人说，这小说不过是“爱情加革命”的图解云云。他们的看法都各有道理。我呢，也有我的道理。我推崇现实主义创作法则，我的生活经历，我的信仰决定了我的爱与憎，也决定了我喜欢写什么，不喜欢写什么。这无法更改。我不想媚俗，不想邀某些读者之宠；我只能以一颗忠于祖国、人民，热爱共产主义的心来从事我的创作。

直到晚年，她都坚持这一态度。

但不管怎么说，小说《青春之歌》的影响是空前的。到1990年为止，32年来此书累计发行了500万册，并翻译成英、日、法、德、俄、乌克兰、希腊、保加利亚、阿尔巴尼亚、朝鲜、蒙古、越南、印尼、阿拉伯、

◀《青春之歌》的各种版本之一

▼《青春之歌》的部分外文译本

乌尔都、哈萨克、世界语以及藏文等18种文字。一部反映革命题材的长篇小说，能翻译这么多外民族语言译本，极其罕见。

据我所知，在1949年以后新中国发行的小说中，《青春之歌》的外文译本之多，名列前茅，还找不出第二本。

《青春之歌》成为了一部共和国长篇小说经典。

11. 电影《青春之歌》

上影北影争拍——崔嵬主张一律试镜——白杨不辞而别——谢芳脱颖而出——陈毅审查样片时评价达到国际水平——周总理邀请剧组人员到家中观看——邓颖超说小说读到忘食，电影看过不止一次——在日本大获成功

母亲在塔什干参加亚非作家会议时，一次外出参观，大家乘坐一辆大轿车，周扬正坐在母亲旁边，他问母亲：你现在写什么东西？母亲说：回国后准备下农村，写个反映农村大跃进的剧本。周扬说：你应当自己改编《青春之歌》的电影剧本嘛。母亲说，上海电影制片厂的导演蒋君超已经改编了。

周扬没有再说话。

1958 年 11 月初，母亲从苏联塔什干开完会后，把蒋君超寄来的剧本打印稿看过后，交给电影局领导审阅。结果问题来了。首先是北影厂厂长汪洋找到母亲，要母亲自己改编《青春之歌》的电影剧本。母亲没有同意，因为厂里原来给她的任务是写一个反映农村大跃进的剧本，再加上妹夫蒋君超已经把《青春之歌》改编了出来。

汪洋说，你是北影的编剧，当然应该为北影改编自己的小说。怎么能让上影搞呢？

母亲解释道：早在《青春之歌》还没出版的时候，君超就自告奋勇，热情提出改编《青春之歌》的电影剧本，今年（1958 年）春天就改好了，我还给他提了意见。君超根据我的意见，又修改了一遍，打印好寄来。现在我怎么能再否定了妹夫的剧本，自己单独干呢？

汪洋看母亲不同意，向电影局领导做了汇报。不久，电影局副局长陈

荒煤把母亲叫到自己家，谈了一下午，仍是希望母亲来改编。并说了许多由北影厂拍此片的理由。

母亲听了后很是矛盾。

据了解内情的同志说：汪洋和电影局之所以非叫母亲改编不可，是因为周扬批评了北影厂，说《青春之歌》应当叫杨沫本人自己来改编。

原来母亲在塔什干期间，不经意地告诉周扬，蒋君超改编剧本后，周扬虽没有说话，心里并不认可。

陈荒煤也同意周扬的意见，认为母亲有生活，对自己的小说熟悉。他十分坦率地对母亲说：蒋君超没有生活，改的那个本子要不得，还是由你自己改编好。

母亲心情不安，只好给妹夫君超写信，告知此情况。君超一听急了，立刻赶来北京活动。因为上海电影制片厂已把《青春之歌》列入当年拍片计划，由沈浮导演，演员都安排好了，岂能再改？

为此君超与母亲找过夏衍，母亲又找过陈荒煤，请求维持自己与君超原来的协议。实在不行时，她提出和君超两人合作改编，但北影厂仍不同意。

北影厂认为《青春之歌》是写北京地下工作的，作者又是北影厂的编剧，应该由北影厂导演，由北影厂改编，由北影厂拍摄，全部由北影厂独揽，不容外人插手。

小说《青春之歌》的巨大影响，使电影界的人都明白，谁拍摄谁成功。再加上有白杨与杨沫的姐妹关系，上海电影制片厂对《青春之歌》的拍摄也虎视眈眈。

最终电影局领导否定了上影拍摄，否定了蒋君超担任编剧。

当母亲把最后结果告诉姨父时，君超非常失望。

结果，姨父蒋君超自然对母亲有了意见。因为他早在1955年6月就读了这部稿子，非常肯定和喜欢，就想把它改编成电影剧本。那时候小说的出版还遥遥无期，默默无闻的母亲毫不犹豫地表示同意。但姨父君超回上海后由于忙，后又因1957年反右运动等，直拖到1958年3月，小说出版两个月后，才完成剧本。

姨父君超认为：母亲最初是同意让他修改剧本的，就应该信守诺言，不能因为《青春之歌》轰动了，变成了一块人人垂涎的美肉后，又违背诺言，借口领导反对，而抢回改编权。

他认为：母亲在《青春之歌》的巨大利益面前，没有守信用，食了言。

母亲解释道：因为汪洋和陈荒煤都是自己的顶头上司，自己是党员，不能不尊重组织的意见。是组织上否决了君超的参与，要求由自己取而代之。而君超在《青春之歌》还没出版时就认定这部小说会成功，自告奋勇改编电影剧本是有眼力的，自己也是感激的。

我想从内心深处来说，母亲也有自己改编的念头。因为迟迟没有写出剧本，总感到惭愧的母亲在单位里面临着巨大的压力。但因为妹夫君超已经抢了先，她无法违背承诺，才一度拒绝了领导的提议。现在既然领导反复出面劝说，再不服从就要闹出不愉快，她也就只好“食言”了。

……

肝病还在折磨着母亲。1959 年 1 月 2 日，大雪纷飞。母亲在日记中写道：

> 肝脏和肚子疼了一天一夜，整整一天什么也没做。可是晚上——现在将近 10 点了，我却拿起笔来，为什么呢？因为我怕躺下，一躺下肝区就疼得更重。

她总担心自己的肝有什么毛病，为何这么痛，为何这么经常犯？是不是肝癌？这个可怕阴影常让她闷闷不乐，情绪败坏。尽管她的小说在全国风靡一时，赞美的话铺天盖地，她还在不断痛苦。就在这种状态下，1 月份，她完成了电影剧本的改编。

当《中国青年》和《文艺报》正在讨论《青春之歌》的时候，母亲也是在这种状态下，从众多读者对《青春之歌》的讨论中，吸取了不少好意见，完善和充实了自己的剧本。

……

对一部影响如此巨大的，全社会都关注的小说，妹妹白杨向姐姐表示了她由衷的尊敬和祝贺。她数次找到母亲，希望能演林道静，请母亲与上面疏通关系。因为自己最了解林道静，与林道静的感情最深。

母亲答应为妹妹奔走，真心诚意地想让她来演。为她专门找了夏衍。

白杨作为资深的杰出的一流电影演员，其才华、成就、能力是大家公认的。1956 年她在《祝福》中所扮演的祥林嫂感人至深，在第十届卡罗维·法利国际电影节上获特别奖。1957 年《北京日报》举办的建国以来首次最受欢迎的演员评选活动中，白杨得票最多。

除了白杨，还有多名著名演员希望能演林道静。比如张瑞芳。

如何解决这个矛盾？

谁都知道，选好林道静的扮演者，是电影《青春之歌》成功与否的关键。

导演崔嵬和领导商量后决定破例听取一下广大群众的意见。为此，北影厂与《北京晚报》联合召开了一个具有广泛代表性的座谈会，通过媒体报道，发动广大群众对林道静和其他角色的扮演者提出建议。

甚至远在印尼、新加坡的华侨也给北影厂寄来了演员名单表。他们比较喜欢 30 年代的老演员，提议让白杨演林道静，赵丹演卢嘉川，金焰演江华，谢添演戴愉……但国内还有相当广大的一批群众主张起用年轻演员。

◬ 20 世纪 50 年代的白杨

崔嵬是个很有主见，很有头脑的导演。他不盲目迷信名星大腕儿。认为《青春之歌》嘛，就要青春，演员必须年轻，不能太老。他主张镜头面前人人平等。名演员和新演员都要试镜头，选中谁就是谁。

母亲把妹妹白杨想演林道静的愿望告诉了崔嵬。并说妹妹的形象、气质、技艺、对角色的把握都绰绰有余。

崔嵬表示：白杨演技再高，毕竟已有 39 岁，由她扮演 17 岁的少女恐怕不那么保险。但可以请白杨来试试镜头。如果她真的很好，超群绝伦，也可以考虑。

试镜头对于一个人们不熟悉的年轻演员来说，是十分必要的，但对于白杨，这个驰名中外的电影巨星，却有些过于残酷了。白杨自尊心很强，她拒绝试镜头，不辞而别。并对母亲产生了不满，认为母亲没有积极地，全力地为她走动。因为母亲是编剧，原著作者，如果态度强硬一点，崔嵬不会不通融。

其实白杨不了解，母亲是真为她尽力了。据崔嵬的女儿崔敏说，有一次母亲去崔嵬家商量剧本，才十来岁的崔敏偷偷问母亲：杨沫阿姨，你觉得谁演林道静合适？母亲不假思索地说：当然是白杨啦！林道静就是以白杨为蓝本写的。

此前，母亲也对北影厂厂长汪洋说过：林道静最好由我的妹妹白杨演。我一直想为她写一个剧本。

但崔嵬连自己认识多年的好友张瑞芳都不客气地回绝，更不会为母亲的求情所动摇。母亲无能为力，只好作罢。可能三姨白杨忘记了母亲是一个组织观念很强的老党员，她不会为了让自己妹妹当主演，而跟导演翻脸，跟北影厂领导顶牛，强人所难。

到底让谁来演林道静呢？

据郭开在“文革”中的揭发，导演崔嵬曾气势汹汹嚷道：我这次就要冒个风险，找一个特别的演员演林道静。这个人要有革命劲头，也要有小资产阶级情调。我就不同意那种做法，对小资产阶级走一步，打一个耳光子。

3 月份下了场雪，为了抢时机，在林道静还没最后确定的情况下，电影就开拍了。崔嵬着急地物色着演员。他曾在中南人民艺术剧院当过院长，某日，突然想起了湖北歌剧院 23 岁的演员谢芳，气质很好，外貌和风度都与林道静相似，就派副导演去武汉，火速把谢芳接到北京。

谢芳确实有些特别。高级知识分子出身就不用说了，她父亲还是个基督徒、神学院的教授，留学海外，精通英文，翻译有《基督教伦理学》等著作，并于 1958 年被打成右派。母亲也是大学生，与冰心是同班同学。谢芳从小就生活在宗教气氛中，每周要做礼拜，每餐前都要闭目谢恩，每晚要祈祷忏悔。

崔嵬就敢在当时选这么一个“右派”的女儿当主角。

通过试镜头、试戏，谢芳非常理想，被正式确定为林道静的扮演者。

为了隆重庆祝建国十周年，北京市委第一书记彭真指示，一定要把《青春之歌》拍好，要用最好的胶片拍，作为向国庆十周年献礼的重点项目。

▲20世纪50年代的谢芳

崔嵬深知这部电影的分量，精心挑选了当时国内一流演员：秦怡演林红，于是之演余永泽，康泰演卢嘉川，于洋演江华，赵联演戴愉，赵子岳演地主，连一个很次要的角色王晓燕的母亲，都由名演员王人美扮演。

并请大作曲家瞿希贤为电影作曲，大指挥家李德伦为乐队指挥，北影资深摄影师聂晶担任摄影，他曾拍过《开国大典》、《神秘的伴侣》、《虎穴追踪》等。

彭真后又指示陈克寒、邓拓、杨述等注意抓这部片子，说这是政治任务。

因此北影厂将《青春之歌》列为十周年献礼的重点影片，一切工作都为摄制《青春之歌》开绿灯。仅用5个多月的时间，就完成了全片的制作。最后，1959年8月17日，陈毅副总理在国务院副秘书长齐燕铭陪同下来到北影厂小放映厅审查样片。北影厂厂长汪洋特地让于洋陪陈毅观看，因为当时样片还没配音乐，有些地方没有对话，必须由于洋给陈老总讲解。待放映机停止后，陈老总问：完了吗？于洋说完了。陈老总带头鼓掌，感叹说："老讲国际水平，国际水平，什么叫国际水平？这就是国际水平！"

当时崔嵬领着摄制组正在青岛补拍林道静跳崖那场戏。因为青岛旅店客满，他们住在澡堂里。陈老总听说后，立刻让齐燕铭给青岛交际处打电话，说这些人都是艺术家，哪能住在澡堂里？青岛方面随即给摄制组成员安排住到了交际处。

自此之后，陈毅在会上一见了于洋就叫他"江华"。

于洋为演好江华，曾专门问母亲：你心目中的江华是什么样的？

母亲痛快地说：就是你这样的。

尽管崔嵬当时也有点"左"，删去了林道静感情生活方面的一些戏。

▲电影《青春之歌》

比如当江华宣布林道静被批准入党时，于洋扮演的江华流露了一些对林道静的爱慕，崔嵬认为太缠缠绵绵，有损革命者形象。于洋有些不服气，认为江华不是干巴巴的革命符号，他也是一个男人，有七情六欲。曾特地问过母亲。母亲说有些感情好，这样更真实，更生活。——不过，崔嵬冒险起用谢芳，却丝毫不“左”，被证明十分英明，他无愧是位忠实于生活的大导。

谢芳也演得好，把小说中的林道静形象化为了一个活脱脱的青春少女，为电影《青春之歌》的成功奠定了基础。她自己也从一个默默无闻的小青年一下子变成耀眼的明星。

母亲听到的反映都是：电影不错！很好！非常感人……谢芳演得好，把林道静演活了！用于洋的话说：这个电影是典型的众星捧月。很多名演员如秦怡、于洋、于是之、康泰等都扮演配角来为谢芳烘托和点缀，包括摄影。那时候谢芳脸上长疙瘩，摄影师聂晶利用灯光和角度，想方设法给她拍得完美无瑕。

国庆节前的一个晚上，北影通知母亲：周总理要在家里观看《青春之歌》并接见主要创作人员，让母亲也去。

在中南海西花厅总理家中，周总理和邓颖超热情地与大家一一握手。当邓颖超与母亲握手时，她笑着说，我很喜欢看《青春之歌》。

在总理的小放映室内，前面并排放三把椅子，总理坐在中间，两边是邓大姐和母亲。母亲说她激动得看不清幕布上的画面，好像是在做梦，脑子也发木了。影片放映中，总理曾扭头对母亲说：小超很喜欢看你的小说《青春之歌》。

母亲笑了笑，点点头。

电影放了近3个小时。演完后，总理对母亲说：小超身体不好，一般电影只能看到一半，这回却全看完了。

母亲有点像刘姥姥进大观园，晕晕乎乎的……回家后兴奋得睡不着觉。

听说《青春之歌》拍摄完成，贺龙元帅也曾专门给崔嵬家打电话，希望能先睹为快。当时崔嵬不在家，是崔敏接的电话。由于贺老总有口音，刚开始崔敏没听清，待贺老总重复："我是贺龙，元帅"，她才听明白。

《青春之歌》公开上演后，全北京市各家电影院全部爆满，很多影院24小时上演，昼夜不停。1960年初，正值困难时期，粮食定量，北京市民普遍都吃不饱，却饿着肚子排长队买票。看完电影，等于吃了顿饱饭，完全忘记了饥饿。抗日时期流行的歌曲《五月的鲜花》随着这部电影，再次流行全国。

还要特别指出的是《青春之歌》一片的成功得益于多方面的协调合作。崔嵬过去从没导过电影，这是他导的第一部，主要构思是他的，但把他的意见消化，用电影语言来表达则是陈怀皑的功劳。后期崔嵬又去演电影《红旗谱》，身兼数职，常不在现场，陈怀皑干了大量具体工作。而过去受"左"的影响，电影《青春之歌》只宣传崔嵬，因为他是解放区出来的，参加革命时间早，而不宣传来自国统区的陈怀皑，连总理请摄制组主要成员看电影，都没让陈怀皑去。

尽管用今天的眼光看来，这部影片还有不少"左"的痕迹，可在那个极左的年代，这部有一些小资产阶级情调和“婚外恋”的电影还是独树一帜，如苍硬的峭壁上的一朵小花，十分新鲜抢眼。对工农兵要占据银幕的极左文艺主潮流，有所突破。

《青春之歌》成为我国20世纪50年代的一部经典影片，它大大提高了北京电影制片厂在全国的地位和威信。该电影不但在国内轰动一时，在日本也获得了轰动。在此之前，日文的《青春之歌》已经出版，广大读者有所了解。电影从1960年5月26日到7月31日，在日本东京、仙台、札幌、大阪、京都、广岛、福冈、名古屋等地，共放映36场，受到观众的热烈欢迎。

据此，1960年8月24日《人民日报》刊登了一篇文章《〈青春之歌〉在日本》，专门介绍了这部影片在日本受欢迎的情况。

“青春之歌”在日本

中国影片“青春之歌”在日本各地巡迴上映以来，受到观众的热烈欢迎。正在进行着反对美帝国主义及其走狗的斗爭的日本人民对这部影片感到十分亲切。許多日本青年和中国青年一样，把林紅、林道靜等人的高貴的革命品質，当作自己学习的榜样。

影片“青春之歌”的拷貝，是中国人民对外文化协会贈送給日中友好协会的。由于日本政府采取敌視中国的政策，中国影片不能正式在日本公开放映。因此，“青春之歌”的放映，是通过日本的进步团体以举办电影欣賞会等形式与日本观众見面的。今年3月間，日中友好协会在东京举办了“青春之歌”影片的预映，招待各界人士。从5月底开始，日本共产党机关报“赤旗报”的社会文化事业部和日本共产党都道府县委員会等在东京、大阪、京都、神戸、札幌等近二十个都道府县市，举办了“青春之歌”的巡迴放映。

在“青春之歌”放映期間，日本共产党中央委員会主席野坂參三在“赤旗报”上以“中国知識分子所走过的道路”为题撰写文章，亲自向日本人民推荐这部影片。文章中着重指出：“青春之歌”中所描繪的中国学生运动的特点，在于他們經常同广大工人和市民的斗爭密切結合，作为广泛的民族統一战綫的一环，在統一的領导下进行斗爭。中国学生运动之所以强有力的原因也就在这里。中国工人同青年知識分子結成一体，組織反对帝国主义和国内的买办資产阶級政府的广泛統一战綫的經驗，給了我們宝貴的教益。野坂主席在文章的結尾指出，正在为反对新日美“安全条約”，反对美帝国主义和日本卖国反动政府而进行頑强斗爭的日本人民，看了这部影片，必然会得到鼓舞和学习到一些东西。

“青春之歌”在各地上映期間，許多进步团体举办了有关这部影片的座談会。观众还写信給“赤旗报”发表观后感。在东京大田区举行的“赤旗报”讀者座談会上，一位名叫光子的女工說，“由于我参加了反对新日美‘安全条約’的統一行动斗爭，当我看到‘青春之歌’影片中出现游行示威的場面时，几乎使我产生了錯覚，以为是我們自己的斗爭。这部影片使我感到非常亲切。”她說：“过去我认为只有能够获得金錢和名誉生活才有价值，可是我的实际生活离这些东西又是那么遙远，因此我的心中一直被一种空虚感所侵袭。到我参加了进步合唱团工作后，我才逐漸认識到为群众的共同利益服务就是最有价值的生活。看了‘青春之歌’，我的这种想法在我头腦中更加明确起来了。同时，使我对未来有了希望。”名叫利晶的一位政府职員說：“我在去看电影以前，有一种成見，认为中国影片大概不会太有意思。但是想不到这部影片精采得使我吃惊。日本如果也能够多拍一些这类影片就好了。”他說，“目前在日本，比起影片中所描写的当时中国的情况，要容易活动得多。因此，按理說，我們也应該更加鼓起劲来。”一位名叫广司的女工說：“我从小林多喜二的作品中知道阶級斗爭是严酷的。所以当我看到‘青春之歌’的主人公們在獄中进行斗爭的时候，影片告訴我們团結的重要，并且不能坐着等待美好日子的到来，我不由得鼓起劲来了。”

在日中友好协会专門为大学生举办的“青春之歌”影片座談会上，东京茶之水女子大学四年級学生小泉志律子說，“青春之歌”是一部发人深思的好影片。她說，日本的学生們也应該像影片中的中国学生們一样投身到工人、农民中去进行活动。同一个大学的近藤爱子說，她认为当时中国学生們的理想在日本也是可能实现的。

第一次看中国电影的日本埼玉县的农村青年柴島孝太郎在写給“赤旗报”的信中說：这部影片从头到尾貫穿着共产党人把一切献給党、献給人民的崇高道德品质的形象，深深地打动了我們的心。看了这部影片，使我們更好地了解到一个人的力量是軟弱的，大家非团結起来不可。东京的一位保育員吉田純子在来信中說：“当我們探求林道靜轉变的主要根源时，‘阶級’这两个字，通过电影的画面，深深地印在我們的心上。林紅身在獄中仍然坚决相信党、爱护党的那种崇高形象强烈地吸引着我。”她认为中国这部影片給了日常生活在阴暗环境中的日本妇女以勇气和希望。

評論家大島辰雄在“赤旗报”上热情地贊揚了这部影片，并特别談到，“当我們看到林道靜入党宣誓的場面时，不由地想到我們要在各自的岗位上更加坚决地履行我們的誓言。”

（郑）

▲1960年8月24日《人民日报》

1961年春，因电影《青春之歌》在日本的巨大反响，谢芳被选为中国妇女代表团成员去日本访问。在东京的大街上，谢芳饰演的林道静巨幅画像远远就能看见，有两层楼房那么高。代表团的汽车开到哪里，哪里就有拥挤的人群拿着笔记本要求谢芳签名留念。他们狂热地喊着：林道静！林道静！

1961年6月21日《光明日报》登了一篇日本人和田写的文章《放映中国影片运动的成就及其影响》，其中说：“在这些影片中，无论从上演次数还是观众人次来看，都以《青春之歌》为最高。因此它的影响也最为深远。”

并附了一个统计表，列举了十部电影的上演次数和观众人数。这十部电影是：《祝福》、《林则徐》、《五朵金花》、《聂耳》、《风暴》、《青春之歌》、《万水千山》、《红色种子》、《铁窗烈火》、《女篮五号》。

《青春之歌》影片在越南和朝鲜也都受到了欢迎。（见《大众电影》1960 年第 18 期）

由于电影《青春之歌》的上演，母亲名声更大，成了一个公众知名人士。

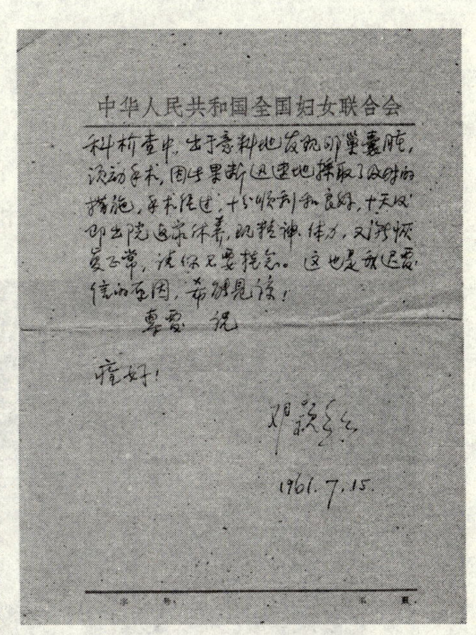

▲邓颖超给母亲的信（1961 年）

下面是邓颖超给母亲的一封信：

亲爱的杨沫同志：

我收到你来信和《青春之歌》的再版本，很高兴！

《青春之歌》电影我看过不止一次，小说也看到“忘食”。你寄来的再版本，以后有空，我当再读它。

知道你年来都在治病，养病，很惦念。望你能正视疾病，摸索并掌握病的性质和规律，善于和病作斗争。治疗要有耐性和毅力，既要能受得住病中的寂寞，又要会善自消遣。休养时，安心休养，力争把病治好和恢复健康。我相信你在恢复健康后，能写出更多更好的创作，以满足读者的要求。

我的健康，近两年已在逐渐恢复和显著好转。但是“六一”前夕，从定期的妇科检查中，出乎意料地发现卵巢囊肿，须动手术，因此果断迅速地采取了及时的措施。手术经过十分顺利和良好。十天后即出院返家休养。现精神、体力，又渐恢复正常，请你不要挂念。这也是我迟复信的原因，希能见谅！

专复

祝

痊好！

邓颖超

1961. 7. 15

字里行间，流露着对母亲的关心和尊重。

▲20世纪80年代初母亲与谢芳

12. 老区的乡亲情

张中行受到压抑，但始终大度对待——野坂参三号召日本青年走林道静的道路——大选时放电影《青春之歌》拉票——印尼共、越共用作党员教材——邓大姐、吕正操夫妇、习仲勋夫人、萧克夫人关心杨沫——李立三到住地看望——当年掩护过杨沫的乡亲日夜思念着她

解放之后，张中行还与母亲见过面。但与母亲相比，境遇差了很多。他是人民教育出版社的小职员，一个月只几十块钱。而母亲算是老干部，工资要比他多两三倍。但他政治上还算平安无事，这样默默无闻地生活到了 1958 年。

随着《青春之歌》被改编成电影、京剧、评剧、话剧、评弹、歌剧、小人书……书中的人物也都脍炙人口，家喻户晓。张中行这个母亲的前夫，日子开始不好过，人们对他冷眼相看。认为他就是小说中的余永泽，自私、落后，庸俗的典型。无形中，他被母亲的这本书弄得灰头土脸，在单位里抬不起头。

其实，真实的他，要比书中的余永泽好得多。他有着中国文人的正直，从不干告密打小报告之类的事；也从不乱揭发别人，踩着别人往上爬。尽管杨沫在书中塑造的以他为原型的余永泽虚构了一些他所没有的毛病，矮化了他，让他背上了一个落后分子的帽子，他对杨沫的公开评价始终是肯定的，正面的，从没有什么怨言。而他的妻子就非常受不了，对杨沫很有意见。

有人让他写文章，给自己辩解一下。张中行说，人家写的是小说，又不是历史回忆录，何必当真呢？就是把余永泽的名字改成张中行，那也是

▲母亲与京郊农民小孩（1964 年左右）

小说，我也不会出面解释。

就这一点来说，张先生真比当今某些动不动就对号入座，跟作者打官司的人有气度，有风范。

他虽然是老北大学生，学识渊博，业务能力很强，却长期不受重用，运动一来，率先受审查。“文革”中他被发配到安徽凤阳劳动改造。其间，被批斗三次。一次是因挑水把水桶掉到井里，没有捞上来，说他破坏“抓革命，促生产”；一次是因为晚上看彗星，被认为是想变天；第三次是因书写唐诗宋词，而不钻研红宝书……后被遣返回原籍，一贫如洗，饱尝了世间炎凉。直到 20 世纪 80 年代，还默默无闻。他的处境，不能说与母亲的《青春之歌》没有一点关系。然而张中行却始终没指责过母亲一句。每对人提到母亲时，他总说：那时候，杨沫比我进步，比我革命。

晚年，张中行私下曾向某编辑表示：余永泽把我的缺点扩大了。我虽然不接近共产党，但我对国民党也不满，也批评，也不参加它的什么活动。所以解放后，在镇反、肃反中我并没有给抓起来，否则，我可能就挨整很惨了。

所言极是。

……

随着电影的轰动，小说发行日益普及和蔓延。《青春之歌》的影响超越了国界。特别是在日本，反响之大，为新中国成立以来所少见，令人出乎意料。

《青春之歌》出版后不久，日本首先翻译，而且6次重印，发行近20万册，这个数字在日本当时是空前的。很多日本青年在看完电影《青春之歌》之后，受林道静的影响，纷纷要求参加日本共产党。虽然，也可能有些人仅仅因为她的美貌纯真，追求婚姻自由，爱屋及乌，对她所热烈向往的共产党产生了好感。

据说日共领导人宫本显治每次国会选举，都指示相关人员放映电影《青春之歌》，希望能为日共多拉选票。1961年日本共产党主席野坂参三在《赤旗报》上发表文章，著文号召日本青年阅读《青春之歌》，他说："《青春之歌》非常好，林道静的道路就是日本青年应该走的道路。"他的这篇文章曾译成中文，发表在《人民日报》上。

一个日本读者藤井增藏曾给母亲写了长达20页的信，讲述了自己怎么从一个天皇的信徒，渐渐转变立场，相信了共产主义。这其中就是受了《青春之歌》的影响。

……

1961年还有一位参加过十月革命的老战士，苏联妇女彼得罗娃给母亲写来一封信。她不知道母亲的地址，是寄给《人民日报》转交的。信的开头说：

> 亲爱的杨沫，我作为一个好朋友，一个大姐姐从苏联给你写这封信。我刚刚读完您那出色的小说《青春之歌》，此书深深地打动了我的心灵……

1963年11月，中国作协派人专门接母亲去参加招待印尼作家的宴会。前来接母亲的同志说：印尼共产党中央把《青春之歌》作为党员的必修教材，所以来访的印尼作家很希望能见到杨沫同志。可惜母亲当时正犯心脏病，无法前去。

越南共产党中央也把《青春之歌》作为党员的学习读物。

一部反映中国革命斗争题材的长篇小说，能在国际上获得如此反响，是非常罕见的。当时，还有一些长篇小说，如《林海雪原》、《红旗谱》、《烈火金刚》、《敌后武工队》、《平原枪声》、《红日》等等都非常流行，广为群众所喜欢。但这些作品却没有《青春之歌》那样在国际上也获得巨大影响。

20 世纪 60 年代初，有人曾对母亲说：现在报上除了国家领导人的名字外，就是你的名字了。那时候，电视不普及，也没有什么歌厅、舞厅、网吧，人们业余时间就是看书。结果《青春之歌》名噪一时。从上到下，都知道杨沫，都关心杨沫。

邓大姐惦念着母亲的身体，1961 年她在《健康报》上发表了一篇关于如何与疾病斗争的文章，特地嘱咐秘书寄给母亲一份该报。

习仲勋的夫人齐馨同志登门看望母亲并提出了治病和工作的很好建议。

▲与习仲勋握手

萧克的夫人蹇先佛同志为母亲介绍了很多可歌可泣的革命女战士事迹，请母亲写作时使用。

1962 年母亲因心脏病，在颐和园后湖找了间房子休养。当时住在中央党校的李立三同志闻讯后，时常来后湖看望母亲。

冀中的老领导吕正操将军和夫人刘沙与母亲来往更比较频繁，为她的写作和生活提供了不少帮助。

……

即便偏僻穷困的地区的孩子们，也知道了杨沫，因为中小学语文课本都有《青春之歌》的节选“林道静在狱中”。这些农村孩子们孤陋寡闻，不知道中央的什么大官儿，却知道杨沫。

1963 年冬，《保定日报》女记者郑云鹭给母亲写信说：她去雄县朱各庄公社大埔村采访时，大队长李凤芝向她打听一个人：大约在 1942 年鬼子大扫荡时，一天村里的伪保长告诉他，村东的秫秸堆里藏着个女八路，你去看看吧。李凤芝是 1935 年的老党员。他过去一看，果然藏着一位二十多岁的女同志，短发，个子不高，胖胖的，外地口音。他就让这个女八路跟着他走，把她安置在一可靠的人家里。之后，他和伪保长努力想法把敌人引到其他地方，不让敌人接近这户人家。最后，等敌人走后，他送这位女同志出了村，一直送到邻近的西柳村。他说，当时我很紧张，但这女干部倒还挺安详。分手时，她说：谢谢您了，我是军分区的，我叫梁墨。我告诉她我叫李凤芝。反正我把她的名字“梁墨”记住了。因她走后不久，鬼子又去西柳村抓人，我总挂念着她到底跑走没跑走，后来一听说军分区的人，就打听梁墨的下落，一直没打听到。多少年了，总不知道那个女八路是死是活。

随着小说和电影《青春之歌》席卷全国，这位大队长也听说到了杨沫，就寻思“梁墨”和“杨沫”的音很相近，这是不是当年自己掩护过的那个女同志呢。

他与《保定日报》记者聊天时，谈起了这件事。

《保定日报》女记者郑云鹭是位热心人，恰恰看过杨沫写的一篇怀念当年掩护她的老百姓的文章。在人民大学学习时，她也见过母亲杨沫，感到李凤芝说的那女干部的外貌确实有点像杨沫，就给母亲写了这封信。

母亲接到记者的信后，心情澎湃。她在 1963 年 11 月 18 日日记中说：

> 这位记者说的，和我当时在敌人大扫荡中所经历的情况大致相同。而且李凤芝还记住了那个被救的女同志叫“梁墨”……看来大概不会错。只是村名和李的名字我已记不得了（因为类似这样的危险情景，抗战八年期间经历很多）。西柳村好像是辛夏庄。总之接到这封信，我心里特别高兴。……这多年来，每有干部经过他们村，他都要打听我的下落——他怕我从他们那里走后，被敌人抓住牺牲了。这是多么高贵的革命感情啊！我前晚睡不着时，曾感情冲动地想写篇散文。开头几句我都想好了：

“我不认识他。短暂的相识后，从未再见过他，也从不知道他一点点消息。我不知他的姓名，他的村名，不记得他的面貌和年龄，我们是那样地陌生……然而二十多年来，不放过任何一个可能、一个机会，他向过往的行人和干部打听我的下落。他关心着我，惦记着我。而我心里，也永远有一位坚强高大的农民形象活着、耸立着……”

母亲给女记者和李凤芝分别写了信。李凤芝收到母亲的信后，也很激动，特地来到北京。母亲热情招待了他，请他在家里住了十来天，共叙往事。分手时，母亲送给了他一张自己的照片。

▲送给掩护过自己的老乡李凤芝的照片

以后，这个大队长常来北京找母亲，一住好几天，有时还带亲戚来。每次母亲都要招待，管吃管住，还要提供路费，给他买酒等等（这人爱喝酒）。次数多了，母亲就难以忍受，最后不得不躲着他。李凤芝回去后喜欢跟人吹嘘。结果好几个曾掩护过母亲的老乡也都纷纷想要来北京看望杨沫。母亲汲取了教训，没敢再轻易答应。

“文革”中，这位大队长受到了冲击，因他解放后以功臣自居，吃老本，不怎么工作，群众有意见。“文革”开始后，有人就揭露他给日本鬼子干过事，说他是汉奸，批斗了108场。他为了证明自己身在曹营心在汉，救过八路，又特地跑到北京，请母亲为他证明。母亲就写了一个书面证明，大意是当1942年鬼子大扫荡时，大埔村的李凤芝同志曾冒着生命危险掩护过我，该同志是一位老共产党员，对革命事业非常忠诚。

有了这个证明，李凤芝的日子才好过了一点。

……

1964年，还有一位十分区的农村妇女给母亲写了一封信：

杨沫同志：

我一听说杨沫，内心就产生了一种难以压抑的心情。迫切希望知道在抗日战火的伙伴——杨沫，是不是已经过上了现在的好日子。可是，有谁能来告诉我呢？

我清楚地记得，在抗日战争的年代里，我结识了一位革命战友——杨沫。那是在1939年的一天傍晚，一副担架抬到了我们这个村庄（王各庄），担架上是一位患伤寒的年轻姑娘。我便收留了她。她就是抗日游击队员——杨沫。这位杨沫那时只有26岁，但对革命是充满那样坚定不移的信心，虽病着还（对）我讲一些革命道理，使我这个普通的农村妇女懂得了一些革命道理，自己暗暗下定决心，一定为救国出力，决心把她的病服伺好，让她早些参加工作。

杨沫同志一天天好起来了，她不肯多休息一小时，整天价跟她的伙伴们（其中有大王、小王、田径流）① 到附近各村宣传。在那白色恐怖时期，在那枪林弹雨之中，在那内外恶魔的猖狂之下，为了今天，她们英勇而紧张地工作着！战斗着！

不久（仅两月），日本要大扫荡了，为了革命，为了战斗，杨沫同志要到别的地方去，我心里真是痛苦极了。但，这是为了斗争，革命！

1939年春天的一天，也就是杨沫同志离开我们的那天，我心里乱极了。

她含着泪水走到我的身边说："大姐，不要难过，等有一天把日本赶出去，我一定回来看您！我相信，我们一定能相见！"我（抬）起头来望着这位年轻的战友：穿一身我为她安排的花衣裳，头发用小梳子梳在脑后，再加上我男人站在她身边，戴着草帽，穿着粗布衣裳（他名叫杨道生，准备送她一程），满像一个农村妇女走亲戚的样子。我自作安慰地笑一笑说："走吧，祝你一路平安！"她含着泪，咬着嘴唇说了声："大姐，再见！"就转身走了，杨沫同志走了……

① 那些革命伙伴的名字我只记得大概其。信写得不好，您就原谅点儿吧！

杨沫同志离开后到现在已整整25年了，的确，我们把日本赶出去了，中华人民共和国早在1949年成立了，可还不见杨沫同志回来。杨沫同志啊，您在什么地方呢？

每当我听到杨沫这个名字，我的心情怎能压抑的（得）住呢？

现在的杨沫同志，实在对不起，打扰您的工作了，但我有一个最大最大的希望，就是希望您给我回一封信，说明您是不是我所结识的那个杨沫。但根据我所看的照片、长相、年龄，很像那个杨沫，可是您的革命战史我知道得不详细，因此我也不敢确定。（急）切等待您的回音！

此致

革命的敬礼

一个普通的农村妇女：王寿云

9月18日

字迹歪歪扭扭，似是个初中生所写。读后，你很难能无动于衷。

▲掩护和照顾过母亲的农妇王寿云

这封信母亲保存了一辈子。但母亲给她回信了吗？

2005年春，我曾专程到雄县王各庄寻找这个王寿云。问遍村中老者，都说不知道有这么个人，没有办法，只好失望返回。后来无意中在母亲的一个小电话本中发现了王寿云的确切地址：河北省文安县大董村公社王各庄大队。这才知道头一次找错，不是雄县的王各庄，而是文安县的王各庄。又冒酷暑，第二次寻找王寿云老人。

到了文安县的王各庄，打听了一些老人，竟没人知道王寿云。最后当我拿出王寿云给母亲的来信，念给众人听时，一位老汉终于恍然大悟，回忆起杨道生家媳妇生前曾对他说过此事：她和她所照顾过的八路军干部，后来名气很大的杨沫通过信。但杨道生与王寿云夫妇早已去世，孩子均在外面，村里没有亲人。老人若活着现在有

100 挂零了。村边她的坟头上，连块墓碑也没有。

这个永远不为人所知的普通农村妇女，她对母亲的怀念之情，她对抗日游击队员的忘我关照，只能通过她给母亲的这封信，留在世上一点痕迹。

我估计母亲给王寿云回了信，并还与她保持着联系，否则不可能在 11 年之后的 1975 年，还工工整整地把王寿云的地址抄在自己的电话本上。

果然，这之后不久，接到一个来自天津的电话。打电话者自称是王寿云的儿子杨希原，他告诉我：他妈给杨沫寄去信后，杨沫给他妈回了信，还寄去了一张自己的照片。但因种种原因，杨沫没能前去王各庄与王寿云见面。而老大娘也始终没去北京。她们的联系一直维持到“文革”开始才中断。这位农村老大娘至死都保持着高贵的尊严，没因为母亲红极一时而去朝拜母亲。

▲王寿云的墓

是王各庄的乡亲们将我寻找王寿云的情况转告给她的子女，才得以建立联系。我又第三次去王各庄与老大娘的孩子们见了面，并在老人的墓前拍照留念，向这位照看过母亲，多年来始终念念不忘母亲，长眠在九泉之下的默默无闻的老大娘表示一下敬意和追思。

非常遗憾，母亲食了言，打败日本鬼子之后没能去看看王寿云。虽然通了信。为了看病，她曾乘长途汽车去固定县找勾老头，却没有去附近的文安县看望一下救命恩人。

母亲的自传中说：病中几次被敌人逼入地道或被敌人包围，都是农民群众挺身而出搭救了自己。一次敌人来了，房东老大娘让她藏在炕洞里，自己与鬼子周旋，终于蒙混了过去。母亲在狭小的炕洞里差点被憋死，但

▲与房东老大娘交谈（1965 年房山）

当她出来后，看见掩护自己的老大娘挨了日本鬼子的耳光，她轻轻地抚摸着老大娘的脸，感动得流了泪。

1957 年，为纪念“七七”事变 20 周年，《光明日报》约母亲写稿，她就此事写出文章《素不相识的老大娘》，表达了对当年掩护过自己的老乡的怀念和感激之情。她说：

> 黑暗中，我什么也听不到、看不到。但是房东大娘那一头白发，那高大结实的身材却像绕着一层银光般的在我眼前闪耀。我跟她素不相识，但是，为了不让鬼子抓住我，她竟冒着生命危险掩护我、帮助我……想到这里，我激动得许久不能平静。

可能内心有愧吧，一直到 1962 年 7 月 11 日，她在日记中还说：

> 这几天做梦，总梦见敌人搜捕，我钻地道……

13. “文革” 开始

老舍跳湖，陈笑雨投河——康生的三点意见成为“护身符”——托谭厚兰通天——给姚文元写信——向市文联申辩——跟鬼子打游击一样东躲西藏——用姚文元的赞美反击造反派的声讨——浩然挺身而出，保护杨沫——彼此揪着脖领到《红旗》杂志对质

1966年6月1日《人民日报》发表社论《横扫一切牛鬼蛇神》，在党中央的号召下，全国各地都开始了揭批炮轰本单位领导。

6月15日北京市文联贴出《把反革命分子赵鼎新揪出来》的大字报，赵鼎新为市文化局局长兼市文联党组书记。之后，不少人写大字报纷纷表示支持。

6月18日作家骆宾基挺身而出，张贴了《赵鼎新是左派》的大字报，文中还宣称“周扬也是左派”，在文联引起轰动。

次日市文联贴出了大量批判骆宾基观点的大字报，骆宾基遭到围攻恐吓。

6月27日北京市文联成立了“文革筹委会”。主任赵树藩，浩然根红苗正，被选为副主任，实际主持工作。因单位里都是知识分子，没有发生武斗。

截至8月初之前，母亲的日子一直不错。她作为中国作家代表团成员之一，参加了在北京举行的亚非作家紧急会议①，并随会议代表受到了

① 1966年6月参加亚非作家紧急会议的中国代表团成员　团长：郭沫若。副团长：许广平、巴金、刘白羽。团员：于雁军、王光、王杏元、丛深、朱子奇、冯至、严文井、李季、杜宣、杨朔、杨沫、金敬迈、林雨、林元、郑森禹、陈光媚、胡奇、胡万春、胡可、徐怀中、高缨、郝金禄、曹禺、黄钢、张永枚、雷加、虞棘、钱李仁、韩北屏。

▲北京市文联大楼前的合影（约 1965 年底）自左至右：前排：田蓝、吴作人、老舍、杨沫、刘厚明、张季纯、草明、浩然
中排：端木蕻良、曹禺、雷加、骆宾基、周述增、戴其锷
后排：古立高、李方立、李强、杜印、管桦、王慧敏、江枫、林斤澜、李学鳌、社金玺、果向真

毛主席的接见。开完会后，休息两天，母亲即返回机关参加运动。

那时候，谁被毛主席接见，谁就有了一层圣光，能保护他不受冲击。所以暂时还没有人给母亲写大字报。

8月18日毛主席接见红卫兵之后，当时的林副主席喊出了“向红卫兵小将学习!”“向红卫兵小将致敬!”的口号，红卫兵“破四旧”，风行一时，北京的“文革”运动随之开始显现血腥。

8月23日社会上的一部分红卫兵闯进文联机关大院，他们在大门口贴出“庙小妖风大，池浅王八多”大标语，声称要烧毁文化局下属各剧团所存的传统古戏装。下午他们开始揪人。市文联的有老舍、田蓝、金紫光、张季纯、端木蕻良、骆宾基、江枫、萧军等，被用卡车送到孔庙，在烧古戏装的火堆旁，受到红卫兵的皮带抽打。老舍因头部受伤，被提前送回，在市文联院内又遭批斗，受尽凌辱。

就在这一天，8月23日《人民日报》发表了两篇社论，一篇是《工农兵要坚决支持革命学生》，一篇是《好得很!》。所以，人们眼看着老舍挨打受辱，却不敢出来制止。

次日午夜时分，绝望的老舍跳入德胜门豁口外太平湖，终年68岁。

把老舍揪出来时，母亲就在现场，她亲眼目睹了整个过程，“兔死狐悲”，恐怖之极。据浩然撰文讲：“我看见杨沫因为害怕，高血压复发，瘫在屋里。”

事后，母亲心有余悸地说：“我是漏网之鱼。”

母亲的朋友、熟人、战友一个个地被打倒了。

为写“一二·九”运动，母亲采访过陆平，现在陆平成了全国赫赫有名的大黑帮，万炮齐轰。聂元梓所写的“全国第一张马列主义的大字报”其矛头就直指陆平。

曾写文章为《青春之歌》辩解的陈笑雨（马铁丁），仅仅被批斗了一次，却不甘受辱，于8月23日，几乎与老舍同时，投永定河自尽。

曾帮助母亲联系出版《青春之歌》的阳翰笙四清时就开始挨批，1966年12月27日，《人民日报》公开点了他的名，成为反动的“四条汉子”（周扬、夏衍、阳翰笙、田汉）之一。

老同事海默又给揪了出来，新账老账跟他一起算。在1960年海默被打成漏网右派之后，母亲曾借给过他500块钱。

所有为《青春之歌》说过话的文艺界领导现在全部被打倒，如周扬、蒋南翔、林默涵、陈荒煤、何其芳等等。母亲感到了黑云压顶，不寒而栗。她别的没什么问题，关键是《青春之歌》，只要《青春之歌》不打倒，自己就不会打倒。她本能地想起了康生对《青春之歌》的肯定。那是1961年5月23日，她收到了周扬办公室工作人员的一封信，原文是：

康老看了小說《青春之歌》后写在書上的批示：

(一)这是一部好小說。我没有讀过初版，再版增加了七章农村斗争，这很好。增加三章学生运动，觉到很不自然。我在未讀"再版后記"之前就觉到这几章是强加上去的。电影"青春之歌"以入党结束得很好。从全书看，从林道静这个人物的客观发展来看，以入党结束可能比以"一二九"运动结束还要好些。

(二)書中反复强调"八一宣言"的作用，这样就减低了毛主席对党的领作用，这是不对的，在政治上是很有害的，必须修改，这种修改是容易的。

(三)江华在汽车上宣佈戴愉是叛徒还要冒着很大的危险去宣佈开除他的党籍，这既不合理也不真实。戴愉被国民党处死也不合理，很勉强的。

如果三版時能将这些缺点加以修改，这部书将是现代最好的小說之一。（一九六〇年九月）

註：該批示系由原周揚办公室谭小邢从康老批示过的小說《青春之歌》書上摘转抄来的。

▲康生关于《青春之歌》的批示

杨沫同志：

你的小说《青春之歌》康生同志看了，他对此书的意见，周扬同志觉得很好，特嘱抄送你一阅。意见如下：

1. 这是一部好小说。我没有读过初版，再版增加了七章农村斗争，这很好。增加三章学生运动，觉得很不自然。我在未读"再版后记"以前，就觉得这几章是强加上去的。电影《青春之歌》以入党结束，结得很好。从全书来看，从林道静这个人物的客观发展来看，以入党结束可能比以"一二·九"运动结束还要好些。

2. 书中反复强调"八一宣言"的作用，这样就减低了毛主席对党的领导作用和少奇同志对白区工作的领导作用。这是不对的，在政治上是很有害的，必须修改，这种修改是容易的。

3. 江华在汽车上宣布戴愉是叛徒，对叛徒还要冒着很大危险去宣布开除他的党籍，这既不合理也不真实。戴愉被国民党特务处死也不合理，很勉强的。

如果三版时能将这些缺点加以修改，这部书将是现代最好的小说之一。(1960.9)

以上三点就是康生同志的意见。

此致

敬礼

周扬办公室　谭小邢　转抄

5月16日

母亲看后很高兴，她把康生的这三点指示工工整整抄在了日记本上。

1960年9月林彪主持军委扩大会议，提出了要高举毛泽东思想伟大红旗，要时时处处突出政治。可就在同一个月，康生却肯定了这部小资味儿很浓的小说。

原因何在？

可能是《青春之歌》的影响空前巨大，为建国后长篇小说所少见。多年来知识分子一直都比较受压，《青春之歌》可能是第一部把知识分子当成主角加以肯定的大部头小说，引起了知识界，包括青年学生的热烈共鸣。再加上1959年10月电影《青春之歌》上演，谢芳的清纯形象，更推波助澜，加重了这本书的影响力和爆炸力，观众近千万之多。康生感到了这一点，因此做出的评价比较客观和实际。

“文化革命”开始后，眼看着文艺界的熟人纷纷打倒，母亲预感到自己也不能幸免，就把康生的这段批示当成了“救命稻草”。她让我姐姐小胖给油印成传单，四处散发，想让红卫兵小将知道，中央领导是肯定《青春之歌》的。康生当时任中央文革小组顾问，中央政治局常委，中央书记处书记，绝对能代表中央。

我记得小胖除了油印之外，还用复写纸印了很多份，寄往各单位。用康生的批示保老妈，在运动初期，似乎确实起了一点作用。母亲真没被当成反党分子给揪出来。当时北京市文联造反派的斗争矛头是老舍、骆宾基、萧军等。

但到1967年3月之后，两报一刊公开点名批“黑修养”，矛头指向了刘少奇。“文革”前就批过《青春之歌》的郭开又开始积极活动，上街贴大字报批判《青春之歌》，说这部书是替刘少奇和彭真树碑立传。

直搗刘、邓黑司令部　坚决批判《青春之歌》

——革命造反派召开批判大毒草《青春之歌》座談会

〔本报訊〕　在当前批判《黑修养》的漫天烽火中，为了更好地向党内最大的走資本主义道路的当权派刘少奇发起猛烈攻击，四月十七日下午，"首都工农兵批判毒草影片联絡站"和《工农兵电影》編輯部特邀請了北京电子管厂、人大三紅、河北师院东方紅总部、北影遵义战斗兵团、北师大井岡山公社、北京輕工业学院七二九兵团以及《中国青年报》社、市文联等二十多个单位的革命派同志对《青春之歌》問題进行了座談。到会的同志一致认为《青春之歌》是一株反党反社会主义反毛泽东思想的大毒草，是艺术化的《黑修养》，是毒害青年的烈性精神鴉片。《青春之歌》歪曲历史，为党內最大的走資本主义道路的当权派刘少奇及其黑爪牙唱贊歌，反对毛主席的領导，对抗毛主席的[illegible]

[illegible]以来，一直身受反革命修正主义分子种种迫害的北京电子管厂的郭开同志无比憤慨地控訴說："我把一些工人同志的意見集中起来，写了一篇文章批判《青春之歌》，这就惊动了文艺界的大大小小的反革命修正主义分子。他們一齐跳出来向我开炮，搬出好几座'大山'來压我，什么茅盾、馬鉄丁、何其芳等等全上了陣，御駕亲征。我不屈服，他們就給我組织制裁。給我开了好几次批判会，指責我'无組织无紀律'，訓斥我'无法无天，連茅盾的話也不听'等等，然后把我赶出党委宣传部，搞去喂猪，当調度員。但是我还是不屈服，前前后后我写了几十封信来申述我的观点，我确信毛主席說的話沒有錯！照毛主席的指示办事沒有[illegible]錯！"

▲造反派小报批判《青春之歌》

于是康生的这个护身符有了问题（批示中有一段肯定刘少奇的话）。母亲权衡了利弊之后，把肯定刘少奇的那句话删去，又重新刻蜡板，重新油印成传单，广为散发。后有人悄悄对母亲说，你这么宣传康生的批示，如果被知情人发现，会惹来麻烦，说你篡改康生同志的原话。康生本人要知道了，也可能会生气。刘少奇打倒了之后，他肯定不喜欢人们老引用他当初含有吹捧刘少奇内容的批示。

母亲想了想，感到也有道理。以后就再也不公开提康生的这段批示了。

父亲从国务院调到北京师范大学任代理党委书记、副校长，等于是一把手。后来不知何故，变成了副书记，又新调来程今吾当党委书记。结果因祸得福，"文革"开始后，程今吾被率先揪出来打倒。而父亲因为受压而让造反派谭厚兰看中，1967 年 4 月，给三结合为北师大革委会领导成员。

这时，社会上掀起一股批判《青春之歌》的浪潮，母亲非常紧张。她立即想出了一个法子：让父亲转交给谭厚兰一封信，想请这位著名的造反派领袖出面保自己。她知道谭厚兰能通天，与中央文革联系密切。心想你既然解放了我的丈夫，也肯定对我没有恶感。据小胖姐回忆，信里有这么一句，她记得特别深：

> 厚兰同志，我是热爱毛主席的，这可以通过《青春之歌》有 20 多处提到毛，而没有提过刘少狗。我是热爱毛主席的！

自然是没有任何结果。批判《青春之歌》的浪潮继续蔓延。只不过由于一些中央领导干部相继被揪斗，又揪出了不少“大叛徒”，相比之下，这股批《青春之歌》的浪潮不那么引人注意。但母亲是当事人，她感觉压力巨大。

因北影厂造反派勒令母亲前去接受批斗，母亲担心身体受不了，无奈中又想了一个办法，给康生和姚文元写信。

给康生的信底稿已找不见，但给姚文元的信底稿还在。因姚文元在“文革”前曾写文章赞扬过《青春之歌》，母亲希望姚文元能出面说句话，缓和一下自己的处境。姚文元当时是中央文革小组成员。

姚文元同志：

您很忙，写信麻烦您，很不安。

现在向您汇报一点情况。

自从4月1日戚本禹同志的文章发表后，也有人把《青春之歌》小说和电影上到批判刘少奇的线上。目前，正由“北京市批判反革命修正主义文艺联络站”和“批判毒草影片联络站”进行批判。

对革命群众对于作品的批判，我是热烈欢迎的。因为自己的世界观没有改造好，又有不少的修正主义文艺思想，作品中必然会有不符合毛泽东思想的地方。但目前的批判，对于作品内容方面的东西还谈

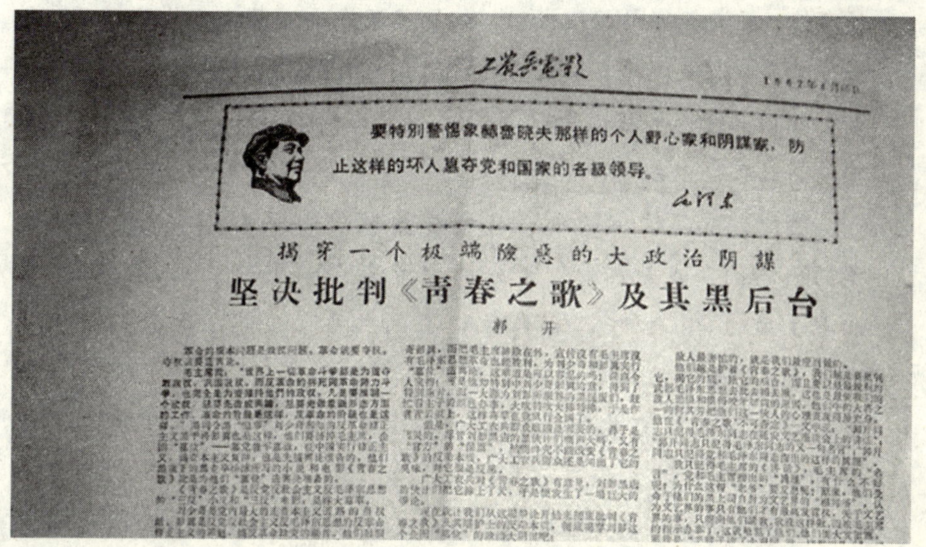
工农兵电影

要特别警惕象赫鲁晓夫那样的个人野心家和阴谋家，防止这样的坏人篡夺党和国家的各级领导。

毛泽东

揭穿一个极端险恶的大政治阴谋

坚决批判《青春之歌》及其黑后台

郭开

▲郭开在造反派小报上的批判文章

得不多，主要是把小说和电影上到批判刘少奇的黑线上。如说我是奉了刘少奇、彭真之命来写《青春之歌》的。是为刘、彭歌功颂德，为他们的反革命复辟作舆论准备的。甚至有人说书中的卢嘉川就是彭真，江华是黄敬，林红是范瑾……种种说法，把我所歌颂的英雄人物都给挂在刘、彭的号上了。

姚文元同志，上述的说法是不符合真实情况的，是臆造的。我根本不认识刘、彭之流，当我1950年开始写《青春之歌》时，只不过是个被前市委排挤打击的普通妇联干部。当我利用生病休息时期写小说时，怎么可能和这些大人物挂上钩？这些大人物又怎么可能来找我这个毫无名气的病号来为他们树碑立传？

我爱人马建民是北师大最近才三结合的干部。为他参加三结合，师大井冈山曾对他的历史、社会关系作了调查研究，也对我的历史、社会关系做了调查研究，最后证明我们和黑帮黑线没有关系。不但在我写《青春之歌》之前，刘、彭之流不认识我，即在写完《青春之歌》之后，他们谁也没有和我说过一句话，他们仍然不认识我。但群众激于革命热情，还是这样批判起来了。对于群众，我是相信的，相信他们终于会弄清事实，做出正确的结论。

只是目前，由于《青春之歌》的公开批判，发生了一些意想不到的事情，前几天联动闯入我家，捆绑了两个女孩子，砸抢了东西。接着，又有人深夜跳墙，似乎有要绑架我的企图，5月10号北影又要开大会批判，控诉电影《青春之歌》，也要我参加。我身体不好（心脏病、高血压）不知能否支持下来。

所以，我写这信给您，我要告诉敬爱的姚文元同志和中央文革的同志们，我是热爱，十分的热爱我们心中的最红最红的红太阳毛主席的。小说中，我只歌颂了毛主席（虽然距今天的要求远远不够），而绝没有歌颂刘少奇之流。这点，可以从小说里有二十多处以上写到我们最伟大的领袖毛主席，而无片言只字提到刘少奇可以证明。

姚文元同志，您是比较熟悉《青春之歌》这部小说的。小说和电影虽然有许多缺点、错误甚至毒素，但它是歌颂了伟大的中国共产党的，它是歌颂毛主席的英明领导的，而绝对没有歌颂刘、彭这伙反革命黑帮与叛徒。这一点我热望中央文革的同志们能够考察我的全部历史，考察我的全部写作经历，我准备接受党的考察，也接受群众的考察。

附上《青春之歌》小说和电影剧本的材料一份，请您和中央文革其他负责同志参考。

致以

最崇高的革命敬礼！

杨沫

1967. 5. 7

然而这封信寄出后，渺无音信。母亲只好躲到朋友家，逃避了北影厂的那次批斗会。

同年9月和10月，北京人民广播电台公开广播了郭开批《青春之歌》的文章，让母亲大为紧张，不知道是不是上面有什么指示。根据以往经验，若北京广播电台点名批判谁，往往要经过中央的批准。

1967年12月2日，母亲特地给市文联领导写了一封信：

文联革委会负责同志：

有件事向你们反映一下：

最近我听说北京人民广播电台在9月30号和10月3号两次广播了郭开同志批判《青春之歌》的文章。内容和郭开同志今年4月在工农兵电影小报上写的文章基本相同——即《青春之歌》是为刘少奇、彭真树碑立传的，是美化他们的大毒草……这件事不知你们知道不？

"文化大革命"中，群众对《青春之歌》有意见和怀疑，冲击到我，我没有任何意见。我是准备狠触灵魂，借"文化大革命"的东风，认真检查自己的世界观和文艺创作中许多资产阶级思想的。但我和刘少奇、彭真之流确实没有任何联系，更从没有为他们树碑立传。关于这个问题，如果上电台或上大报，我认为应当经过调查研究和核实之后，才能进行。但我还没听说咱们文联对我和刘、彭之流的黑线关系做过调查核实的结论。却忽然上了电台，这是使我迷惑不解的。

现在我向你们简略地谈谈我的实际情况：

我在写作和出版《青春之歌》全部过程中，没有和刘、彭之流发生过任何联系。我根本不认识他们，即使在《青春之歌》出版后，刘、彭之流也没有找过我，没有和我说过一句话。他们至今仍不认识我。我写这部小说或改编电影都没有和他们有过任何联系。这是从组织关系上讲。再从小说的思想内容上讲，《青春之歌》中尽管存在着严重的缺点错误，但写作（的）时候，我是从心底里热爱我们党，热爱伟大领袖毛主席的。书中提到毛主席和红军不下二十处，而却无片言只字提到刘少奇。如果我要立意美化刘少奇，要想为刘少奇树碑立传，当写到“一二·九”运动时，我完全可以按照当时篡改了的历史，说刘少奇是白区或“一二·九”运动的最高领导者，但我根本没有这样写。

其原因是：在最初写作《青春之歌》的时候，我就认为我们党内最伟大最正确的领袖是毛主席。遵义会议后，党所以走上胜利的道路（包括“一二·九”的胜利）完全应归功于毛主席。要歌颂也应当歌颂毛主席。所以小说中，在写到“一二·九”运动的前十四五章时（即遵义会议之后），书中就大量写到毛主席和红军，在再版《青春之歌》463页中，我借江华的口这样说道：“我们党是更加伟大了。遵义会议之后，白区有些不同了，我们的局面也就要打开了……”在这里我正是根据毛主席的话：“长征一结束，新局面就开始”而写的（见《反对日本帝国主义的策略》一文）。我说遵义会议之后，白区工作有些不同，为什么不说刘少奇来北方局之后，白区工作不同了呢？并且事实上我书中所写的年代是1931—1935年，那时刘少奇根本还没有来北方局。刘是1936年春才来的。

这正是我只想歌颂毛主席（虽然我歌颂得很不够）而没有美化刘少奇的具体表现。所以小说中是否真有为刘、彭树碑立传的地方，这也需要做仔细研究。因此，我写这信给你们，希望同志们能够重视北京电台广播郭开文章这件事。把我和刘、彭之流是否真有黑线关系这个问题，早日做一番调查核实工作。

我的全部历史是清楚的，我写这部小说和改编这部电影的全部过程都在北京，每一个时期——包括找人谈材料、写作、修改、初版、再版等过程都有人可以证明我和刘、彭或其他反革命黑线有没有过联系。文联是我所在单位，应当对我的这些情况，作全面的调查研究，可以找有关的人去了解。这是解决我个人和《青春之歌》究竟属于什么性质的关键。

这是件重大的政治性问题。文联是否能够早日调查核实？因为这不仅仅是我个人的问题，而是一个在“文化大革命”中，群众和社会舆论都比较注意和关切的问题。

最后再顺便说一点情况，也可以从旁证明我究竟与黑根黑线有没有关系。

17年来，我一直是在刘、彭直接统治下的旧市委、旧文化部下面工作。但我的级别待遇，直到今天仍是1947年在解放区时给定的级别。20多年来没有提过一级（虽然我并没有犯过错误，没有受过任何处分）。仅从这一点看，我和黑线和刘、彭有没有关系不是很清楚么？

这些我从来不大愿意说的事，今天说一下，只是为了给同志们参考，并没有别的意思。

敬礼！

杨沫

1967年12月2日

母亲虽然紧张，也没有束手就擒，她有她求生存的办法。

当北京电子管厂的造反派郭开召开了17万人的大会批判大毒草《青春之歌》时，蒋南翔、陆平、杨述等同志都被拉上台批斗。而独独母亲这个作者，却逃之夭夭。

5月10日，当北影召开万人大会批判毒草电影《青春之歌》时，导演崔嵬、演员谢芳等全都挨了斗，而母亲这个编剧又逃脱了。

当时不遵守造反派的命令，不参加批斗大会，擅自逃跑，是态度不老实，会惹祸的，同时也很招人恨，让人瞧不起。但母亲觉得自己不是黑帮，她拿出了跟日本鬼子打游击的劲头，稍有风吹草动就跑，东躲西藏，毫不在乎别人怎么看她。

母亲原来的同事，香山的邻居王莹的日子就比母亲惨得多。江青在大会上点了她的名，说她坏得很，给扣上了“黑线人物”、“黑明星”、“老吸血鬼”、“美国特务”等罪名。她不敢跑，不得不每天到单位接受批判，终日受辱挨打。后逮捕入狱，于1974年3月3日含冤去世。

杀鸡时，鸡都要蹬蹬腿，扑哧扑哧翅膀，何况母亲一个大活人呢。为了生存，她不得不绞尽脑汁，想出种种办法对付造反派。

她想造反派不是批《青春之歌》吗？我把姚文元对《青春之歌》的称赞话公布出来，以回敬造反派的批判，这一着肯定能让造反派哑口无言。她记得姚文元的文章是《新松集》上的，就托助手小罗去找这本书。小罗骑着自行车，在北京城四处跑，终于给找到了。母亲让姐姐小胖把姚文元对《青春之歌》的赞美和郭开对《青春之歌》的批判做一对比，用姚文元的话来反驳郭开对《青春之歌》的声讨。

姚文元同志与郭开同志对小说《青春之歌》的评论对比（摘要）

姚文元同志的评论文章《一部闪烁着共产主义思想光辉的小说——评小说〈青春之歌〉》载于1962年5月出版的《姚文元论文集——新松集》第58页。

郭开同志的批判文章《揭穿一个极端险恶的大政治阴谋——坚决批判〈青春之歌〉及其黑后台》载于1967年4月15日北影批毒联络站主办的《工农兵电影》。

郭开批：《青春之歌》是反党、反社会主义、反毛泽东思想的三反小说，是株大毒草。

姚文元评：小说有强烈的共产主义思想，创作出色彩鲜明的形象，在生活发展方向和人物性格的描写中渗透了共产主义思想，渗透了无产阶级党性，因而在艺术上有一种激动人心的美。

郭开批：《青春之歌》辩护士们都说，《青春之歌》是优秀的革命小说等等，《青春之歌》的辩护士、吹鼓手以及他们的黑后台，就是一群披着羊皮的狼，他们大肆吹捧的《青春之歌》，就是包着糖衣的毒药，他们想把我们毒死——使我们接受他们谬论，好跟他们搞修正主义。

姚文元评：我们读着这部小说，就会感到革命胜利是经过多么艰苦的斗争才得到的……让我们大家从这样的现实意义出发来读这部优秀小说吧！

郭开批：书中充满了小资产阶级情调和色情描写……（没有举出例证）对青年起了极坏的腐蚀作用，诱惑年轻一代和平演变。

姚文元评：《青春之歌》和许多优秀的社会主义作品一样有一股强烈的鼓舞和教育力量……它鼓舞青年唾弃一切丑恶的个人主义打算，用共产党员的标准来要求自己，向前，向前，再向前！

郭开批：那种说《青春之歌》是学术问题，放在后期处理的论调是糊涂人的哲学。我们不能听。必须争朝夕马上干！过去几年没有批判，并不是群众不要求批判，而是被反革命修正主义分子阎王爷陆定一压住了。"文化大革命"开始以来没有批判是被陶铸这个反动路线的忠实执行者压住了。今天难道我们还不批判吗？一定要批判。因为正像前面说过的那样，《青春之歌》不是学术问题，而是严重的政治问题。它和《海瑞罢官》一样，是一个政治案件。

姚文元评：《青春之歌》反映了当时的历史特点。小说是沿着三条线索发展的。一条是敌我斗争，党领导的革命力量和日本帝国主义、国民党反动派的斗争；一条是党内斗争，党内坚持毛泽东的正确路线的党员和"左"倾教条主义分子的斗争；一条是小资产阶级知识分子的分化。这三条线索错综复杂地交织着，织出一幅鲜明的历史图画。

郭开批：《青春之歌》中有三个没有：一个是没有毛泽东思想，一个是没有阶级斗争，一个是没有人民战争。这都是我们事业的生命，革命的命脉，可它完全没有。

姚文元评：小说鲜明地反映了党内斗争的两条路线。一条是错误的左倾路线，一条是以毛泽东同志为代表的正确路线。《青春之歌》还写出了英雄时代的英雄人物，不管是牺牲的先烈，或继续战斗着的同志都引起了我们对他们的崇高敬意，激起向他们学习的强烈愿望。

……

母亲的这个办法可能起到了一点作用，它使造反派对母亲的态度犹豫不决，没有坚决打倒。当然，文联革委会的负责人浩然也竭力保护了她。

据母亲说，在炮轰《青春之歌》最凶猛的时刻，浩然挺身而出，为杨沫说话。他对人说：杨沫历史上政治上都没有问题，和刘少奇没有任何牵连。

造反派要揪斗母亲时，浩然等人出面拦阻，使他们没有得逞。一次，浩然向《红旗》杂志的同志谈了对母亲的看法（他曾在《红旗》杂志工作过），《红旗》杂志的同志也讲了一些有利于母亲的话。浩然立刻让人把这些谈话写成大字报披露出来。小胖和大姐还把这个大字报抄下来，贴到了郭开所在的工厂。该大字报戳穿了郭开的谎言，产生了很大影响。大字报原文如下：

为郭开批判《青春之歌》走访《红旗》编辑部

北影遵义造反兵团主办的《工农兵电影》上发表了批判《青春之歌》电影及小说的文章之后，于4月17日，在电子管厂召开了有十几个单位派人出席的座谈会。会上批判文章的作者郭开同志讲了话。其中他说："《红旗》杂志已找我4趟，约我写批判《青春之歌》的文章……"

我们认为《红旗》是党中央的刊物，如果编辑部约请某位作者写批判某一作品的文章，就说明了党中央的态度，我们非常重视，为此，4月24日专程访问了《红旗》编辑部。

《红旗》编辑部郑重声明：郭开作为一个读者，可以对任何作品提出自己的意见，但是他说《红旗》杂志约他写批判《青春之歌》的文章不是事实。《红旗》杂志从来没有找过他，更没有请他写过批判文章。郭开在1966年底，1967年初，曾经3次把他写的批判《青春之歌》的稿子寄给《红旗》，经编辑部研究后，已经退稿。此后，《红旗》杂志编辑部从未跟他联系过。

北京市文联《红战士造反队》

1967.4.25

郭开急了，马上找到了文联来，与浩然展开了一场激烈的辩论。文联有人站在郭开一边，有人站在浩然一边。彼此都说对方歪曲事实，造谣惑众，僵持不下。最后弄到浩然与郭开互相揪着对方的脖领子，一起到《红旗》杂志社对质。

母亲感叹道：浩然为我担着风险和正在势头上的郭开斗争。在危急关头，他甚至还对我女儿说过准备牺牲的话，这种患难之交，我是永远不会忘的。

因为浩然有权，他对母亲的保护切实有效，所以尽管在外面，社会上大批《青春之歌》，可在文联内部，母亲却不曾揪出来上台挨斗，也没尝过坐“喷气式”的滋味。

这种情况，在全国的知名作家中，也不多见。因此有人说母亲是一个“福将”。

亚非作家紧急会议合影(1966年京西宾馆)

自左至右:

前排:胡奇、冯至、朱子奇、曹禺、严文井、许广平、巴金、郭沫若、刘白羽、杨朔、不详、虞棘、钱李仁、杜宣、杨沫、郑森禹

后排:雷加、王杏元、王光、高缨、于雁军、黄钢、李季、胡万春、郝金禄、金敬迈、韩北屏、张永枚、胡可、徐怀中、丛深、陈光媚、林元、林雨

14. 被迫揭发妹妹白杨

郭开揪住《青春之歌》死死不放——白杨因沈醉的一句话成为“特务”，受尽折磨，主动要求入狱——杨沫被迫揭发白杨的种种“恶劣”表现——硬汉海默“气焰嚣张”，毒打致死——路扬好景不长，军委办公厅主任被撤——父亲是深泽人，有“叛徒”嫌疑

北京电子管厂的工人郭开对《中国青年》那次讨论《青春之歌》，自己的意见受到大人物压制很不服气。“文革”开始后，他四处活动，宣称“文革”前他因批判《青春之歌》受到了众多黑帮人物的迫害。他要向反动权威们复仇！一定要把《青春之歌》批倒批臭。

1967 年 4 月 1 日，《红旗》杂志发表戚本禹的《爱国主义还是卖国主义——评反动影片〈清宫秘史〉》，矛头直指刘少奇，为郭开提供了一个天赐良机。郭开马上把《青春之歌》与刘少奇联系在一起。刘少奇在北方局工作过，领导过地下斗争，而《青春之歌》写的北京地下斗争，正是北方局所领导。于是郭开把《青春之歌》定性为“一株反党反社会主义的大毒草”，硬说此书是为刘少奇和彭真树碑立传。他上蹿下跳，在北京掀起了一个批《青春之歌》的小高潮。王府井大街、天安门观礼台等处都出现了批判《青春之歌》的大标语。

他还到处游说鼓动。1967 年 3 月 17 日，郭开对前来向他调查的北师大《砸烂黑党委战斗队》的红卫兵王×维、李×青说：

> 这本书问题很严重。杨沫一直坚持资产阶级反动路线。有人问她有无后台。她说康生肯定了这本书，说康生通过周扬转给过她自己对

《青春之歌》的几点意见。实际上不对。她与周扬关系密切，她的小说得到周扬大肆赞赏。我们之所以要批判《青春之歌》，主要是批判刘、邓、彭真。

·4· 北京新文艺 1967年5月12日

文艺界一起严重的反革命事件

本报调查员

一、事件的起因和概况

△ 1959 年关于小说《青春之歌》的讨论成了一起“反革命事件”

她跟邓小平、陶铸有关系。1965 年团中央就认为《青春之歌》是毒草。我问他们为什么不批判？回答是邓小平说日本共产党主席野坂参三夸这部小说好。杨沫参加亚非作家会议也是邓小平搞的。现在迟迟不批《青春之歌》是和陶铸有关系，和日本共产党也有关系。杨沫和彭真很有关系。据说她在写这本小说期间，彭真是很关心她的。

我的批判文章《解放军报》已排版，因为这牵连的人很多，中央还未点头。目前批判稿已交王力。《文汇报》、《解放军报》、《北京日报》、《人民日报》都知道。批《青春之歌》是肯定的，就是个时间问题。但人们对这个问题看法不一样。

杨沫的小说是反党反社会主义的。至于她个人是不是反党分子，还不敢肯定。这就看她的态度了，是不是坚持错误。她养尊处优，平日根本不做工作。工资很高，她家是个大地主，她是个知识分子。她挂线在刘邓上，整个思想属于刘邓那一套，属于反动学术权威。她活动范围很大，接触的大多是黑帮，属于北方局这个系统。

现在全国各地批判《青春之歌》的呼声很高，批的势头很猛。

在 1967 年 5 月 12 日的“文革”小报上，还刊出了一篇题目为《文艺界一起严重的反革命事件》，把 1959 年围绕《青春之歌》的那场争论，把郭开因批《青春之歌》而受到反批评的情况上纲为“一起严重的反革命事件”。

可以说，由于文联革委会负责人浩然等人的死保，又因为没有得到中央文革的明确首肯，郭开要置母亲于死地的企图迟迟没有实现。1971年林彪问题爆发后，郭开因为自称是四野的老战士，发表过许多吹捧林彪的言论而被隔离审查，从此一蹶不振，以后情况不详。

▲白杨夫妇结婚时与母亲合影

所以“文革”中，母亲没有坐过一次“喷气式”，没有挨过一下打。

但母亲的妹妹，三姨白杨就大大不同了，她比母亲惨得多。“文革”开始后不久即被正式揪出来，说她是叛徒、特务，遭受了最残酷的对待。

由于前国民党中统特务头子沈醉在《文史资料》第22辑中的一篇文章中说戴笠与一些影星很熟，他列举的人名中，提到了白杨，就这么一句话，白杨祸从天降，被怀疑为特务和叛徒，逮捕入狱多年。

▲20世纪40年代的白杨

整天翻来覆去的大批判、大揭发，往清白的人身上泼脏水，圣人也会变成过街老鼠，人人喊打。何况有沈醉的这篇回忆文章！三姨白杨遭到了一轮一轮的丑化，说她“双手沾满了革命同志的鲜血”，“是大特务头子戴笠的姘头”，“一条化作美女的毒蛇”……她被批得臭不可闻，给打得遍体鳞伤。

1967年12月4日，母亲的老同事赵慧深（北影厂编辑部副主任）含恨自杀，年仅56岁。造反派以她曾在《马路天使》中演过妓女而残酷折磨、羞辱她。

◎“文革”中白杨被打成“女特务”

◎白杨在话剧《日出》中的剧照

母亲领悟到电影界的“文革”运动更加残酷血腥。她一点也不敢与妹妹联系，并在造反派的逼迫下，被迫写材料，交待妹妹的问题。

关于白杨问题的交待与检查

白杨是我亲妹妹。

……

五）我和白杨的关系除了1933年，她被捕前后这段重要事实外，还有下面的一些来往和事实交待如下：

1. 约在1936下半年或37年上半年，我在北平开始学习写作。

曾写过两三篇宣传抗日救国的短篇小说寄到上海，由白杨托人在上海《大晚报》“火炬”栏发表了。小说的题名不记得了，只记得笔名“小慧”。

2. 七七事变发生，1937 年 7 月，北平就要沦陷于日寇的时候，我哥哥（现在中央文革宣传组当会计）一家调工作到上海去。我不愿留在北平当亡国奴，又是失业，还有一个六七个月正在吃奶的小孩，于是在 7 月 20 日以后，就带着我现在的大女儿，跟着我哥哥一家去了上海，住在白杨的家里。到上海不久，“八·一三”抗战爆发，上海情况又紧了，白杨参加上海影人剧团要到重庆去，我不愿去重庆，正在这时我爱人马建民从他老家（河北省深泽县）来了信，说他已从沦陷的北平出来回到家乡。这时，我就决心只身带着大女儿回到深泽去找马建民。1937 年 9 月上旬，我回到了马建民的老家，深泽县故城村。到 1937 年 12 月，我就参加了冀中安国县的敌后抗战工作。

从 1937 年 9 月和白杨在上海分手，直到 1949 年北京解放后，她从香港回到北京我们才又见面。中间十二三年，因她一直在国统区大后方，我一直在敌后根据地的战争环境中，所以中间我们从未通过信，也没见过面。

3. 1950 年，我因治病需要，曾到上海白杨家住过两三个月。这时，我们还在实行供给制，所以药费等多半由她帮助（解放后，她还给过我和马建民每人各一只旧手表，一支派克笔）。1956 年，白杨来北影拍《祝福》时，也曾经住在我家两三个月。此外，她到北京开会时，每次也来看看我。

4. 1958 年，《青春之歌》小说出版后，白杨的爱人蒋君超（天马厂导演）想把它改编成电影剧本，我同意了。上影厂并曾列入计划。但后来，由于北影厂汪洋等非要我自己改编不可，为此，蒋君超没有实现他编导《青春之歌》的打算，白杨也没实现她演林道静的打算，从此对我怀恨在心，不再理我。他们到北京也不再到我家来。只是到了 1962 年，我在颐和园休养时，白杨又忽然来看我了。紧接着，先向我“借”400 元，后又“借”300 元。我当时也明白她是在向我讨我住在她家的养病费，也很气愤她这种卑鄙的行径（因为她有钱，并不

▲姐妹俩在国务院宿舍附近的护城河上（1958 年左右）

困难）。但我还是给了她 700 元。后来想，我怎么也没花过你 700 元，于是我就向她要回那后借的 300 元。她隔了一年才还了 300 元，其他 400 元，她就用这种卑劣的手段“讨”回去了。从那以后，她又不理我了。

1966 年，亚非作家紧急会议在上海活动时，我也去了上海。当时，不知白杨问题那么严重，觉得到了上海还是看看她好。于是，我先向旧上海市委宣传部长杨永直问了能不能看看白杨（杨永直当时出面接待亚非作家的外宾）？杨向上海市文化局及天马厂了解情况后，回答我说：“白杨现在问题还不大，你可以去看看她。”所以在去年 8 月初的一个夜晚，我从飞机场送完外宾后，曾绕到白杨家，坐了半小时，谈谈一般情况就走了。从此后到现在，我和白杨没有再联系过。

六）关于白杨问题的检查

1. 我虽然没有看出白杨是叛徒、特务，但我早就看出她是个根本没有改造好的资产阶级知识分子，即使在她入党前，看起来有了一些进步，但我认为她并不够党员条件。但她在刘少奇的修正主义建党路线下混入党内后，我一方面有意见，觉得她那样人也能入党真是奇怪；另一方面，却又对她的入党感到高兴，因为这一方面满足了我个人的虚荣：“妹妹是个党员了。”一方面还幻想她入党后也许对她的改造更有利些。因此对她的入党，有意无意地还是说好话时多。而对她的一套资产阶级思想、作风、生活方式从未向上影组织反映过。甚至为《青春之歌》的改编，她对我采取了那种恶劣的态度，我也忍下了，没有向上影厂反映。这是我缺乏无产阶级党性，自由主义，而以资产阶级的人性代替了无产阶级党性的一种表现。

2. 尤其严重的是，我对于白杨的被捕，叛变出卖革命同志的事，过去一直相信她自己对我所说的“事实”。一直认为她并不是有意带特务捉人，一直原谅她年幼无知，一直从未怀疑过她是叛徒、特务……更加错误的是，在她被捕出来后，以及解放后，我碰到陆万美时，从没有对白杨被捕后的表现做过认真的调查研究，而是以手足之情，代替了严峻的阶级斗争。直到最近揭露出白杨是个“双手沾满革命同志鲜血的女特务”，我这才大吃一惊，认识到自己阶级警惕性如此低下，资产阶级人性的东西还如此之多。深深的内疚，感到辜负了党对我多年的培养和教育。

以上是我对白杨问题的交待与检查。希望文联的革命同志审查与帮助。

杨沫

1967. 12. 21

现在看母亲的交待，还是比较客观，没有胡说八道。虽然迫于压力，她说了一些白杨的坏话，用了一些狠毒的形容词，但所揭发的事不大，无足轻重。从字里行间，可以看出，她用事实向造反派暗示，白杨那时候才13岁，还是个孩子，怎么能算叛徒呢?

不过也透露了她与三姨白杨为《青春之歌》的改编和演出，确实发生了极其尖锐的矛盾。母亲在家中也确实说过一些对三姨不满的话，我们孩子多少都受了些影响。特别是我，把三姨看成了资产阶级的代表。“文革”前见了她冷冰冰，“文革”中对她的遭遇毫不同情。

三姨用“借钱”来变相要账的事，曾让母亲很生气。这虽不是什么政治问题，但母亲交待出来，是想表示自己与白杨有过很深的矛盾，绝不会包庇袒护她。

受妹妹白杨的株连，母亲的哥哥也挨了整。中宣部造反派怀疑他当过国民党军官。其外调人员通过单位找到母亲，要母亲写交待材料。迫于巨大的政治压力，母亲也只好写了揭发哥哥的材料。

……

其实，“文革”中夫妻相互揭发，孩子父母之间相互揭发，兄弟姐妹之间相互揭发，大多是被迫的，也是真诚的。以为这就是忠于党，忠于毛主席，是大义灭亲。

形势极端残酷，如同在十分区时一样，母亲身边的人不断地倒下去。其中最惨的是海默。

海默1941年18岁时参加革命。延安鲁艺戏剧系毕业，当过中南文工团创作部主任，在朝鲜战场上负过伤。他文思敏捷，才气出众，北影厂像他那样多产的编剧还不多见。但脾气不好，刚直敢言，所以1953年30岁时才入党。拍摄完《粮食》之后，当北京市委书记处书记兼文化部长陈克寒批评这部电影问题严重，宣扬合法斗争时，他当场反驳说：陈部长是不是看错了，这戏明明写的是非法斗争，凡是有敌后斗争常识的人都知道，在敌占区搞民兵小组本身就是非法的，何况这戏还给党的“七大”上演过……结果四座哑然，最后这部影片终获批准公演。

总理的秘书韦明同志调到北影任厂长，在谈创作时经常说总理的意见如何如何。对海默与成荫合写的《春城无处不飞花》提出了批评，说这剧本“歪曲复员军人形象”，甚至上纲到“修正主义”。海默不服，就和他争执起来，指出“你这意见是典型的教条主义”。甚至还坦率地对韦明说：“你不要张口总理，闭口总理好不好！我们也没听总理说过，是否真是总理的意见也难断定……”

他感到对方是借用总理的意见来树立自己的威信。

对领导这样的态度，自然没有好结果。1960年他被北影厂揪了出来，打成漏网右派。说他“攻击大跃进，攻击人民公社，攻击党中央、毛主席，说大跃进都是假的，大炼钢铁都是假的，大炼钢铁逼死了几十万人……”他所编剧的电影《洞箫横吹》也被批判，遭禁演。海默态度很硬，一直不服，后通过该片女主演王云霞把材料递给了陈毅。陈毅调来影片看后认为没问题，就在1962年广州会议上，最先提出海默的问题应该平反，这个电影可以演。海默得以死而复生。可到四清时北影厂又把矛头对准海默，要新账老账跟他一起算。由于周扬出面说大多数同志属于认识问题，结果又没得逞。“文革”开始后，北影厂的革命群众下决心彻底收拾他——写了黄歌《敖包相会》，又死不低头认罪的家伙。海默第三次给揪出来，剃了光头，多次批斗、坐“喷气式”、挨打，他总一声不吭。

据谢添说，批斗时，我们都低着头，海默却不老实，头给按下又抬起来，按下又抬起来。给关起来后，造反派进屋打他，他还敢还手，并把窗户上玻璃打碎，大喊大叫：造反派打人了！

患难识人心。某天，海默发现有位挨整的朋友心事重重，放心不下家中的父母老小。为让这位朋友早点解脱，海默用手指指自己说："没关系，你揭发我几条，往我身上推吧。"劳改锄草时，女演员凌元发愁说：从小到大从没锄过草，锄错了怎么办？海默说：你就躲在我后面干，出了错，我担着。

两次被打倒，又两次平反，海默已把生死沉浮看得很淡，置之度外。

私下，海默曾对众"牛鬼蛇神"痛斥过江青，给他们传看过江青30年代的剧照。说她当初与王莹争着演《赛金花》……不幸这些言论被人揭发了。

1968年5月14日晚，经过精心策划，海默被骗到北影厂某处假装审问。一帮壮汉突然闯进来抓海默。海默极力挣扎，马上被蜂拥而上的人按住，怕他闹，特地用衣服蒙上他的脑袋，堵住他的嘴，强行拖上车，几个人用脚踩着他，拉到电影学院的摄影棚。在上千瓦聚光灯照射下，造反派质问：你反对江青同志，认罪不认罪？海默和往常一样一声不吭。于是开始乱打，造反派边打边吼：我叫你硬，看你还硬不！直到把他打躺在地，全身是伤，他还是一声不吭……中间，也有人提出异议，不要这么打。主谋绑架行凶的王造反派却说：现行反革命，不抓不打，他能老实交待吗？

在沉默了两天一夜后，5月16日晚10时海默终于停止了呼吸。

作为"死心塌地的现行反革命分子"，他的遗体横在262医院的地下室里好几天，无人收尸。后单位出面火化，骨灰扔弃。

20世纪50年代他与母亲来往很多，并一起切磋过《青春之歌》的创作，给母亲提过一些很好的意见。我上小学时，老听到母亲提海默。海默有困难时，母亲还借给过他钱。

海默死后，造反派四处宣扬他是畏罪自杀。

1967年的时候，在母亲的老战友中，惟有路扬处境尚好。自从原军委办公厅主任肖向荣被打倒之后，路扬由第一副主任升任主任。报纸上频频出现他的名字。他利用掌管京西宾馆和总参五所的权力，把这两个地方变成了掩护老干部的坚强据点。《敌后武工队》的作者冯志在河北被打成反党分子，他听说后，就让冯志夫妇躲藏到自己家。随着造反派通缉冯志规模的升级，冯志怕连累战友，执意要回去。路扬竭力挽留，冯志不听，结果回保定不久就被整死。

但好景不长，1968 年 3 月“杨余傅事件”发生后，路扬受到牵连，军委办公厅主任遂被撤，降职到河南省军区任政委，控制使用。

父亲也如此。刚开始被结合进北师大革委会，处境还算过得去。但才一年就出了问题。1968 年夏，一次唱《东方红》时，父亲反应迟钝，没马上起立，台下立刻有人大吼，马建民站起来！

这是一个征兆。果然不久，父亲就给揪了出来，说他有叛徒嫌疑。因为江青说过，深泽是个叛徒窝。父亲是深泽人，自然跑不了。

原新疆自治区党委书记处书记武光、原天津市委书记处书记王亢之、原武汉军区政治部副主任吕炳安等都是深泽人，此时也全给揪出来，定成“叛徒”。

北师大还贴出大标语：“揪出叛徒马建民是无产阶级文化大革命的伟大胜利！”

谭厚兰铁面无情。当初解放父亲是她，现在揪出父亲又是她。

1968 年 12 月 17 日，父亲被正式隔离反省。

母亲的日子真正开始不好过了。

15. 一批大字报摘编

从大字报中所透露的国家领导人和众多知名人士对《青春之歌》的评价，可以看出这部作品所产生的巨大的影响力——浩然因为执行了“资产阶级反动路线”受到批判，林斤澜替浩然说话——高压之下，浩然向杨沫开炮——母亲处境每况愈下

一批批声讨杨沫的大字报，在社会上和单位里出现。为了让不了解情况的读者知道当时批判的规模和深度，特选其中若干。

看看是谁批判《青春之歌》谁吹捧《青春之歌》

陈伯达同志在1959年8月22日审查电影《青春之歌》时，就认为《青春之歌》不好。“小资产阶级情调太浓，片子太乱！”

康生同志在1958年小说《青春之歌》出版后不久就指出：“书中反复强调《八一宣言》的作用，这样就减低了毛主席对党的领导作用，这是不对的，在政治上是很有害的。”

广大的工农兵对《青春之歌》是很反感的，远在1958年底以郭开同志为代表的许多工人同志便开始批判《青春之歌》了。

《青春之歌》是大毒草，是利用小说电影进行反党反革命活动的典型。

《青春之歌》是为以刘少奇为首的反革命修正主义集团推翻毛主席所领导的无产阶级革命政权造舆论的。正是因为这样，《青春之歌》就特别为这个反革命集团所欣赏，现在就让我们来看看是哪些人吹捧《青春之歌》，为《青春之歌》辩护吧！

利用小說进行反党活动，是一大发明。凡是要推翻一个政权，总要先造成輿論，总要先做意識形态方面的工作，革命的阶級是这样，反革命的阶級也是这样。

毛泽东

看看是谁批判《青春之歌》谁吹捧《青春之歌》？

陈伯达 同志在一九五九年八月廿二日审查电影《青春之歌》时，就认为《青春之歌》不好。"小資产阶級情調太浓，片子太乱！"

康　生 同志在一九五八年《青春之歌》小說出版后不久就指出："书中反复强調'八一宣言'的作用，这样就减低了毛主席对党的领导作用，这是不对的，在政治上是很有害的。"

广大的工农兵对《青春之歌》是很反感的，远在一九五八年底以郭开同志为代表的許多工人同志便开始批判《青春之歌》了。

《青春之歌》是大毒草，是利用小說电影进行反党反革命活动的典型。

《青春之歌》是为以刘少奇为首的反革命修正主义集团推翻毛主席所领导的无产阶級革命政权造輿論的。正是因为这样，《青春之歌》就特別为这个反革命集团所欣賞，现在就让我們来看看是哪些人吹捧《青春之歌》，为《青春之歌》辯护吧！

▲"文革"中批判《青春之歌》的文章

刘少奇　他对《青春之歌》十分赞赏，把《青春之歌》小说摆在他家的书架上，以视珍重。看过《青春之歌》电影后很是陶醉，特邀演林道静的演员到他家吃饭，还无耻地说："你很年青，长得漂亮，又有文化，以后大有前途。"而且他是1959年围攻郭开的总后台。

邓小平　认为《青春之歌》突破了过去的水平。尽管1958年文艺界对《青春之歌》已吹得天花乱坠，但是他还抱怨说文艺界对《青春之歌》估计不足。1959年当旧中宣部、旧文化部、旧北京市委、旧团中央以《青春之歌》讨论为名，围攻郭开同志借以镇压革命派时，他以后台老板的口气奖励打手们说："这个讨论比反右更深刻更广泛。"甚至到了1966年"文化大革命"开始后，他还认为《青春之歌》是好的，批准《青春之歌》的作者杨沫参加亚非作家会议。

彭真　更是"重视"《青春之歌》。《青春之歌》小说在1958年1月才出版，他在同年中即指示周扬"把《青春之歌》拍成电影，要用最好的片子拍。"此后，他又指示陈克寒、邓拓、杨述、廖沫沙督战，并说："这是政治任务。"列为北影的第一线片子，其他全为《青春之歌》开绿灯让路。电影拍成后，他亲自率领旧北京市委的全部黑帮审查并批准作为十年大庆的献礼片上映。1959 年当郭开同志发表了第二篇批判《青春之歌》的文章后，他露出了狰狞的面目对北京电子管厂党委书记白涛说："你们要好好教育教育郭开！"为电子管厂对郭开同志进行组织制裁作了黑指示。

陶铸　他对《青春之歌》一直是很欣赏的。他在 1960 年发表的《理想、情操、精神生活》一文中就曾大肆吹捧《青春之歌》，要人们学习林道静。1966 年"文化大革命"开始后本来有许多同志写文章批判《青春之歌》，又是他给压下来了，不许发。并伙同邓小平准许杨沫出席亚非作家会议。

陈云　对《青春之歌》简直入迷了。他支持上海评弹团把《青春之歌》改编为评弹，演唱后他大为赞赏，指示说："我每年要听你们唱一次《青春之歌》。"看看入迷到了什么程度！陈云竟具体指导评弹团排演《青春之歌》，并要评弹团的同志花十年时间去了解 30 年代的资料。更露骨地说："你们要找卢嘉川就找我们好了。我们都是卢嘉川，要找彭真也可以。"

陆定一　旧中宣部部长，《青春之歌》就是得到了他的支持才风行全国的。他一贯肯定《青春之歌》，是 1959 年围攻郭开同志的黑后台，茅盾的文章就曾得到他的赞许。1960 年后郭开同志曾 3 次写信给他，要求公开辩论《青春之歌》的问题，全被他压住了。

周扬　1959 年他钦定"《青春之歌》是十年来最优秀的革命作品，不允许他人攻击"。于是他指挥了对郭开同志的反革命围攻。《青春之歌》电影就是他组织杨沫和崔嵬改编和拍制的。自 1958 年以来，他在每年文化工作报告中都要大吹特吹，大捧特捧《青春之歌》。他把《青春之歌》当作他"全民文艺"，"文艺为知识分子服务"的黑样板，在全国推广，用以反对毛主席的文艺为工农兵服务的革命文艺路线。一直到 1965 年末，他还说："《青春之歌》是有影响的好作品"。对《青春之歌》电影他就更为赞赏，说什么"《青春之歌》是为青年人所喜爱的，青年人喜欢热情的，开朗的，有情节的东西"。他为《青春之歌》辩护，竟连中央首长的话都不听。在审查影片时，陈伯达同志指出《青春之歌》不好时，他竟狗胆包天地抗拒说：《青春之歌》好，并决定作为优秀影片出厂。

▲母亲与周扬夫妇（前排左四周扬，左六苏灵扬）

蒋南翔　黑帮分子，是《青春之歌》的模特儿之一。《青春之歌》歌颂他，他便吹捧《青春之歌》。1959 年《中国青年》围攻郭开同志他是后台。他还指示当时《中国青年》的主编邢方群说：“郭开的说法站不住脚，‘一二·九’时期与工农结合的条件还不成熟，再说知识分子改造也不一定要经过与工农结合，我们不就没有与工农结合吗！”后来他化名杨翼写了一篇文章发表在 1959 年的《文艺报》第 7 期上，围攻郭开。

邵荃麟　旧中国作协书记处书记，这个中间人物论的倡导者极力吹捧《青春之歌》，1959 年《文艺报》围攻郭开同志时，他是总指挥。

茅盾　写文章肯定《青春之歌》，支持《中国青年》围攻郭开。

夏衍　《青春之歌》的极力吹捧者，《青春之歌》电影剧本是他逐字逐句修改的。扮演片中的主角演员是他选定的。

胡耀邦　旧团中央第一书记，《中国青年》围攻郭开同志的后台，压制郭开同志的主使者。

王伟　1959 年支持《中国青年》围攻郭开同志，1964 年底，他伙同胡耀邦把旧团中央的一名干部张 × × 作为特务派到电子管厂，对郭开同志实行了新的迫害。

陆平　黑帮分子，杨沫写《青春之歌》曾访问他。他知道《青春之歌》是歌颂他们一伙，便特别卖力地吹捧《青春之歌》。1959年围攻郭开时，有许多北京大学的学生参加了，就是他支使的。

杨述　旧北京市委宣传部部长。1959年他利用职权指示北京电子管厂党委对郭开进行组织制裁。同年12月他还赤膊上阵写了一篇吹捧《青春之歌》的文章，狗胆包天地大反毛泽东思想，肯定林道静所走的道路是革命的道路。

邓拓　这个死有余辜的反革命修正主义分子说："《青春之歌》是建国十年来，少有的优秀作品。"

吴晗　非常欣赏《青春之歌》小说，因此才恶毒地攻击郭开同志，1959年9月，他审查片子时说："这个片子什么都好，就是林道静还不够活，有点死板，这主要是受了郭开错误意见的影响。"

廖沫沙　是彭真指定负责《青春之歌》拍制工作的。在初审电影剧本时，他伙同邓拓、杨述提出了一条反革命修正主义的意见："要把狱中的戏减少，对戴愉的问题要合理化。"结果，戴愉这个叛徒没有应得的惩罚，监狱的戏减少了，从而掩饰了以彭真为首的叛徒集团的嘴脸。

陈荒煤　旧文化部副部长，黑帮分子。对《青春之歌》大肆吹捧。1959年当郭开同志批判《青春之歌》后，他赶忙给杨沫、崔嵬打气说："你们怕什么，你就是写的小资产阶级嘛，没关系，你既然写的就是小资产阶级，还怕什么小资产阶级情调。"就是在他的积极鼓励下，《青春之歌》电影不仅很快拍成了，而且迅速地大量地发行到全国和国外。

巴人　前人民文学出版社社长，臭名昭著的反动文人，是《青春之歌》最积极的鼓吹者。《青春之歌》一出笼他就写文章大加赞扬，把这株毒草向读者广为推荐。

何其芳　前文学研究所所长，反党分子，最反动的文学权威，他在1959年《中国青年》第5期上发表了一篇非常恶毒的文章，吹捧《青春之歌》，攻击郭开同志只记得毛主席的《讲话》，是教条主义。

马铁丁　又名陈笑雨，前《文艺报》副主编，他在1959年《文艺报》第9期上，发表了结论性文章，最肉麻地吹捧了《青春之歌》，最恶毒地攻击了郭开同志。

邢方群　前工人日报社长，黑帮分子，1959 年他任《中国青年》主编，是《中国青年》围攻郭开同志的发起人，就是他下的命令为《青春之歌》辩护，“以郭开开刀。”

崔嵬　电影《青春之歌》导演，在 1958 年电影座谈会上大肆攻击郭开同志，为《青春之歌》辩护，甚至亲自找杨述要求查郭开同志的历史，“好好地整整郭开”。

白涛　前北京市委宣传部副部长，黑帮分子，1959 年任北京电子管厂党委第二书记，她极力吹捧《青春之歌》，按彭真和杨述的黑指示迫害同志，把电子管厂对《青春之歌》的批判压了下去，因此得到了主子彭真的赏识，提拔到市委工作。

……

毛主席教导我们说：“凡是敌人反对的，我们就要拥护，凡是敌人拥护的，我们就要反对。”

有这么多反革命修正主义分子、黑帮分子吹捧《青春之歌》，我们还能不反对吗？我们一定要反对，要批判，一定要彻底批判《青春之歌》，把这株大毒草连根拔掉！

打倒刘邓陶！

打倒彭陆罗杨！

毛主席万岁！万岁！万万岁！

北京工人《东方红文艺》造反兵团

1967. 3

因年代久远，这篇大字报的内容已无法核实其真实性，仅供读者参考。但从中也可以看出，为《青春之歌》而遭受批判的高层领导相当不少，反过来又多少能看出《青春之歌》产生的影响和所受到的重视程度。

随着“清理阶级队伍”的深入发展，文联革委会领导浩然出于对毛主席的忠诚和对革命事业的高度负责，率先揭露出母亲的入党介绍人的问题。

最高指示

老实人，讲老实话的人，归根到底，于人民事业有利，于自己也不吃亏。爱讲假话的人，一害人民，二害自己，总是吃亏。

首都工农兵批判毒草影片联絡站

召开彻底批判反动影片青春之歌大会

《本报訊》歌声陣陣，战鼓咚咚。我們伟大的領袖毛主席亲自发动和領导的无产阶級文化大革命已經进入了亿万工农兵群众向党內最大的走資本主义道路的当权派发动总攻击的新阶段。北京市革命委員会的成立，宣判了反革命修正主义分子刘少奇及其反革命集团的死刑。无产阶級文化大革命的形势一片大好！越来越好！就在这样一片大好形势下，首都“工农兵批判毒草影片联絡站”胜利召开了“彻底批判反动影片《青春之歌》大会”。

二十三日下午，来自首都四十余个单位共1500多名革命造反派战友，齐集市委党校礼堂。会上不断高呼“毛主席万岁！”“打倒刘少奇，批臭黑修养”等口号，会場充滿了战斗的气氛。

下午一点半，宣布大会开始。在热烈的掌

工人代表、人民公社社員代表、大专院校和机关代表、解放軍代表相继发言。他們一致指出：《青春之歌》极力丑化劳动人民，极力美化贊揚小资产阶級，是典型的“爱情加革命”的现代才子佳人传。它的作者及其支持者公然貶低我們的伟大領袖毛主席，狂热吹捧反革命修正主义分子刘少奇、彭眞等混蛋，眞是狗胆包天！大家一致表示，堅决支持和积极投入对反动影片《青春之歌》的批判斗爭，一定要批臭《青春之歌》，在批判斗爭中，揪住它的黑后台刘少奇，穷追猛打！

▲ 1967 年 4 月 23 日在市委党校召开批判反动电影《青春之歌》大会的报道

请老党员杨沫交待两个问题

一直以“老党员”自诩的杨沫同志，必须向群众交待你的两个问题：

第一、到底是谁介绍你入党的？为什么从抗日战争，直到“文化大革命”前，你一向说自己的入党介绍人是两个，而到教育行政干校后填的履历表中，忽然又变成一个介绍人了。你跟漏掉的介绍人过去和现在都搞过什么活动？

第二、你说 1937 年脱党，1938 年接上关系，你到底因为什么，怎样脱党的？又是怎样接上关系的？

先提这么两点，请“老党员”杨沫交待。

希望你是老实人，讲老实话的人。

一组（原北京文联）××、浩然

1968 年 11 月 23 日

因为浩然是文联革委会的副主任，看了母亲的档案，发现母亲在填表时，入党介绍人数目前后不一样，所以才写了这张大字报。但也正是浩然，对母亲做了力所能及的保护。多年后，浩然在《再谈老舍之死》一文中写道：

我觉得杨沫、管桦、草明都是革命作家，不会反党。于是跑去找

《红旗》的王主玉，问他上面是否有风说要批杨沫。王主玉说没有。我就放心了，回来告诉大家说没事。郭某竟找到文联来，和我展开了一场激烈的争辩。文联有人站在我一边，也有人站在郭某一边，双方进行了面对面的斗争。于是我们到《红旗》评理。我和郭是揪着对方的脖领子去的。那时年轻，觉得没什么可怕的，他们扳不倒我。到了《红旗》，他们（《红旗》杂志社）的口风又变了，说我们俩都有道理。结果回了文联，就有谣言说我让《红旗》批评了。周述曾、夏红，还有草明就批我。我不搭理，他们也不能怎么样我。

因为保护老作家，在一次军宣队召开的全连大会上，浩然被点了名，说他执行了资产阶级反动路线，打击一大片，保护一小撮。文联内部展开了一场对赵树藩、浩然、马联玉三位头头的猛烈批判。一连批了 3 个月。马联玉竟然边检查，边流泪。浩然怎么检查也通过不了，形容枯槁。一个晚上，开完批斗浩然的会后，林斤澜实在看不下去，气昏倒了。清醒过来后，第一句话就是：浩然是好人哪！

母亲吃了一惊。当时正在批浩然，气势那么凶猛，比批走资派都狠，这个林斤澜却公然敢替浩然说话。母亲心里很感动，也很惭愧。

以后，母亲跟林斤澜的关系很好，他们两个人还组成了一个“韶山战斗队”。

自从受到批判后，浩然不敢再保母亲，只好反戈一击，忍痛揭发杨沫。

自抗日战争以来，最严峻的考验降临到母亲头上。

杨沫休想蒙混过关！

1. 杨沫，你对浩然大字报揭出的问题，为什么不回答，不交待？对你的问题到底采取什么态度？

2. 你和白杨是什么关系？她是怎么混进党内的？

3. 你与邓拓、丁一岚有什么关系？你要老实交待，这里边究竟有什么鬼？

4. 入党介绍人“文革”前你填两个，为什么“文革”中只填一个了？为什么叫马建民去天津找贾××，向他面授机宜，这里面有什么鬼？

5. 你 1936 年入党，1937 年抗战爆发为什么不随马建民到冀中，而去上海投奔白杨？这里面有什么鬼？

6. 你早已知道白杨是叛徒特务，然而却积极把白杨拉入党内。当上海来人向你调查白杨的历史时，你为什么还要隐瞒白杨的叛党历史，这里面有什么鬼？

7. “文革”前，你与白杨一直勾搭得很紧，当白杨被揪出来后，上海来人调查时，你为什么还继续百般包庇白杨？不揭发交待白杨的问题，这里面有什么鬼？

以上几个问题，杨沫必须老实交待！休想蒙混过关！

周××

1968.11.28

根据母亲的笔记记载：1968年12月5日在北京市委干校召开大坦白、大揭发、大检举、大批判动员大会。军宣队的孙堂同志作了报告。12月9日又召开了誓师大会。孙堂发言点名批判前市文联革委会副主任浩然“搞派性，干扰伟大领袖的战略部署，还搞背后活动，我们不是不知道”。

12月10日宣传队老赵发言指出：我们应该讨论两个问题：一、从浩然问题上接受什么教训？老孙批评得对，对在哪里？从内心接受没有？浩然的问题绝不是偶然的，别人也有这类问题，也应检查。二、什么原因阻碍着市文联的运动迟迟不能揭开阶级斗争盖子？

在12月14日浩然的检查大会上，母亲发言，给浩然提了几点意见：

一、浩然在执行资产阶级反动路线时，跟得紧，而对无产阶级司令部的宣传队，却不是一条心，甚至阳奉阴违，自己搞一套。严重干扰了毛主席的伟大战略部署，并发展到了抗拒工农兵的再教育，和党闹独立性的严重地步。这是对待无产阶级司令部的态度问题，也是站在哪一条路线上的大问题。浩然把个人放在第一，党和群众都不放在眼里，问题是严重的。为什么没有做触及灵魂的检查？就说了些表面现象，这里面是包含着严重的思想问题和政治问题的。需要浩然进一步的深挖细找，认真对待。

二、罗列派性和骄傲自满，这只是一种表现形式，根子还是没有树立起无产阶级世界观，根本没有阶级斗争和路线斗争的觉悟。浩然常说，自己从小参加革命，对党有深厚的感情。实际上，两年来的表现，并不是这样，对党有感情不能空谈，应当听党的话，听毛主席的

«青春之歌» 是反革命贊歌

一九五八年，是党中央和毛主席提出的“鼓足干劲，力争上游，多快好省地建设社会主义”总路綫胜利开始的光輝年代，是政治战綫、经济战綫、文化战綫展开全面大跃进的火红年代，是革命群众运动蓬勃兴起的战斗年代。

但是，“树欲静而风不止”，反动統治阶級并不甘心死亡，他们在各个領域，各条战綫上继續进行疯狂的大反扑，阶級斗爭十分尖銳，文化思想战綫上的阶級斗爭尤其复杂。在一九五八年一月出籠的反动小说《青春之歌》，就是资产阶级在文化領域內向无产阶級猖狂进攻的突出一例。

《青春之歌》一出籠，就展开了一場惊心动魄的阶级斗爭。以北京电子管厂郭开同志为代表的用毛泽东思想武装起来的革命造反派，向反革命修正主义文艺黑綫发起了猛烈进攻。但是，在反革命修正主义文艺黑綫的总后台，党內头号走资本主义道路当权派刘少奇的直接包庇下，被反革命修正主义分子陆定一、周扬一伙人残酷地鎮压下去了。这是我国文化思想战綫上的一次大斗爭。

史无前例的无产阶級文化大革命运动，无情地宣判了《青春之歌》的死刑。这部被党內头号走资本主义道路当权派刘少奇所热爱和吹捧的小说，根本不是什么“革命小说”，“有影响的优秀作品”，而是一株徹头徹尾的反毛泽东思想的大毒草，是一部形象化、艺术化、理论化的刘氏黑《修养》，是对抗毛主席关于知识分子与工农群众相结合的英明指示的宣言书，是腐蚀诱惑青年“和平演变”的精神鸦片。

《青春之歌》从小说到电影，顚倒黑白，篡改历史，为党內头号走资本主义道路当权派刘少奇及其黑爪牙彭真之流歌功頌德，为反革命修正主义分子，无产阶级的叛徒树碑立传。它歌頌反革命投降主义的白区工作路綫，美化小资产阶级知识分子，丑化共产党員的光輝形象，宣揚沒有毛主席领导，“革命也照样成功”的反革命謬论，为他们篡党、篡政，复辟资本主义的罪恶阴謀作輿论准备。

对于这样的反毛泽东思想的大毒草，地地道道的反革命贊歌，必須徹底批判，把它从无产阶級文艺陣地中徹底鏟掉！

一、《青春之歌》从小說到电影出籠的前前后后

毛主席说：**“凡是要推翻一个政权，总要先造成輿論，总要先做意識形态方面的工作。革命的阶級是这样，反革命的阶級也是这样。”**

党內头号走资本主义道路的当权派刘少奇长期以来就在文艺界大做资本主义复辟的輿论准备。

一九四九年他说：“宣揚封建，不怕。……《四郎探母》可以演。禁了，人家又不知道这是汉奸戏了。”公然主张歌頌汉奸，宣揚叛徒哲学，投降哲学。

天津南开《卫東》一九六七年第八期

—19—

12

▲南开大学红卫兵办的刊物《卫东》上的批判《青春之歌》文章

话。可是在“文化大革命”中，浩然在许多方面表现为个人第一，个人的胜利第一，个人的私愤第一，而党的利益，“文革”的胜利，毛主席的伟大战略部署却置之不顾。口头上讲得漂亮，实际上却并不是真的革命，真正有阶级觉悟和路线斗争觉悟。相反因为有了一点成就就沾沾自喜，把个人凌驾于党之上，群众之上。所以犯错误是必然的，绝不偶然。个人主义严重的人，必然要闹宗派主义，向党闹独立性。这次批评对浩然确实是一次挽救。如不吸取教训，再发展下去，是非常危险的。浩然应当猛省。

三、浩然的错误，确实也有他的社会根源。“文革”后，浩然成了革命派，许多人向他寻求保护，吹捧他，而对他的错误却没有认真

批评和帮助，听任他的发展。我就是向他寻求保护的这里面的一个。“文革”后，我这样的三名三高的人应该受到冲击，可因为我跟前革委会跟得紧，他们就保护我，使我没受到什么冲击。批资产阶级反动路线后，我在思想感情上还跟浩然站在一起，我就继续得到保护。因为得到保护就对浩然有好感，很感激他。而对浩然的错误缺点，我虽然看到了一些，怕他不高兴，就不愿意多说。多半是顺情说好话。这种庸俗作风，既害了浩然，也对自己没好处。像我这样犯了严重错误的人，是应当受到冲击，受到批判的。他保护我，也是保护了我的错误。这对党，对人民并不是真正负责的态度。浩然今天也检查到了这一点。我认为是对的。我的问题是应当放到群众中审查批判。但浩然在这方面还应该深挖：为什么站在你这边，你就保护，不站在你这边，你就狠打。已经揪出的人中，如果不往联络站那边倒过去，你很可能还是要保护的。这也是没有党性，只有派性的具体表现。

浩然过去每次有了问题都检查。但说得多，做得少。现在是彻底认识自己的时候了。要学用结合。知识分子最大的毛病是学用脱节。浩然说自己不是知识分子，实际上，资产阶级黑线已把你培养成修正主义苗子。你还是有了知识分子的臭毛病，因此才发展到了犯严重错误的地步。

在强大的压力下，浩然改正了“对自己的人保，对不是自己的人打”的错误，再次向母亲开炮，无情揭发。

质问杨沫

杨沫对群众的态度是你们出题目，我回答。根本就不主动地触及自己的灵魂和引火烧身，更没有积极揭发检举别人的行动。

你杨沫真没有什么坦白交待的吗？你杨沫真没有检查揭发的吗？

这一假象必须揭穿！

阳翰笙、秦兆阳都给你出过些什么主意，你坦白交待了么？

《青春之歌》通过你的老同事、大右派秦兆阳之手送交作家出版社，使得出版，难道他只起个收发的作用么？你为什么一点不揭发？

草明与你白天在机关同起同坐，晚上还要在电话上相互通气，你们都说了些什么？草明已被揪出一年多，你杨沫对此保持绝对的沉默，对她没有只字的揭发，这是什么意思？又打的是什么主意？

骆宾基，1955 年你搞过他的专案，在这以前，要接受骆入党时你是党支部负责人之一，文联党支部又委派你作为帮助骆宾基入党的联系人。如此等等，都说明你对骆宾基的情况不是一无所知。那么骆宾基被揪出两年又 4 个月，你为什么同样一个字都不提？一点事都不揭发？

杨沫，你不要在那里躲躲闪闪地回答问题。必须主动坦白交待问题，对群众采取抗拒态度，不论其形式是软的还是硬的，都不会有好结果。

浩然

1968. 12. 16

以上大字报均引自母亲的笔记本，她仅把原大字报的主要意思摘要记录下来，不是原文。

母亲的处境每况愈下。

16. 成为“假党员”

多填一个入党介绍人惹来了大麻烦——父亲把只有他知道的最隐秘的情况交待出来——顿时感到天崩地裂，比患了肝癌，长满瘤子还可怕——成为惊弓之鸟，谁也不敢相信——从马建民、武光、王光美的关系中找由头揭发父亲——李学鳌代表浩然偷偷提醒杨沫“要挺住，千万不要乱说”

“文革”开始后，群众组织林立，一个组织就是一个山头。

北京市文联的作家内部也分成了延安派和非延安派两部分。草明、雷加、李强等属于延安派。他们在毛主席身边工作学习多年，耳濡目染，受了更多的革命教育和影响。因此他们的革命性、可靠性似乎都在别的作家之上。萧军、骆宾基、林斤澜等属于非延安派，革命性就差一大块。母亲也属于非延安派。她虽来自冀中，经过血与火的考验，却没有住延安窑洞的经历，不是正宗革命摇篮抚育出来的，政治水平和觉悟似乎都稍逊风骚。

虽然这批延安作家很快都给揪了出来，红卫兵对他们并不另眼相看，但不管怎么说，与他们相比，母亲的资历就有些黯淡，不及延安窑洞出来的作家革命，可靠，牛气。

从 1968 年 11 月开始整党，清理阶级队伍后，随着浩然的大字报，接着涌出一批炮轰母亲的大字报。这是熟悉的人的揭发，都揭到了点子上。主要就是入党介绍人的问题以及入党时间问题。

母亲被当成文联中的一条漏网大鱼，给逮住了，人们说这是文联清理阶级队伍以来的最大成就。

那是 1969 年春节前一周（2 月 11 日左右），在一间又大又冷的屋子里召开批判大会。当革命群众愤怒揭发和批判了文联的几个走资派和特务之后，军宣队领导李德才同志总结发言，他突然话锋一转，说：文联的杨沫有严重的政治历史问题，至今还拒不交待。现在是时候了，何去何从，杨沫必须做出抉择。

一刹那间，在场数百人的数百双眼睛像聚光灯一样齐刷刷射向母亲。会场变得十分寂静，一些母亲的朋友都暗暗替母亲捏把汗，担心她的心脏受不了。

众目睽睽之下，母亲克制住了内心的惊恐，尽量面不改色。心脏虽然怦怦乱跳，终于挺了过来。会后，她立即噙着热泪，给军代表写信：

敬爱的李德才、张国强同志：

首先，我要高呼：敬祝毛主席万寿无疆，万寿无疆，万寿无疆！！！敬祝林副主席身体健康，永远健康，永远健康！！！

现在，我怀着十分激动不安的心情，给两位领导同志写这封信。

最近以来，当革命群众说我有重大历史问题还没有向党和革命群众交待，当有的群众甚至说我反共、反人民，我的历史全部是伪造的时候，我既感到意外，又感到十分沉痛。事情是从哪里说起呢？不错，关于我的入党介绍人问题，我是有严重错误的，我在主席像前，没有彻底交待出贾汇川问题的全部真相，为了保自己，向主席说了谎话，我是有罪的。对于这一点，我感到万分羞愧与内疚。我对不起伟大领袖毛主席，我对不起党对我的多年培养与教育。我甘愿受到群众严厉的批判与组织的任何处分。我愿低头认罪。

但是，除了入党介绍人、联系人我有过对党不忠诚老实的罪行外，我的全部历史，包括七七事变前的历史，都是真实的。我绝没有重大历史问题还在向党隐瞒，还不肯坦白交待。时至今日，“文化大革命”已接近全面胜利，全国亿万群众都已充分发动起来，马建民也在坦白交待他的问题，我如有什么政治历史问题还没有交待，如何能蒙混过去？这不是自取灭亡么？

主席教导说：隐瞒是不能持久的，总有一天，会暴露出来。我说过的谎话，都一一暴露了，我已从中得到了沉痛的教训。不做老实人，一害人民，二害自己。这个沉痛教训将使我终生记取。我绝不能再对党隐瞒什么问题，而使自己走上自绝于人民，自绝于党的道路。

自从1933年我接近了进步青年，稍有觉醒，了解到共产主义是真理，我即倾向于共产党，愿走革命的路。随着年龄的增长，我对党的向往也越来越深，所以当1936年遇见马建民后，我认为他是共产党员，我就在已经怀孕的情况下，毅然离开了原来阻碍我革命的爱人张仲衡，而和马接近，就是因为他能带我走上革命道路。不久，马介绍我入党了，我感到无比的幸福。“七七”抗战后，冀中根据地刚刚建立，我即扔下正在吃奶的小孩，毅然走上艰苦的战争道路。八年抗战中，经过多少个艰苦危险的战斗岁月，度过多少个漫长的忍饥挨饿的日子，但由于对党和毛主席的无限信仰和热爱，我从未恐惧过，动摇过。

尽管我进城后变修了，资产阶级世界观未得到彻底的改造，以至滋长了各种危害党，对党不忠的罪行与错误，但根本上，我从不反党，反人民，更不反毛主席。相反，在我心里深处，我是热爱党和毛主席的，热爱人民的。所以当我突然听见有人说我反共、反人民，说我有严重政治历史问题还没有交待的时候，当我听见有人说我似乎是个坏人，混进党内的时候，我怎能不吃惊，怎能不感到异常的惊讶和悲痛，怎能不热泪涌流。

……

因为多填了一个入党介绍人，“文革”中给母亲带来了大麻烦。

1931年暑假后，母亲陆陆续续认识了一些进步青年，其中有贾汇川。从1932年到1936年这几年中，他经常向母亲宣传革命和进步思想。当时母亲是个失业青年，因对旧社会不满，很自然地就接受了贾汇川的思想，渴望投身革命。所以从1934年到1936年，母亲曾多次向贾提出，请他介绍自己参加共产党。贾推说组织破坏了，失去了联系，等找到关系再说。母亲却认为这是贾在考验自己，所以不灰心，仍然接近他，希望有一天他能介绍自己入党。

1936年3月，共产党员马建民突然来香河躲避国民党抓捕。母亲和贾共同掩护了马建民。以后又经过一段短暂时间的接触，母亲与马建民相爱，在母亲的一再催促下，马建民于同年12月通知母亲已被批准入党。

1938年初，母亲任安国县妇救会主任，第一次填党员登记表。在入党介绍人一栏中，她填了贾汇川和马建民两人。因为是贾汇川介绍她认识的马建民，才入了党，贾的作用是重要的，自然是介绍人之一。此后再填表就沿袭了下来。后来得知贾在1936年时已失掉了组织关系，母亲这才意识到，当年把他填为自己的入党介绍人之一是不对的。但碍于面子，碍于虚荣，怕只有丈夫一人介绍入党，不那么硬气，有人可能说闲话，所以将错就错，没有改正。

“文化大革命”后，母亲想起这件事，害怕了。因为组织上要审查自己的历史，很可能到天津找贾汇川了解情况，那就要露馅。于是，一方面在所写的材料及填表中，都不再填贾汇川了。另一方面，她又把贾大哥从天津请到北京家中，住了几天，告诉他自己多年来填他为入党介绍人的事，一起商量了补救的对策。

母亲还在“文化大革命”中把张孟旭①也找到家中来谈，提醒张，是他和父亲一同去安平县冀中区党委找的鲁贲书记，汇报母亲的党籍问题。

但是很快，这件事被专案组发现。因贾汇川在重重高压之下把什么都招了。专案组由此怀疑母亲有更严重的问题。他们分析，你为何这么挖空心思地搞地下串联？竟胆敢跟贾和张订立攻守同盟？这绝不像是多填一个入党介绍人的问题。你肯定心里还有鬼。

偏偏在这节骨眼的时刻，父亲对母亲做了一个致命的揭发。

自从父亲被揪出来隔离反省后，面临着强大的政治压力。据造反派讲，是他给王光美开的混入我革命队伍的介绍信，罪大恶极。当时，王光美已被打成了大特务，给批得臭不可闻。父亲有点慌了。在北师大造反派的连续审问和高水平的政治攻心之下，父亲开始交待一切最隐秘的、最不能对人说的问题，以向党表忠心。可能是希望立功赎罪，可能是想表现自己态度好。总之，他把一件埋藏了30多年，除自己之外，世界上任何人都不知道的秘密坦白了出来。

那就是1936年12月母亲并没有入党！他当时对母亲说上级已经批准

① 张孟旭（1909—1985）河北安平人，1929年加入共青团，同年转入中共。曾任中共安平县委组织部长、深县县长、冀中十专署、平北专署专员、张家口市市长、冀热察行署副主任。建国后历任湖南省人民政府秘书长、副主席、中共湖南省委书记处书记、副省长、国务院文教办公室副主任、教育部顾问。“文革”期间受到残酷迫害。

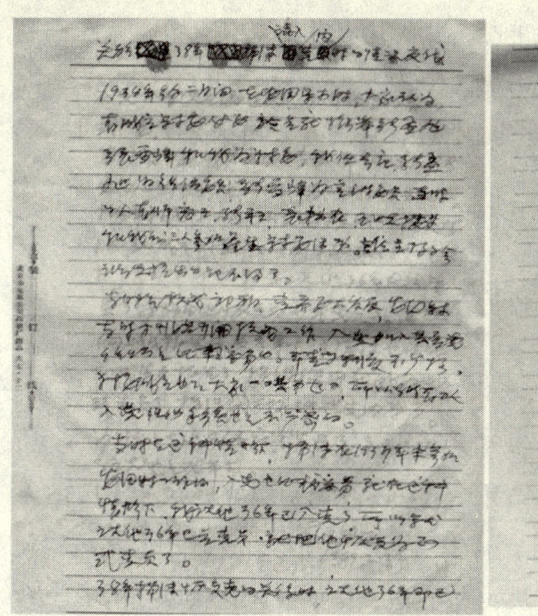

▲父亲的揭发交待材料

她入党了，是在哄她，为的是安慰她，让她不要着急，安心生下孩子。

以下是父亲的交待：

杨沫38年混入党内的交待

1938年约2月间，在安国县时，大家认为有成立县委必要，于是就推举张孟旭、张雪峰和我为县委。我任书记，张孟旭为组织委员，张雪峰为宣传委员。当时参加产生县委主要活动的人有师容之、张平之、王晓楼等。谁先提出来的记不得了。

抗战初期，党需要大发展，安国县当时才开始开展抗战工作，加入共产党是比较容易的。审查制度不严格，县委成立也是大家一哄而起。所以有的人入党组织手续也不严密。在当时这种情况下，杨沫1937年来安国县参加工作，入党也比较容易。就在这种情形下，我说她36年已入党了，所以就把她恢复为正式党员。

杨沫38年恢复党的关系时，我说她1936年就已入党的情况是编造的。36年她并没有正式入党。

当时的县委后来查明张雪峰不是党员，张孟旭是叛徒。我当时也没有正式组织关系。推举县委时，大家也不了解彼此的真实情况，就成立县委了。杨沫就在这种情形下，由我出面，给她恢复为正式党员。并在向上级报告党员名单时，将杨沫也作为正式党员报告了。杨沫从而就成为正式党员，杨沫就这样混进了党内。

为什么说她36年就是党员了？主要是为了说明她是老革命。

马建民

1969. 2. 22

有关杨沫入党问题的交待

……

1936年3月间，我认识杨沫后，她一直有迫切入党愿望和要求。我也一直答应帮助她解决。但因1936年10月前，我也没有组织关系，所以只是答应帮助她解决，而并没有也不可能帮助她解决。到1936年10月间，我恢复组织关系时，杨沫快生产。当时，我自己觉得她不便迅速解决入党问题。迅速解决，有个孩子，短期间也做不了什么，所以没有立即将杨沫入党情况向我的联系人张瑞华反映。11月间，杨沫就生孩子了。12月间，我开始将组织上给我的文件让杨沫看。就告诉她，她的问题解决了，暂时由我和她联系（大意），使她相信。所以从这以后，她也就不再催，不着急了。抗战期间以及以后一直说她是1936年12月入党就是因为由这个情节来的。

……

马建民

1969. 3. 31

父亲认为当时母亲挺着大肚子，入了党也无法工作，还容易出危险，为了让她安心生下孩子，别为入党的事着急，才善意地欺骗了她。

这件事，全世界只有父亲一个人知道。但在1969年3月，父亲主动地把内心深处的这个最隐秘的事给坦白了出来。由此可见“文革”的严酷无情和可怕威力。任何一闪念，任何一个隐瞒，都躲不过它的照妖镜，都逼你吐露给革命组织。人完全透明，没有了任何隐私。

这一揭发对母亲的打击是巨大的，猝不及防。

自从清队和整党以来，母亲总说自己没问题可交待了，该交待的都交待了。然而，宣传队的同志给母亲拿来一份组织鉴定，上面赫然写着：据马建民交待，1936年12月上级党组织并没有批准杨沫入党，杨沫是1938

年在安国县填写党员登记表时，才正式入党。

看了这个鉴定后，母亲简直不敢相信自己的眼睛，非常震惊，也非常痛苦，忍不住呜呜哭了起来。

因为她几十年来，对自己1936年入党从来没怀疑过。因此，当她看了组织上的书面结论，才知道原来根本不是那么回事。马建民骗了她30多年！

她经过慎重思考，在鉴定上写：请党组织继续审查自己1936年入党的这段历史。关于这个问题，自己不是有意欺骗党，而是马建民长期欺骗了自己。之所以请求组织继续审查这段历史，并不是要党承认自己1936年入了党，而是希望党组织经过调查研究，弄清这件事的是非和责任。

……

一时间，天好像塌了下来。母亲的心情从来没有这样痛苦过，比患了肝癌，全身长满瘤子还可怕啊！

市文联的清理阶级队伍运动，以揪出了杨沫这个假党员，达到了高潮。

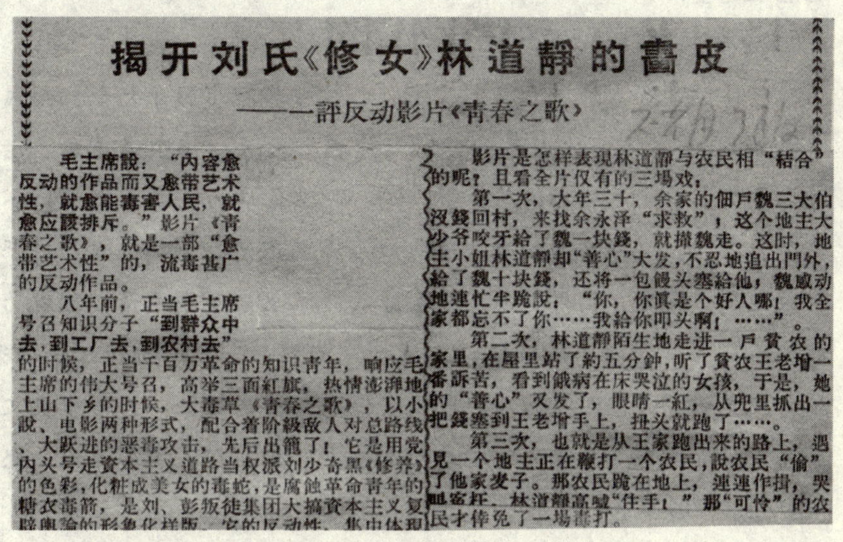

揭开刘氏《修女》林道静的畫皮

——評反动影片《青春之歌》

毛主席說：“内容愈反动的作品而又愈带艺术性，就愈能毒害人民，就愈应該排斥。”影片《青春之歌》，就是一部“愈带艺术性”的，流毒甚广的反动作品。

八年前，正当毛主席号召知识分子“到群众中去，到工厂去，到农村去”的时候，正当千百万革命的知识青年，响应毛主席的伟大号召，高举三面紅旗，热情澎湃地上山下乡的时候，大毒草《青春之歌》，以小說、电影两种形式，配合着阶級敌人对总路线、大跃进的惡毒攻击，先后出籠了！它是用党内头号走资本主义道路当权派刘少奇黑《修养》的色彩，化粧成美女的毒蛇，是腐蝕革命青年的糖衣毒箭，是刘、彭叛徒集团大搞資本主义复辟舆論的形象化样版。它的反动性，集中体现

影片是怎样表现林道靜与农民相“結合”的呢？且看全片仅有的三場戏：

第一次，大年三十，余家的佃戶魏三大伯沒錢回村，来找余永泽“求救”；这个地主大少爷咬牙給了魏一块錢，就攆魏走。这时，地主小姐林道靜却“善心”大发，不忍地追出門外，給了魏十块錢，还将一包饅头塞給他；魏感动地連忙半跪說：“你，你眞是个好人哪！我全家都忘不了你……我給你叩头啊！……”。

第二次，林道靜陌生地走进一戶貧农的家里，在屋里站了約五分鈡，听了貧农王老增一番訴苦，看到餓病在床哭泣的女孩，于是，她的“善心”又发了，眼睛一紅，从兜里抓出一把錢塞到王老增手上，扭头就跑了……。

第三次，也就是从王家跑出来的路上，遇見一个地主正在鞭打一个农民，說农民“偷”了他家麦子。那农民跪在地上，連連作揖，哭[illegible]。林道靜高喊“住手！”那“可怜”的农民才倖免了一場毒打。

▲林道静变成了“化妆成美女的毒蛇”

这个消息也震动了全文联。平时总笑眯眯，和和气气的杨沫竟然是个假党员，是个政治骗子，实在让人瞠目结舌。也有人对母亲暗暗同情。当军代表点了母亲的名后，前排的一位女同志曾偷偷回头看了看母亲，并利用上厕所之机，跟母亲打了招呼，说想借《青春之歌》看看。但母亲却把

这件事向专案组汇报了，有关人员立刻查问这女同志为什么要向杨沫借书？幸亏有个小头头保了一下这位女同志，说她是为批判杨沫之用。

这位女同志得知后很难过，也有点生气，难过的是人和人的关系怎么给搞成了这样，如此防备？生气的是杨沫为什么汇报呢？人家并无恶意，而是出于同情啊！

——母亲已被整成惊弓之鸟，对谁也不敢相信了。她背上了“假党员”的帽子，心如刀割，数次偷偷流泪，但在公开场合，还得强装笑脸，虚心接受群众的批判。以下是母亲笔记本上的一次会议记录：

L×：

杨沫欺骗党几十年，整个是个骗子。当前，我们与暗藏的阶级敌人斗争更加激烈。杨沫是隐藏在党内几十年的伪君子。我们已识破你的阴谋诡计，把你丑恶的嘴脸暴露在光天化日之下。你在检查中说什么反动路线没有包庇你，相反打击陷害了你，完全是胡说八道，往自己脸上贴金。

G××：

杨沫站在资产阶级立场上，保自己，东郊和北影开大会批判《青春之歌》，当工人叫你去参加会时，你逃之夭夭。一个老革命、老同志、老党员应当这样对待革命群众吗？既然你认为《青春之歌》不是毒草，你为什么那么怕？自从清队以来，杨沫清楚地知道自己有严重的政治历史问题，怕得要命，草木皆兵，家里来了个电话，就以为要抄家，马上烧材料，隐蔽罪证。请杨沫回答：一、你为什么怕抄家？你都烧了些什么东西？和马、贾搞了什么攻守同盟？二、给中央文革写信，说你没有安全保障，这是什么意思？三、在毛主席像前表忠心时，还胆敢欺骗，这是什么问题？

L××：

杨沫，你1936年时就根本不是党员。你1938年混入党内，你完全是欺骗党和毛主席。时至今日，你对毛主席像表忠心时，还信誓旦旦欺骗撒谎。你在无数英雄烈士面前，不惭愧吗？现在，你混不下去了，你的末日来到了。你对待宣传队和革命群众的态度，让你的原形显露。

L×：

杨沫在毛主席像前说谎，说明杨沫和一切反动势力一样，当面是人，背后是鬼，采取种种手段，妄图蒙混过关。怕受审查，威胁群众对你的审查。工宣队一再对你教育挽救，你却说什么最近才对你伸出手来。李德才同志点名后，你说吃惊，受不了。难道你编造假历史不该审查吗？现在你还继续软磨硬顶，警告你只有老老实实接受审查，才是惟一出路。

Q×：

30年来，杨沫一直欺骗党，欺骗人民。“文化大革命”的怒涛翻滚澎湃，把一切人的嘴脸都给冲刷了出来，包括杨沫，这个披着老革命、老干部外衣的骗子。你这个奥秘保持了30年终于被戳穿了。你欺骗党，38年混入党内。直到今日还顽固不化，杨沫，你必须低头认罪，老实交待！

……

由于父亲的软弱，由于父亲要向毛主席献忠心，在强大的政治压力之下把自己30多年前对母亲的一个善意欺骗交待了出来。他当时为的是安抚母亲，让母亲心情好，顺利把孩子生下，也为了赢得和巩固与母亲的爱情。

从某种意义上说，母亲是为了入党，才爱上了共产党员马建民，才把自己的身体献给了父亲。母亲把入党看得那么神圣，为入党是那么激动，她把她对党的热爱和入党时的那种崇高感受全写进小说《青春之歌》里，电影《青春之歌》也曾大力渲染。可没想到生活中真正把她引向革命道路的人竟给她玩了一场骗局！两个人才交往不到一年，就敢这么糊弄自己！把她骗了整整32年。

这个事实是何等残酷，触目惊心！

母亲的愤怒可想而知。

而且马建民说她“混入”党内更是胡扯！怎么你骗了我，还说是我混入的？

母亲也开始毫不留情地揭发父亲。父亲与武光的关系，父亲与邓拓的关系，这都是母亲可以置父亲于死地的武器。

最高指示

我们应当相信群众，我们应当相信党，这是两条根本的原理，如果怀疑这两条原理，那就什么事情也做不成了。

我的交待与揭发

……

经过同志们的苦心帮助与教育后，这几天，又经过我自己的反复思考与斗争，于是我开始有了一点觉悟。我觉得我对马建民的历史应当重新看，应当和革命群众站在一起，重新认识这个人。同时，也应当重新看待我入党、脱党及恢复党籍这段历史。现在，我要和群众站在一起，把我认为可疑的地方揭发出来，帮助党和群众弄清事实真相。

一、有关马建民和武光的问题

马和武光过去的历史，只听马说他们在深泽高小同过学，其他我不清楚。我记得1946年马在平郊市委工作时，曾和武光一起工作过几个月，那时他们是有来往的。1946年马到北平军调部下属的《解放》三日刊当经理时，听说武光这时曾到过北平（“文化大革命”中看材料得知的），马建民这时曾替大特务王光美转过关系。这段时间，他们是否见过面，有过来往，我不清楚。也没听马对我说过见过武光。但这里面是值得怀疑的。1964年或65年武光调去新疆时，我和马曾一同到武家中为武送行。那次记得还有其他深泽人也来为武送行（是谁，记不起来了）。1967年夏，武的老婆朱亚慧曾来我家向马打听武光是否是叛徒，马回答说不知道。不久，武光也从新疆逃来北京，住航空学院，朱亚慧又来过我家一次，告诉武已来北京。又过了些天，马曾去航院看过武光两次，他去前告诉我，想去武光处打听一下王光美的事。因外调人总是问马是谁写的介绍信介绍王光美打入军调部的，马回答不上来，因而想去问问武光。第一次马说，因武光老说他在新疆如何被打被斗事，没有来得及问，因而第二天他又去找武光问了（据马回家说，武光说他不知道是谁介绍的）。马平日为人小心谨慎，为什么在“文化大革命”阶级斗争如此激烈尖锐的时刻，为什么在武光当时已被人怀疑是叛徒的情况下，还敢于去找武光，这里面究竟有什么鬼？

是值得研究和注意的。

……

杨沫

1969. 2. 19

虽然浩然率先向母亲发出了致命的一击，但当母亲成为重点，受审查最危难的时刻，浩然又暗中向母亲伸出了手。一次在院子里他与母亲相遇，环顾一下四周，见没有人，他突然悄悄地对母亲说：我看过你的档案，除了入党介绍人那件事，你没有问题，你放心。

浩然是专案组成员，他的这一举动，如同寒冷的黑夜里的一个火把，把母亲的心给照得热乎乎的，她有了底。

还有一次，母亲被审了一上午，中午吃饭，没有胃口吃，呆呆躺在床上。李学鳌偷偷溜到母亲的小屋里说："杨沫，我是代表浩然，我们两个人来和你谈三件事的，第一，不要想不开，一定要挺住；第二，千万不要乱说，没有的事绝不能承认；第三，保重身体，该吃就吃，该睡就睡。"

临走时又回头加上一句："我是代表浩然——这是我们两个人的意思。"

在处境困难的日子里，这寥寥几句话，给了母亲莫大的温暖和鼓舞。她知道浩然和李学鳌就像根据地里掩护过自己的老大娘一样，是冒着巨大风险，给自己通风报信的。也完全理解了他们对自己表面上揭发是真真假假，迫不得已。

不久，浩然因为包庇杨沫，再次挨批，给撤销了专案组的工作。那是在军宣队召开的一次学习班成员全体大会上，浩然被突然宣布停止专案工作，而且军宣队领导当场叫他检查对杨沫的包庇……

对比丈夫老马的表现，却让人气愤和寒心。母亲切身体会到了亲人还不如同志可靠！这个把自己带上革命道路，介绍自己入党的人，最后却主动揭发了自己不是党员。真让母亲做梦也没想到。天哪，最最致命的揭发竟来自于自己当初所崇敬，所仰慕的革命指路人之手。

不用说，母亲对父亲的揭发无法原谅。这导致了两个人感情上不可弥补的裂痕。母亲认为，这事除了父亲，没任何人知道，父亲不说也不会怎么样。父亲是为了表现自己态度好，才主动交待出来，等于是抛出别人，保存自己，太自私，太卑鄙了。

父亲则认为当时那么说完全是为母亲着想，想让她心情高兴一点，把肚里的孩子顺利生下，免得出什么危险。现在党既然要他老老实实坦白交待杨沫入党的详细情况，就只好把这件事如实说出来。

▲“文革”中的父母

父亲在北师大威信很高，平易近人，朴实厚道。他本来可以车接车送，却无论寒冬酷暑，总骑着一辆旧自行车上下班。北师大教职员工里有那么多年轻貌美的女性，他却从没有一点绯闻。口碑极好，所以他才最先被解放。人们相信他不会给自己老婆造谣，对他的揭发深信不疑。

当时全国各单位都在清理阶级队伍，能清理出一个有影响的坏人，是个很大的成就。老舍、萧军、骆宾基、端木蕻良等都早已被揪出来，成了死老虎。专案组现在抓住母亲，把她假党员的面貌暴露于世，令军宣队的领导特受鼓舞，特有成就感。

——文联的阶级斗争盖子终于揭开了！

有那么一段时间，大约是1969年左右，在北京城内，广泛流传着杨沫是“假党员”、“政治骗子”的传闻。

连在遥远的内蒙古大草原上，都有人听说。

17. 恢复组织生活

“认罪书”——无可奈何的招供和翻供——恢复组织生活后要求重返冀中根据地——“去北京郊区生活不一样可以写作吗?”吴德不同意杨沫去河北——折腾半天又回到原来的起点，入党时间依旧是1936年12月

随着军宣队领导点了母亲的名，火药味越来越浓。一段时间里，母亲被勒令坐在小马扎上，面对着军宣队和专案组成员的膝盖，回答问题。

有一天从早到晚，她写了17张纸的交待材料，差不多7000字。她心中掠过一个念头，自己写小说怎么就写不了这么多呢？要是一天能写17页小说该多好啊！

……

她还被迫写了一个“认罪书”：

最高指示

坦白从宽，抗拒从严。

老实人，讲老实话的人，归根到底于人民事业有利，于自己也不吃亏。爱讲假话的人，一害人民，二害自己，总是吃亏。

认罪书

我是一个犯有严重罪行的人。

今天在整党会上，我是一个清理阶级队伍的审查对象。所以，我想先向同志们交待我欺骗党30多年的严重罪行。其他，关于我跌入修正主义泥坑，成为刘贼复辟资本主义制造舆论的先锋这些罪行，将另外检查与交待。

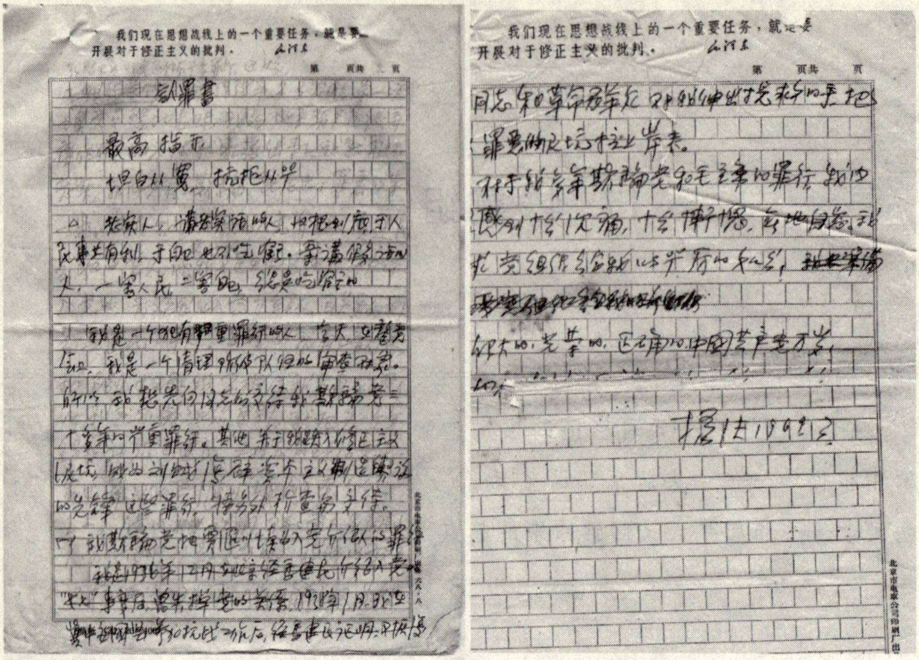
我们现在思想战线上的一个重要任务，就是要开展对于修正主义的批判。毛泽东

第　页共　页

认罪书

最高指示

坦白从宽，抗拒从严

我们现在思想战线上的一个重要任务，就是要开展对于修正主义的批判。毛泽东

第　页共　页

▲母亲被迫写的“认罪书”（1967 年）

一、我欺骗党，把贾汇川填为入党介绍人的罪行

我是 1936 年 12 月在北京经由马建民介绍入党的。七七事变后，曾失掉党的联系。1938 年 1 月，我在冀中安国县参加抗战工作后，经马建民证明，又恢复了组织关系。1938 年 2、3 月间，第一次填党员登记表时，我的地主资产阶级弄虚作假的本性就暴露出来了。我极不老实地走出了罪恶的第一步。当时，因为我的入党介绍人马建民是自己的爱人，而且我认为又是在白区地下，秘密入党的，无论我的入党介绍人和联系人都是马建民一人。当时就有顾虑，怕别人怀疑我，不相信我是真入了党的，我就不顾组织原则，把另一个介绍我认识马建民，并对我政治思想有过帮助的贾汇川填为入党介绍人之一。借以说明，除了爱人还有别人可以证明我是入了党的。我所以敢于这样做，是因为那时是处在战争环境，组织上不会查出来。而且我填了贾汇川后，对马建民说过，马也没有反对我，而是默认了。这样，我不但不认为自己是犯罪，是欺骗党，反而自以为得计，自以为“聪明”。就这样，一直对党欺骗下来，一直到全国解放，一直到“文化大革命”之前，由于我的资产阶级世界观没有得到改造，对于这样严重的政治

历史问题，我不但没有悔改之意，向党主动坦白交待出来，反而依仗党对自己的信任，依仗自己从来没有受过审查，就胆大包天，继续对党欺骗下来。……

虽然“文化大革命”开始后，我不敢再填贾汇川为入党介绍人了，我也有过思想斗争，想向文联革命群众交待这个罪行，但又怕说出来受到冲击。为了保自己，我仍然欺骗群众，直到来干校学习后，我仍然不主动交待罪行，只是在不得已的情况下，才把自己这个欺骗党的罪行轻描淡写地吞吞吐吐地说了一点。我的态度仍然极不老实，仍然很顽固。

……

大年三十，军宣队领导把母亲叫到一间小屋，严肃宣布：“杨沫，你的问题是严重的，你的态度很恶劣，革命群众对你很有意见，要求对你实行专政。我们考虑再给你最后一个机会。春节你可以回家，不过要好好反省一下怎么把你的态度端正过来。春节过了，如果你的态度还这样，那么你要明白后果是什么。革命群众早已忍无可忍了。”

母亲做了最坏的打算，准备一上班就给隔离反省。过节这两天她就忙着收拾东西，房门该上锁的上锁，把家里的存折交给青柯保管，把自己的八大本日记秘密转移到了深泽老家的侄女处。她喜欢喝茶，特地让青柯买了两斤好花茶。换洗衣服、洗漱用具、药品、手纸等等也都准备好，装了满满一大提包。

初四一大早，寒冷刺骨，哥哥青柯帮母亲拿着东西，陪她到了市委党校，一路上凄然无语。这是第二学习班所在地，时候还早，母亲对青柯说：“你回去吧，过两天给浩然打个电话，他会告你我的情况。”哥哥不忍离去，用悲伤的目光看着母亲，还把母亲的双手紧紧握住。母亲再三劝说：走吧，回家吧。哥哥这才含泪离开。屋中就剩母亲一人，她心绪烦乱，忧心忡忡，甚感怆然。

但母亲判断错误，春节过后，并没有把母亲隔离起来。

事后才知道，原来去天津找贾汇川外调的人一无所获。这时，贾汇川已经生命垂危，脑子不大清醒。外调的同志声色俱厉，向贾交待完党的政策后问：杨沫是什么时候加入特务组织的？

▲与农民在一起（1964 年左右）

躺在病床上的贾汇川断断续续说：是……是 28 年加入……加入的。

加入什么特务组织？

军统。

你怎么知道是军统？

不是军统，那就是……中统。

贾汇川，老实点！交待杨沫都有什么特务活动！

贾汇川说不上来，他们就宣讲政策，威逼利诱，软硬兼施，翻来覆去地询问，并警告他如不老实揭发，就交给革命群众处理。

最后，这个奄奄一息的老人无可奈何地说：杨沫出卖过……永定河的河工，有几百名河工……被杨沫出卖了。

外调人员喜出望外，让贾汇川在交待笔录上签字，按了手印，立即给北京打长途电话汇报，说有进展，贾汇川揭发了杨沫有重大叛徒问题。

北京的专案组成员信心大增，马上突击审问母亲。不断追问她在永定河附近呆过没有？在良乡、房山呆过没有？可母亲说，她这一辈子就从来没去过那些地方。

谁知道，等贾汇川头脑清醒时又翻供，大呼原来的揭发不是事实，杨沫根本不是特务，啥河工不河工，我胡说了她！

外调同志再一盘算，1928 年杨沫不可能参加中统、军统。那时候中统和军统这两个特务组织还根本没成立呢！而杨沫那样的家庭环境，一个 14

岁的城市女孩正上初中，怎么会跟河工有关系？怎么可能出卖几百名河工？太荒唐离谱了。他们又赶忙给北京打长途电话，汇报说贾汇川翻供了，看来对杨沫的问题还得重新研究。

学习班的领导加大力度，连续审讯了杨沫两个礼拜，同时配合北师大，一起整马建民，结果还是一无所获。除了1936年入党时间问题，别的问题没有。仅靠一个垂死老人的胡言乱语，没有本人供述，他人旁证，无法定罪。看来，杨沫算不上是一条漏网大鱼，没啥油水整。专案组失去了劲头，春节后不再搭理母亲。母亲为准备隔离反省买的两斤好茶叶也白买了。

但据知情者透露，直到1970年，北京市革委会内部列出的一个批判名单上还有杨沫的名字。

▲抓紧时间写作

从“文化大革命”开始后，母亲的组织生活即停止。到1970年中央开始落实干部政策，陆陆续续不少人恢复了组织生活。她非常着急，曾给张春桥写信，反映自己的苦闷和希望，因为张是她在《晋察冀日报》工作时的老领导，想必会帮她一把。

然而张春桥却一直没有回音。

为早日能获得解放，她又给当时主管文艺工作的北京卫戍区潘永堤副司令员写信：

敬祝毛主席万寿无疆！

潘副司令员及指挥部诸位领导同志：

向领导同志致最崇敬的问候！

为执行伟大领袖毛主席的无产阶级革命路线，您们无限忠于伟大领袖，无限忠于伟大的毛泽东思想，日夜为革命操劳，不断立新功，这是值得我永远尊敬和学习的。

经过4年多自己亲身参加这场史无前例的无产阶级“文化大革命”，我深刻地体会到：由于自己的世界观没有改造好，万恶的刘少奇修正主义路线毒害了我，是伟大领袖毛主席的无产阶级革命路线挽救了我，是紧跟毛主席伟大战略部署的指挥部和连宣传队领导和同志们教育帮助了我，使我的两条路线斗争，继续革命的觉悟有所提高。

然而由于自己的组织生活至今还没有恢复，不能到火热的斗争中去深入生活，改造思想，生命有限，自己已开始进入晚年，又有高血压、心脏病，就更加感到时间的可贵，对组织问题的解决就更迫切了！

现在，我以十分诚挚热切的心情给潘副司令员及诸位领导同志写这封信，盼望领导同志能够研究我的问题，早日解决。

我考虑我的问题有两方面：

一方面，是否有政治历史问题；一方面，是否与文艺黑线有牵连。

关于前者，我在1936年底入党前，一直过着半失业的小学教员生活，1937年到敌后参加抗战，一直在党领导下工作，一天也没有离开过组织。这些历史，经过“文化大革命”以来4年多的审查，在清队、整党的定案材料上所作的结论，已经证实了这点。

所以我想，我的组织问题至今没有解决的原因，可能是文艺方面的问题，即是否写了黑线作品问题。关于这个问题，我曾汇集过一个材料（已交李承志同志审阅）。那里面有“文化大革命”前后，群众对于《青春之歌》的评论；有中央首长康生同志看过小说《青春之歌》后的三点意见；有姚文元同志评《青春之歌》的文摘；还有我创作这部小说的经过和出版过程及自己对它的粗浅认识等。

从以上这些材料中，基本上可以说明我和文艺黑线是没有关系的。请领导同志调查核实，我热望领导同志能根据我的具体情况，体谅我焦急的心情，能够尽快解决我的组织问题。如果领导同志对我这一问题尚不能决定，我诚恳地请求领导考虑，是否可以把我的问题报告中央领导审批？因解放前，曾和张春桥同志一起工作过。《青春之歌》出版后，康老和姚文元同志对此书也作过批示和评论。中央首长掌握材料广泛全面，对我的有关文艺方面的问题，可能是有了解的。这样或许可能早日解决我的组织问题。这是我十分殷切的希望！

因为心情激动，焦急，这封信如有错误，请领导同志批评指示！

致　无产阶级革命敬礼！

杨沫

1970 年 × 月 × 日

不知是这封信发挥了作用，还是什么原因，1971 年 1 月 18 日这天，经过上级有关领导批准，母亲终于恢复了组织生活。母亲在笔记本上写道：

1971 年 1 月 19 日下午，经过党员群众评议，正式通过恢复我的组织生活。这是一生中的大事，应当永远记取的教训！下面是支部扩大会对我的评议：

阚 × ×：

杨沫所犯的错误是严重的。在入党问题上欺骗党和人民。刚开始责任不在杨沫，但在知道了真实情况后，还继续向党隐瞒，不坦白交待，就是你的错误了。“文革”中对你进行审查时，还暗中搞了一些活动，说明你心中有鬼，这绝不是一个党员的行为。你犯这错误的根源除了刘贼的影响，还因为你本人的剥削阶级出身。17 岁时还去取地租，这剥削阶级的烙印必须要正视，你的个人第一就和你的剥削阶级出身大有关系。解放前，你多少还是为党做了一些工作，但进城后，你泡病号，搞一本书主义，努力向上爬。以老革命自居，变化得很厉害。根源就是你不听毛主席的话，剥削阶级思想大泛滥，只想扩充个人实力，不积极改造自己。今后应当真正接受教训，痛改前非。同意恢复组织生活。

丛××：

听了杨沫的检查，问题是严重的。30年前就不向党讲真话。“文革”中又订攻守同盟，设防线，顽固地坚持错误，对抗审查。但杨沫对自己的错误还是有些认识的。虽然认识得很慢，很不够，但毕竟还是有所认识。进城后的思想变化，刘贼的影响是一方面，但出身也是另一方面，而且是不容忽视的一方面。你应更多地从这方面认识自己的问题，要多从阶级烙印上认识。考虑到杨沫在党内还是作了一些工作，尽管错误严重，根据现在的情况，同意对杨沫的审查告一段落，恢复组织生活。

薛××：

杨沫的检查还比较深刻，态度比较老实，这是宣传队帮助的结果，是落实毛主席政策的结果。但她的问题是严重的。在党籍问题上，欺骗了组织几十年。做一个党员最起码要忠诚老实。杨沫在这一条上就没做到，应再进一步的深刻认识。根源还挖得不够，没把社会根源挖出来，比如你所接触的人，对你的影响等等。但不管怎么说，还是有了一些认识。同意恢复杨沫的组织生活。

董×：

杨沫的问题是严重的，我还从没见过这样干的。马建民告诉你批准你入党了，到解放区后，有了党组织，你为什么不与组织联系？为什么不找其他党员了解？真实情况一下子就会弄清，哪怕重新申请入党也可以，你首先对党不忠，混了这么多年，还以老党员自居，为什么这样做？同志们说你是政治骗子是有道理的。现在，杨沫对自己的错误有所认识，尽管还不够深刻，态度还是比较好的。同意恢复组织生活。

刘×：

听了杨沫的检查，对自己所犯的错误确实是有了一些认识，但有些问题还应加深认识。1936年可以认识不清，后来知道真相了，还坚持，就是有意隐瞒，甚至背着组织搞非组织活动，这是绝对不允许的。你骗人，是骗不长久的，狐狸尾巴总要露出来，越欺骗，你的罪恶越大，到头来，身败名裂。今后一定要吸取这一教训。我同意恢复组织生活。

李××（专案组长）：

同意恢复组织生活。杨沫今天的检查，态度比较诚恳，有了一些认识。今后还要进一步提高认识。要从路线斗争高度看自己的错误的严重性。其一，入党30多年来，有意伪造入党介绍人，长期隐瞒欺骗；其二，手段恶劣，还写信给天津市委要把贾拉入党内；其三，审查期间，搞攻守同盟，对抗审查。杨沫今天能做这个检查，是宣传队和“文革”的教育结果。希望杨沫一定要深刻吸取教训，用党员的五条严格要求自己，特别在改造世界观上下大功夫。

王××同志（连宣传队负责人）：

大家发言完毕，一致同意恢复杨沫的组织生活。杨沫的错误是相当严重的，填表不实事求是，欺骗组织，并进行一系列的活动对抗审查，对此还要继续认识。这一教训，今后千万不能忘掉。以后如果再发现类似问题，就由你自己完全负责了。希望杨沫用50字党员纲领严格要求自己，真正从灵魂上来个彻底改造，不要有侥幸思想，以为自己干坏事别人不会发现。要放下架子，继续加强自身的改造，努力学好毛著，争取后半辈子紧跟毛主席干一辈子革命。

经过了一番生死大搏斗，母亲这个“假党员”、“政治骗子”终于恢复了组织生活，这比她当初首次入党的时候还激动万分。她心潮起伏，坐卧不宁，立刻给潘副司令员写信，表示了自己要下乡去的决心。以下是信的草稿：

敬祝毛主席万寿无疆

亲爱的潘副司令员并诸位领导同志：

此刻，我怀着非常感激的心情，给各位领导写这封信。

1月18日，是我终生难忘的一天。我万分感谢毛主席他老人家挽救了我，感谢他老人家的革命路线挽救了我，给了我新的政治生命。同时也是无限忠于毛主席，无限忠于毛主席伟大思想的潘副司令员及指挥部的诸位领导同志们及时教育帮助了我，使我又回到了党的温暖怀抱。

写到这里，我不禁思潮起伏，心情万分激动，我要千遍万遍高呼毛主席万岁！

▲学习毛选（1973 年左右）

毛主席说：世界观的转变是根本的转变。对照主席的教导，我痛切地感到我犯错误的根本原因，就是由于自己的世界观没有根本转变和17年来中了刘贼的毒造成的。因此我要吸取这个沉痛教训，不再重犯错误。过去我严重脱离了群众，为深入工农兵群众，深入三大革命运动实践，我现在非常渴望能到下面农村基层去锻炼改造，渴望到我当年战斗过的河北保定地区一带劳动锻炼和改造。当然如果指挥部领导有别的任务给我，或有其他安排，哪怕临时性的，只要是革命工作，我也一定欣然接受。

不过，按照我的年龄，身体健康，工作性质等具体条件，我还是非常希望领导能分配我到抗战时，我曾工作过的霸县、雄县一带的农村根据地去。因为这样，对我的锻炼改造和今后的工作可能更有利些。希望领导酌情处理。

最后再次向领导表示感谢。如组织有别的任务给我，我坚决地无条件地服从。

致以革命敬礼！

杨沫

1971 年 1 月

一直没有结果。母亲又给北京市委书记吴德写信，提出同样的请求。吴德通过秘书回答说：到北京郊区去生活，不是一样可以写作吗？没有批准。

母亲的入党时间不再是 1936 年，而是按她实际填表的 1938 年 1 月算起。这样母亲就不算红军干部了。因为中央组织部门有规定：1937 年是一条杠，此前参加革命属红军干部，此后属抗战干部。

但随着对老干部的落实政策，母亲听说中央有指示，白区地下工作者，入党手续不全的，只要真与党员有联系，且为党做过工作的，可以算党龄。她就给学习班领导写信申辩说自己入党时间上的错误，原因不在自己，不应由自己承担后果。当时父亲的共产党员身份是确凿无疑的。母亲也确实为党做过一些工作，如传递信件、取东西、找人了解情况等，还写过一些宣传抗战的文章。后经上级领导实事求是地分析，又不声不响地把她的入党时间恢复为 1936 年 12 月。

这样，所谓的“假党员”问题折腾了半天，被予以否定。

18. 小胖姐遇害

聪明、善良而又尖刻、单纯的小胖在夹缝中艰难生存，遇害时29岁——替父亲传话，带母亲脱险，给吴晗送水，保陈毅，帮白杨——迷上了一个有老婆的著名歌唱演员——两天不见后才发现死在床上，肚里怀着3个月的胎儿——那唱歌的被公开逮捕，却拒不认罪——江青托人给他送去军大衣，一桩命案不了了之

母亲恢复组织生活后不久，领导上同意她写作一部抗日战争的作品。她越来越经常住在香山。在那儿租了房子，户口也转到了香山，钱与父亲分着。父母之间的感情本来就有问题，随着“文革”的彼此揭发，两人的关系降到了最低点。

小胖就在他俩的相互指责的夹缝中生存着，直到离开人世。

▲小胖2岁时（1947年3月张家口）

小胖名叫马豁然，1945 年 8 月 3 日生在河北雄县的刘家铺村。眼睛上有个小疤。兄弟姐妹四人中只有她是父母亲手带大的，一直跟在父母身边。母亲自己承认，全家孩子中，最喜欢的是小胖。只有她能与母亲睡在一个床上，只有她能被父母带出去见老战友……然而谁也没料到全家数她命运悲惨，死得最早，1975 年 1 月 22 日遇害，年仅 29 岁。

四五岁的时候，我还记得母亲曾把我和她放在同一个浴缸里洗澡。我们欢笑着，在浴缸里玩耍。十来岁时，我俩寒假回河北农村老家过年，我曾欺负过她，揪着她头发，把她疼得大哭。奇怪的是回北京后，她居然没向父母告我的状，可能把这事忘记了，她不记仇。

▲母亲最疼爱小胖

随着年龄增长，我们来往越来越少。家里她有她的屋，我有我的屋。她没事爱到父母的屋聊天，我却不敢，跟父母隔膜很深。

三年困难时期，我总是感到饿，多臭多脏多腐烂的食物都吃。而小胖却还挑挑拣拣，这不吃，那不吃。我开始对小胖刮目相看。她也饿，却有品位，非鲜肉不食，非醴泉不饮，能在饥饿面前保持住尊严。对比自己，像头饿猪，一天到晚就想着吃，发了霉、长了毛儿的干窝头也当成宝贝。我服了小胖，曾写过一篇作文《我的姐姐》，赞叹过她，饿着肚子还能嗷嗷地唱歌看书。

那时候，我为交粮票事常跟保姆吵架，小胖也如此。她多半是为朋友吃饭的事与保姆吵。因为这保姆只认粮票不认人，任何客人吃饭都要交粮票。每逢小胖跟保姆吵架，我就特别高兴，感到小胖与我站在同一条战壕里。不怕父母骂她看不起“劳动人民”。

那保姆原是地主的姨太太，再之前是个妓女，很会察言观色，伺候人。但谁要稍稍有点对她不敬或影射其身世之意，即变成泼妇，捶胸顿足，满院子乱骂。

平时我跟小胖几乎没有来往，两个人都住校，周末回家吃饭时才能见面。她爱看外国画报、《大众电影》，崇拜那些女明星。我觉得她资产阶级思想严重，跟她的共同语言不多。

▲小胖姐上初中时

小胖特别喜欢唱歌，记忆力好，能大段大段地背外国名著及普希金的诗。她还很“臭美”，爱穿奇装异服，有的衣服在我看特难看，像个瘪三，她却能穿着上街，大摇大摆。

自我给周总理写了告状信后，父亲再没打过我。小胖取代了我总挨打。因为她能言善辩，爱跟父亲顶嘴，父亲说不过就打。一次，她裤子没系好就从厕所出来，进到客厅。那天来了很多客人，她提着裤子与客人寒暄，让父亲非常气愤。客人走后，大发雷霆。小胖顶嘴，他动手就打。

记得一年夏天的中午，小胖住在南屋，听见电话铃响，光着屁股，披条毛巾被，咚咚咚地跑到北屋接电话。父亲正在午睡，骂她这么一丝不挂，哪像个大学生的样子？她不服气，顶嘴，结果让父亲抽了耳光。

小胖有正义感。

她是父母的掌上明珠，最受宠。平时见了我和哥哥，并无啥热情友好的表示。但背后，她在父母面前却常替我俩辩护，指责父母对我俩有偏见。她这么替我和哥哥说话，所带来的后果，就是她自己也招来父母的频频训斥。

她的师大女附中的同学燕玲北京没家，父亲政治上蒙冤早逝，非常贫困。小胖却从没对穷孩子另眼相看。她与燕玲成为班上最要好的朋友，无话不谈。周末总邀请她来家住。

燕玲讲：小胖知道我经济困难，常把自己的东西送给我，自自然然，一点没施舍的意思。我考上北师大后，小胖说：燕玲姐，你上大学了，什么像样衣服也没有。我有一件大红棉袄，还有一个紫色的方围巾都给你吧。我还有，穿不了。这些衣物的质量在当时是相当不错的了。尤其那个红棉袄，非常漂亮，很少见。

燕玲说小胖是少有的善良，少有的尖刻，少有的迟钝，又少有的精明。

1963 年小胖从师大女附中毕业考入北京外语学院。1965 年她有了男友，是无锡农村的，家里很穷，盖着床破被子，连个枕头都没有。她却一点不嫌弃，还骄傲地对人说男友对她特好，自己的手指甲和脚趾甲从来不用剪，男友全包了。

兄弟姐妹之中，数她最敢给父母提意见。然而“文革”中父母遭难，她却最坚决地保爹保妈。我与她不同，我支持造反派对父母审查。当得悉父母有严重问题，可能要被打倒之后，我采取了离家出走的态度。

“文革”开始后，父母两人都被凶猛的群众运动吓得够呛，整天愁眉不展。小胖反复安慰父母，帮助父母四处搜集各种消息，分析形势，出谋划策。

1966 年小胖串联到上海，还敢去三姨白杨家看望。那时候，很多人都视白杨为资产阶级电影明星，包括我在内，对揭批她都持拥护态度。可小胖却公开站在白杨一边，帮白杨写检查，出主意，带材料。

父亲被揪到单位里劳改，整天拔草。她常常去看望，偷偷说两句话，回来向母亲报告。是她帮母亲一笔一画地把康生肯定《青春之歌》的那段话刻成蜡板，还是她把姚文元和郭开的文章，对比地摘录出来，抄成了大字报公布。

当革命造反派召开了 17 万人大会批斗《青春之歌》时，小胖带着母亲四处躲藏。后来“左”派郭开找到文联，那天正好小胖陪母亲到文联看大字报，在文联的走廊里，迎面碰见郭开。她反应机敏，一把拉住母亲，左转右转，迅速脱离险境。

她对报上点了名的大黑帮也敢同情。一次批斗完吴晗，把他押到一边。小胖自己买了面包，又弄了碗水，送给吴晗，什么话也没说。回来后，她坦然告诉同学：我看吴晗挨斗挺可怜的，给了他点吃的，不管是谁都要按政策对待。

在外语学院，她属于保陈毅那一派的。当批斗陈毅，对他推推搡搡时，小胖和一些拥护陈毅的同学就高呼："要文斗，不要武斗。"

她确实善良。谁处境不好，她同情谁。

1968 年 12 月小胖去唐山军垦 414 部队农场劳动锻炼。正碰上那里搞清理阶级队伍，她开始挨整。有人说她有三反言行（对现实不满，替白杨传递翻案信），生活作风不好，思想颓废。她的精神很紧张，寝食难安，面黄肌瘦。一度脸不洗，牙不刷，整天发呆。数次给母亲写信求救，言词恳切，很是可怜。但父母自顾不暇，哪有心思去唐山帮她？

因为是老保，给她和丈夫分到了徐州的一个小地方教书。她不甘心在那里呆，1972 年通过假离婚调回北京，到石景山区金顶山中学教外语。

之后，小胖又对人宣布，她是真离婚。为让对方同意办手续才说是假离婚。因为两人结婚后，很快产生矛盾。一吵架，丈夫就打她，有时打得相当厉害。

她说话坦率又尖刻。上高中时，曾当面质问母亲：你就知道打扮自己，给自己买那么多好衣服，为什么不给我买一件？

我平日对母亲也有意见，却不敢向母亲提出来。在这一点上我很虚伪。而小胖却真实坦白，表里如一。

对母亲使用那个男秘书，她很有看法，曾公开对人说：我妈找了个面首。两人的关系绝对不一般。大白天拉上窗帘，关上门互相打鸡血，这正常吗？

对此，母亲当然气愤得要命，说小胖四处给她造谣，诬蔑她。

但她又疼爱小胖，离不开小胖，因为小胖是她对付父亲的一个重要力量。

三十多年之后，我才知道在我率人抄家之后，尽管我绑了她，小胖还曾替我说过话。她对人讲：这事父母也有责任，平时对小波太不关心，太冷淡。

她只埋怨我在捆绑她时，把她胳膊勒疼了。

我被打成反革命之后，社会上流传我是个穷凶极恶、"杀父弑母"的家伙。小胖却认为我打砸抢父母，是家里对我不公平所致。当我在内蒙古过着孤独耻辱的劳改生活时，也只有小胖，突然给我来了一封信，明确向我表示这么处理不对，支持我向上面申诉。我深受感动。要知道，我平时瞧不起她，跟她很少说话，从没帮过她什么忙，“文革”中还捆过她，勒过她，给她嘴里堵过一团臭袜子啊！

茫茫草原上，我第一次感到了小胖姐的手足之情。

写到这儿，我又想起了一件事。“文革”前，我为讨父母的欢心也曾积极向他们讨好。比如主动扫院子、倒垃圾、卖力地给父母擦地等。记得有一天，小胖若有所思地对我说：你别那么讨好他们，没用，要有点尊严。简短两句话，像一道电击，给我留下永生难忘的印象。她这么说，看似随便，却给了我重重一锤，让我知道了争宠的可怜。以后，我再也不卖力讨好父母了。我觉得小胖就是一个良心的眼睛，她在看着我。

她漫不经心的一句话，影响了我终生。

小胖离婚回到北京后，工作不理想。每天得早早起床到石景山苹果园上班，早出晚归，非常辛苦。她感情生活孤寂，碰了一个又一个钉子。

当时要离开教育系统非常困难。为达到目的，小胖琢磨了一个办法，想通过唱歌调到专业团体。她从小喜欢声乐，为此，她天天早上吼里哇啦大叫，练发音，还对母亲说朱逢博就是半路出家的，她要步朱的后尘。

母亲看她心诚，1973 年 4 月 19 日写信设法联系上一个著名的歌唱演员，教她唱歌。小胖前夫得悉后，还认为是好事（见 1975 年 6 月 29 日小胖前夫给父亲的信）。这唱歌的曾演过话剧《青春之歌》里的余永泽。当时因为唱《我为祖国献石油》，非常有名。

小胖很快就对这个人动了真情。与朋友聊天，嘴不离这人的名字，张口闭口总是他。她对一女友讲，老师教她时，说声音要从这儿出来，就用手轻轻摸她的胸脯，摸得她心荡神怡。女友劝她留心，这人太流氓。小胖哪里听得进去。那家伙比小胖大 10 岁，小胖还亲切地称呼他为叔叔。

在小胖的不断恳求下，母亲支援她数百块钱，帮她买了一架钢琴，这样她的老师就可以在家里教她了。不久他们就上了床，那唱歌的并有我们家大门钥匙。

1974 年是她与唱歌的来往频繁的一年，小胖多次怀孕。陷入爱河后，小胖的工资根本不够花，常变卖东西，给情人买这买那。因为小胖白吃白喝家里的，父亲总想让她搬到学校去住，但小胖说单位没地方，拒绝离开。父亲就逼她交饭费，否则不让她吃饭。小胖没钱交，父亲就把家里所有粮食及吃的东西，包括剩饭剩菜全都锁在柜里。

可她为了省钱，给情人多买点东西，忍辱负重，能蹭父亲就蹭父亲。惹得父亲恨死了她，想方设法赶她走。以下是她在激怒之中给母亲写的一封信，从中可看出她与父亲的矛盾多么深。

妈妈：

我以万万分愤怒的心情向你控诉马建民虐待我的暴行。我劳累一天回家，要炒点咸菜准备第二天带到学校当菜吃（这也是为了省钱，因为我已经没有钱了），可是姑姑急于回家，还非得锁门不可，不让我用炉子。我觉得即使是邻居，也不会不肯借用一下炉子，何况我们是一家人呢？所以我依然用那炉子。于是这位媚上欺下的黄脸婆就去向她的主子求援，马建民于是亲临炉子旁，杀气腾腾，耀武扬威地为他的妹妹兼姘头助威打气，当她的面对我大肆攻击，极尽诬蔑打击之能事。仅仅为我用了一下炉子，就做了极大的文章。尤其可恨的是，三句话不离本行，他迫不及待地又要赶我，说什么限我在五一之前搬走，他的怒吼如虎狼一般的凶恶，他的黑心如豺狼一般狠毒，他欲把我赶走之后，就可让他的尊妹兼情妇搬进来和他自由厮混。

他竟以为我是好欺侮的，殊不知我有口能言，有笔能书，我要向他单位及他所有的亲密战友写信揭发他的豺狼本性，并要求社会组织及广大群众对我保护。有关房管所早就告诉过我，因为你们住的房子是机关的房子，所以房管所不解决我的房子问题，只应由北师大解决。所以，想赶我走是办不到的，派出所也是保护我在师大宿舍居住的权利的。我就要存在在你们跟前，给你们一个眼中钉，肉中刺看着。让他心里不痛快，让他至死有仇人在眼前，威胁着他。假若他逼人过甚，世界上没有我不敢干的事，自卫是人的本能，为了保护我自己的生存权利，我就要向一切妨碍我的人做无情的斗争，包括流血斗争在内。

他是家中最大的压迫者、统治者，凌驾于人之上的太上皇。哪里有压迫，哪里就有反抗。他四处树敌，绝不会有好下场，总有一天，四面楚歌，黄土一堆。我一定要联合所有受压迫的兄弟姐妹和社会上一切正义力量，向压迫者作斗争。他三句话不离赶我一事，证明他对小光讲什么“为我担心”之类纯粹是弥天大谎，是伪善者的鳄鱼的眼泪。其实我早就识破他的丑恶本质了。我一定要在他一切老朋友中搞臭他，让他受众人的藐视。总有一天他会发现，他纵然有钱，也只有空虚和恐惧——时刻担心被人怀恨和报复的恐惧。

他假惺惺说什么知道我这个月没钱了，允许我吃饭吃到五一——谁要他的假慈悲！从今后，我绝不在你们马家吃一顿饭，我过去吃你们一点点残羹剩饭，是对你们的信任和友情，我既然恨透了他，就绝不吃他一口饭。我虽穷，可是有朋友，朋友们总可以使我不至于饿死。不久将来，我将到国家机关或军队去工作，那时我有了更强的实力，继续自强自立，必将报此深仇大恨！

请将此况转告马建民，让他当心失掉党籍和死无葬身之地！告诉这个豺狼，善有善报，恶有恶报，不是不报，时候未到，时候一到，新仇旧恨一起报！让他和他的姘头死无葬身之地！我一无钱，二无男人，没有什么可怕失去的，而得到的却是整个世界！未来是属于我们的，不是属于老无赖和黄脸婆姘头的。他们的好景不长了，日子屈指可数了，虽然死乞白赖在这个世界上，可惜抗不过自然规律，入土半截了！

马克思说：资产阶级撕破了笼罩在人与人关系上温情脉脉的纱幕，把这种关系变成了赤裸裸的金钱关系。伟大导师的语录说明马建民是一个毫无共产党员气味的资产阶级！我一定要搞掉他的党籍，让他在众人面前恢复他的真面目——一个利欲熏心的，丧尽天良的资产阶级的真面目！让他晚年不得好死！毛主席说，一切革命的人都要互相帮助，可是他连自己的女儿都不帮助，他的行为完全是反毛主席的，他还放（有）过许多反党，反社会主义，反毛的三反言行，我一定不饶他，让他此生无翻身之日！

我已找到一个有实力的男朋友，他有很多朋友，你们休想害我！如有对我进行谋害的任何痕迹，我将毫不留情地发动群众用武力自卫！

妈妈，希望你分清是非，听毛主席的话，对我关心、帮助、爱护，不要和马无赖、黄脸婆为伍，他们的灵魂是丑恶的！和他们站在一起，就是站在非正义方面去了，而非正义不管一时多么强大，最后终要可耻失败。

请你帮助小禾买一个小自行车和几斤白糖给我，我好给他寄去。

我将向赵英阿姨、张晶心、赵文彬等人控诉马建民压迫我的暴行，并向他们要钱度过暂时困难，她们一定会给我，并看透马无赖的本性，我就是要到处让马无赖丢脸！

小胖

1974 年 4 月 20 日

小胖与儿子禾禾

这封动不动就上纲，充满“文革”语言的信，反映出了小胖意气用事，好走极端的毛病。她说话毫无顾忌，怎么解恨怎么骂，尖酸刻薄，狠毒无情，夸大其词，全然不计后果。其中说父亲跟姑姑的事绝对子虚乌有，胡扯八道。

就是这张嘴巴，为她招来了杀身之祸。

小胖把自己的工资全用来款待那唱歌的了。一起看电影，听音乐会，下饭馆……每逢到月底，总是亏空。她只好四处借债。有一次，小胖在新街口打电话给父亲老战友的女儿飞莎说我现在无家可归，生活费也没有，你快借我一些钱吧。飞莎赶快找到她，把身上所有的 26 块钱借给她，自己只剩下几毛钱。小胖见状，把那几毛零钱也给要走了。

她为了讨好这个唱歌的，倾尽了自己所有财物。乳罩、裤衩、衣服等都不买，偷母亲的。实在穷得没法时就向母亲乞讨。母亲最后一次见小胖，就是来要钱的。她大冬天，没穿袜子，光着脚，趿拉着大棉鞋，一脸蜡黄。

母亲推说自己看病吃药，开销很大，没有钱。

小胖说，我这么大老远来找你，你怎么也得给我一点，不能让我空手回去。

母亲说：不行，我不能给你了。你成了无底洞，没个够。

小胖可怜巴巴说，那起码给我来香山的车钱吧。

母亲就给了她5块钱。

▲小胖常常到这个小院找母亲要钱

母亲知道小胖把钱全花在了那唱歌的身上，自然不情愿给。她常对家人说，小胖在家里逮什么偷什么，偷了就拿到委托商店卖了，孝敬那个唱歌的。1974年11月12日在给父亲的一封信中，母亲特地叮嘱：

> 又：我新买的写字台及小圆桌请你拿到小屋里锁好，以免被小胖卖了。

母亲感叹：小胖一点不会料理生活，住房乱得像狗窝。自己从来不干家务，却给那家伙织毛衣。

小胖也似乎有某种预感。她对家人和朋友都说过好友、中国音乐学院教师赵玉娥被丈夫割掉头颅的事。不无忧虑地表示：我弄不好将来也是这个下场。我嘴巴厉害，没轻没重，容易得罪人。

1975年1月22日，星期三，早上小胖对父亲说：爸爸，你今晚上不要插门，我有朋友要来。父亲问，什么朋友非要晚上9点来？小胖说有点重要的事。因为父亲每天晚上9点左右要插上大门上的门闩，到时你即使有钥匙也进不来。

那位唱歌的来了，小胖热情招待，又是饮料，又是糖果、点心，她万万没有想到这是她自己生命中最后的一个晚上。她让爱情迷住了眼睛，相信那个唱歌的也爱她，怎么也没料到这个晚上会是她的末日。

那唱歌的3月份要随团去美国访问演出，走前不想离婚，有疏远小胖之意。那时，中美刚刚恢复来往，去美国的机会非常难得，百里挑一，政审很严。小胖总去单位找他，可能会对他出国有影响。

这位歌唱家访问过日本，据说曾向小胖流露过羡慕和向往资本主义国家的生活。小胖急欲与他结婚，岂能让他跑了？就从生活和政治两方面进行恐吓：你要总不离婚，要把我，我就要到你们单位揭发你，让你身败名裂。还说：我要像毒蛇一样缠着你……

她哪曾想到歌星就是靠名气过日子，让歌星身败名裂等于要他的命。

第二天吃早饭，没有小胖，以为她上学校了。第三天也没见她，以为是上香山看母亲去了。学校来电话，英语考试卷子要她判，希望她快点来学校。父亲说不知道她在哪儿。到吃晚饭了，小胖还没出现。

家人纳闷儿，连着两天不见，小胖去哪儿了呢？去她的屋看看吧。姑姑和大姐进去后，看见床旁有一双鞋，小胖蒙头盖着被子，平平整整，露着头发。她们害怕，马上叫来父亲，父亲那几天正患高血压，晕晕乎乎，赶忙跑过来，用手一摸小胖的鼻子，没有呼吸，全身赤裸，已经僵硬，嘴角挂着微笑。炉门是关着的，父亲以为是煤气中毒，马上用被子把小胖包起来，送积水潭医院抢救。医生说人早已死亡，你们送来的是一具尸体。医院立即报了案。

深夜一点，大姐乘出租车赶到香山，把母亲叫回家。父亲讲了小胖的死讯，母亲目瞪口呆。老两口相对无言，潸然泪下。

姑姑哽咽着说，可怜她那么大的岁数，才29岁。

次日，公安人员来家里勘查现场。13处富有经验的马处长亲自参加，连钢琴和收音机都拆开检查。很快就通知母亲，小胖不是自杀，是他杀。从一个玻璃杯残剩的咖啡里化验出了是致命量20倍的冬眠灵。尸体解剖后，发现肚内有一个3个月的胎儿。小胖死前所见到的最后一个人就是那唱歌的。

春节前几天，中央乐团在民族宫召开大会，公安局宣布那唱歌的与马豁然之死关系密切，当众给铐起来。那时他正在民族文化宫参加出国前的集训。3月底将随中国艺术团去美国访问。

这个人是靠唱《我为祖国献石油》起家的，江青很赏识他，夸他的声音好。在拘留所关押期间，江青还托人给他送过一件军大衣。

1975年春天，小胖遇害的消息轰动全北京，是街头上广为流传的桃色新闻。你在公共汽车上，常常能听到人们议论此事……

死后，小胖的衣柜里空空荡荡，一件像样的衣服也没有，几双破袜子都露着窟窿。想到她死前的最后一段日子，过着清苦生活，怀着身孕，穿着单薄的小棉袄，光脚板趿拉着大棉鞋，有时饿了，竟靠吃糖块充饥，全家人无不唏嘘！她为了巴结那个唱歌的，卖掉了一切值钱东西，死后只剩下了一堆破烂儿。

可怜的小胖姐啊！

在小胖生命的最后几个月，父亲总是训斥她，骂她，撵她走。现在父亲万分后悔，心如刀绞，一提到小胖就泪流不止。小胖怀孕后住在家里，他还一毛一分地跟小胖算伙食费，逼小胖交。不让小胖吃剩饭，亲自把厨房所有柜橱都上锁。自己丢了钥匙，就怀疑是小胖偷的，连吼带骂，请看小胖给父亲的信：

爸爸：

……我现在肚子这么大，又有慢性阑尾炎，怕生气，怕着急，怕生病，怕打骂，否则有流产危险。所以鉴于我现在的情况，即使是为了我的小孩，也不敢冒犯你们，得罪你们，更何况那种偷钥匙的卑劣行径，我是绝不会干得出的。

回想过去几年那么多风波，但我哪曾真正偷过你们什么钥匙、财产、钱之类？你们也别太霸道横蛮了。你、妈妈和徐然信口雌黄诬蔑我偷了你们100块钱的政治陷害我牢记在心；你们诬蔑我的种种我都牢记在心；你打我的无情巴掌我牢记在心。我告诉你：你也别太把别人看扁了，谁稀罕你的几个臭钱！你活着只为你的几个可怜的臭钱，并且总以为别人也在打算你的臭钱！臭钱熏臭了你的灵魂！你把儿女视为仇敌，施加人身侮辱！你别以为我稀罕在你这儿过日子，我才过不惯这种寄人篱下的生活呢！我才看不惯你们的白眼和诅咒呢！

我暂时寄住在这里，只是因为我要生小孩，无法在军队里生。自己又没有家，所以只得回这所谓的“娘家”，求着你们，承蒙你们开恩准许我住几天。你们真是恩情如天大，我一辈子也忘不了！你自己丢了钥匙，还威胁什么丢了东西让我负责——我又不是你的看家狗，我才不负这个责呢！我自己行得正，立得直，不偷不摸，心里坦然，光明正大磊落就行了，你丢东西和我有什么相干？

你别以为我和你一般见识，你对儿女吃饭也是一毛钱，一两粮票地算计。可是我回京二十多天来，已经帮你垫了六七斤粮票，五六块钱（光买前晚一顿饭就8毛7分，昨天买菜垫5毛多，那次张在时，做丸子那次垫了一块多，买几次饭，每次都是块儿八毛的），这些我从来不打算与你算，因为我知道总的来说，是你们生了我，养了我这么多年，你们养育之恩，我永远报答不了。所以尽管现在你们以毛，以分为单位来克扣女儿的伙食，而且我现在小孩还发育骨骼，需要营养，我也从不和你们计较。尽管如此，你们还老轻易怀疑人，诬蔑人！

因此，从今起，我为省心起见——因为我的身体经不起你这家的风雨、诬蔑、咒骂、陷害，信口咬人——不在你家吃饭，白天不在你家。所以你家发生的一切事与我无关，我不负任何责任！因为我是孕妇，无地睡觉，每晚来寄宿一夜。将来我会给你房钱。现在因身上没钱，无法进饭馆，只得去老同学家吃饭，不能白吃人家的，所以把昨天为你买的咸蛋和油拿走，农场寄来钱后还你。

父亲的绝情也够罕见。现在女儿死了，他的痛苦和内疚可想而知。他常常躺在沙发上发呆，涕泪交流。跟人一提小胖就哽咽，脆弱不堪，像变了一个人。

母亲说：老马，小胖活着的时候，你又打又骂，死后又这么痛苦。应该吸取教训，对活着的孩子好一点，不要等孩子死后再后悔。

于是父亲宣布，要把小胖的儿子禾禾接到家中照看。还宣布全家5个孩子每一家都给养一个小孩。一个时期，父亲对孩子的冷漠态度大有变化。

时间一个月一个月过去了，尽管母亲非常难过，也仅此而已，并不敢为小胖的冤死积极奔走，催公安局快点破案。因社会上有人说马豁然生活作风不好，拉拢腐蚀革命样板团的演员，而江青又特赏识那歌星，母亲怕催急了，得罪了江青。

何况小胖之死，她自己本人也确实有一定责任。

唱歌的很油，很老练。他面对审讯人员死不承认。他说他若是公安人员，也认为自己是最大的嫌疑对象，可事实就不是他。他那天晚上虽然见过马豁然，又找不出证人证明那一夜他住在哪儿。可世间万物千奇百怪，偏偏就不是他干的。

因为在玻璃杯上提取不了指纹，现场被家人破坏，没有直接证据。只有一个小胖的日记本，记录了他们俩交往的历史以及直到死前的种种矛盾。即便如此，哥哥姐姐去13处催问时，一女警察答复：现在有越来越多的迹象表明是那唱歌的干的。

但由于江青送了他一件军大衣，办案人员面临着巨大压力，没有充足证据，谁敢轻易给个中央领导喜欢的著名歌唱家定成杀人犯？

于是这案子就拖了下来。过了一些日子后，渐渐的公安局不再说小胖是他杀的了。有个别人甚至说小胖是自杀，理由是她看过《安娜·卡列尼娜》。但我们家人绝对不相信。看过《安娜·卡列尼娜》的人很多，绝大多数的人并没有自杀。小胖特别的贪生怕死。她热爱生活，喜欢享乐，公开扬言好死不如赖活着。她怕疼怕苦怕见死人，连杀鸡都不敢看。她不是抑郁症患者，她野心勃勃，对自己的未来充满信心。她要调动工作，她要钻进中央乐团，她挂念着儿子禾禾，她肚里还怀有一条小生命，她没有任何理由去死。

连不喜欢小胖的人都说：这么自私自利，一点亏都吃不得的人，怎么会殉情自杀？

母亲坚信小胖是被谋害的，凶手就是那个唱歌的。她为自己帮助小胖认识了那家伙而痛悔不已。

小胖充当第三者，破坏别人的家庭不对，有错误，但她没有死罪。

19. 父母矛盾尖锐

两人只剩下历史上的关系，因袭的习惯。阴冷、孤独、觉得谁也不爱了——“他对几个孩子冷漠，我也讨厌起孩子”——“一个尼姑，一个和尚”——两人通过写信唇枪舌战，牵扯到秘书小罗——伤心父亲不关心她的创作——没有离婚，却一直分居

因小胖的遇害，父母矛盾有所缓和，但随着时光流逝，小胖带来的悲恸渐渐平息，父母的矛盾重新又开始尖锐。

对母亲来说，她不能原谅父亲在危难时刻把连她自己也不知道的最隐秘的入党时间问题给揭发出来。有人告诉她，当外调人员审问前夫张中行时，张没有说过母亲一句坏话。他反复声明，那时候，我不革命，杨沫是革命的。无论怎么恐吓，这个老夫子也不改口。可自己的第二任丈夫马建民，这个共产党老干部，却把没有任何人知道的事主动揭发了出来，险些置自己于死地。

对父亲来说，无法忍受母亲与一个男秘书一起住在香山。这秘书是母亲20世纪60年代认识的长期病号，比她小20多岁，东北人，能说会道。“文革”中忠心耿耿保护过母亲，深博母亲的信任。

其实，母亲和父亲早在1941年左右，就发生过感情纠纷，因此母亲才有和路扬的一段罗曼蒂克的友谊。而父亲也与几位女性关系密切，其中有×××的夫人，还有一位是英年早逝的战友的遗孀。

母亲说：1943年春，她从路西经过封锁线的长途行军找到父亲时，父亲正要带专署的人转移。他们已经两年不见面了，这个晚上，父亲本可以不走，可是他扔下母亲一个人在陌生的村子里，很快就出发了。母亲因为

已经走了一百多里，再也走不动，只好眼睁睁看着他和同志们离去。往好了说，他是公而忘私，往不好了说，他对母亲毫无感情。这件事是个锥子，多年过去后还刺痛着母亲的心。

▲父母刚进北京时的合影

翻开母亲的日记，对父亲不满的文字很多。请看1957年3月1日的日记：

……近来家庭生活很冷漠，民白天上班，下班后总是沉着脸，像谁都不顺他的眼，我们很少说话。（他）一说起话就是“花钱没计划”，就是“穷”，“紧”……说不了几句就要吵起来。我的意思，我们两人每月的收入在四百元以上，总算不错了，计划一下支出，大家高高兴兴地过日子，有什么过不了的？可是他总像没米下锅似的紧张。我很不赞成他这样做。还有我住在西边的85号，他住东边的87号，已经许久了，不管我怎样病，他很少来我房间看看我，说两句话。我白血球高了很多，他也从没问过一句好些没有？……夫妇间的感情是培养的。像他这样对待自己有病的妻子，什么样深挚的爱情也要摧毁了。我们之间还剩下什么呢？想想，只剩下历史上的关系，只剩下因袭的习惯，或者还有一些因历史关系而造成的友情。

我有病，又有惰性，懒得变换生活。因之就造成了我心情的阴冷。有时，我有很多孤独的感觉，我觉得谁也不爱了，甚至自己的孩子。因他对几个孩子的冷漠，我也讨厌起孩子……

那时候，家住国务院宿舍，占两个单元。奶奶和保姆天天早上都要去西边母亲的单元看看，可父亲却很少去。有一次，母亲专门让人叫他，他才冷冰冰地过来，一副不耐烦的样子。

父母从20世纪50年代就分住两屋。有一天晚上，家里来了个老战友的女孩，在母亲的屋里聊天，父亲也在场。聊到9点多钟后，母亲说：你们去老马的屋吧，我要睡觉了！弄得那女孩很奇怪，杨沫阿姨为什么不跟丈夫住在一起呢？

1957年10月14日，母亲在日记中这样写父亲出差回来后的情景：

……民在10号晚9点多就回来了。他回来时，我已躺下，他把带来的东西拿给我看了后，11点钟的样子我们就睡下了。这个晚上，因为三妹睡在他的床上，我们俩就睡在一起了。可是，感不到离别相逢的喜悦。我们说了几句话，就各睡各的了。此后，他回到他的房里，仍各睡各的。不知他的心里如何，对这种情况，我是难过的。我不怨他，我只自怨。

1962年11月26日

……前夜，民到我屋里坐了一会儿，不常在一起，颇有陌生的感觉。我们是一个尼姑，一个和尚了。

▲20世纪60年代父母与老战友合影

小胖曾很坦率地对母亲说：我要是你，早就跟他（父亲）离婚了，一天也不能跟他过。

可父亲却不承认两个人感情不好，他曾含着泪花对人说：我要对杨沫不好，能二十多年陪个大病号吗？现在，我有老婆却没人管，连买个背心都要自己去买。

1962 年 8 月母亲住在颐和园里养病，18 日星期六那天让父亲送点合霉素等药。父亲下午 4 点多钟才给她送到。母亲看他来晚了，又忘了带自己要的毛衣，发了脾气，把父亲骂走。谁知过了一个多小时，父亲突然又回来了，这次他不是乘轿车，而是自己骑自行车赶来的，累得满头大汗……母亲心里很有些感动。在日记中承认：自己要求丈夫要像小说中热恋的青年人那样，是很幼稚可笑的！

小胖遇害后不久即赶上 1976 年总理逝世、“四五”天安门事件、唐山大地震、毛主席去世、打倒“四人帮”……国家大事一个接着一个，转移了父母的注意力，老两口的日子相对稳定。到了 1977 年，形势安定下来，母亲的《东方欲晓》初稿写完，父亲向母亲提出辞掉那个秘书，常回北京家中居住。两人的矛盾又趋尖锐。

以下是母亲 1977 年 1 月写给父亲的一封信：

老马：

上个月，当我正要和马联玉同志到香山看稿子的前夜，你忽然到我屋里来，向我提出了两点意见——也就是两个步骤或两条方案吧……

一）回家里住（虽未说放弃香山，但实际是放弃它）。

二）经济上合在一起。不管谁当家都可以，但要把钱合在一起，这才像个正常人家……

你接着说，这是你提出的第一个步骤，叫我考虑答复。如果不照你这个办法办，那么你将要采取第二个步骤。至于你第二个步骤是什么，你没有说，似乎要等我答复你第一个方案后，再提出。当时我虽感到十分惊讶，但为了避免争吵，我只说了一句“好吧”。表示同意考虑你的意见。这幕戏就这样散了。

回到香山后，因为集中精力给别人看稿，和马联玉同志一同研究我的稿子，以后又忙于修改稿子，忙于出版打印等事情，说实话，这件事我没顾得过多考虑。只是有时想起来，感到奇怪而又凄然……我想，我是搞写作工作的，多少人——尤其是那些搞写作的同志，哪个不羡慕我能搞到这么一个清幽，安静的场所来写东西呀?！我这部《东方欲晓》现在有六十多万字，再加上几经修改，全部写出的稿纸和字数总有二三百万字。要不是有香山这么个清静地方，我如若住在家中，一天到晚人来人往，乱乱哄哄，而我身体又不好，精力很有限，怎么能够写出这部作品来呢？是绝对写不出来的！怎么你不从工作，写作方面来考虑，却要我放弃这么个地方，跟你回家过日子去呢？这真是奇怪得很！你当时的理由还说："你的稿子已写完了，所以，我现在才这样提出来。"但是，我的想法和出发点和你不一样。我感到我现在还不能告老还乡，我还有力量和信心继续写下去。"四人帮"垮台后，中国将会出现一个文艺繁荣的春天。通过这部4年写成的稿子，证明我还可以努力为党为人民写出一些更好的作品来。但既然还要写作，我就需要香山这个地方，我就绝不能放弃它。使我奇怪而又凄然的原因就在这里——当别人都为我能够写出新作品而十分高兴的时候，而你呢？不论咱们间的感情如何，我们总是几十年的夫妻和战友了，而你却在这个时候，不但未曾感到任何高兴和欣慰，却反而忽然向我提出这个打"退堂鼓"的主意来，甚至还带着某种威胁的口吻，这不禁使我痛苦地感到，你对我的创作、我的事业和人民对我的需要、期待都很少考虑，或者根本没有考虑过。《青春之歌》出版后，你连拿起来看一遍都没有，这种现象，不是正好说明你对我写作的态度么……而你终日所思虑的却是个人的家和钱！这怎么不使我常常感到失望和难过呢？前些天，你买了好几套《鲁迅日记》，我向你要了一套，你立刻就要了我2元7角5分钱。我给了你2元8角，你竟还要找我5分钱……这件事情不大，但可见我们之间的关系竟只是钱的关系了！这是多么可悲可怕！

说到钱的问题，我既然不能依照你的要求回家长住，而必须两头跑（实际上我并不是不常回家，只是因为写作必须两头跑，而不能全部搬回家中）。既然必须保香山这个地方，我就是想把钱跟你合在一起也没有办法合。因为，为了写东西，我必须大部分时间住在这里。

而我每月的收入，仅仅够维持现状，并没有富余（有时还要亏空）。你应当知道，我在这里除了吃饭、穿衣、雇保姆、房租水电等开支外，我还有不少的应酬、交往，甚至要帮助别人的费用。此外，还要照顾禾禾、蕾蕾两个孩子的衣物和蕾蕾学筝的费用。此外，我还每月都要自己花钱买药，费用也不小。所以，我的工资一点也不富裕……夫妻间分着用钱（不管同在一个城市的或分居两地的）并不罕见。其实，我经常给家中买些杂物，给孩子们买这买那，你应当知道吧？总之，我并不是只顾自己，不管家的人。只是因为多住在香山，另有一摊，经济上没有办法完全和你合在一起罢了。你提的这个经济合一的条件，因为我不能放弃香山，所以也就难能答应你，为了事业，我认为宁肯多花些钱分住两处，也是值得的，无可厚非的。

也许你还要说，把存款合在一起吧，或者交给你管吧，其实，你会记得，在“文革”初期，我的稿费已经只剩下五六千元了。在最紧张时，我曾经打算把它交了党费。后来，是学习班时的指导员赵树藩同志（原文联的）劝我别交，这才留下了这点钱。后来丢失一些，你又拿在手中一些，我手里的存款本来就不多了，这几年，为香山修房子，买家具等等花去几百元；为小胖买钢琴，蕾蕾买筝，徐然几次来京和把小波从内蒙弄到大同等等，又先后花了一千多元。因之，现在我手里的存款已经很有限了。总之，存款我虽用了不少，但都是为了孩子们，为了创造写作的条件不得不用。我自己并没有大吃大喝，乱挥霍。这一点你可以调查研究（但我觉得你这样斤斤和我计较钱，很有点无聊，也是对我的太不信任）。

……多年来，不管在任何情况下，我都是多方维护你的荣誉，维护家庭的团结。这个你可以扪心冷静地想一想。不错，在另方面，我对你感情不大好，常常感到我们的性格，谈话合不来，这也是真的。尤其在“文革”中，审查我的入党问题后，发现你竟有欺骗党，欺骗我几十年的行为，不是党的政策宽大，弄得我几乎成了一个假党员……这件事使我非常伤心，刺激非常大，不知哭了多少回。从此，我确实对你变得因失望而冷淡了。不过，我常想，我们毕竟已经是几十年的战友和夫妻了。孩子们都那么大了，人也老了，不管怎么，用不着再动什么干戈，就这样凑合着过一辈子算了。

▲20世纪70年代的父母

说到具体问题，现在，你虽然有病，但身边并不缺乏儿女、外孙等人的照顾，并不需要我回家去照顾你。而我在香山却反而是单身一人，生活上有不少困难。为了写作，我甘愿，也必须忍住孤单寂寞和种种困难……我顶住了由于小胖的造谣诽谤所造成的许多误解中伤，甚至打击，而坚决地完成了党交给我的光荣任务。你是应当理解才对。现在事实证明，我做的是对的，是光明正大的，任何所谓的“好心人”的幸灾乐祸和一管之见，绝不能损害我，毁掉我。而且就算把我毁掉了，书从此不能出了，我也不怕！我个人算得了什么？书如果写好了，它应当属于人民的，属于党的！对于毁我的人，又有什么好处呢？

你现在叫我放弃香山不再写作，然后回到家中去给你“理家”，这我办不到。你过去常说“别人写作不是可以在自己的家里么?”这个，你不妨去向浩然等搞写作的同志了解一下，为了写东西，他们是如何东躲西藏，千方百计地寻找个清静去处的。你不是没有文化的人，应当懂得写作——尤其是文学创作是多么需要安静的环境，多么需要平静的心情。而你，却在我的书刚刚有出版希望的时刻，竟忽然“突然袭击”似的，向我提出这些莫名其妙的问题逼我答复。这又一次给我的精神非常沉重的打击！我猜不透你是什么意思，什么居心，还是受了什么人的挑拨，教唆，要趁此时机逼我就范……老马，我多年的老战友，不管我有多少缺点，毛病，不管你对我还有多少意见，我认为你在这个时候的这种做法是不够妥当的，是不顾大局的偏隘的意气之见，是似乎乘人之危的非常伤害人的做法。……这几天，我的血压高了，什么也干不下去。因为我不得不每天考虑，我无法同意你的第一方案，那么下一步你将如何对待我？我还会陷入什么麻烦、痛苦的家务纠纷中？

现在我只好费了许多劲来给你写这封信。我惟一的要求，只是请你，盼望你能从大处着想，想到我现在的书还没有完成，还有一段相当艰巨的工作在等待我。你的第二个方案先不要提出来，我们还凑合着照原样过下去——允许我在香山把这个稿子改完交出去以后再提。如果你看了我这封信，能够谅解我，不再提第二个方案，那就更好了。以后，我们还照旧凑合着过下去。如果你不同意我的要求，现在一定要提出第二个方案来，那么就请你在信上提。因为咱们都有心脏病、高血压，当面提，吵起来，谁出了意外都不好。所以，在信上谈比当面谈好。

……

杨沫

1977. 1. 8

5天后，父亲给母亲写了回信：

老杨：

不要东诌西扯，以假乱真，语言文字不要乱用，要考虑问题的实质究竟是什么，这才能解决问题。从你的来信看，有许多观点说法是错误的。这不是你第一次了。无论学风、作风、文风，我认为都不应当这样。所以不得不给你写这封信：

一）关于捣乱问题

什么叫捣乱？问题明明摆在那里，而且历史久远。按你的说法也是“矛盾要解决”，我好言相劝提出来要你考虑，这就叫捣乱？如果说捣乱，你应该回想一下到底谁捣谁的乱？从“文化大革命”以来，为不值得的一点问题，你竟三番两次地给我提出，说什么“要离婚”

等等，问题这么严重，我说过你捣乱没有？现在我心平气和地把这问题提出来，希望能得到解决，能说这是捣乱吗？

二）关于写作问题

你过去写作，现在写作，将来写作，这是你自己的职业，也是党和人民的需要。写出一部好东西是自己的荣耀，也是党的光荣，这是我一向的认识。你开始写作时，我和你提出过这些问题吗？就是怕你为此而受影响，怕你说我不要你写作等等。现在，你写的东西无论如何已告一段落，我把问题提出来，就是不让你写作吗？你是一个职业写作者，又有坚决写下去的决心，活到老，写到老。按你的逻辑，就是当你写作时，什么问题也不能谈了，一谈就是干扰你写作。能这么说吗？以我们党搞运动来说，运动是中心，一切要服从中心。但能不能说一搞运动，别的就什么也不许搞了。应该是在抓中心工作的同时，还要顺带解决许多应该解决的问题。写作是你的中心，这点不错，但你抓这个中心时，能一切都不顾么？有一些是你自己的问题，别人提出来，也是为你好，也正是为你写出更多的东西，这样就是干扰你的写作吗？你这种说法，我是不能同意的。

三）关于你要不要香山的房子问题

我什么时候让你不要香山的房子？我是这么说吗？首先我没有这么说，你却说我这样说。这不是我的意思。另外，你提到一个写作者需要安静的地方，我同意。我也这样主张。过去你在香山住，我不是始终支持吗？你又提到什么浩然等同志写作如何等等，还要我去调查等等。用不着，从你们日常来往谈话中，我早就了解了。浩然同志像你这样对待家庭吗？在悠久的战争年代，我们长期不住在一起，我向你提过这个那个吗？现在的香山是北京的名胜，坐上车一会儿就到了，来来往往非常方便。我为什么不让你在香山有处房子，非要你回家住？这是问题的实质吗？我什么时候要你服伺我，来做家庭妇女？

四）关于经济与信任的问题等等

你说什么“不要注意金钱等庸俗的东西”，什么“对你不信任”等等，这都是没有必要提的一些事情。要提，我就要问问你，远的不用说，解放后几十年，我领工资后都交给你了，至少二十多年，而你领的工资，却连一年也没有交过我，即此一点而论，是谁视钱如命？

是谁相信谁，不相信谁？

五）关于凑合的问题

多年来，我也常想，为了你的荣誉，为了我，为了孩子们能凑合就凑合吧。可是能再这样凑合下去吗？有这么凑合的吗？你既然不满意我，不满意这个家，为什么却还要凑合下去？在这几个问题上，你的说法、措辞、思想等等，我认为都不妥当，是错误的。不要故意用些刺人的字眼，这没有用。回想起这些年来，你经常这样，有些时候到了诡辩，毫不讲理的地步。如去年我谈到沙发问题，你来信就说些什么“你身为大学校长”之类的话，用得着用这些字眼来挖苦人吗？你这样说，我反过来对你应怎样说？对人，对朋友，对同志，还是朴实，实事求是为好。

以上这些，我不能不给你提出来，目的是希望你正视问题，考虑问题的症结，实质，核心，不要在一些枝节上绕圈子。

明白说，还是那两点：

1. 一家人在一起过日子，彼此不能过问彼此的行动，有这样的一家吗？这还算是一家人吗？

2. 一家人，夫妻共同生活，彼此不能问彼此的经济收支情况，说“这是我的，你管不着”，有这样的家吗？你还说夫妻“分着用钱并不罕见”，我倒没有听说过，谁家有像你这样分着用钱的？

如果你认为你这样做还挺有理，挺合适，并不罕见，我不理解，也不懂，你可就近向你们领导如马联玉同志谈谈，这样说，这样做，还这样坚持，能说得过去吗？

你到底是真想要这个家还是假想要这个家？我以为你应当明白地回答这个问题。

你还大谈什么“惊惶”，“突然袭击”，“想不到”等等。是这样吗？我看这也不是事实。惊惶什么？袭击什么？其实你天天都遇到这个问题，都在想这个问题。因为事情是你经过考虑后首先提出来的。你几年前就提出来了。今天我再重复提你提出过的问题，这有什么惊惶？你想到没有，当你开始向我提出这个问题时，我惊惶不惊惶？我想到了没有？所以你现在说这些话，我觉得不是真实的。

……

今后问题到底要怎样解决？这首先是你要再好好想想。问题是你提出来的，主要责任在你。我已经向你提出我的具体意见了。就是你必须收回你过去提的那两条，我还是这样。望你认真想想这两条对不对？应不应当这样？多想几遍，不必贸然从事。几十年的历史是珍贵的，不宜轻易把它扔掉。

你回来不回来的问题由你来定。我欢迎你回来。解决不解决总得见面。许多事情见面谈为好。你住在那里，问题能解决吗？根据党的教导，我们要平心静气，摆事实，讲道理，该工作你就工作，该讲事你就讲事，该上医院你就上医院。只要注意安排，一切都可无碍。也不用急，不用生气。说清了，弄清了，倒痛快。更有利于你我今后的工作。否则这样马马虎虎，不明不白地混，倒于双方不利。

请斟酌吧。

即致

敬礼

老马

1977.1.13

母亲接到信后第二天立刻回信：

老马：

……我所说你的“捣乱”，就是因为我现在正在考虑如何把这本新书改得更好，要集中精力。你提出的中心工作中还可以同时做别的工作，这个一般办公的工作可以，而创作小说之类的需要高度精力集中的工作则不可。尤其你提出的问题，并不是一般日常事务的小问题，而是关于咱们俩关系及有关今后生活道路前途等大问题，我如何能够不害怕分散精力，如何能够不着急呢？我提出的那两点意见（如谁的行动，谁也别管，谁花钱谁也别管，甚至离婚等等的话）全是在气头上，并没有经过什么考虑而冲口说出的。说出后，我早忘记了，你却记在心里，把它当成大问题提出来。而我则认为我的行动并没有什么越轨或不可告人的地方，我不是在香山就是在北京家中，有时，出门没有告诉你上哪里去，那是看你对我很冷淡。你出门也从不告诉我你上哪里去了，甚至你带着××到南方各地游山玩水一个多月，连出发，连到了何处，都不跟我说一声。这你也许说就是“以牙还牙”吧？但是，你这样做，叫别人看看，你的行动对么？

……

敬礼

杨沫

1977. 1. 15

矛盾在继续发展着。到了这年9月2日，发生了父亲前妻之女大骂父母的事，母亲忍无可忍，又给父亲写了一封长达15页的信，要求或是离婚或是分居：

老马：

这封信你也许感到突然，但我却不得不写。

自从去年我刚刚写完《东方欲晓》，正要拿给马联玉同志去看的时候，你即开始了向我的进攻——什么退去香山的地方，把钱合在一起是第一步；我如果不干，你就要向我施行第二步……当我在你的催促下，给你写信回答说我不能退出香山这样一个良好的写作地方，因而钱也不能合在一起，同时，向你提出要求，在我正要全力投入修改小说的艰苦过程中，希望你不要再向我提出什么问题，等我把小说弄完后，再解决我们间的问题，你当时回信答应了。但是，以后你出尔反尔，不久又向我提出要来第二步。我问你第二步是什么，是离婚么？……你当时首肯了。我记得那时我为影响计，还曾向你解释，最好不离婚，离婚不容易，而且影响不好。你还坚持说：“你们的组织都同意了。双方同意还能有什么困难”等等……可是，说这些话没两天，不知道你听了什么人的话，你又变了。你竟然偷着去找马联玉同志说你不离婚。自此以后，我因为工作忙，各种事情多，久没有再和你谈这个问题。我的希望是我们年龄都老了，无论如何也是多年的老战友了，何必为一些家庭琐事总是争吵不休？可是，“树欲静而风不止”，不论我对你多么忍让（为了事业，我不愿把我的精力都放在个人问题上），可是你却为所欲为，以为我软弱可欺，对我明里暗里总是进攻不止。今天我已到了忍无可忍的地步。本来我想在医院里争取时间，多写一点东西，多为人民尽我最后的一点力量。但是，每当想到家庭问题，想到个人的不幸遭遇，我心里非常难过，什么也干不下去了。尤其自从前些天，当我仅仅和你商量了一下外孙们和保姆的问题如何解决的事，仅仅不过在夜里到你屋里说了20分钟的话，你那位“女儿”竟然半夜三更在院子里跳起脚来大骂了我——你、还有徐然、青柯——一句话，凡是我生下的孩子全成了她的仇人。骂得那样凶狠，那样难听，竟然骂我是婊子、娼妇，骂你心肺肝全烂了！骂要操我们八辈祖宗，要和我们拼了！……一直破口大骂两三个小时。而你，你这个所谓的“亲生父亲”，你这个平时对待别的孩子——包括对待我，都是稍不如意，即破口大骂，大喊大叫的人，而在那个泼妇如此猖狂大骂一家人的时候，你却躲在屋里，连大气儿都不敢出一声。别的儿女包括小蕾蕾都气得要命，都希望你出去制止一下，训她几句，别人也好出来和她讲理（谁碍着她了？她这样肆无忌惮地想骂谁就骂谁!）。可是因为你是“亲生父亲”，又是一家之主，你这个长辈都吓得大气儿不出，别人都是她的弟妹，虽然气得要命，更不便出来了。我犯不上和这种人打交道，也去破口大骂。就只好忍着叫你这位“女儿”大骂而没有出屋。可是，从这件事更加证实了多年来的事实：因为你们父女间曾经有过不正常的暧昧关系，所以，你怕她，从来不敢顶撞她一句（二十多年来，我见你对家里人全发过横，却对她从来连一句大声一点的话都没说过，更不用说训斥了）。不仅过去，就是现在她也是一家不合的总根源。你私自给她钱花，纵容她多年不工作，你对死了的小胖欠你几十元，逼债如债主。而逼出钱来，却偷着瞒着全家人，带着她大游江南，游遍半个中国，这要多少路费啊！而对别的儿女，包括对于我，都是那么苛刻。每次我一回家，你连手纸都不买了。对青柯，过去不用提了，就是他搬回家后，你常叫他买东西，却不给他钱。而他因刘惠林娘家负担重，经济生活本来就苦，你帮助过他一点么？马上，惠林要生孩子了，他们的经济负担重是个严重问题，青柯的56元两口子刚凑合生活，等生了孩子，马上负担就要大大增加，而你却在这个时候，声言：以后除了小禾禾，一个小孩也不负担了。你这矛头究竟是针对谁呢？你想过没有？……你应当没有忘记，当小胖死了后，你在感到良心责备的时候，没和我商量，就一个人擅自决定，并且大肆声张，你给一家养一个孩子。本来，小禾、小蕾蕾他们的父母都不愿他们来北京这个“家”，而你却一再去信叫他们来。你还可以记得，为让蕾蕾来，寄去了80元路费，你还破格拿出了30元。现在呢，你那一贯出尔反尔，说话不算数的毛病又犯了。你不养小蕾蕾，我养。你想不养小越，于是就惹得泼妇大骂（她以为又是我出的坏主意。一贯是你做了什么不合她心意的事，她立刻就想到是听了我的话。事实真是这样的么？你当真什么都听我的意见么？而且我对她从来都是像对自己亲生的一样，从来没有挑拨过你们间的关系。这你应当凭良心说话才对。而你呢？为了几个钱，或者因为有什么把柄在她手里，却总是昧着良心，把你做的使她不高兴的事情往我身上推，我总当你的替罪羊，怨乎哉!）。如今，徐然为蕾蕾，青柯为他们即将生下的孩子，都在烦恼发愁，每想到这些，我都感到我们这个“家”实在可怕。

……我一想到小禾今后跟着你的一些可怜情景，心里就很难过。虽然你疼他，但在你身边却还有位妒恨我生的孩子，包括恨孩子的孩子（如蕾蕾，他们就妒恨她）的人。而你对这个人，竟令人意想不到地那么怕她，当她和你在屋里谈话时，小越就曾奉命拿着大棒站在屋门口准备打架。这情形你不该一点不知道吧？而你呢？欺软怕硬，对待我，对待我生的孩子们全是凶暴，任意讹骂，一贯的专横跋扈，而对那位破口大骂你，骂得狗血淋头的“女儿”，你却在骂后还对她笑脸相迎，还不忘招呼小越吃饭。你把这人留在你身边，说实话，我感到我们间的关系更难处了。这些年来，你不参加工作，不过组织生活，长期脱离集体，一个人埋在古书堆里，你已经变了。你自己知道么，你变得鼠目寸光，只知道算计钱，而忘掉了如何团结一家人（包括团结我），使别人尊重你，爱戴你。你变得昏聩糊涂，好坏人不分（如你对待我的事业，我这个人，并不尊重，更不用说关心。如你对待对家中事比较热心，肯卖力气的青柯，不是喜欢，而是欺他老实，动辄骂他……而对恶人，厉害人，你就怕得什么也不敢说了，这不是昏聩糊涂是什么），欺软怕硬更是明显。孩子们对你都有这些看法，并不是我在这里随意中伤你。

关于我们间的关系，我一方面是忙，没有精力，一方面也是因为我们都有高血压、心脏病，你对我的进攻和种种诽谤中伤，我都竭力忍耐着，不和你争吵，尽量回避矛盾。而你却认为我软弱可欺，一步步更加紧了进攻。其中，你听信你亲戚的谗言，百般诽谤中伤我。那些谗言哪里是起源？全是你那个“女儿”利用小胖的嘴造出的谣言——即把帮助我写作，照顾了一些我的生活的小罗同志（由于工作的需要，他的组织，包括我的组织上都是同意他来给我帮忙的）与我的关系说得不三不四。你叫我退出香山，无非是想叫他走。这个，为了不扩大矛盾，我已经尽力叫他离开香山了。……你不但对小罗如此，你连对能够帮助我修改，抄写稿子和我来往稍多一点的别的男同志，最近也在背后诽谤，猜忌……这真使我忍无可忍！年轻的时候，我搞过多少风流事？为此我受过什么处分？和你闹过什么矛盾？（倒是你和张的关系叫我知道了，和你闹过。你和芳慧（化名）那不正常的父女关系，我和你闹过。而你，你抓住了我和谁搞过什么不正当的关系来?）你当年倒还信任我，从未因此等事和我闹过别扭。怎么老了，当我工作任务这等繁重，社会影响大起来了的时候，你却接二连三地对我进行中伤。你捉住过我什么可耻的行为?

而你的稿子却遥遥送到保定小刘那儿去抄。小刘来了，你那高兴劲儿，买鸡买鸭，一改你那吝啬的习惯。甚至为小刘，你连不叫回家的小波都赶快叫回来了！就连过去你对你那泼妇“女儿”，你对王×云那些不正常的行动，我向外人说过什么？我向儿女们去中伤，诽谤过你么？你怎么不顾全大局，一任别人的诽谤来挑拨我们之间的关系？到今天，本来我想等写完《东方欲晓》再解决我们之间的问题，看来，这是一种幻想，妄想。事情发展到我们之间的矛盾非很快解决不可了。你留芳慧在你的身旁，我是很难忍受再回柳荫街了。我现在的想法是：你对我既然不信任，我们之间又无感情可言，且双方思想差异很大，你只知吃桃子——《青春之歌》书出来，你拿它去送你的有关人，你利用它。而你却不浇水灌溉这株桃子，即对我的创作，我的情绪，我需要人帮助等等问题毫不关心（现在我写的《东方欲晓》和《青春之歌》的命运一样，你连看也不看，即是最好的证明——你毫不关心我的创作，这是令我十分伤心失望的）。像这种情况，我们何必还撑着门面，勉强共同生活下去呢？何况还有你那个“女儿”还住在柳荫街！今后，关于我们的关系如何解决，我想到只有两条路，一条是彻底离婚，一条是分居，各过各的，不要再有来往。

……多少日子，怕耽误时间，一直没有和你谈这些方面的事。今天，当一提笔要写东西时，我忍不住心头的悲郁，为前途感到痛苦就写了这些。这都是我的心里话，请你仔细想一想，考虑一下我的意见。我们的关系，绝不能像现在这样，什么都由你说了算，我准备在适当时候去找师大的组织，谈谈你近半年多来是如何破坏我的创作情绪事，谈谈你和你那个"女儿"不正常的父女关系。你怕她到任她破口大骂父母，而不敢还一语的奇特现象（这个有孩子们和裴毅家可做证明）。因为对这种现象我忍无可忍，只好离婚，以躲开这个家庭。如果实在离不了，那我就搬走柳荫街所有属于我的东西，咱们就分居各过。以避免因种种家庭苦恼而影响我的创作情绪。当然我也要找我们的领导反映这些问题。总之，我不能再忍受由你随意摆布我和这个"家"。不能再由你随意听信谗言，以种种莫须有的罪名诽谤中伤我，而毫不尊重我的人格……先说到这里，具体怎么解决我们的矛盾好，你也可考虑你的意见，把它们告诉我。

杨沫 1977. 9. 2 – 3

小刘是父亲老战友的女儿。父亲对她印象很好，非常热情，甚至在与我断绝关系的情况下，竟破例让我回家跟她认识，想让我们交朋友，只是我没看上。

母亲生前数次曾对我说过：怀疑父亲跟自己的前妻之女关系不正常。她说，解放后是自己主动提出让你爸把前妻的女儿接到北京，否则留在农村可惜了。你爸就把前妻之女接到北京。据说还曾给了前妻一些钱，却被前妻当场把钱扔在地上。你爸还曾郑重地对其他孩子宣布：芳慧自小在农村呆着，受了很多苦。我对她亏欠很多，所以要对她格外关照一些，希望你们兄弟姐妹理解。所以，刚开始，全家人对你爸无微不至地关心芳慧也没什么意见。可时间长了，你爸对她热情得令人瞠目结舌。上街走路竟然手拉手。——就是现在，在大街上，父亲与 18 岁的女儿手牵手逛街的恐怕也不多见。何况那是解放初期呢。芳慧病了，他嘘寒问暖，亲自带着上医院。芳慧缺啥，他给买啥。芳慧推说年纪大，不想上学，你爸就通过关系给她在航空学院找了一个工作。对哪个孩子他也没这样关照过。

后来，芳慧交了个男朋友，那男朋友曾到国务院宿舍找过她。你爸开门发现后，竟然抽了那个男朋友一耳光，把那男的打跑。芳慧闻讯立刻追出去，返回单位。你爸又连夜追到航空学院……

母亲认为：父亲抽自己女儿男朋友耳光很不正常。这哪像一个父亲所为，完全是对待情敌的架势。母亲睁大眼睛对我说：即便亲生父亲，对于不是自己带大的女儿，一个年轻丰满漂亮的女孩，也会有那方面的欲望。

母亲竭力向我说明，她的怀疑有根据，不是胡乱猜测。她说：为此，我还在中山公园里，当面跟你爸大吵一次。我说你整天钻到南屋，跟芳慧干什么呢？你们俩什么关系，你要怎么办？你猜你爸怎么说？他嘿嘿笑了笑说：你放心吧，我又不跟她结婚。你看，你爸就这样回答我，等于是默认了他们的关系。不结婚就可以乱来吗？

在这件事上，我同情母亲，所以我替母亲把她心中难以启齿的痛苦、无奈、委屈提及一下。虽然这只是母亲的一面之辞，但我相信母亲不会凭空捏造。因为我发现，自己内心深处就有对母亲、三姨、姐姐的性幻想，这很可能是父亲的遗传基因所致。有个英国女科学家经过在非洲森林中的多年观察研究，发现黑猩猩群体中充满了父女、母子、兄妹等近亲交配现象。黑猩猩属于跟人类血缘关系最接近的灵长类动物，它们今天的行为就是人类昨天的状态。所以，近亲交配的基因肯定潜伏在人类本能之中。虽然人们对此讳莫如深，但事实上并不罕见。据说小小的法国就有200万乱伦的受害者，约占总人口的0.3%，即千分之三，那13亿人口中也有390

▲20世纪80年代父母貌合神离

万之多！我在《法制日报》时就曾见过这类稿件。其中有个飞行员的女儿写长信给报社控诉父亲多次奸污她。我也听说过高级干部中亦有这类事："文革"中有位父亲囚禁多年释放回家，妻子亡故，女儿与丈夫两地分居，倍感寂寞的父女竟然做了那事。一位同学的妈妈告诉过我，她丈夫搞遍了家里上上下下的所有女性。那些性欲过强，生命力过旺的人，为满足生理需要，往往会冲破社会伦理的禁忌。

这种事母亲实在没办法说出口，只能咬牙忍受，把力量放在写书上。可以想象父母的裂痕加剧，这件事起了多大的作用。母亲后半生一直生活在这个阴影之下。所以母亲与那个小秘书的事，也确实事出有因。让任何一个女性遇上了父亲的行为，都不会无动于衷。母亲也可能是用这个丑陋的小秘书来对父亲进行报复。试想一下，母亲当初把父亲当成革命的引路人来膜拜，来敬爱。结果一同生活多年后却发现，这个革命引路人却连个一般普通人都不如，这是何等残酷而猛烈的杀伤！母亲与父亲从此貌合神离，不断地打打闹闹，直到父亲病逝。

最后还是浩然、马联玉、舒丽珍等人出面调解，才化解了这场严重危机。他们没有离婚，继续分居。

20. 与秘书

一根不正直的“拐棍”找上门——刻意逢迎，肉麻吹捧，工于心计——挑拨母亲与父亲、孩子的关系——父母矛盾最激烈的时候也正是母亲跟这个秘书最密切的时候——小胖最先怀疑，母亲坚决否认——捞了一把又一把，最大限度地吃她、喝她、宰她——借母亲名义跟对方打官司敲钱，后又与对方串通——赖在香山不走，通过派出所出面他才悻悻离开

母亲在1963年9月7日的日记里说：

> 周末，是亲人朋友聚会的欢快日子，而我却独自一人，住在香山荒芜得像古庙似的园子里。一个人，只有一个人，除了收音机的声音，什么声音也没有，但我却甘心于此。早早把门关上，洗好脸、脚，准备睡觉。为什么，难道我不感到寂寞么？不，为了给人民写一点东西，为了让残余的生命还能发出一点光热，我必须控制自己，忍住疾病的折磨，忍住长日无人的孤寂单调的生活。

就是在这种孤寂的情况下，几天后，那位瘦弱的病号出现在母亲的面前。她在1963年9月23日的日记里，做了如下记载：

> ……晚上，住在商业部休养所的青年干部罗XX来谈了两小时多，这是一个瘦弱多病、白怯怯的青年人，很爱文学。妻子因他多病，和别人好了，今年五一后与他离了婚。他昨晚谈到，他想写点东西，已看许多材料，但别人都写过了。自己虽小时家里穷，生活很苦，仍然

觉得无什么可写的。

我劝他练基本功，像画画练素描般，练着写写小品和人物素描。我想起他来访前给我写信时的语调，还附有一首旧体诗，像个老头儿，好像读书不少。

小罗原是某学院的资料员。1963年因患胃下垂，做手术没治好，留下了严重的后遗症，长期在香山的商业疗养院养病。孤独苦闷中，以看书消磨光阴。他的隔壁病房，住着一位女病友，跟母亲比较熟悉，常常到母亲的住处聊天。某日，她去小罗的病房，发现小罗的床头和枕头旁放着很多书，十分惊讶地说：你这么喜欢看书呀！

小罗回答：我是以书代酒，消愁解闷。

女病友说：作家杨沫就住在附近，你何不拜访她去？

小罗表示：这些大名人都很忙，自己不认识，不好意思打搅。

不久，那女病友要出院了，想给杨沫写封信，表示一下感谢和崇敬的心情。可自己文化低，写不好，就找到小罗代写。小罗当时正读一首杜甫的诗，即根据这首诗韵，填上了自己编的词儿。

忽传作家居院北，初闻惊喜错穿裳。
却看病友愁何在，男卢女静争欲狂。
永泽莉萍贪花酒，江华林红恋赤乡。
雪芹巴金育杨沫，哲理言情蕴阴阳。

他后来向人表白，最初听说杨老师就住在附近写作，还真高兴得穿反了衣服，急忙跑到门外，眺望杨老师住的农家小舍。

这首诗，给母亲留下了印象。得悉这个青年人做手术失败，被老婆抛弃，现在举目无亲，情绪很悲观，母亲曾带小胖专门到商业疗养院看过他。

小罗自然非常感动，他最大的特点是擅长当面赞美人。他满脸激动地对母亲说：“能亲眼见到杨老师，是我这辈子的最大荣幸，死而无憾！”他吹嘘“杨老师是当代中国最伟大的作家，家喻户晓，比北京市长彭真还有名”。赞叹“杨老师的才华与老舍、曹禺并驾齐驱……”

他还特地背下一章《青春之歌》，以证明他对母亲的敬意。

他比母亲小25岁，出身于辽宁省一个农民家庭。个子瘦高，体重不过100斤，面色苍白。因胃大部切除，吃完饭后不能动，要静卧床上休息半天。每天要吃五六次饭。

他是个中专生，看了不少杂书，脑子精明，有东北农民能说会道、擅长煽情的特点。语言生动诙谐，会说好多俏皮话，喜欢用比喻，很能吸引人。

一枯瘦的病号，被人离弃，自己一贫如洗，对母亲又那么崇敬，立刻就赢得了母亲的同情。知道他想去301医院看病，没有路子，母亲先后两次帮他住进了301医院。并还给他联系了北京医院的著名医生吴蔚然为他做手术。

出院后，他对母亲感激涕零，称母亲为恩师，热情地帮母亲干这干那。挑水、扫地、倒垃圾、做饭、抄稿子……什么都抢着干。他是老病号，懂一些医疗知识，能给母亲按摩打针，帮母亲买药。嘴巴会说，办事利索。给母亲跑腿分文不要，母亲过意不去，要付给他一些钱，说破口舌，他也死活不收。经过一段接触，母亲对他感觉很好。

1965年母亲到房山县南韩继大队蹲点，香山的房子就让他照看。

不久，母亲写好《徐庆文和南韩继》的报告文学，第一个读者就是这个病号，还给母亲提了一些意见。

▲母亲在香山写作（1972年左右）

应该说，开始阶段，小罗表现良好，帮了母亲不少忙，家人没有意见。

“文革”中，母亲的处境一落千丈。这个病号不顾危险，仗义相助。他冒着烈日，骑车多方奔走，为母亲找到了姚文元的那本书，里面有肯定《青春之歌》的文章。为逃避造反派的揪斗，他让母亲躲在他西四附近的小屋里。患难识人心，小罗忠心耿耿的表现，赢得了母亲完全的信任。1971年初母亲恢复党籍后，领导上批准她写书。年底她就到香山北辛村找了间房子。她在1972年8月3日日记中说：

> 幸亏小罗这个病号常从城里来看我，帮助我干些我不能干的活，跑跑腿，或者帮我抄点稿子。有他来，我就轻松些，不然，一个人在这个荒僻不便的小村里生活、工作真是不易。这儿缺水，吃水像吃香油。

小屋房顶矮，又狭小，通风不好，夏天闷热。母亲就让小罗到海淀区房管局帮她要房子。经过辛苦努力，终于在香山北营子要了一个小院，三间北房。因为电线是临时的，刮风下雨经常停电，母亲的朋友舒丽珍帮她联系了一批旧电线杆，小罗具体跑腿儿，又终于解决了住所的用电问题。小罗找房有功，又经过“文革”的严峻考验，为方便照顾母亲，就堂而皇之地与母亲住在一个院子。连他的户口也上在了母亲的住处。母亲住西边两间，他住东面一间。

▲母亲在香山北营子的居所（1975年左右）

这是两个人关系最密切、最铁的一段。但问题开始显现。

一个男秘书长时间与母亲单独住在一起，吃在一起，周围又没旁人，自然让人有想法。很多人都劝告母亲，要注意影响，与小罗保持距离。可母亲却相当逆反，别人越劝她，她越与这病号密切，谁的话都不听。她有点像邓肯，喜欢接近年轻男子，我行我素，旁若无人。

小胖最先怀疑，说母亲找了一个面首。老家的侄女也认为，母亲和那个助手关系不正常。那人一到柳荫街的家，只去母亲的屋，说是给她打针。可打针也不至于大白天拉窗帘呀。

但母亲坚决否认。母亲曾亲口对我说：小胖到处说我坏话，说我跟小罗怎么怎么，我不怕，我岁数比他大 20 多岁，还切除过一个卵巢，怎么可能？

渐渐的，有关母亲与这个秘书的传闻开始流传，很多圈内人都听说了。母亲很苦恼，特地把秘书的第二个老婆也接到北京，以正视听。但那秘书为了把孩子办成北京户口，又跟老婆闹离婚，以后仍是他们两人住在小院里。

那时母亲虽然解放，却不受重用。让她见了两次外宾后，就不让见了。据浩然透露：是有人向市革委会外事组反映，说马建民的问题还没有解决，杨沫出来不好（见 1973 年 5 月 23 日日记）。

因此，她在外面受冷落，基本上无人理；而在家里父亲又揭发了她，心灵被重创；孩子们四散全国各地，身边无人；香山的生活又特别孤独寂寞……在这种情况下，母亲于极度苦闷之中或许在这个秘书面前有一些感情软弱的举动。这很正常。母亲也是人，也有人性的脆弱。多年守活寡，受伤害，她渴求温暖和呵护。那小秘书相当精明，自然会竭力迎合她的软弱，并暗暗以此作为日后挟制母亲的武器。

结果母亲与这个秘书交往了 30 年，共同生活了 20 年，到最后真的想摆脱也摆脱不掉了。一直拖 6 年，连母亲的单位出面都不行，非得请公安部门介入，才让他走人。

所以，我的看法，富有激情的母亲，很可能有过那么很短暂的一段软弱。否则，这个助手不会那么死死缠着母亲，尽最大限度吃她，喝她，宰她。

1976 年 7 月 6 日唐山大地震的消息传来之后，哥哥担心母亲安危，早上急忙去香山看望，大约 7 点钟左右就到了。但气喘吁吁的哥哥却被母亲痛骂一气，嫌他去早了，事先没有通报。这就让人感到蹊跷和不解，如果你堂堂正正，为什么怕儿子早去呢？出了这么大事，儿子关心你，当即赶去看望你，何错之有？

母亲已近60岁，在香山生活，房子、取暖、吃饭、燃料等问题都需要人跑。平心而论，有这个男助手在母亲身边，做饭、洗衣、买菜、买药，顶一个保姆，还能抄稿子，确实帮了母亲不少忙。因此父亲说小罗成了母亲的一个拐棍。

可惜这个“拐棍”不正直，有问题。

我头一次见这位秘书时，即受到他的热情接待。满脸微笑，身体前倾，双手垂两侧，向我频频点头，十分谦恭。他对我尚且如此，对母亲就更无法形容了。在母亲面前，他坐都不敢坐，总是站着，腰总是向前微弯着，头总是垂着，两腿笔直。母亲每说一句话，他的头点得比鸡啄米还快，嘴角挂着甜甜的微笑。那表情远远超过日本翻译官阿谀鬼子。

为了巩固自己的位置，此秘书本能地排挤任何与母亲接触的亲人，首先是父亲。他看准了父母的不和，不断地攻击父亲，往他们两个人之间砸楔子。他爱读古书、杂书，对玩儿勾心斗角烂熟于心。脑袋瓜儿转得快，很会给母亲支招儿对付父亲。只短短接触了两次后，父亲就看透了他，不许他进柳荫街的家门。父亲也从不去香山。“文革”中，他见父亲挨整，腰杆硬了起来，敢与父亲顶嘴，甚至还威胁过父亲，在母亲面前大骂马建民。

父母矛盾闹得最激烈的时候，也正是母亲与此人关系最密切的时候。

其次是孩子。他不喜欢母亲与孩子们亲密无间，而是有意无意让母亲觉得孩子们对她不好，个个都是“白眼狼”，只是在利用母亲，惟独他罗秘书才普天下对杨沫最好，最赤胆忠心。

这病号骨瘦如柴，獐头鼠目，有什么魅力赢得母亲好感？没别的本事，就是嘴巴甜，会把母亲拍得全身每一个毛孔都舒舒服服。他能对母亲面对面的赞叹。他称呼母亲是“救命恩人”、“当代大文豪”、“曹雪芹的弟子”、“中国的托尔斯泰”……

他给母亲信的称呼都是：“恩师如面”、“想念的老师”、“慈赤关怀我的老师”、“时萦脑际的雾中杨老”、“敬爱的杨老师”等等。

1978年1月初母亲从巴基斯坦访问回来后，2月13日他给母亲去信说：

正在悬念中，接到您安全抵京的信，心中一块石头才落了地。……从您冒着生命危险去巴访问，看出了您的为国家民族的大无畏精神。

去巴基斯坦访问是国家文化部安排的，说什么乘飞机去巴基斯坦要“冒着生命危险”，要使出什么“大无畏精神”，完全是对航空科学的诽谤，也是对中国民航安全性、可靠性的污蔑！吹捧母亲吹到这份儿上，让人吃惊，肉麻，又可笑。

随着打倒“四人帮”后，母亲恢复名誉，社会活动越来越多，频频上报纸电视。来找母亲的人渐渐多了起来。那助手预感到什么，于1977年5月27日给母亲写了一封信，一反常态，换了副傲慢口气，教训起母亲，请看该信摘录：

杨先生并您的全家：

近来好吧。

连续两天两次在报纸上、广播中看到听到你的名字和声音。这是华主席打倒“四人帮”正确领导的结果。这是党和人民所给予你的荣誉，也是对你辛勤劳动，呕心沥血，拼死写作的一点奖赏。这消息使每一个相识的甚至不相识的读者无不为之庆幸！当然，作为你本人和你的家族们深埋在内心的欣喜之忱，就自不必待言了……一向圣明的你在此小小荣誉面前，当然是完全能够自知的了……

不过我这个浅薄之徒，一向在内心崇尚诤友的人，一贯说些与己无益的人间真话，以至于从不顾及别人的眼色，从不畏惧他人的高兴与否，甚至专唱反调：大家都在加热，我却大泼冷水，大家在降温，我就该加温了……尤其是在兴高采烈的今天，我觉得仍然应该本着我这牛娃倔劲，雇农后代的褊狭本色，说些难听的话！我深知这样做可能不会给人留下对我的好印象，但是，我宁肯如此，也要说出。

在荣誉面前，成绩归功于党和人民，自己只有找差距的义务，绝无骄傲自满的权利。……然而有的人在心理上，口头上尽管念叨着这些，但是在实际行动上，却不知不觉地，有意无意地走向了反面，以功臣自居，骄傲自满，得意而肆意胡来起来了。甚至这气氛会自然而然地波及给家属、亲友，也都为之翘起尾巴来，以为形势大好，气候宜人，可以扬眉吐气，可以为所欲为了。被胜利冲昏头脑，这是一条潜在的极其危险的路途。

因为我坚信华主席是一位真正的马列主义者，他是非常爱护和重视那些为劳苦人民披肝沥血的老一辈革命家的，而他绝不会袒护那些头上也戴着老字号的招牌的思想蜕化者，和戴着红帽子，醉心于资产阶级一套的修正主义者以及包藏祸心，伤风乱伦的丑类们。……

以上塞外小人之见，仅供参考。如嫌噪扫兴，就权当狂人呓语，无聊废话，置一笑，弃纸篓中了之，切勿为之怒恼——因为您的玉体至关重要！

……

信里说的“思想蜕化者”、“戴着红帽子，醉心于资产阶级一套的修正主义者”以及“包藏祸心，伤风乱伦的丑类们”是暗指谁呢？一个秘书敢对自己的领导出言不逊，大加训斥，冷嘲热讽，这正常吗？

可能这人感到打倒“四人帮”后，母亲境况改善，要甩掉他了，特地说一些狠话，威慑一下。好不容易粘上了母亲，哪肯轻易撒手？

但母亲依旧与他疏远了。母亲去天津，去西安，去广州，去南方等地长期居住写书，明显有与他拉开距离的意思。

尽管疏远了，母亲却待他不薄，继续让他在香山看房子。还向文联提出，正式聘这个病号为自己的秘书，由文联发给他工资。

文联领导对这人印象欠佳，没有同意调他来当秘书。可看在母亲的面子上，同意每月发给他一些劳务费，以减轻母亲负担。所以尽管他事实上干着秘书的工作，可文联从没有正式承认他这一身份。他只是个编外人员，为母亲干些抄抄写写和日常杂务。这个人到文联办事，见了谁都点头哈腰，一副谄笑，畏畏缩缩。可越这样，文联的同志们越对这个人不感冒。

1983 年香山北营子的房子要落实政策，归还给房主。母亲以接待外宾为由，向市委提出房子问题。后经张百发副市长批准，给母亲盖一栋小院5 间房。具体操作，具体联系也都是此秘书操办的，辛辛苦苦跑了一年多，终于在 1985 年春开始动工。地点在香山卧佛寺旁，环境更加优美。第二年5 月 30 日搬入新居。这秘书即以功臣自居，认为这个院子是他搞出来的，把自己孩子也接到那里住。

时间一长，秘书的毛病就显露出来。爱撒谎，说话不算话，擅长耍赖，欺软怕硬。在母亲面前点头哈腰，对保姆却耀武扬威。吴蔚然的手术听取了他的意见，术后有些问题，他却把责任全推到吴老身上，还翻脸一变，要告人家。

母亲的好友马联玉住房紧张。他听说后，立刻表现出一副很仗义的样子，说自己有一间小房，也不用，就给你吧！把这位好友感激得要命。相安无事两年后，听说这位同志担任了文联领导，小罗突然闯到这位同志家，说我现在没房住，你给我解决房子问题吧。说着说着，他突然双手捂胃，蹲在地上，作出痛苦状，然后就躺在这位好友的床上，似睡非睡，一动不动。见这架势，马联玉只好答应给他解决一间大房。他拿到大房后还不满足，又要回了他原来的小房……其泼皮行径让母亲的好友目瞪口呆。

这人颇有心计，经常向母亲诉苦说周围人怎么反对他，轻蔑他，以激起母亲的同情和保护欲，调动起母亲的逆反心理，不顾一切地豢养他，重用他。

这秘书喜欢研究勾心斗角，一肚子鬼心眼。喜欢装傻，装穷，装病，装愣，装弱。母亲根本不是他的对手。他还不时给母亲支歪点子，骗丈夫，骗孩子，骗外人……母亲重用这种佞人，与这等佞人打得火热，令我十分的失望，十分的不理解。我为母亲痛惜，物以类聚，人以群分，我对母亲实在尊敬不起来。

有这个秘书在，我们母子之间的隔膜更深，距离更远了。

打倒“四人帮”后，母亲童年时练武术的伙伴，美籍华人李绍强要回中国看看。这秘书知道了，1978年8月2日，他给母亲写信，让母亲托李绍强给他带一个可折叠的、有加速器的自行车。最好是日本出的，有发条装置，预先上好发条，骑上就能走，既不用蹬，也不用汽油。还煞费苦心，专门以母亲的口吻写了一段话，让母亲抄下来向那个美国人要：

> 还有一件事来麻烦你，如有可能，请你能为一个患病的同志代购一辆带自动器或加速器或变速器的轻便自行车来，总之是适于病人用的轻便型脚踏车即可！（日本上发条式最好）……并且千万不要和给我家捎来的电视机等放在一起，以免弄到我家里来，被儿孙孩子们发现这轻便好玩的车子而引起争夺的矛盾。即车子到京后，请单独放在

> 您的住处，届时，我叫购买人从您住处领取。

你看他想得多周到细致，绝对不能让孩子们知道，以免染指。事实上，那种上发条的自行车根本不存在。日本没有，美国也没有，不知道他从哪儿听说的，就让人家给他带！

母亲买了彩电，他就把原来的14英寸黑白电视偷偷拿回自己家。母亲气得对徐然说：小罗真不是东西！我的电视哪儿也找不到了，写信问小罗，他才说拿到东北他家里去了！（见徐然1981年7月9日给父亲的信）

为遮人耳目，他在1981年6月30日给母亲的信中说：

> 又忽念及：徐然似曾要小电视？您如告她说我拿回老家了，她一定不高兴的，望您就说是小电视已坏，拿到修理处修理了！

类似给母亲出主意骗孩子的事还有好些例子。

他是能捞就捞，能揩油就揩油，机灵过人，会从一堆破锅破碗中弄出钱。回东北老家前，他把些不用了的锅碗瓢盆和一个炉子非要送给母亲的一位同事。人家不要，他死活要给。几年后母亲让他回北京帮忙，他向母亲说，他曾给过那同事东西，经济上有损失。为照顾他的情绪，母亲只好给了他一些钱。他还不知足，又登门索要这些锅碗瓢盆，还说锅给弄破了，让母亲的同事赔他。为此母亲的同事非常气愤，专门约见母亲谈了这事，给了母亲200块钱，让转交给罗，表示从此跟罗断绝一切来往。

附近农民放羊路过，他热情地把农民请进屋聊天，却让孩子偷挤人家母羊的羊奶，成功之后沾沾自喜……香山原来的院子里有两棵梧桐树，搬家时，他给砍了私自卖掉，钱自然进了他的腰包。母亲得知后叹道：怎么这么贪哪，连两棵树都要砍了卖。母亲给他去信，劝他不要那么贪婪，总向钱看。他1983年7月很快回信：

> 人生大海漂朽木，谁人解得伤心处？
> 妻儿亲属愚胜我，如何指点今生路？
> 唯有恩师终不弃，断肠人方未觉孤！
> 来信教勿向钱看，多做贡献是正途，
> 金石良言深深记，力争早日把职复，
> 愿您竭力珍玉体，只为“东”“青”两部书。

这人擅长写打油诗来取悦母亲，油腔滑调，俗里俗气。多年来，他总用“玉体”来称呼母亲。“东”是指《东方欲晓》，“青”是指《青春之歌》。

看到关露买了一辆三轮摩托车，他也唆使母亲给他买一辆，说他身体不好，成天为母亲跑腿儿，很疲乏。

母亲果真给他买了一辆。高级干部有秘书的很多，但给自己秘书买摩托车的恐怕也没几个吧？实话说，对自己的孩子，母亲绝舍不得花上千元钱买辆摩托。

1985 年 8 月父亲去世后，母亲对我们说：小罗的老婆来了，他需要些家具。这秘书就仗恃母亲的“圣旨”，到家里抢东西，见什么好就拿什么。父亲的全自动手表不翼而飞，父亲的大理石写字台、双人床、貂皮大衣、负氧离子发生器等等他全拿走，连父亲家的烟筒、水管、被套等不值钱的破烂儿他也拿。好些东西，他不说自己要，而是打着母亲的旗号要。目睹他如此贪婪，我们 3 个孩子窝了一肚子气，但看在母亲的面子上，不愿意父亲刚一死就为财产打架，只好一忍再忍。

顺便说一句，母亲在父亲死后宣布：自己是第一继承人，我死后，才轮到你们孩子继承。所以家里财政事务，全由母亲一人说了算。在母亲的庇护下，父亲的很多东西，都被秘书拉到自己家里。

秘书取代了父亲，掌管全家的钥匙大权。无论香山还是柳荫街，家里大门钥匙，各个房间的钥匙，我们没有，他却都有，想进哪屋就进哪屋，绝对凌驾在孩子们之上。

借父亲之死，他真正地大捞了一把。

哥哥姐姐不愿背个抢遗产的名声，都没出面反对。只有我实在忍无可忍，曾给母亲写了一封信，寄去份报纸，提醒她：继承法规定母亲与孩子是同时继承，没有先后之分，提醒母亲注意尊重孩子们的利益。这封信惹得母亲大发雷霆，四处对人说我贪财，父亲尸骨未寒，就跟她争父亲的遗产。

打倒“四人帮”后，母亲虽然与秘书有了距离，可还是对他百般照顾。

母亲利用自己的关系，帮秘书的两个孩子由农村户口办成了北京户口。之后秘书又复婚，母亲又帮他把老婆的农村户口办成北京户口。在 70 年代末，80 年代初，搞个北京城市户口是非常困难的，连自己的亲生孩子母亲都一个没管。

母亲说她怕吵，不在家住，嫌家里孩子多。此时却与秘书的两个孩子一起生活，这就不怕吵了？她不但养着秘书，还养着他两个孩子。秘书的父亲病重，母亲还曾捎去白面。我想起了爷爷奶奶病危去世，也没见母亲有何特别表示，捎什么东西。母亲是个重事业，不重亲情的人，对这个秘书却罕有的例外。

高级干部里让秘书的孩子天天跟自己一起同桌吃饭的也不多见吧！

母亲与父亲关系不好，长期分居，独自一人住在香山，她有个关系比较密切的男助手完全可以理解。她与秘书的事本来也没什么了不起，影响不了母亲在文学界的地位。可母亲属于成功女性，再怎么着，也不至于找这么一个各方面都有问题的下三烂当助手。她完全可以找个更优秀，更美好的人。母亲如此的屈尊俯就，实在令人吃惊。她年轻时受过邓肯的影响。但那位美国女舞蹈家再风流，再随便，也不会与这么一个瘦骨嶙峋、丑陋不堪的病号长期相伴。

有这个助手在，母亲本来就不多的亲情就更少了！她与孩子们来往更少了。

我百思不得其解，母亲为什么喜欢上这么一个人？对他这么呵护备至？尽管很多外人都非常崇敬母亲，我却崇敬不起来。喜欢不正直、爱说瞎话、机灵过头的佞人就说明你与这类人气味相投，身子不正。这一点最让我瞧不起母亲，恼恨母亲，总感到母亲身上有股邪佞气。

我当时并没有意识到，母亲找这么一个与她各方面差距极为悬殊的人做亲密助手，可能有一种报复父亲的心理。母亲认为父亲干了很多对不起她的事，深深伤了她的心。所以，她就故意重用这么一个拿不上台面的、人人都瞧不起的、又难看又病弱又没啥水准的小人物，回敬父亲，让父亲尝尝被伤害的滋味。

……

小罗还特别要求母亲约束好自己的孩子，不许去跟他打架，不许跟他闹矛盾。所以，母亲在我们面前，竭力为秘书辩解，压制我们对秘书的不满。

1988年左右，母亲需要保姆，我给她介绍了一个邻居不用的小保姆。结果不久，秘书说丢了国库券，怀疑是这小保姆拿的，向香山派出所报了案，把小保姆叫到派出所审问。小保姆被气哭了，给我打电话，诉说自己的遭遇。

我了解这个小保姆，人很老实，在邻居家看小孩干了那么长时间，从没听说他们家丢东西，怎么一到香山就偷国库券呢？我只好去香山找这位秘书理论。去前，我给母亲打了招呼。却不料，母亲偷偷告诉了秘书。

我到香山之后，无论怎么敲大门，他就是不开门，我只好翻墙入院。他躲在西屋里插着门不出来，我无论怎么喊，他就是不开门。正在这时，突然进来一群警察，手持电警棍。原来他报了警，说杨沫家有暴徒翻墙入院，企图行凶打人。

我当即向警方说明了情况，我是杨沫的儿子，敲门不开，才只好翻墙，根本没碰他一手指头，并把小保姆的情况介绍了一番。当着众警察的面，我痛骂这家伙是个附在母亲身上的吸血鬼、寄生虫、骗子！警告他不要偷东西，快滚蛋！

他的脸惨白，骂我是暴徒、打砸抢分子，要求警方保护他的人身安全。

警察本想抓个大贼，却不料是这等事，严厉训斥了他一顿，说他报假案，妨碍公务。

母亲闻讯后，很有些愠怒，嫌我多管闲事，埋怨我是愣头青，不该惊吓病号，弄出病，还得她来养。

后来母亲说小罗的国库券又找着了。他的真正目的是想赶走小保姆，因为小保姆是我介绍来的，让他不放心，怕是我打入香山的奸细。

……

小罗曾公开对刘亚光说过，将来香山这房子就是他的了。其实他早就有母亲死后独霸香山住所的想法。为不让孩子染指，他当初代表母亲签合同时，就特别在合同上写好：此房只供杨沫本人居住，杨沫不在后即收回——用以对付子女。而他本人则可以通过香山的关系，以管理杨沫故居为借口，继续居住。

但谁知道后来冒出来了一个李老头，母亲与他结了婚，打破了秘书的好梦。

1989 年 9 月母亲出访东德。秘书担心飞机失事，自己在香山的位置被孩子取代，撕下脸皮，逼母亲写遗嘱，让母亲明确：万一飞机出了意外，香山的房子由他全权看管。还说外国人出门前都要写遗嘱。

母亲断然拒绝。这是正式出访东德，不是到火星上冒险，没必要写。

而且我是中国人，中国人没这个习惯。你说说看，谁出国写遗嘱？为什么非让我写？

秘书不甘心，狡辩说不怕一万，就怕万一。为避免将来发生纠纷，您还是写个书面的东西为好。除了香山寓所由他看管，香山的三轮摩托车正式赠与他，香山的物品也全部赠送给北京植物园（他宁肯自己得不到也不让我们孩子得到）。

母亲身体好好的，毫无死兆，20 世纪 80 年代中国民航的事故率为 10 万分之 0.359，远远低于汽车和火车，秘书逼她写遗嘱，这合乎人情吗？因为他拿了我们家太多的东西，担心母亲一不在，我们孩子跟他闹。因此才非要母亲写遗嘱，给他的占有合法化。

母亲再次断然拒绝了他。

1989 年之后，我给母亲写的信，他偷偷保留了起来，并放出话：小波是暴徒，杨沫跟暴徒有来往。企图通过这几封信，控制母亲。母亲听说后，冷静地表示：我给我儿子通个信犯了什么法？他告到哪儿也没用。

他眼见母亲与李叔叔亲密无间，自己混不下去了，就开始顺东西。他偷母亲的高压锅、绞肉机、皮箱、剧本手稿等。他甚至还敢模仿母亲的签名，冒领母亲的稿费。

晚年，母亲多次对文联的同事叹道：我的东西越来越少了……

此时，这个人原形毕露，当初为母亲跑腿不要钱全是伪装，为的是攫取更多的钱。他办什么事总抬高价码多要钱，还重复要钱。比如 1989 年秋，第二次买砖一万块，母亲已经给他了 900 元，他以为母亲年老，记忆力差，过一段时间又来要 900 元砖钱。母亲说已经给你了，并指出时间地点。他随口就说：对，对，我忘了。

900 元不是几块钱，哪能忘了。

……

令人想不到的是在母亲打官司的关键时刻，这个秘书竟然暗中与对方串通。

1992 年母亲跟山东某杂志发生纠纷，谴责他们根本没采访自己，没通告自己就登载了一篇有关自己的文章，虽然是吹捧，内容却严重失实。她本想在《文艺报》上登一篇文章，批评这种行为。但罗秘书竭力劝母亲跟对方打官司，说对方一点没理，你要打官司保准胜诉，百分之百胜，还能让对方赔一笔钱。

母亲说：是吗？

秘书说：我帮你打，一点儿不用你费神，绝对能赢。

母亲说：好啊，那你就打吧，赢来的钱全给你。

这秘书笑嘻嘻说：但徐然不要插手，否则我没法干。

母亲表示同意。

于是这个秘书全力以赴投入打官司，热情高涨，干劲特大。他异想天开，未经母亲同意就以母亲的名义给对方写了一封公开信，口气狂妄，挖苦对方为了名利不择手段，是个“文蝇”。结果被对方抓住把柄，反诉杨沫侵犯了对方的名誉。

一些年轻作家看到了这封信，感到杨沫仗势欺人，掉到钱眼儿里了。他们哪里知道此信全是秘书自己背着杨沫执笔写的，母亲根本就不知道。

这封信败坏了母亲的名誉，给她的官司造成了很大被动。母亲非常生气，严肃批评了小罗，不该背着自己给对方写那封恐吓信。

秘书开始还承认写信与杨沫无关，全部由自己负责。后来又改变腔调，说是在电话中请示过杨沫，并还逐字逐句念给杨沫听，是杨沫所同意了的。

几千字的长信，念给母亲听，那长途电话费得要花多少？怎么可能？78岁的母亲头脑还很清醒，知道这个人在信口雌黄，编瞎话，就坚决不再让他过问打官司的事。小罗自觉好心没得好报，赢一笔赔偿款的希望落空，十分恼怒，随即偷偷给对方打电话，鼓励对方坚持到底，千万不要泄气。这一度让对方大惑不解，还以为杨沫在耍什么阴谋。

秘书知道母亲已完全不信任他，靠这个官司赚一笔钱没戏了，为报复，让杨沫尝尝他的厉害，就暗中与对方接触，帮助对方作证。对方很快就明白了这个秘书是好意，是跟他们一伙。

其实，早在1987年8月25日，母亲在日记中就写道：

> 我前天和小罗作了些斗争，他的态度似有转变。我早有意换掉他，可是替他的人不好找。这个人不诚实，谎言多。香山那个房子他有功，但我也没亏待他。他的孩子老婆，我全帮弄来北京。这容易么？

这说明，母亲终于醒悟了，准备彻底摆脱这个人。

名人没有隐私权。

克林顿的绯闻，闹得轰动全球就是一例。假如克林顿以侵犯名誉权为由，起诉记者报道，就太小儿科，荒唐可笑。名人的事情是公众的事情，其财产、健康、婚姻状况等隐私广大民众有正当的知情权。

母亲与那个小秘书来往30年。研究母亲的思想脉络，研究母亲的一生，这个秘书给她的影响是很大的，不能回避。

20世纪50年代，母亲没有秘书创作了《青春之歌》，70年代，母亲有了秘书，创作了《东方欲晓》。一优一劣，泾渭分明。所以，我认为《东方欲晓》写作上的失败，与这个秘书不能说一点关系没有。他支的招儿肤浅实用，鸡鸣狗盗，缺少格调。

可慰的是，母亲晚年最终痛下决心，于1993年与秘书一刀两断，不再来往。

我把这件事写出来，是为了写出母亲的本来面貌，写出一个真实的杨沫。

21. 替妹妹白杨说情

白杨被诬成“戴笠的情人”——造反派抽她耳光，把她头发一把把地揪下来——赵丹身上没有一块地方没有伤——血腥的批斗场面让电视直播不下去——怀着对妹妹的同情给邓大姐写信——《文史资料选辑》刊登启事，澄清事实。白杨根本没见过戴笠——朱学范的冤情也得到了澄清

1965 年初，《文史资料选辑》第 22 辑刊登了一篇原国民党特务头子沈醉的文章《我所知道的戴笠》。在列举的与戴笠有过来往的一连串女演员名单中，有白杨的名字。

一位朋友告诉白杨之后，白杨感到这完全是捏造事实。她从来就没见过戴笠。她在重庆，与周恩来、阳翰笙、夏衍等关系密切，向往革命，积极拍摄进步电影，怎么可能去反动特务头子戴笠那里参加什么聚会呢?

白杨当即向上海电影局党委书记杨仁声等同志反映了这一情况，要求组织出面予以澄清。1965 年是狠抓阶级斗争的年月，“四清”已经在全国蓬勃展开，跟国民党特务头子有过来往是一个很要命的政治问题。白杨十分担心沈醉的这篇文章会对自己造成严重伤害。

电影局领导非常重视，不久即派人去《文史资料选辑》编辑部进行了解和澄清。《文史资料选辑》编辑部表示如果沈醉的文章有误，一定公开更正。

可是当该编辑部向沈醉提出这个问题时，沈醉却坚持说他写得没有错，信誓旦旦，十分肯定。结果这件事就拖了下来。

1966 年 5 月，“文化大革命”开始了。

7 月，母亲随亚非作家代表团到上海参观，想看看妹妹白杨，又怕妹

妹有问题，就询问上海市委宣传部长杨永直能不能看看白杨。杨部长表示白杨的问题不大，可以看。母亲就在一个晚上，从飞机场送完外宾后，绕道白杨家，与妹妹见了面。

白杨这时已经感到乌云压顶，她见到姐姐，忧心如焚地问：沈醉胡说八道，我从来就没见过戴笠。你给我出出主意，是否向总理反映？

——因为 1961 年 7 月周总理去上海白杨家时，曾对白杨说过，今后你有什么事，可给我直接写信，我能收到。

母亲考虑片刻说：现在暂时还没造成什么后果，很多人根本不知道，闹大了反而弄得人人都知道了。不如等一等，看看形势的发展再说。

▲打倒“四人帮”后，姐妹俩在香山

白杨忧心忡忡地问：夏衍、阳翰笙的情况怎么样？如果问到我和他们的关系，我该怎么说？

母亲知道她和夏衍、阳翰笙的关系很好，安慰她道：你别担心，你和他们仅仅是工作上的关系，虽然有一点点私交，也不算什么大问题，是工作造成的。

白杨听到后，微微点点头，面露一丝慰色。

因母亲有事不能多呆，就匆匆与妹妹告别。

自从 8 月份红卫兵出现后，“文革”形势急转直下，其暴烈凶猛之势，所向披靡。文艺界成为了“黑帮窝”，名演员全部打倒，三四十年代影星统统揪出来批倒批臭。

母亲知道白杨难逃一劫，出于自我保护，不敢再与妹妹联系。

社会上有关白杨的传言也越来越多。北京也出现了批判白杨的大字报，无非是“叛徒”、“特务”、“戴笠的情人”……

8月白杨被上影厂的造反派揪出来，和赵丹成为重点斗争对象。造反派的逻辑是你们在国民党统治时期那么红，那么受宠，就说明你们是国民党反动派的走狗。他们经历了无数次的群众大会批斗，坐“喷气式”，拳打脚踢。由于白杨坚决不承认自己是叛徒特务，造反派经常左右开弓抽她耳光，打得特别狠，似乎这么抽一个著名女演员的耳光是件乐事。斗争会上，白杨的头发被一把一把地揪下来，多次给打得口鼻流血，甚至还把她的一颗牙齿打掉。她穿着血迹斑斑的衣服回家后，令女儿惊惧不已。

除了单位，家里也到处都是“打倒叛徒特务白杨”的大标语。连门窗上都贴着大字报，致使屋内非常昏暗。

头一次抄家之后，白杨还收拾一下屋子，然而刚清理好，又来抄家了，翻箱倒柜。反复抄了几次之后，白杨不再整理，任由箱子、衣物、鞋子、瓶瓶罐罐满地堆放，一派狼藉。多年保存的各种照片、图书、文物、高级衣料等被全部抄走。

客厅墙上白杨与周总理和陈毅的大幅合影被造反派拿了下来，把白杨那部分给剪去。他们认为白杨是国民党特务，不配跟总理挨在一起。

全家人在恐惧中度日。有一天，外面传来嘈杂声，白杨正为小女儿剪

▲白杨、蒋君超夫妇及儿子小松、女儿小真

头发，预感到是抄家的来了，忙乱惊恐中，把女儿的耳朵剪破，女儿捂着流血的耳朵跑下楼，应付抄家。

最开始，白杨还没有被关押。有时候，她不敢去单位，又不敢在家。到哪里去呢？几乎所有上海人都知道她的长相。为避人耳目，她戴上墨镜，随便乘上一辆公共汽车坐到终点，然后再换乘辆车，再坐到终点，漫无目的，把公共汽车当成了避难所。只有这个时候，她绷紧的神经才可以得到稍稍放松。但临近午夜，末班车要收车了，她才无可奈何地回到家里。

到家后，等待她的又是这个“勒令”，那个“勒令”。

因为白杨的名气大，全国来上海的红卫兵都想看看她的尊容，窥视一下她的“腐朽生活”。一段时间，白杨的家成了观赏景点、公共场所，任何人都可以随意进去参观，乱翻乱拿。家里给抄得空空荡荡，乱七八糟。连孩子们的衣服、鞋帽也被抄走。天冷了，孩子们竟然没有衣服御寒。13岁的小真被逼得学会了用旧毛线打毛衣。

白杨的工资停发，丈夫君超的工资扣除了一多半，全家一下子陷入赤贫状态。造反派认为他们过去太享福了，现在就应该啃窝头，尝点苦头。小真不得不自己买菜，做饭。由于没钱买鞋，她还跟村妇一样，学会了纳鞋底做鞋。以后全家就穿小真做的布鞋。

……

1967年上海“一月革命”之后，白杨、赵丹、郑君里、上官云珠等很快就给“专政”起来。白杨被单独囚禁一屋。由于群众打得太厉害，由于打死人的事屡见不鲜，三姨白杨竟然盼望自己能给关进监狱，觉得那里好歹是正规的国家专政机关，生命起码有保障，不会这么毒打，草菅人命。

因为白杨早年生活浪漫，桃色新闻很多，此时被统统翻了出来，冠以“化作美女的毒蛇”、“道德败坏”、“交际花”……给搞得声名狼藉。造反派大多是些年轻学生，最恨流氓，一听说你有桃色新闻就认定你是流氓，恨不得千刀万剐。

而沈醉写的那篇文章又成为白杨是特务的铁证。造反派认为沈醉的话不会有假，你白杨的辩解苍白无力，你和大特务头子戴笠关系密切，抵赖不掉。

三姨白杨坚持说：沈醉的话不是事实，他的话不句句是真理。我从来没见过戴笠。你们不能完全听信一个国民党特务头子的话。

造反派见她还嘴硬，就动手打。在造反派眼里，她过去那么漂亮，那么红，那么风流，肯定与好色的戴笠有一把，打死活该。下手毫无顾忌，怎么狠怎么来。

别看白杨是个女演员，柔弱娇嫩，文雅娴静，却有惊人的忍耐力，骨头特硬，再怎么打也不违心承认。任凭那些女造反派掐她，拧她，用皮带头抽，拳打脚踢……白杨虽然不屈从，心里也害怕，担心这么打，早晚要给打死。

1968 年的一个夜晚，她没有请假，私自从隔离室跑了。

次日，上影厂传出了一个爆炸性新闻：白杨畏罪潜逃！厂革委会立刻向上海市公安局报案，随之有关部门向各车站、码头发出通知，缉拿白杨。

三姨白杨在黄浦江边徘徊了一夜。等天亮了，偷偷去医院看望丈夫蒋君超。

君超看见白杨后，很惊异地问：你怎么来了？请假了吗？

没有。

君超知道白杨给专政起来了，就担忧地说：我的身体没事，你擅自出来看我，会把事情闹大，快回去吧。

白杨说：闹大就闹大。与其这样活受罪，还不如进监狱，里面反而比外面安全。我的问题由专政部门审查，或许才能搞清楚。

君超再三劝白杨赶紧回去。

……

之后，她又返回“牛棚”，引起一片哗然，立刻严密看管起来。那一夜出奇的平静，没有人来打她。

第二天，面对专案组讯问，她解释道：听说丈夫病重住院，请假不准，一着急就私自去医院看望他去了。

办案人员严正警告，你胆敢违反看管纪律，态度极其恶劣，后果自负。

她坦然回答：我这态度是实事求是的态度。你们若认为我态度不好，可以给我送到专政机关嘛！

“好哇，白杨，你死心塌地与人民为敌，猖狂到极点，你等着，有你好下场!”

几天后，上海电影厂召开批斗白杨大会，厂革委会宣布：叛徒特务白杨死不认罪，态度嚣张，经上海市公安局军管会批准，决定正式逮捕。

白杨从从容容在逮捕证上签了字，公安人员当众给她戴上手铐，押上警车。

她用态度恶劣，换来了逮捕入狱，逃过了“革命群众”的残酷殴打凌辱。

开始被关押在南市区第一看守所，半年之后，转到了漕溪北路一所正规监狱。上海文艺界的要犯大多关押在此。每人不用名字，以号码相称。白杨是204号，赵丹是139号。

白杨、赵丹等虽被关押在同一监狱，近在咫尺，却都不知道对方就在身边。一次白杨偶然发现了赵丹，努力向他示意，赵丹明明看见了她却装作没看见，故意不理她，让白杨非常痛苦。

监狱内严禁犯人彼此之间说话。有一次赵丹遇见上影的编剧艾明之给各牢房送开水，与他寒暄两句，被看守发现，说艾明之破坏狱规，剥夺了他的劳动权，重被收进监房。赵丹为此内疚得流了泪。长久关押，犯人们都特别渴望能出来劳动。难友受惩罚，赵丹觉得自己有责任，再也不敢轻易与人打招呼。

白杨被单独关押在牢房中，哪里知道赵丹的这一苦衷。

面对高压，白杨始终不胡说。她柔中有刚，弱中有勇，一再声明，自己这辈子就从来没见过戴笠，根本不知道他是高是矮，是胖是瘦。她还一再声明，当年自己被捕后，也从来没交代《北方红旗》的来由，保护了宋之的等人。所以她既不是特务，也不是叛徒。

鉴于她死不认罪，态度不好，就始终关单间，不让她见到任何人，自然也不允许她出来劳动。

1968年6月20日在上海杂技场召开批斗“牛鬼蛇神”大会，经上海市革委会批准，特作电视直播（上海是全国最先开展电视批斗的城市）。陈丕显、曹荻秋、巴金、赵丹、白杨等都参加了。母亲这样写道：

> 关于白杨，一些人从屏幕上看到的是，红卫兵按着她，低头弯腰，叫她承认反革命罪行，她不承认。于是不知哪个打手，猛地一拳击倒了

已经瘦弱不堪的她——她匍匐在台上，满嘴是血。……大概这形象太有碍观瞻，太恐怖了，至此，电视节目突地戛然止住，不再播放了。

随后不久，女儿小真收到了从监狱里送出来的一堆脏衣服，其中有一件血衣。小真抱着妈妈的血衣服，潸然泪下。

赵丹1940年曾被盛世才逮捕过，关了5年，为此成了“叛徒”，几乎天天挨打。1980年10月赵丹逝世后解剖尸体，一位外科医生告诉黄宗英：“赵丹身上，没有一块地方没伤，包括两只耳朵。”

一批优秀进步的演员在蒋介石的白色恐怖年代没有死，却死在“文化大革命”中。上官云珠跳楼自杀、郑君里惨死牢狱、顾而已悬梁自尽、舒绣文被逼致死、应云卫游街时气绝……白杨的老友，电影界老领导蔡楚生也被打倒，惨然死在医院的走廊里。

面对那么多演员给整死，母亲私下认为白杨也必死无疑。沾上叛徒，又沾上特务，尤其还沾上了大特务头子戴笠，打死白打。“革命群众”们哪里知道沈醉的话会有假呢？特别是红卫兵对有男女问题的格外残酷，打死了不知多少“小流氓”、“老流氓”、“女流氓”……三妹这方面的事也太容易整了。

从1966年7月分手后，母亲虽与妹妹白杨中断了来往，她心中还常常惦念着妹妹的命运，揣摩着可能的结局。妹妹在重庆国民党统治区演过不少话剧、电影，红极一时，又结识很多国民党政要和各界知名人士，社会关系复杂，男友换了一个又一个，艳闻大噪……所有这一切都可能给她带来杀身之祸。

童年时，白杨受二姐成亮的欺负，母亲还能凭力气保护一下小妹妹，可现在却对妹妹的苦难爱莫能助，她隐隐认为妹妹可能已经不在人世。

1971年秋林彪事件发生后，上海开始大张旗鼓肃清林彪的死党。斗争矛头转向了，白杨、赵丹等电影界的“黑帮”无暇再整。到了1973年3月白杨才被释放。

初次看到她的人无不大吃一惊。昔日美丽高贵的白杨，已经变成了一个枯槁矮小的老太婆，她痴愣愣地望着前来看望的人，想说什么却说不出，舌头僵硬，很多单词的发音都含糊不清。这是5年单身囚禁的威力。终日在与世隔绝的阴暗牢房里，不见任何人，没有任何交流，使得她眼神呆滞，声带萎缩，说话能力低下。

虽然如此，她没有疯，没有失常，头脑非常清醒。在经过这么多残酷对待的女演员中，白杨的生命力之强，意志力之强，实属少见。

三姨白杨不后悔坐牢，不后悔变成枯槁的小老太婆。她说，1968 年是“文革”最乱，武斗最厉害，死人最多的时候。像我这样的人，在外面很可能活不下来，坐监狱也有坐监狱的好处，起码里面不像外面那么乱打。

▲白杨在电影《社会之花》中扮演女主角

但她能九死一生，最关键原因恐怕不是躲进监狱，而是她与江青的关系尚可。20 世纪 30 年代她与江青、陈波儿三人在北戴河海边沙滩上的合影，被称为“三姐妹”，刊登在杂志封面，广为人所见……因为未曾与江清共事，所以没有什么大的矛盾和利害冲突，不像王莹、舒绣文等因与江青争演女主角而结怨很深。否则即使在监狱里，她也难以保命，如郑君里、孙维世。

出狱后，三姨白杨被送到五七干校接受再教育，继续劳动改造，只发一点点生活费。但说话能力渐渐恢复。

直到打倒了“四人帮”，白杨才返回上海，与姐姐恢复了联系。她虽然有了人身自由，可是沈醉的那句话，仍然没有洗清。为此，三姨白杨亲赴北京与母亲商量，请母亲出面给邓颖超大姐写信，把自己的政治问题最后解决。

母亲答应了。她知道妹妹在“文革”中遭受了大苦大难，很愿意为妹妹做点什么。

母亲没有忘记，自己青年时代发表的第一篇作品，就是妹妹帮忙推荐的。“七七”事变后，也是妹妹给的路费，让自己得以返回冀中，参加了抗日斗争。

解放初，白杨在北京骑河楼买了所大院落，热情邀请哥哥和姐姐两家来住，分文不收。后来母亲患病，没钱医治，又是妹妹白杨接她去上海看病。一住好几个月，为自己花了很多钱。老马的父亲、自己的公公去世时，白杨还给寄来了200元钱。

尽管为《青春之歌》电影的拍摄，姐妹产生了一些矛盾，但姐妹之情无法消灭。母亲思索了片刻，立即提起笔来，给邓大姐写信。

敬爱的邓大姐：

您好！《青春之歌》重版后，立即给您寄去了一本，不知您收见了么？

自从您几个月前给我打过一次电话之后，您的音容笑貌总仿佛矗立在我的眼前，您的亲切关怀与教导，也时常震响在我心上，给予我莫大的鼓励力量。八一建军节国防部举行的宴会上，我知道您参加了，当刚一宣布散会时，我立即从后面的席桌上，拼力向前面跑去——希望能够见您一面，但当我跑到前面时，您已经走了。这次机会没能见到您，我深感怅惘……

大姐近来身体好么？工作一定很忙，这里，我就不多说我对于您的钦慕关切之情了。我只和您说一下关于我妹妹白杨的事。

她的问题，两三个月前已由彭冲同志亲下指示叫上海电影局负责同志把她的问题查清。最近市委专案组还在上海电影制片厂召开了一个座谈会，宣布赵丹、白杨、郑君里和顾而已（此二人已死）都是受江青迫害的。

白杨在13岁时被捕过一次的事已不成问题。现只有一个问题，即大特务沈醉说她在重庆时见过戴笠一事，还需要复查清楚，才能给她最后定案。白杨过去就对我讲过，她那时在重庆经常得到总理的关怀指教，倾向进步。她听总理的指示，坚决拒演了反动文化头目张道藩奉命搞的汉奸特务戏《野玫瑰》，而主演了总理十分关怀，给予极大支持的郭老的《屈原》。《屈原》的演出在当时的重庆引起了极大的反响，在政治上也起了很好的作用，并得到总理和大姐的鼓励。她那时还曾向总理提出过想去延安，总理对她说了在哪儿也是抗日的道理。

总之，她当时的政治态度，接近我们党的事实，大姐想必还是记得的。她已向上影厂提出请他们向您和张颖同志了解她当时在重庆的表现，并准备控诉沈醉的诬陷。她叫我和您说一下，如上海厂向您来调查她在重庆的表现时，请大姐务必接见，给他们写一个证明，这对解决她的问题是个关键。因为以她当时接近我们党和总理等领导的一些事实，她怎么有可能去见什么戴笠呢？她说她从未见过此人。这件事多年来都成了"四人帮"陷害她的借口。今天，是到了该澄清的时候了。

您很忙，就不多打扰您了。

致以

崇高的革命敬礼！

杨沫

1977. 2. 1

▲邓颖超在家中接见白杨、杨沫

沈醉的一句不是事实的话，险些要了白杨的命。而这个老头儿却还拒不承认错误，死要面子，信誓旦旦表示自己说的都是事实。白杨自然非常愤慨，向母亲透露出要起诉沈醉的想法。

在那个大抓阶级斗争的年月，说你和军统特务头子戴笠有关系，真等于要置你于死地。谁能不气愤？

1977 年 3 月 6 日，邓大姐给母亲打来电话，寒暄了一阵后，主要谈了白杨的问题，表示会如实向有关部门做出证明，相信白杨的问题一定会圆满解决。

1977 年 11 月胡耀邦出任中央组织部长，此后 3 年为大批“文革”受害者平反。白杨的问题也获得了彻底解决。上海市电影局党委宣布：

> 经复查，白杨同志于 1933 年（13 岁）7 月 16 日晚，在北平被国民党市党部逮捕。在敌人的审讯中，敌人逼问白杨同志带有进步刊物《北方红旗》一书的来由，白杨同志在敌人面前，始终没有暴露出与《北方红旗》有关的人。从整个案情来看，“四人帮”及其余党强加给白杨同志的叛变罪名应予推倒。
>
> 关于沈醉在《文史资料选辑》第 22 辑上所写的《我所知道的戴笠》一文中涉及的白杨同志与戴笠有过来往的问题，经复查，是没有根据的，应予否定。

后来，在 1980 年出版的《文史资料选辑》第 67 辑上，也正式发出了《本刊启事》，原文如下：

> 我会一九六二年二月编的《文史资料选辑》第二十二辑，载有沈醉先生所写《我所知道的戴笠》一文。此文涉及的个别同志和朋友，在“文化大革命”运动中受到林彪、“四人帮”的迫害。据白杨同志来信称，经过组织一再核查，证实她根本不认识戴笠。又据朱学范同志来信称，一九三七年七月中旬，戴笠组织“苏浙行动委员会”，当时他本人已出国赴华盛顿，后又往日内瓦参加国际劳动大会，不在国内。
>
> 由于我会在刊用沈文时，不够慎重，致使白杨、朱学范两同志遭到林彪、“四人帮”的迫害。为此，对他们谨致歉意。

今后，在未征得我会同意的情况下，任何单位和个人不得翻印、摘引我会的资料，特此声明。

全国政协文史资料研究委员会
办公室
一九七九年十月

本刊启事

我会一九六二年二月编的《文史资料选辑》第二十二辑，载有沈醉先生所写《我所知道的戴笠》一文。此文涉及的个别同志和朋友，在文化大革命运动中受到林彪、"四人帮"的迫害。据白杨同志来信称，经过组织一再核查，证实她根本不认识戴笠。又据朱学范同志来信称，一九三七年七月中旬，戴笠组织"苏浙行动委员会"，当时他本人已出国赴华盛顿，后又往日内瓦参加国际劳动大会，不在国内。

由于我会在刊用沈文时，不够慎重，致使白杨、朱学范两同志遭到林彪、"四人帮"的迫害。为此，对他们谨致歉意。

今后，在未征得我会同意的情况下，任何单位和个人不得翻印、摘引我会的资料，特此声明。

全国政协文史资料研究委员会
办公室
一九七九年十月

▲《文史资料选辑》刊登启事，向白杨致歉

1977年岁末，在一个晚会上白杨公开露面了。她已在公众面前消失了11年，人们看到这张熟悉的面孔，甜甜的笑容，端庄的身影，分外亲切，分外温暖。

一股春风，吹遍了中国乍暖还寒的僵硬大地。

我这时候，对三姨的看法有了重大变化。感到她不是什么资产阶级电影明星，而是一个追求进步、追求正直、自尊又坚强的优秀演员。她大智大勇，怎么打也不说违心话。她骨子里是好人，所以这辈子总演好人，从来不演坏蛋。我过去对明星一概否定的态度是绝对错误，极端幼稚的。

1978年春天，白杨作为第五届全国政协委员列席了第五届全国人民代表大会。母亲作为人民代表与妹妹在人民大会堂相遇。从1966年之后，历时12年姐妹俩被迫中断来往，现在又都从“文革”的恶浪中活着熬了出来。

新华社记者为她们姐妹的重逢，照了一张又一张相片。

姐妹俩在人大会上（1978年）

22. 当了人大常委后的风波

和巴金、叶圣陶、曹禺一同当选为五届人大常委——为几个作家同事的非议所激怒——给文化部长黄镇写信，要求调离北京市——卢嘉川原型从军委办公厅主任贬去河南，后又被秘密关押6年多。审讯中为保守机密，将舌头咬破。经叶帅、杨得志过问才重见天日

“文革”前，母亲的名气比浩然大。但是自从1972年浩然的《金光大道》出版后，浩然成了最受官方肯定、重用的作家，名噪一时。母亲黯然。

打倒“四人帮”后，母亲重新获得了承认。报纸、广播、电视等媒体多次采访她。而如日中天的浩然却暗淡了。

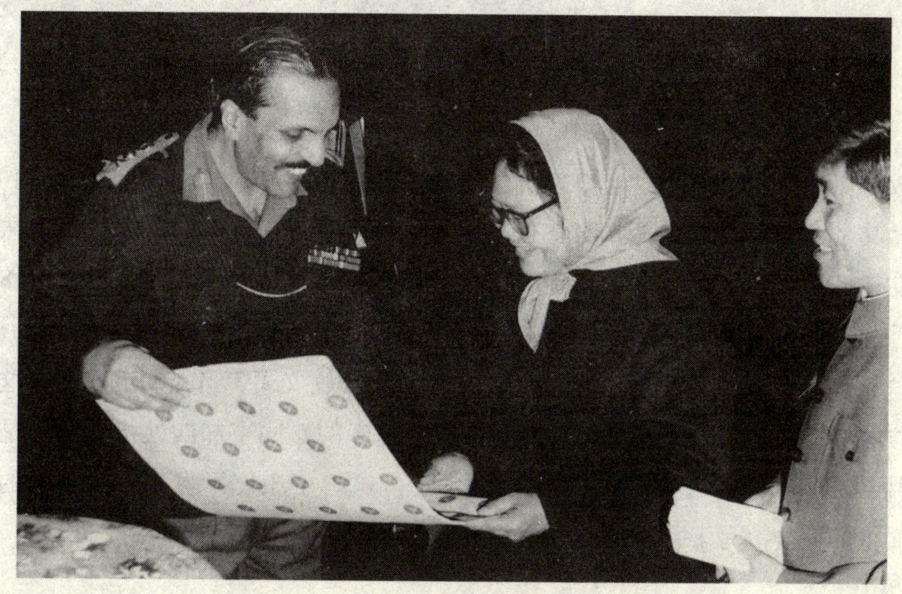

▲巴基斯坦总统齐亚·哈克接见母亲

1978 年 1 月 14 日母亲作为中国作家代表团团长，曲波为副团长，前往巴基斯坦访问，其间受到总统齐亚·哈克将军的接见。

同年 3 月，母亲在第五届全国人代会上当选为人大常委。当时的作家当选为人大常委的很少，只有巴金、叶圣陶、曹禺三人。母亲与他们并列，可谓受到了相当的重用。

母亲的名字频频出现在公众视野。

▲母亲与浩然（香山，20 世纪 70 年代初）

由于浩然在"文革"初期保护过母亲，出于感激，母亲与浩然关系比较密切。而北京的一些老作家对浩然意见很大，也就对母亲产生了不满，尤其是对母亲当了人大常委很不服气。他们开始向有关部门反映，说杨沫在"四人帮"时是得势的，别的作家不能写东西，她却还能写。1972 年 8 月"四人帮"控制下的《人民中国》还曾登过介绍她的文章……

1978 年 6 月 3 日北京隆重举行老舍骨灰安放仪式。当人们沉痛缅怀这位前市文联主席之时，一位延安老作家，母亲的女同事却四处指责母亲是"四人帮"的红人，不该当选为人大常委。这终于激怒了母亲，给当时的文化部长黄镇写了一封信。

黄镇部长：

您好！谨向您致以崇高的敬意。

在您主持了文化部的工作之后，拨乱反正，文艺界呈现了一片欣欣向荣的喜人景象。在您对"四人帮"毫不留情的坚强领导下，我相信，不久的将来，我国的文学艺术事业定会有一个明媚的、五彩缤纷的春天出现！

这次文联扩大会议开得好，开得及时。这将会促进文艺界的大团结，调动起一切积极因素，进一步促进我国文艺事业的发展。但同时，也可看到对"四人帮"的斗争还是艰巨的，"四人帮"的流毒还是深广的。在会上听到了老舍夫人胡絜青的发言后，尤有此感。因为在老舍生前，我和他同在北京市文联工作（他是作协主席，我是副主席）。

1966年8月23日，我目击了他被揪、被斗、被打因而致死的情景。奇怪的是，在红卫兵揪斗毒打老舍时，煽风点火，推波助澜，促使老舍致死的作家草×，今天却俨然成了反"四人帮"的英雄；而当时到社会上勾来红卫兵揪斗老舍的×××，现在也成为北京市文化局运动办公室的红人。8月23日下午，老舍等干部已被揪出挨了打，当天晚上，不知是什么人指使，惟独留下老舍一人被批斗。而当批斗时，也惟独草×一人跳出来，诬陷老舍是"老反革命，反动文人，反共老手，崇洋媚外，无耻地在美国拿美金"（大意如此，原话记不清了，现在文化局有许多人会比我记得清）。由于草×火上加油地煽动，老舍被愤怒的红卫兵打得更凶猛了。就在屈辱和愤慨中，老舍第二天清晨即投湖自尽。胡絜青在这次文联扩大会上发言时，悲愤地要求彻底查清老舍冤案的内幕。她并对我说：市委、市文化局至今没有查清这个案件。试想，现在草×、×××等人在文化局里颇有权势，这个案件又怎能查清呢？

从老舍的死，我联想到自己的遭遇：草×等人不仅对中外享有盛名的老舍如此残忍地落井下石，促其死亡，继老舍这位文联兼作协主席被迫害致死后，他们又把矛头转向了我这个副主席——1967年初，草×这位老作家千方百计地钻入了我单位的造反派里，他们勾结、串联了社会上许多单位的造反派，大批狠批《青春之歌》和我个人。除了出小报、专刊批判外，还在北影召开了万人大会，揪斗了不少和《青春之歌》电影、小说有关的人。他们还请来了一些外单位的人，进驻文联，宣称所谓砸四旧的最大目标就是彻底批判《青春之歌》这株大毒草。

“四人帮”被粉碎后，全国形势一片大好，作家去掉了身上的枷锁，正该全力以赴，为繁荣文艺创作，多写作品，把“四人帮”给我们造成的巨大损失夺取回来。可是草×等作家并没有这样做，近几个月来，他们上蹿下跳，拉拢，煽动，蒙蔽一些人，到处制造混乱，来打击一些人。因为党中央落实了对老干部的政策，我又受到了党和群众的重视，当选为五届人大代表及常委，并出国当了一次团长。草×竟又把我视为眼中钉。她伙同作家雷×，接二连三地到中宣部、文化部、北京市委等有关单位去告我的状，说我在“四人帮”横行时是得宠的，曾上了电台、电视台。过去是丁玲、白朗压她，现在是杨沫压她。甚至不惜进行人身攻击，还散布了一些其他的流言蜚语……对这些，我早有所闻，但没有理会。却不料，在不久前文化局召开的作家揭批会上，雷×没有任何材料拿得出来说我和“四人帮”有任何牵连，却对我因公用车的事提出了指责。真没料到！由这件小事，才使我猛醒到，我单位揭批“四人帮”斗争是尖锐复杂的，文艺界的重大问题都在我单位——如浩然的问题，老舍之死的问题。是不是有人故意要把市文化局的揭批运动搅混水呢？

我再也不能掉以轻心。

由此，我看到我单位的阶级阵线并不分明，好人坏人，混淆不清。“帮四人者”还大有人在。为此，我才决心写这封信给您，向您汇报这些情况。并向您介绍一下我在“文化大革命”中的遭遇，以便澄清是非，有利文艺事业的发展。

（一）关于我个人在“四人帮”横行时的遭遇：

1966年，“文革”开始不久，我就靠边站了。1968年审查我的历史时，我被视为特大特嫌，被视为“大老虎”而遭受迫害。1969年秋，北京市委又宣布定我为反动文人。直到1971年才给我恢复了组织生活。可当时，文化局也没有叫我回去，以至我是文化局创评组里最后调回的作家。我的这些遭遇草×等是了解的，但竟散布我在“四人帮”时是得宠的，难道不是有意捏造，颠倒黑白么？

（二）关于《青春之歌》的遭遇：

《青春之歌》在文艺黑线专政论的摧残下，曾被视为17年中最大的毒草之一，长期被禁锢出版，不得与读者见面且不说，从1967年后，全国曾有二百多种小报批判它。北京市文联的草×、雷×等人参与的造反派，甚至出了一期《新北京文艺》，其内容全部是批判《青春之歌》的，除此，北京市委陈树槐公开宣布《青春之歌》是大毒草，并布置全市一直传达到各区县、公社及各大学要进行公开批判。北京电子管厂的郭开和我单位的造反派勾结在一起，联合在北京召开了一次有17万人参加的批判《青春之歌》大会。甚至把为《青春之歌》写过评论文章的何其芳、蒋南翔等同志等拉到会上进行批斗。……这些都是有目共睹的铁的事实，草×等人哪里能够不知道？

（三）关于我家里人的遭遇：

1970年我的小儿子马波，因为骂了林彪与江青，被内蒙古建设兵团打成“现行反革命”达6年之久；1975年，我的小女儿马豁然被中央乐团——江青的红人×××谋杀惨死，但浩亮却反说是我叫女儿去腐蚀样板团。当时我处境的险恶可以想见。我爱人马建民在北师大受审查达8年之久，直到1974年才给他恢复组织生活。至于妹妹白杨的遭遇，遭受的“四人帮”残酷迫害，就更不必说了。

（四）关于我写《东方欲晓》的情况：

我热爱写作，总想为党为人民多写一点有益的作品。所以当1971年刚一给我恢复了组织生活，立即不顾亲友的劝阻——他们怕我写东西会遭受江青的打击，一个人偷偷跑到郊区农村冒着风险开始了《东方欲晓》的创作。历时4年多，我基本上把这部长篇小说写出来了。“四人帮”想夺去老作家的笔，不叫他们写作，而我不顾他们的淫威，决心写，满怀信心地写，终于写了出来。然而，这一点也成了草×等人攻击的罪状——以此说我在“四人帮”横行时是得宠的，否则别人不写，你杨沫怎么竟敢写呢？雷×就在最近指责我用车的会上还说：“有人说《东方欲晓》比《青春之歌》好，弄得杨沫很被动……”这真叫人啼笑皆非！别人不写，我写了就是得宠，有人说《东方欲晓》好，我就被动（对方暗指“四人帮”肯定了《东方欲晓》——作者

注），真是欲加之罪，何患无辞！

纵观以上我个人，我家里人以及我的作品等等遭遇，哪一点能说明我在“四人帮”时是得宠的呢？为此，感到很痛心，很难过。当我现在正在全心全意投入《东方欲晓》的修改工作，希望它早一点出世，能为我国的文艺园里再添上一朵小花的时候，我却不得不防备有人从背后给我射来的暗箭。我的写作情绪不能不大受影响。为此，我请求黄部长能够大力协助，一方面如何设法揭开文化局阶级斗争的盖子，使清查运动顺利开展，一方面查清草×等人给我造谣的真相，帮我创造一个安心写作的环境，以便我早日完成《东方欲晓》这部作品。

当我给您写信的同时，还想给北京市委写信，请求调离北京市。否则，我本来有心脏病、高血压等多种病，写作又很艰难，如再时时要防人暗算，长此下去，实在难于支持。我常常联想到老舍先生的遭遇，非常同情老舍夫人的悲痛心情——她渴望早日查明老舍的死因，渴望老舍冤案得到昭雪。为此，我也恳请您能使这个案子进行清查，不要使某些有牵连的人蒙混过去。

因为心情激动，我的信可能有错误，不妥之处，请您指教！

致崇高敬礼！

杨沫

1978 年 6 月 13 日

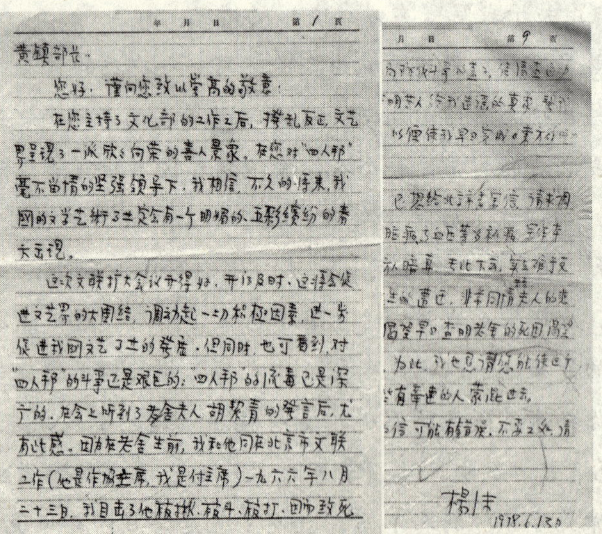

第 1 页

黄镇部长：

您好，谨向您致以崇高的敬意！

在您主持了文化部的工作之后，拨乱反正，文艺界呈现了一派欣欣向荣的喜人景象。在您对“四人帮”毫不留情的坚强领导下，我相信，不久的将来，我国的文学艺术工作一定会有一个明媚的、五彩缤纷的春天出现。

这次文联扩大会议开得好，开得及时，它将会促进文艺界的大团结，调动起一切积极因素，进一步促进我国文艺工作的繁荣。但同时，也可看到，对“四人帮”的斗争还是艰巨的；“四人帮”的流毒还是深广的。在会上听到了老舍夫人胡絜青的发言后，尤有此感。因为在老舍生前，我和他同在北京市文联工作（他是作协主席，我是付主席）一九六六年八月二十三日，我目击了他被揪、被斗、被打，因而致死

第 9 页

杨沫

1978.6.13日

▲母亲被迫给黄镇部长写信反映

那位老作家自以为1941年就到了延安，属于延安老干部，自我感觉良好，不把杨沫放在眼里。她认为杨沫是晋察冀的土八路，没有延安的资历。自己跟毛主席、朱总司令等中央领导都认识，又参加过延安文艺座谈会，亲耳聆听毛主席的讲话。现在非但不被重用，反而让来自晋察冀的土八路遮盖住，心里很不平衡。其实她应该知道，延安属于根据地的核心，相对来说一没掉脑袋之危，二无被捕之虑。而杨沫所在的冀中十分区，处在京津保敌人的心脏附近，全都是大平原，无遮无掩，藏都没处藏，属于最残酷、最危险的地区，随时有牺牲的可能。单这一点来说，杨沫就丝毫没有无功受禄。

▲解放战争中的母亲

▲晋察冀的“土八路”

何况《青春之歌》的影响之大，远远超过这位女作家的作品。

由于派性，母亲感觉在市文联受到排挤，因此萌生了离开北京市文联的念头。以下是一封她给市文化局老局长赵鼎新写的要求调离文联的信草稿。

鼎新同志并转文联党组诸同志：

为房子问题，向你们谈一点意见：

由于住房拥挤，现在我只能有一间10平米的小屋，又是工作室，又是卧室，也是会客室，连个书架沙发都没处摆。而且冬天没暖气，即使生火炉也很冷。夏天十分潮湿。我爱人因住此房，腿部得了严重的关节炎。这个情况，江风同志、高华同志都到我家来过，应是了解的。前年我就提出房子的问题，曾想要三里河国务院的单元房子。当时文化局领导及市委领导都曾同意给我房子。市委并把我的要求转给了国务院机关事务管理局。后来国管局认为我是北京市的干部，住房应由市里解决。当时市房管局还曾到我家了解情况。文化局领导也曾研究解决我的住房困难（田蓝、吴金泉同志了解此情况）。黄镇同志有次到文化局来时，曾亲自问到哪个作家有房子困难，应予照顾。当时文化局领导报了三个人，其中有一个就是我。可是最近文联分到一些房子，却没有考虑到我的实际困难。连已经不在文联工作的同志都分到文联的房子，而关于我的房子，文联领导却叫我自己写信向赵鹏飞同志去要，或者叫我自己打报告申请全国文联批转北京市委。我感到有些惊讶：是不是那些已经分到房子的同志都是自己打报告，由自己去向市委要房子呢？如果都是这样做，才有房子，我去这样申请也可以。如果不是，而是由文联或作协等组织上申请来的，那么，我就不该特殊化，不该自己直接向市委申请房子。

高华、江风同志前几天到我家来时，都曾答应为我和萧军同志另打报告要房子，而且高华同志还曾答应说10月份市委还要给文联房子，头一名就是我。不知怎么回事，忽然又变成了要我自己去向市委要房子了。这个变化，使我感到很不公平。还有不公平的事：开人代会时，我腿扭伤了，在十分疼痛的情况下，我还是坚持每天开半天会。可是我就只能拐着腿，坐吉普车到向阳招待所，再转轿车到大会堂开会。甚至从此，我就注定要坐吉普车了。无论到什么地方去，也只能给我这个伤号吉普坐。我的腿要费很大力气才能上吉普车，使伤腿更加疼痛……甚至，我的公费医疗也强调级别，不给解决。几个月了，我连个看病的地方都没有。有了病，困难重重，只能自己解决。而在“文革”前，我是有保健待遇的。诸如此类的问题很多，我也不想一一赘述了。

总之，现在使我感到在文联很难呆下去。如果现在我在中央单位，可能房子问题或其他问题不会有这么多挫折。因此，我再次请求组织转请市委把我调离文联。因为我年老多病，想尽力多写点作品，不愿为一些生活问题多费精力，经再三考虑，还是到别处去工作较好，这个意见请转告市委领导。

此致

革命敬礼

杨沫

1978

因文联内部的种种矛盾，母亲开人代会竟然只能乘北京吉普去，她在文联的处境可想而知。人在外面太红了，你身边的人就不舒服，会有意无意让你不那么顺，不那么快活。有一阵子，母亲很为这些具体问题所烦恼。

可是最终工作没有调成，房子也没解决。

当时房子问题非常难解决。母亲的老战友路扬获释之后，无家可归，还是叶帅亲自批示，才解决了住房问题。否则也根本没戏。

“文革”中，母亲与路扬断了来往，直到1978年才恢复联系。这时候才知道了路扬的遭遇。他自从给贬到河南军区当政委后，1972年2月在政治局的一次会议上，江青突然问纪登奎，路扬在哪儿？这是个坏人。

于是路扬立即被抓，秘密关押在北京，与班禅成了难友。当时正大张旗鼓地肃清林彪死党，显然把他当成了林彪线上的人。谁也不知道他的下落，路扬彻底地失踪了。其实，他成了中央专案组的审查对象。到了1974年7月，毛主席亲自批准给杨成武、余立金、傅崇碧平反，而路扬却依旧关押。打倒“四人帮”后也不放，一直拖到1978年10月在老首长杨得志和叶帅的干预下才获得自由。整整关了6年8个月。听说有一次，路扬被审了几天几夜，面对连轴转的审问，他神思恍惚，半昏半醒。为了避免说错话，影响同志和老首长们的安危，他果断地咬破了自己舌头，满嘴鲜血。

路扬是冀中军区有名的“才子”，写一手好文章，思维敏捷，记忆力惊人。先后两次调军委办公厅工作，掌握大量的机密。关押期间，在极端复杂和困难的情况下，为保护众多德高望重的军中老帅老将，他守口如瓶，坚不吐实，直至咬伤舌头，个人蒙冤多年。他不愧是小说《青春之

⚠母亲与白桦、王蓓夫妇（1982年云南石林）

歌》中卢嘉川的原型。

但母亲此后与他联系极少，不知何故，可能是情绪不好。母亲好面子，她向文联提出了一些自己的要求后，碰了软钉子。一看别人都分了房，心里自然不会舒服。

好事总落到一个人头上肯定要出问题。母亲在“文革”中没有被关押，没有遭毒打，也没有咬烂舌头，甚至连坐“喷气式”都没有，遭遇不算最惨。可“文革”后却又上报纸，又上电视，又当团长出国，又当人大常委……异常的风光，好事接踵而来。这就让人不服气。

母亲若不当人大常委，绝不会有人这么反对她，议论她，惹这么多麻烦。

23. 帮一个科研人员打官司

被个喜欢给中央领导写信的科研人员迷惑住——不顾自己是个科盲，为小人物打抱不平——邓小平批示：科学上的是非要由科学家去评判——方毅出面跟杨沫会谈——继续给王任重、冯文彬写信寻求支持——萧乾说她“像只好斗的母鸡”——科研油子无法在国内混，靠母亲帮助去了美国

1978 年 11 月母亲在天津睦南道市委招待所写书。一次去食堂吃饭时，与中国科学院微生物所的科研人员刘亚光认识。他主动与母亲说话，滔滔不绝地讲述自己的科研，其能治疗冠心病、肿瘤的功效引起了母亲的兴趣。

专心写作

母亲不懂自然科学，过去接触的都是干部、文艺工作者，刘亚光是首次接触的科研人员，让她感到特别的新鲜。刘亚光满嘴的专业术语和英文，成套成套的学术见解，母亲如听天书，根本不懂，一下子就被糊弄住。

刘也就三十来岁，是应邀来天津卫生局办的一个学习班讲学的。他勤奋、刻苦、目光敏锐，善于抓住容易成功、取得成果的课题。他的毛病是骄傲浮躁，刚有一点成功苗头就大吹大擂，逼别人承认，而且动不动就给中央领导写信，用中央来压人。所以曾被本单位的群众贴过大字报，甚至称他为骗子。

一个亲戚维嘉得知母亲认识了刘亚光后，立即打长途电话劝母亲别理这人，说他是微生物所有名的两大骗子之一，在原单位混不下去，整天在外面招摇撞骗，爱走上层路线。维嘉说，此人非常能说会道，颇能迷惑人，劝母亲千万不要上当。

可是亲戚的电话，却更引起了母亲对这个人的强烈好奇。

刘亚光有几个特点。

1. 他对母亲不点头哈腰，满脸堆笑，而是直呼其老杨，非常平淡随便。

2. 业余时间从不看电影电视，就是读书写文章，在招待所里过着清苦生活。

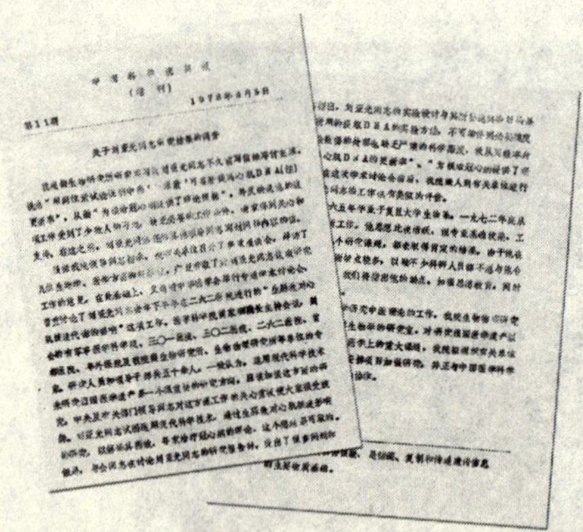

◬中科院简报（增刊）1978 年第 11 期

3. 他说为了他的科研，谭震林曾给中国科学院发过指示；华主席批示过；邓副主席也批示方毅处理；科学院领导秦力生亲自研究他的工作安排。

这三条让母亲对他刮目相看，感觉这个人不一般，是个人物，非同小可。

他尽管在母亲面前昂头挺胸，从不像罗秘书那样对母亲毕恭毕敬，一口一个杨老师，但也很会变相的谄媚。比如 1979 年 1 月 3 日母亲给父亲的信中说：

在招待所认识了一个中国科学院的研究人员，很年轻，很有才干，也懂文学。他把我已写成的百分之九十以上的这部小说看了，他说不亚于《青春之歌》。他和我关系不错，不会是吹捧话，我听了很高兴，心里有了底，没有白费力气。

把很多人包括我在内都读不下去的《东方欲晓》说得不亚于《青春之歌》，这不是吹捧是什么？连母亲自己后来都承认这本书是失败之作，但刘亚光的几句话就把母亲糊弄住。可怜的母亲在有些方面太脆弱，太容易被骗了。

母亲把亲戚出于好心，给她打电话，让她提防刘亚光的情况全盘告诉了刘亚光。刘就势讲了一番他在单位如何受压、受排挤的历史。说科学院的方毅、李昌、陈钦锋（微生物所党委书记）等领导怎么官僚主义，怎么压制他，还说对他评价不高的科学家邹承鲁是个大学阀……母亲随后在天津找了几个人，听取他们的意见。因刘亚光是天津市卫生局请来讲学的，天津卫生系统自然不会说刘是骗子，因此在天津的圈子里，肯定他的占多数。母亲就轻率地、完全地相信了刘亚光。

刘亚光有着科研人员的特点，不讲究吃穿，工作狂。母亲看他穿破棉袄，吃得简陋，又黄又瘦，为科研迟迟不找对象，就产生了恻隐和尊敬。她有时候特轻信，只从外表看人。于是开始路见不平，拔刀相助。

1979 年 2 月 21 日，在认识刘亚光 3 个月后，母亲写信给人大常委会秘书长姬鹏飞，请求转给华主席一封信，为刘亚光频频受压鸣不平。后来华主席在这封信上批示："请方毅同志阅处，如反映属实应对刘的科学研究鼓励、支持。"

国家科委主任方毅立即指示国家科委派两个同志来天津，开会座谈刘亚光的科研成果。结果形成两派意见，各持己见，最后不了了之。

中国科学院微生物所对刘亚光的批评性看法，也有根有据：

1974 年，刘数次上书，声称他在菸草花叶病毒增殖的研究中推翻了洋权威的结论，经查，不是事实。

1975 年，刘曾给江青、周总理、华国锋、李先念、王洪文等写信，反映他科研工作的问题。

1976 年，刘又上书，称他用环胞苷酸治疗癌症取得突破，经查，不是事实。

1978年，刘声称生脉散对心肌DNA的研究获得突破，经专家审查，实验有问题。

……

作为家人，我们当然要保护好母亲，再三劝她不要介入这个案子。自然科学方面的事，她是外行，还是少说为好，学术上的问题很复杂。刘亚光如果受了压制和委屈，应该寻求科学界里的权威来支持，让一个不懂科学的作家给他呼吁呐喊，并动用中央首长的权威压对方，这绝不是正派路子，也肯定无法让圈内人服气。

但母亲根本不听家人的劝说，继续与刘亚光频频见面，长时间密谈。刘亚光来我家后，非常傲气，对别人根本不理。母亲自然总是好菜好饭招待。香山那个秘书回家时，还让刘亚光长期住在香山。

我曾委婉地劝过母亲，对刘亚光的事千万要慎重。可母亲却说那么多中央首长都支持他，难道都支持错了？为搞科研，他过着苦行僧般的生活，快40岁了也不结婚，都是明摆着的。母亲好像吃了什么迷魂药，完全被刘亚光给迷住。她在一个笔记本上写道：认识刘亚光之后，从此“意识到了自己的社会职责。多年来不关心现实斗争，只沉溺于写过去的心情开始有了变化”。

她决心为个小人物打抱不平。

应当说，在刚刚打倒“四人帮”的1979年，中青年科技人员受打压的情况确实存在。如果你得罪领导，成果再突出也白搭，依旧挨整。母亲帮刘亚光向上反映的主观动机是很好的，希望为这些受打压的小人物呐喊几声，帮帮忙。只可惜她选错了对象。

据科学院的人反映，刘亚光思想活跃，有干劲，能吃苦，活动能量大，研究能力较强。但在科研方面，他喜欢走捷径，找出成果快的课题。所以不踏实，朝三暮四，经常变换项目。

他抓住一些领导同志岁数大了，对癌症和冠心病异常关注的心理，强调生脉散的研究有利于治疗癌症、冠心病，很轻易地就博得了一些中央首长的支持。

看了双方材料，我作为旁观者，不得不承认微生物所对母亲的批评大部分是正确的。母亲先入为主，完全偏听偏信刘亚光的一面之词。她从没有去微生物所调查，认真听听另一方的意见。尽管微生物所多次邀请她去面谈。

母亲对自然科学几乎是一无所知，只能用刘亚光提供的炮弹对付微生物所。比如强调说刘亚光的研究，国外表示了浓厚的兴趣。——其实，让国外表示浓厚兴趣很容易。微生物所回答说：一项科研成果的确立，“前提是要该成果能经得起实验验证，在此基础上依靠同行科学家的评议。如果离开了实验验证和具体专业的科学家分析，那么中央领导人的支持，报刊的宣传，外国人的感兴趣，都不足以作为科研成果鉴定的依据。”

母亲还强调说刘亚光对海参粘多糖的研究也取得了突破性成就。

但微生物所反驳道：海参粘多糖是天津药物研究所最先搞的，刘亚光是后来才参加进来的，只干了一个来月，实验没有几次，就宣布成功，未免轻率。

……

母亲感到了压力，1979 年 9 月，她在人大五届二次会议上提出 848 号提案，再次为刘亚光呼吁，说他受到了压制。

1979 年 12 月 25 日，《浙江日报》发表了母亲的报告文学《是这样一个人》，公开为刘亚光鸣冤叫屈。

外行都纷纷为母亲叫好，但科学界内部却激起了反对的声音。他们说，判断一项科研成果应请有关科学工作者根据实验结果来定，不能由杨沫同志来充当科学是非的裁判官。1980 年 8 月在《自然辩证法通讯》上发表了石西元写的文章《是“那”样一个人》，系统地反驳了母亲的报告文学，看后你不得不承认人家说得有道理。

母亲当然不服，又给当时主管中央宣传工作的王任重同志写信，请求他允许她在《人民日报》上发表反驳文章。王任重出于对母亲的信任，批示给《人民日报》：

> 同意杨沫同志意见，可以发表她的文章。请你们和《浙江日报》共同调查一下，这大概又是一种不正之风作怪，应当揭露之。

于是，1980 年 9 月 6 日《人民日报》发表了母亲的来信：《这个事件出现在正向四化进军的今天》，全面替刘亚光辩护，说对方破坏四化，压制人才。

中国科学院上海生化所的科研人员景沛看了母亲的文章后，立即给

人民日报

这个事件出现在正向四化进军的今天

来信 LAI XIN

编辑同志：

我向你们反映一起打击报复、扼杀科研人才的严重事件。

前年冬我在天津写作时，认识了中国科学院微生物研究所的科研人员刘亚光同志。当时，他正应天津卫生局邀请讲学并做实验。我和他住同一招待所，为他日夜苦干的精神所感动；也为他把尖端科学——分子生物学和我国古老的中医中药相结合的事业所吸引。但不久，微生物所某些人得知我认识了刘，竟叫我的一位亲戚给我打长途电话，说刘亚光是“骗子”，到处“招摇撞骗”，所里要扣他的工资，并叫我向天津各有关方面打招呼，不要上当受骗等。我感到吃惊，没有接受这个“任务”。出于责任感和好奇心，从此，我注意观察起刘的工作和生活。以后又找了天津卫生界有关领导，以及和刘一起搞实验的医院、研究所等科研人员，向他们了解刘的科研意义，及对他为人的看法。这些同志一致反映刘的科研有价值；他们向他学到了先进的实验方法；没有一个人说他的行为有不端之处，更不用说“骗”了。因此我确认刘亚光是个把全副心力投入为四化奋斗的、年轻有为的科研工作者。之后，我又继续在北京、浙江等地对刘的工作情况进行了调查。经过一年之久，才写了一篇报告文学《是这样一个人》，刊登在去年12月25日的《浙江日报》上。因为我的报告文学里写了刘的科研极有价值，及他如何克服重重困难，艰苦奋斗搞科研的事迹；同时不点名地批评了微生物所某些领导人对刘的压制、打击，诬之为“骗子”、“有政治问题”，并扣发了他的工资等错误作法。微生物所一些领导人因此大为恼火，竟印发了大批材料（先后三批），盖上单位的印章，向全国各地广为散发。材料中先攻击我的报告文学是“欺骗中央、蒙蔽群众”，是“造谣诬陷，要承担法律责任”；甚至扣上我在“向科学界发难”等大帽子。其次仍然不顾事实地说刘在“哄骗”、“吹牛”，在治疗心脏病极有效的中医古方“生脉散”的实验中“弄虚作假”。这些进行人身攻击的材料在全国广为流传，造成极恶劣的影响。而事实又是怎样的呢？当刘调往浙江中医学院分子医学研究所工作后，中央卫生部和浙江人民政府重视刘的有创新性的科研，并共同向中央及国务院汇报了刘的工作，建议拨款支持。国务院领导最近已批准拨款装备分子医学所——因刘在心血管病的实验中有所突破；同时，他出版的论文集也在国内外引起重视、受到好评。如美国一教授来信请他去讲学，并说：“我们渴望直接向您学习您的中国医学方面的优秀工作，尤其是分子药理的技术应用。现在我们注意到在此领域中只有很少适合的、有对照的系统的研究，而您的工作被认为是其中最出色的。……”日本的一些大学、研究所也来信邀刘访日，并提出和刘合作进行研究。香港一位生化博士亲自来杭州找刘，希望与刘合作研究，并合著出书。

但是，象这样一项很有意义的科研工作，最近却在一个发行国内外的刊物上，用石希元的化名公开发表文章，公然捏造说：刘亚光在“生脉散”实验中弄虚作假，在该用一种同位素前体时用了三种，因此数据毫无价值。实际上，写这篇文章的石希元既没有做过这方面的实验，更没有向做该项实验的单位和实验人员做过任何调查。据和刘亚光一起作实验的262医院实验室证明：该项实验已先后用了七千余只小白鼠和二百多只兔子，取得了大量可靠数据。而且是使用的一种同位素前体。该实验在1978年底已由北京军区卫生部征求有关专家的意见，予以肯定。1978年刘与262医院还在一个医学杂志上共同发表了有关“生脉散”实验的论文。

刘亚光除研究了“生脉散”外，还用同样方法研究了中医古方“复脉汤”。卫生部中医局在今年3月，组织了国内11位副教授以上的专家——以全国药理学会名誉主席张毅教授为首，鉴定了这项科研。11位专家的鉴定综合意见书上说：“用分子生物学的先进技术研究中药复方的作用机理，方向正确，方法先进，结果令人信服。”“‘复脉汤’能提高心肌缺氧，损伤后的合成DNA过程，给心肌梗塞病人的治疗带来福音，对心脏病治疗做出了贡献。”不久前，浙江省科委也组织有关专家和干部讨论了这一实验方法，被认为是有科学根据的。因之，我认为，微生物所对此项实验和有关论文如有不同看法，完全可以在有关医学刊物上公开进行讨论、争鸣。然而他们不这样做。他们采用的手法是，到处散发进行人身攻击的材料，最近又把这种大字报式的材料之一，公开在刊物上发表，以欺蒙不明真相的人。尤其荒谬的是，在石文中竟把一个普通的科研工作者刘亚光比作苏联的李森科，影射中央支持了刘亚光如同斯大林支持了李森科。更有甚者，在他们广为散发这些意在混淆是非、蒙蔽真象的材料同时，还四出活动。他们的一位领导同志亲自出面向一些报刊“打招呼”，致使我和其他同志写的有关此事件真象的文章，均被限制、封锁，无法在报刊上公开发表。在粉碎“四人帮”后，正在加强民主与法制的今天，竟出现了这种压制不同意见的情况，这难道不是对公民民主权利的公然践踏吗？难道不是对科学民主与艺术民主的公然违背吗？我——一个人民代表，不过本着作家的良心，人民赋予的职责，为四化写了一篇报告文学，万没料到反而使被表扬者遭到更大的打击报复——刘亚光不但遭到不断的人身攻击，而且他从事研究的“生脉散”等实验，本已在国内外有了一定影响，而微生物所某些人和石希元等却不遗余力地进行歪曲、攻击，给这项使中医药现代化的科研造成重重困难；对刘亚光这个人才也极尽扼杀之能事。我也因此遭到他们的种种非议，甚至被封住了嘴巴，剥夺了公开答辩的权利。这个事件出现在正向四化进军的今天，其性质是严重的。为此，我请求《人民日报》支持被迫害者，并呼吁有关部门及司法部门认真调查处理此事件，给那些真正弄虚作假、打击报复、破坏科研事业的人以应有的党纪国法的制裁！

杨沫

▲1980年9月6日《人民日报》刊登母亲的来信

《人民日报》去信表示：在今年早些时候，我们所一位副所长交给我一篇文章，要我负责审阅，是刘亚光写的。“我阅读后发现该文根本不具备一篇科学著作的最低水平（就是说不够科学性），同时又注意到在我之前，已有一位同志对此文做了我认为十分正确的评价。”“我本人与微生物所的任何一方面，都没有过任何的公或私的接触……但是我有必要公开的再次申明，我所审查过的那篇刘亚光的‘论文’，是不合科学水平的。”

该科研工作者还说：“杨沫同志的来信，给我叙述了许多我应该说它们是来自‘政治方面的’，或是‘权威方面’，甚至是来自‘国外的’论据，这完全没有向我说明任何学术问题。”

一针见血地指出了母亲那篇文章的致命之处。

微生物所当然有太充足的理由反驳母亲。1980年9月23日，《人民日报》刊登了微生物所的反击文章《这个事件的真相》。条分缕析，有根有据地批驳了母亲的那封信。两天后，中国科学院的《科学报》转载了微生物所的文章，揭露刘亚光“弄虚作假”、“违反科学道德”的行为。后又发表了汪德昭、邹承鲁等科学家的文章，围绕“科学成果的评价”问题展开讨论，认为科学成果和人才不应该绕过科学界，而借助行政领导和新闻舆论来解决。

中国科学院为此打报告到邓小平那里，小平于10月下旬作出明确批示：“对科学的事情要有科学态度，科学上的是非要由科学家去评判。刘

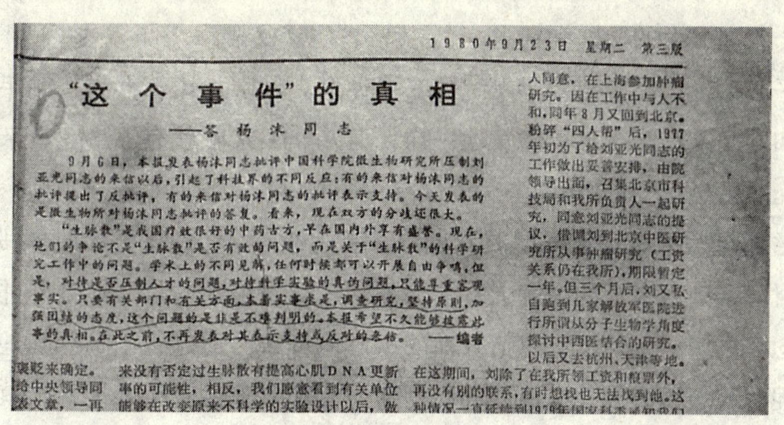

1980年9月23日 星期二 第三版

“这个事件”的真相

——答杨沫同志

9月6日，本报发表杨沫同志批评中国科学院微生物研究所压制刘亚光同志的来信以后，引起了科技界的不同反应：有的来信对杨沫同志的批评提出了反批评，有的来信对杨沫同志的批评表示支持。今天发表的是微生物所对杨沫同志批评的答复。看来，现在双方的分歧还很大。

“生脉散”是我国疗效很好的中药古方，早在国内外享有盛誉。现在，他们的争论不是“生脉散”是否有效的问题，而是关于“生脉散”的科学研究工作中的问题。学术上的不同见解，任何时候都可以开展自由争鸣，但是，对待是否压制人才的问题，对待科学实验的真伪问题，只能尊重客观事实。只要有关部门和有关方面，本着实事求是，调查研究，坚持原则，加强团结的态度，这个问题的是非是不难判明的。本报希望不久能够披露此事的真相。在此之前，不再发表对其表示支持或反对的来稿。——编者

人同意，在上海参加肿瘤研究。因在工作中与人不和，同年8月又回到北京。粉碎“四人帮”后，1977年初为了给刘亚光同志的工作做出妥善安排，由院领导出面，召集北京市科技局和我所负责人一起研究，同意刘亚光同志的提议，借调刘到北京中医研究所从事肿瘤研究（工资关系仍在我所），期限暂定一年。但三个月后，刘又私自跑到几家解放军医院进行所谓从分子生物学角度探讨中西医结合的研究。以后又去杭州、天津等地。

……褒贬来确定。……给中央领导同……篇文章，一再……

来没有否定过生脉散有提高心肌DNA更新率的可能性，相反，我们愿意看到有关单位能够在改变原来不科学的实验设计以后，做……

在这期间，刘除了在我所领工资和粮票外，再没有别的联系，有时想找也无法找到他。这……

▲微生物所的答辩信（1980年9月23日《人民日报》）

亚光闹腾了几年，再支持就不好了。请方毅同志找杨沫同志做工作。”

于是，1980年10月28日，中共中央政治局委员、中国科学院院长、国家科委主任方毅约母亲谈话。在场的还有钱三强、吴明瑜等同志。

母亲首先介绍了自己卷入刘亚光事件的经过。当谈到微生物所党委书记在大会上公开宣读讥讽母亲的读者来信时，母亲激动了，气愤得泪水盈眶。那封大学生来信说，杨沫可能是刘亚光的老婆吧？为什么这么死乞白赖为刘亚光说话？

之后，方毅同志谈了自己的意见，他很客气地说：微生物所党委书记当众读信不对，可以说说他，你们双方都消消火。关于刘亚光的问题，这是科学之争，将由同行去评议，你杨沫同志就不必再管这件事情了。

母亲反驳说，这不纯是科学之争，而主要是是非之争，说刘亚光是骗子，这是科学之争么？诬蔑我和刘亚光的一些话是科学之争吗？她还引用了一些支持刘亚光的单位和专家为例子，说明刘亚光的科研是有价值的。

谈了三个小时，双方都说服不了对方。分手之时，母亲对方毅说希望你们不要当老太太。方毅有些愕然，不知怎么讲，母亲说，护犊子呗，微生物所跟你们是一个系统的。惹得大家都笑了，这才稍稍缓解了一下沉重的气氛。

母亲为刘亚光，不惜跟中国科学院闹，跟国家科委闹，跟方毅辩论。写文章反驳童大林……她倔起来，就像个任性的女孩，真鬼迷心窍！连邓小平的指示都不听。她为什么这么狂热？于是有人往男女之情方面猜。因为刘亚光是个单身男子，母亲又跟父亲长期分居，只有感情问题才能激发

出一个人那么大的勇气和精力。

平心而论，母亲与刘亚光绝没有那种事。母亲是比较喜欢接触年轻男性，如同父亲喜欢接触年轻女性一样，但并非一接触就有那事。母亲认识刘亚光时已经65岁，身体多病，仅有一个卵巢，又没有钱打上万元一针的进口滋补药。而刘亚光早就有女朋友，且追求者不止一个。他非常骄傲。从他对母亲满不在乎的态度上看，除了利用母亲给他写信写文章外并无其他杂念。母亲与他绝没有感情方面的事。但母亲为何这么不顾一切地为他奔走呢？我想原因不外有二：第一刘亚光有超一流的公关才能。他就有这本事，能让不少高干或高干夫人相信他，重视他，为他办事说话。他善于用多位中央领导的“支持”来抬高身价，使母亲真把他当成了少见的杰出人才。第二母亲骑虎难下，上了贼船后，再下来就由不得她了。事情闹大，已经直接危及到她自己的名声和信誉，逼得她拼老命为刘亚光说话——即为自己支持刘亚光的举动说话，否则太丢面子。

当《人民日报》登了微生物所的文章后，不少支持刘亚光工作的单位和个人改变了立场。刘亚光在浙江办的分子生物学研究所很快垮台。浙江呆不下去了，刘亚光又通过母亲的关系调到福建。

这个人不是骗子吗？他草拟了一封给王任重的信，大吹自己，却让母亲抄写后，署名杨沫发出去。正经搞科研的人会这么干吗？我在整理母亲的材料时，发现了刘亚光亲笔写的原稿：

任重同志：

您好！

这次我向您汇报一些好消息。我向您反映过的中年科技人员刘亚光同志最近接到国际第八届药理会议主席的邀请，请他去东京参加这次会议。前几天，第八届药理会议又来函催刘亚光交一份论文摘要，以便国际会议用。卫生部钱信忠部长已批准刘参加此会议。这样，一个在国内受科学院多年压制的科研工作的价值就一目了然了。

不但如此，刘接到美国、日本、香港许多著名大学、研究所的邀请请他去讲学、写作，资助他研究等。最近中央办公厅在调查刘亚光同志科研工作时，也向国内专家询问刘工作价值，一些真正有正义感的科学家都认为刘亚光同志科研工作在国内是绝无仅有，在国际上是尖端。

刘亚光同志的论文集天津去年正式出版，国内著名专家吴咸中写前言高度评价。此书早已销售一空。

我是作家，不懂科学。但是一项国内外高度评价，尤其引起了国际会议十分重视的科研工作被科学院某些人攻击为毫无价值，实在令人感到惊讶！

更令人气愤的是，中央办公厅几个月大量调查证明科学院微生物所在《人民日报》上对刘亚光的诬蔑全部是造谣。中办调查附有大量证据，科学院至今无法反驳。

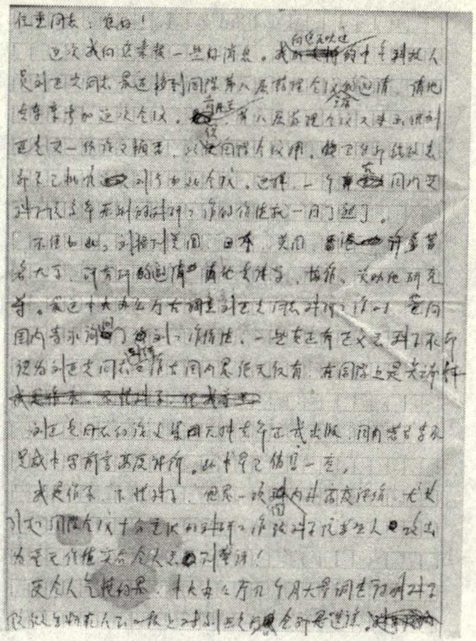

▲刘亚光以母亲的名义给王任重写信自己吹自己

我们搞四化，一方面急需人才，不断呼吁开发人才，又同时对真正的人才残酷镇压，这样做的目的，无非是为了掩盖某些人（的）错误，那些人有错不肯认输。

……

这次事情，科学院是被告，但遗憾的是中办调查出结果后交科学院去处理。由被告自己处理自己是不正常的，也不可能合理解决。中办调查是元旦前结束的，至今已有三个月，却拖着无人处理。使刘亚光在全国被点名为骗子的情况无法平反，更无法工作。由于分子医学所业务工作由刘负责，因此，整个分子所工作处于瘫痪状态。

为了伸张正义和顾全大局，不公开揭露某些人严重错误，我建议《人民日报》刊登正面报道刘亚光同志工作的文章。这样做既可解决当前矛盾，有利刘科研工作，而且也对国家四化有利。

我前几天与赵秘书联系过此事，这篇文章是《北京科技报》记者刘敬智同志所写，他为写这篇文章采访过中央办公厅、中央纪律检查委员会、中国科学院（听说科学院已开始赖账，不承认公开诬蔑过刘亚光，这是很可笑的），又去科研工作现场262医院实验室实地调查。我认为报道是属实的。

任重同志，《人民日报》社曾告诉我，您过去在我给您信中批示

“……这大概又是一种不正之风作怪，应当揭露之”。事实表明半年前您批示完全正确。

所以，为了顾全大局，我们主动让步，请《人民日报》刊登一篇正面报告文章，不提及科学院的错误，这是最低要求了。

望任重同志批示给《人民日报》刊登此文章，若有可能，我想与您面谈汇报一次。

刘亚光以母亲的口气给王任重写信，自己赞美自己是“国际上的尖端”，自己建议“《人民日报》刊登正面报道刘亚光工作的文章”……这是诚实行为吗？从这个意义上说他是骗子，也未尝不可。

母亲完全变成了刘亚光的一杆枪。刘亚光给她提供子弹，她开火，刘亚光给她出主意，她跟人斗。刘亚光给她写文章，她署名。刘亚光把她完全控制住了。

据母亲1980年4月20日日记记载，刘亚光告诉她，马春气功专家检查他有肝癌，用手摸着他肝区特别凉。

母亲宽慰道，不会是真的，你应去医院检查。

刘亚光说，是癌检查出来也没有用。这个样子也许还可以工作一两年……科学家都愿意死在实验室里，而不愿意死在病床上。

母亲劝他，你这样一个人生活，工作累，营养差，应当成个家，有人照顾。他又瞪大眼睛说：我能够害别人吗？结婚一二年就叫人家当寡妇吗？

第二天，他照样上实验室，照样忙着各种各样的工作。

母亲深受感动，特地把这件事写进日记里。

刘亚光自称得癌症是胡说八道，以后一直好好的，四处奔走，活跃得很，却博得了母亲的敬重。他与那个秘书一样特别会示弱、示苦、示病。让母亲把他当成了陈景润第二，不惜一切为他呐喊。母亲满怀正义的激情，全力以赴，动用自己的关系帮他在美国医学杂志上发文章；利用自己的影响，为他联系出版社出书；还为他创建分子研究所找卫生部的熟人，中医司司长吕秉奎……

《人民日报》登载了微生物所的批驳文章后，刘亚光如坐针毡，立刻给母亲出主意，唆使母亲找关系在《人民日报》上登吹捧肯定他的文章。

他特地在一张稿纸上写了5条登《人民日报》的必要性和重要性。母亲按照他的思路，再次给中央办公厅第一副主任冯文彬写信。

文彬同志：

您好！我又不得不写信来麻烦您了。

自从我写了一篇有关科研工作者刘亚光的报告文学后，触怒了科学院微生物所，他们在全国各处散发材料，甚至在《人民日报》及《科学报》上，接连不断地诬刘亚光为骗子、剽窃、弄虚作假、有政治问题，否认曾扣发他的工资等。并在《人民日报》公开攻击我利用人大常委及名作家的声望，干预科学界内部事务等。微生物所这种拒绝批评，打击报复的行为，给刘亚光的科研工作带来极大困难。为此，去年8月，我曾给小平、耀邦同志写信反映，中央领导同志很快指示中办调查此事真相。信访局几位同志几个月来费了很大力量，十分认真，负责地核实事实真相，我们发自内心地感激党中央及在您领导下的信访局同志们的辛勤工作。元旦前，信访局的同志们告诉我，有关这个事件的调查材料已基本出来了。

我十分高兴。事实上，我也从各有关方面了解到，刘亚光同志绝不是骗子，也没有剽窃、弄虚作假的行为。这个事件完全是微生物所某些领导人的不正之风所造成的。但至今尚未见到中办的正式调查材料，我内心十分焦急。事情已经调查四五个月了，国内外不少人士都在关注这个事件的真相（尤其它是一件文学与科学有关的事件），《人民日报》在编者按中也明确表示，“不久经过调查后，将披露事实真相”。尤其被诬蔑的刘亚光，被公开戴上了“骗子、剽窃、弄虚作假”的帽子，无法回浙江原单位工作，使他从事的一项极有意义的分子生物学与中医相结合的工作完全中断了。

我写报告文学本意是想为四化尽点力，为科研工作者的受压呐喊几声，不意在当前某些不正之风的泛滥下，反而给刘亚光的科研、生活等各方面造成极大的困难，为此，我感到异常的痛苦、焦灼与不安。我的创作任务也是繁重的，但因卷入了这个事件，滞留北京，不能专心写作。这对于一个年老多病，而又想为人民写出一些作品的人，又是多么沉重的精神负担！万不得已，文彬同志，我又写此信给您，请您尽快将信访局的调查结果转知有关单位——尤其是《人民日报》……当事实真相已查清后，如果《人民日报》仍不能及时披露，使这个事件迟迟没有下文，这对党的形象，这对党报的形象，以及对广大的科研工作者的影响都是不利的。刘亚光被诬蔑，一些谎言也只有在《人民日报》见报后，才能在全国（也包括国外）肃清其流毒，给他恢复名誉（其中也包括我的名誉），以利四化。

为了安定团结，为了对事不对人，我要求把中办的调查结果用适当方式，择要在《人民日报》上披露一下，如说明，经有关单位调查刘亚光不是骗子，在科研上没有剽窃弄虚作假行为，就可以了，我并不要求对微生物所的种种错误要在报上公开宣传。这个事件，小平、耀邦同志都曾批示过，现在他们很忙，我就不另给他们写信了。我只十分诚恳地请您多费心，设法把这个众目睽睽的事件早日了结，早日肃清这个事件在国内外所造成的不良影响，也早日解放我和刘亚光这两个生产力。

我企盼能够得到您的回音，如果有可能，我还希望和您面谈一次（前两个月您曾约我谈话，但没有谈成）。

我现在住在友谊医院干部病房，电话331631—438

敬礼！

杨沫

1981. 1. 11

中办调查的正式报告，最后给了科学院，却没有给母亲。中办信访局的干部仅仅口头向母亲表示了几点意见：刘亚光不是骗子；没有剽窃，弄虚作假；也没有政治问题；其科研有价值，应予支持……

过了几个月后，眼见《人民日报》没有动静，母亲再次给邓小平写信。

小平同志：

去年我写信向您反映了科学院微生物所对科研人员刘亚光同志诬蔑打击一事，蒙您批示中办信访局调查，在信访局三四个月的调查研究后，大量事实证明我向您反映的情况是属实的，刘亚光是个有创造性的、刻苦攀登科学高峰的中年科学工作者。微生物所曾在去年9月的《人民日报》上公开诬蔑刘弄虚作假的不实之词，理应由《人民日报》实践其在编者按中所说的“披露事实真相”的诺言，但由于此事件不知何故却批示给由科学院处理，而中国科学院却完全站在做了错事的微生物所一边，几个月来，对刘的事件不理不睬，似乎这件把一个有出息的科研工作者糟蹋得不像样子的事实并未存在。这是一种不正之风在作怪，是令人痛心的。

刘亚光把分子生物学与中医结合的研究，由于他的科学论点流传国内外，日益得到广泛的重视。不久将在东京召开的国际药理会议正式邀请刘参加。但由于《人民日报》受到阻力不能披露真相（其实可以不点微生物所的名，只稍微介绍一下刘的工作，也就等于给刘恢复名誉了），使这件本来可以为国争光的事却没有人敢批准他参加国际会议。而且由于微生物所无视中办调查结果，仍然不断发出种种流言，使刘的工作更加困难。因为是我写了刘的报告文学造成了这种结果，作为一个人民代表，一个党员作家，我有责任和那些依仗权势，颠倒黑白的人进行斗争。因为这不仅是刘亚光一个人的事，而是有关四化，是多少受压的科技人员都十分关切的事。如果像科学院这样对待刘亚光——明明错了，毫无对党、对人民、对四化认真负责的精神予以纠正，任不正之风泛滥，我国人才的被压制，四化的实现，不是更加困难吗？

我是为党的利益，才下决心与谬误作斗争的。刘亚光事件已在国内外引起广泛的关注，香港报刊不止一次报道评论此事件。我渴望中央能够正确处理好此事件，使刘的有意义的工作有条件顺利发展。其实，只要您批示《人民日报》用适当方式报道一下刘的工作，一切问题就会迎刃而解。

崇高的敬礼！

杨沫

1981.6.25

但母亲的希望落空了。小平同志的态度已经通过方毅的谈话传达给了母亲。

《人民日报》始终没有刊登肯定刘亚光的文章。

后来，据说有关领导请邓颖超出面劝母亲不要再管刘亚光这件事。在电话里，母亲依旧坚持自己意见。从此，邓大姐直到去世再也没有跟母亲联系。

母亲认为她这么干，不是为了自己，而是为了挨整受压的中青年科研人员，是在干一件有益于国家进步的大事。所以她理直气壮，谁也不怕，变成了一只“好斗的母鸡”。为了刘亚光竟然连小平同志的话都不听。

刘亚光很聪明，知道自己在国内没有出头之日，开始积极联系去美国，母亲继续帮他，连经济担保人都是母亲找的。1982 年 11 月 24 日刘亚光登上了飞往美国的飞机。《兰州青年报》出于对母亲的敬意，为刘亚光出国发了一条消息，赞美了他一番。

刘亚光自诩的所谓“在国内是绝无仅有，在国际上是尖端”的科研成果以他远走他国，永久定居海外，灰灰溜溜收场。

这人到美国 8 个月后才给母亲来了一封信，之后即不再答理母亲。他定居美国到现在已过去 30 年，从未听说他在学术上有何建树。他的“突破性成果”早已湮埋在历史的尘埃中。美国总统不会批示科研机关重视他的研究。他本人到那边后很快销声匿迹，默默无闻，不知下落。

母亲为刘亚光拔闯的劲头，是少见的，她先后给华国锋、邓小平、陈云、胡耀邦、王任重、铁瑛、冯文彬等诸多领导同志写信。她一生中还从来没有为一个陌生人这么上心地帮忙。姐姐小胖冤死后，也没有这么大劲头跑，连十分之一的劲头都没有。

我在刘亚光的问题上跟母亲缺少共同语言，话不投机半句多，只好敬而远之。作为儿子，母亲不在了，不应该多说她的不是。但在母亲后半生中，这是个很大的事，她曾把这件事写成报告文学，出成书，大加宣扬。想回避也回避不了。

记得 1979 年 5 月 25 日《人民日报》刊载了张志新的事迹，我读后万分悲痛。6 月份五届人大常委八次会议将在北京召开。我估计母亲要参加这次会议，就在 6 月 8 日主动给很久没有来往的母亲写了封信，请她向全国人民代表大会提出一条议案：为避免今后再有张志新被杀，请人大颁布法律明文宣布：不许虐待政治犯，对政治犯取消死刑。

但母亲根本没有理睬我，她心目中，刘亚光远比张志新重要。她见人就说刘亚光是中年科技人员的表率，怎么受压制，怎么了不起。用她自己的话说，几乎变成了唠叨的祥林嫂，跟人一聊就是刘亚光，翻来覆去就是刘亚光那些事。

我自然对她有意见。对中国人民来说，对推动社会进步来说，100 个刘亚光也顶不上一个张志新。这场官司也是我们母子俩谈不到一块的众多原因之一。

作家应该干预生活，但不应该干预具体的科学成果或某个学术论点。母亲却干预太深了，这是她的悲哀和不智。我为母亲这么干害羞，难道她不怕科学家笑话么？自己是个科盲却闯到科学界大吵大闹，太不自量力了，多丢人现眼！可是她自从当上人大常委后，自我感觉良好，过分自信，根本听不进不同意见。

刘亚光绝非等闲之辈。从微生物所提供的材料中可以看到，从 1975 年起中国科学院直至中央领导同志为安排他的工作，开会之多，调查之频繁，花精力之大，在科技界是极少见的。一般科研人员绝无此待遇。说刘亚光擅走上层路线，一点没冤枉他。

1980 年的时候，还有大量的冤假错案没有平反昭雪。如果一个老农民受冤，一个老干部受冤，一个反“四人帮”的人受冤，母亲能花这么大的力气救人，那确实伟大，让人佩服。事实上，这样的事还真的找到了母亲头上。大约 1981 年初，为江西赣州李九莲鸣冤奔走呼号而被判刑 20 年的朱毅尚在监狱劳改，他在极端困难的条件下写了一篇报告文学《还在流血的爱情》，真实再现了年轻的李九莲悲壮而惨烈的一生，托人寄给了母亲，请母亲帮助反映和发表。

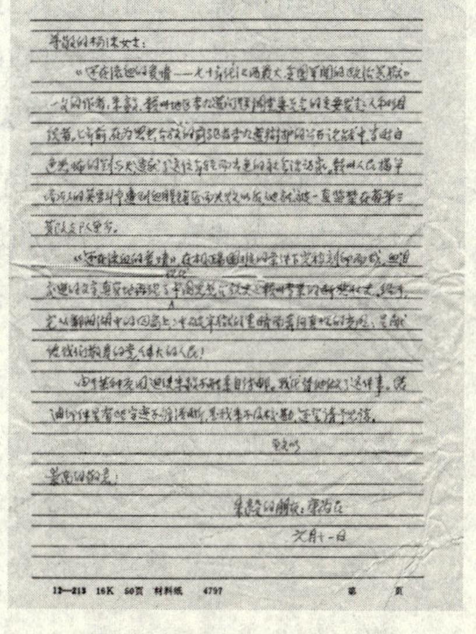
尊敬的杨沫女士：

……

敬礼

……

12—213 16K 50页 材料纸 4797 第 页

▲为李九莲鸣冤的朱毅从狱中托人给母亲写信求助

据我所知，母亲没有管这个案子。李九莲的冤案后来经耀邦同志亲自批示给平反了。如果母亲像管刘亚光的事情那样管管李九莲这个冤案，分量可就不一样了。那绝对了不起！绝对是一件义举，绝对让人心服口服！

可惜母亲选错了典型，为一个告状油子花这么大精力，实在是浪费精力，没有意义。一个严肃正经的科研人员绝不会整天钻营上层关系，粘缠名人，靠名作家写文章吹捧自己，来抬高自己的学术身价。小平同志指示“科学上的是非要由科学家去评判。刘亚光闹腾了几年，再支持就不好了”，说得入情入理，一点没错。他讲出了我及家里其他人的心里话。

据我看，母亲打的这场官司其实并没有赢。浙江省委书记铁瑛和福建省委书记项南后来都不再支持刘亚光，致使他在国内混不下去，只好出国走人。根据母亲写刘亚光的报告文学而改编的电影最后也被“枪毙”；中科院微生物所“压制过”刘亚光的领导照样在台上；《人民日报》再也没报道过刘亚光。

而在第六届人大会议上，母亲的全国人大常委会委员却被撤销。

1983 年 6 月 30 日，她在日记中说：

> 第六届人大会仍有我，我 6 月 1 日搭广东代表的专机来京开会，到 21 日结束。人大常委中没有我了，不管别人怎么看，我是高兴的，可更多集中时间写作。
>
> ……

虽然母亲在报告文学中总说她胜利了，其实，这胜利是她说的。也就获得一些个别外地小报的叫好，科学界并不认同她。

文联的司机说：“杨沫为人打官司，把人大常委委员给打没了。”

老作家萧乾说：“杨沫是只好斗的母鸡。”

聂华苓说：“杨沫是一个傻大姐。”

母亲自己说：“由于文艺作品的影响，我又多愁善感，悲天悯人，常常不自量力地做些蠢事。有些朋友称我为傻大姐，一点儿也不错。”

原北京市文联党组书记宋汎在《杨沫印象》一文中说：

> 她也像许多作家一样，重感情，爱冲动，听到些什么不平之事，就挺身而出，奋笔成书。由于情况了解不够，有时也不免失之片面，甚至也有看错人，说错话的时候，给自己带来一些非议和麻烦。我认为这主要是由于她还存在着某种孩子般的单纯和轻信。

晚年的母亲对刘亚光的看法有了改变，很少再提他。并曾对李叔叔抱怨过：这个人不怎么样，过河拆桥，一到美国后就再也不理我。

24. 创作上的教训

虚假的东西令读者恶心——《东方欲晓》失败，《芳菲之歌》仍旧没有突破“左”的框框——承认自己狂妄，不自量力——佩服骆宾基、林斤澜的骨气——反对儿子写插队经历，说写出来肯定是大毒草——《英华之歌》有了进步，《自白——我的日记》打扮过重——太喜欢美，文过饰非，反而不美——痛恨自己软弱、虚伪

从1972年开始直到20世纪80年代初，母亲辛辛苦苦，反复修改，终于完成了小说《东方欲晓》。1980年6月该书第一部出版后，反应冷淡。除了刘亚光，没有人说这是一部成功的作品。

我喜欢看抗日战争题材的小说，却实在看不下去母亲的这部作品。一个署名“秋夜”的读者，给母亲写了一封信，尖锐地提出批评。

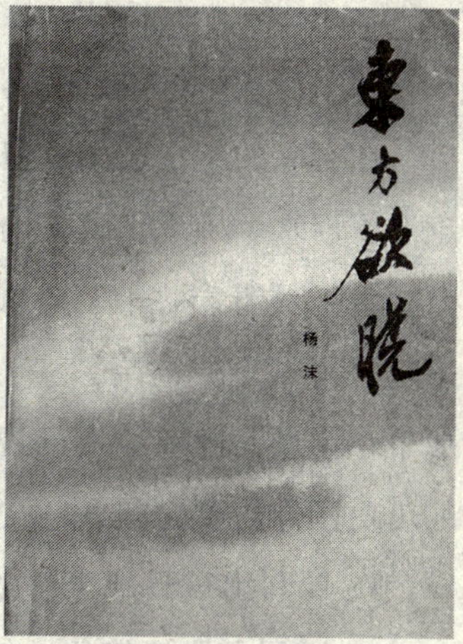

▲一部失败之作《东方欲晓》

杨沫老师，好！

我是一个文学爱好者，最近看了你的小说《东方欲晓》，觉得有几句话要说，故打扰一下。虽然知道你很忙——有作为的人都是忙人。

你曾自己说，写这部小说，似乎摆不脱“三突出”的束缚。说明你已注意到这点，而且也作了努力。可是，看完了小说，却真有“三突出”的味道。好像作者在尽力塑造一

个高大完美的形象，而又事与愿违——读者并不觉得这个人怎样，或者说这是一个理想的“小说”中的人物。说得不留情点，是一个闪着光的木偶。

但是《青春之歌》中的卢嘉川就正与之相反。卢嘉川在小说中部就“牺牲”了。而给人的印象是这样深，也是这样难忘。这是什么原因呢？特别是曹鸿远不愿意回根据地，“坚决留下”的表现，只能使人感到厌倦、虚假；什么有病也不看，手里有药也不吃（虽然读者可以理解著者的心情）。一点叫人佩服的味道都没有。而且几乎个个主人公都是“漂亮”的，也不真实。

我认为让读者感到著者在尽力刻画人物是作者的失败。只能让小说中的人物按自己的性格发展，而这发展，不是作者的安排，也许难就难在这里了。总之，我也说不出所以然。只觉得卢嘉川叫人难忘，曹鸿远叫人难亲。

……

望：

早日见到二、三集。

读者　秋夜

1982 年 10 月

后来母亲承认这部书写成了夹生饭，是失败之作。

在文联的某次会上，母亲当着很多作家的面，做了自我批评，难过得流下了泪水。她承认《东方欲晓》的失败是由于自己的骄傲自满，不自量力。由于《青春之歌》在群众中受到热烈欢迎，就在潜意识里，自以为了不起。写《东方欲晓》，一定还要出类拔萃，超过以往其他人所写的抗日战争小说。为此就给自己规定一个宏伟的计划，要把这部书写成抗日战争的历史画卷；要全景式、史诗般的；并还规定了四大内容：

1. 要写出抗日战争中的某些重大事件；
2. 要写出抗日战争中的两条路线斗争；
3. 要写出国民党假抗日、真投降，我们和国民党投降派的斗争；
4. 要写出知识分子在抗日战争中如何改造成长。

母亲就按照这四个政治要点写出了 70 万字的《东方欲晓》。坦白说，我看不下去这部书稿，太紧跟形势了！

比如开始，她还是以柳明这个知识分子为主人公，写了10万字后，当时的《北京日报》忽然登了一篇文章，说成长中的人物不能当主人公。母亲就赶快将柳明改为二号人物，而把高大全、没有错误缺点的县委书记曹鸿远改为一号人物。

母亲尝到了编造这部书的苦头。为了表现120师所进行的齐会战斗，她不得不自己设计作战细节。母亲没有打过仗，又没有指挥战斗的经验，仅靠一点点书本材料，怎么能写得真，写得好？她说连自己看了那些编造的战斗故事都不大愉快，已预感到它只会费力不讨好。

▲生命有限，母亲从1971年刚恢复组织生活就开始写《东方欲晓》

可是，有什么办法呢？动手写这部书之前，她就为自己规划了一幅宏图：过去写敌后游击战争，多是写一个村庄或一个地区的小范围，视野窄，场面不大，概括不了敌后抗日游击战争的全貌。她雄心勃勃，企图写出一部《战争与和平》那样大部头的作品。地域范围不限于一城一县，敌我双方都要出现较高级的领导人物，部队和作战也要有一定的规模……

要写这么大部头的史诗般的著作，有多少材料要看，有多少人物要刻画，有多少情节要穿针引线，精心设计，对一个年轻人都不容易，年迈的母亲怎么能够胜任？

母亲确实是被《青春之歌》的成功冲昏了头脑，丧失了自知之明。

教训是惨重的。越给自己定的任务大，越要表现全景式、史诗般的，越要砸锅。正如母亲自己所说，这不能全怪“四人帮”。因为有的同志，如林斤澜就在“四人帮”统治时期，坚决不接受那套极左模式，而宁可停笔。这“只能怪自己的思想水平的低下”。

母亲曾说：“文革”的时候，自己除了佩服骆宾基外，还佩服林斤澜。当浩然被大会小会批判之时，林斤澜敢在大庭广众高喊：浩然是好人！

在“四人帮”极左文艺政策面前，林斤澜拒绝写作，而母亲却做不到。她年纪大了，怕没有作品，黯然而终，因此就俯顺了当时官方的那一套极左的文艺框框，不敢再坚持自己以往独有的、有浓厚小资情调的风格。

母亲公开承认了这一切。以母亲那么大的名气，能在众多作家面前严厉地检查自己，承认自己狂妄，不自量力，妄图写出《战争与和平》那样的大部头，承认自己的《东方欲晓》彻底失败。她的坦率，她的诚恳，她的毫不留情面的自我剖析，在名作家中是极少见的，让很多人瞠目结舌。

▲与魏巍、张海迪（1984 年）

在此之后，母亲还在文章中、会议上，反复多次检讨自己的这一失败。

《东方欲晓》的失败，源于母亲没有冲破 20 世纪 70 年代初“左”的文艺政策所规定的框子，它再一次说明写作不能紧跟形势，为所谓的政治服务，一定要有独立的思想。大作品绝不是靠迎合某项宣传政策，就能产生出来。

真正的伟大作家一定要耐得住寂寞，不能急功近利。

1986 年《芳菲之歌》出版后，私下人们觉得不怎么样，可又不忍对母亲坦言相告。毕竟母亲有 72 岁了，不能苛求。1988 年 5 月 7 日广西苍梧县财政局的一位读者刘柱田却给母亲写了一封 30 页稿纸的长信，对《芳菲之歌》提出尖锐批评：

> 虚假的东西，最容易引起读者反胃，令人作呕。当我仅读到《东方欲晓》第 13 页，就发现一系列人工斧凿的东西，再无心读下去，而把书丢到一边去了。

他认为把《东方欲晓》改成《芳菲之歌》之后，高大全的创作方法依旧没有减弱，相反有某些扩大与增强。他还一一指出了《芳菲之歌》里面那些虚假不实的描写。并认为母亲把《东方欲晓》改成《芳菲之歌》没有必要。

> 我认为作家不应对自己已发表的作品作出重大修改。就我所知，无论是中国，还是世界，很少有作家像你这样修改作品的。一部作品的缺点，宜应在新的作品创作中克服，或者在作品未发表之前，像白居易那样，先请人阅读，提出意见，进行修改后才发表。

母亲确实没有在作品出版前，广泛听取意见，反复认真修改，像《青春之歌》那样。致使稿件在还存在很多问题的情况下就着急出版，出版后反应不好，又匆匆修改，大编大造，迎合读者。这样的大改确实失策，没有必要。

……

母亲的思想虽然有比较开放、开明的一面，但多年的教育，锤炼了她的党性，又有紧跟《人民日报》，紧跟文件，紧跟领导的一面。她虽只有初中文化，可家里藏书很多，看了不少西方名著，对“四人帮”那一套从感情上说反感，却没有勇气反对。她总觉得自己年岁大了，来日无多，怕一事无成，虚度光阴，只好上面提倡什么就写什么。

▲与工农兵座谈（20世纪70年代）

我写《血色黄昏》的时候，母亲正在写《东方欲晓》。她坚决反对我写插队那一段经历，为此还与我断绝了关系，说我的书是大毒草。我没有听从她的话。我的宗旨就是忠实于生活，实事求是，绝不美化。因为我看到的真实生活与报刊广播电视上整天叫喊的完全不一样，充斥于四周的虚假使我不能容忍自己的书虚假。

实践证明，我的"大毒草"受到了广大群众的欢迎。她的《东方欲晓》买的人寥寥无几。

因为真实的作品才有力量，你名气再大，写的东西虚假，照样没人看。

写到这里，我要替母亲说两句话。《东方欲晓》的失败，那个秘书也有一定责任。母亲写作这部书稿时，正是和那个秘书关系最密切的时候。他给母亲出的主意全是迎合潮流、又俗又浅的馊点子。

通常，母亲是自己构思写作的。但有时候，遇到卡壳时，她也会和秘书切磋，探讨书中人物的刻画及情节的走向。有一次我去香山看望母亲时，亲眼看见秘书兴奋地、绘声绘色给母亲支招儿。

明明问题一大堆，他还对母亲过分地吹捧，更助长了母亲的判断失误。

没有这个秘书的时候，母亲创作的《青春之歌》，清新秀丽。她凭着自己的朴素艺术本能，凭着曾经生活在她身边众多的死去的战友身影，突破了当时文艺上的禁锢，把一个小资产阶级味儿十足的知识女性当作全书主角，还大胆描写了她接连不断的爱情，这都是反潮流的、先锋的、叛逆的。

可是多年之后，在有了那么一个专职秘书协助她创作《东方欲晓》时，受格调不高的人影响，作品却失去了最初那种有朝气的、真实的、与众不同的个性，变得世俗肤浅、循规蹈矩、虚假失真、紧跟形势，毫无新意。

所以，我认为母亲创作上的失败，多少也跟她选错了助手有关。

近朱者赤，近墨者黑。与这个伶俐过头、爱说瞎话、善察言观色、品行有问题的秘书沆瀣一气，灵魂不会净化。我曾想过，如果母亲的秘书是一位刚正不阿，特别崇敬彭德怀、张志新的人，母亲与其耳鬓厮磨，那境界恐怕就完全是另外一个样子了。她所写的《东方欲晓》绝不会惨败。

庆幸的是母亲自己后来也意识到了，并尽力修补。

在小说《英华之歌》里，母亲有了进步。她勇敢地提到了肃托反特。这是在根据地真实发生过的事情，虽属个别，影响巨大，一些相当优秀的干部，被当作托派、特务无端杀害了。如1940年春，冀中人民自卫军政治部主任李晓初被当作托派处决，这是一位1934年的老党员，冀中军区司令员吕正操的入党介绍人。蒙冤45年后，于1985年被平反昭雪。还有母亲的老友，原冀中妇救会主任赵亚平的丈夫张明是一位很好的朝鲜同志，参加过海陆丰起义，在苏联第三国际工作过，后却被当成“特务”秘密处决了（1983年被平反）。赵亚平因掌管冀中半边天而曾被贺龙戏称为“赵司令”，也受到株连而降职。

过去从没有人写。母亲把这个血的教训，写在了自己的书里，从而增加了全书的分量。

但人是矛盾的。母亲能公开承认“自己狂妄自大”，能公开承认“自己写的《东方欲晓》失败”，能公开承认“自己思想水平低下”，可她所出版的《自白——我的日记》一书中，又有不少文过饰非之处。

母亲把日记中所谓的阴暗面，大部删去，把感情部分全部删去。故《自白——我的日记》有一个致命的缺陷，就是与历史原貌有异，欠真实。

日记是不能造假的。不能隐丑扬美，隐恶扬善。

母亲隐去个人感情的那部分，可以理解。但除了感情部分，母亲还删去了不少政治上的表态。比如康生对《青春之歌》的评价，她自己对胡风的批判，对秦兆阳的批判等等……这样做日记就不真实，走味了。

1961 年 5 月 23 日，母亲在日记中全文抄载了康生对《青春之歌》的肯定意见。这本是历史事实，不能因为康生后来被开除党籍，人人憎恶，臭不可闻，就把康生的这段评价去掉。遗憾的是在出版的《自白——我的日记》一书中，母亲把康生的这段批示删得干干净净。

母亲对胡风反革命分子和右派的批判，本来也没什么可丢人的，当时全国人民都在批判。母亲说过的话当时绝大多数干部也都说过，保留它就是保留着历史。然而母亲却统统给删去了。可能她感到这些随风倒的政治表态不那么好看，有些难为情。

书名既然是《自白——我的日记》，就应该把自己心中的秘密，最不能对人说的事情袒露出来，自白一下。可看完了全书，自白了些什么呢?实在找不出什么有印象的事。

如果母亲真正尊重历史事实，真正怀着卢梭的《忏悔录》精神去写，不怕露丑，那这部书将是会很轰动的。可惜母亲没这样写。她的日记里凡有损她形象的东西，跟风的、随大流的、应景的大部删掉。经过这么处理，让知情的人读就感到不大真实，结果大大减损了这部书的历史价值和史料价值。

随手举几个例子，比如 1955 年 6 月 5 日日记，原文是：

> ……胡风反革命集团这些天声讨正紧，我在去年曾对民说：“这么个人，值得这么讨论么？谁会跟他走……”可是这一个月的事实看来却大吃一惊，**从舒芜发表的胡风给他的密信来看，这个家伙原来是个极阴毒的反革命分子，他恨党，像国民党反动派一样，可是他嘴巴上却还挂着马克斯（思）主义。不单他一个人，他还组织了很多人。甚至我们党内的高级干部（华东宣传部长，原 24 军军政委）彭柏山也和他一流……真可怕。**

公开出版后，将黑体字部分全部删去。

又比如她把对老战友秦兆阳被打成右派后的谴责部分全删去，且换上现在的想法。原文：

1958年2月11日　大风

……

今天看到今年第三期的《文艺报》上批判秦兆阳的文章《老实些》，我才了解我一直以为认真为党工作的老朋友，却是一个自私的极不老实的人。他是处在反党的边缘上。他用何直的笔名发表了《现实主义——广阔的道路》。这篇文章曾遭到很多人的反对，也曾使我震惊。却不知道这位何直却是我的老朋友。他刚遭到批评，并没有认真改正观点，而是一边用何直的笔名写了《关于写真实》，一变上次用何直笔名的观点，大谈社会主义现实主义，同时，又在同一刊物上又化名反对这种观点……又如修改王蒙的小说，人家批判了这篇，他不敢挺身而出，反而一边也写文章批判它，一边又向作者暗送秋波地道歉，说是不得已而为之！这真是两面三刀，左右逢源。可是越闹越糟，正所谓聪明反被聪明误。

而出版后的日记却这么写：

2月11日　大风

……

今天看到今年第三期《文艺报》上批判秦兆阳的文章《应当老实些》。我的心一下子沉了下来。这是怎么回事啊？我惊愕得喘不过气来了。……他就因《现实主义——广阔的道路》一文，遭到了攻击、反对，原来“何直”的笔名就是他。据说，他刚遭到批判时，并没有马上接受批评，改正观点。于是，就公开点起他的名来。

我说什么呢？我只有什么也不说——沉默——沉默，无边的沉默……

把“这真是两面三刀，左右逢源。可是越闹越糟，正所谓聪明反被聪明误”删去。如此的修改有给自己涂脂抹粉之嫌。出版日记不是出版小说，除了个别词句不通，让人看不懂或错别字外，不得随意编造删改，这是最起码的常识和规矩，母亲也是聪明反被聪明误，干了傻事。

反右部分，该书也删去了一些尖锐话语。比如1957年9月17日，原文是：

▲与丁玲（1980 年左右）

> 组织上把我和王莹叫回了北京，参加反右派斗争，只参加了两次丁玲、陈企霞和一次吴祖光的会。……虽然仅仅的几次会，但对我的教育却是深刻的。**丁玲、陈企霞、冯雪峰为什么发展到反党的地步？只有一个原因，极端自私的个人主义！**可是个人主义在我身上也不少啊！有时一种虚无的阴暗心理，一种若隐若现的企图摆脱党的领导的心理，不是也有过么？个人奋斗的心理不是也有过么？而我的温情和自由主义就更不用说了。

出版后，将黑体字部分全部删除。

又比如 1957 年 11 月 27 日的日记中，在总结自己一生时，删去几个原来的定语，就大大减少了真实的冲击力。原文：

> 杨沫，你的一生过得不算坏。你基本上是个好人。……但是，你也有过不少自私的想法，有过卑劣的念头，有过贪欲，损人利己的行为。虽然这不是主要的，但你有过。

公开出版后的日记将“不少”，“有过卑劣的念头”，“损人”等词汇删掉，弱化了对自己批判的狠度。其实，敢于承认自己“有过卑劣念头”的人是诚实的人，值得尊敬的人。可母亲却嫌这个词儿丑陋，竟给删去了！同样道理，骂自己是“牛鬼蛇神”的人，也不会真是坏蛋。母亲在

1963 年 3 月 9 日的日记中就说：

看过雷锋的日记，再看自己的，真是牛鬼蛇神。

然而公开出版时，她老人家却把“牛鬼蛇神”改为“鸡零狗碎”。

类似的例子还有一些。尽管她在该书序言里说她崇敬卢梭，要向卢梭学习，既不美化自己，也不丑化自己，可事实上却把一些自认为比较丑的、有损自己形象的话语全部删去。她这么干极愚蠢，令人惋惜。殊不知，这种行径只会弄巧成拙，反而丑化了自己。

母亲好面子，爱美，注重外表。她梳妆打扮，穿漂亮衣服都没错，都可以理解，但给自己的日记这么“梳妆打扮”，就不合适了。日记就是日记，必须真实，容不得粉饰和虚构，更容不得事后补写。

归纳起来，母亲的《自白——我的日记》一书有三个缺陷：

1. 文过饰非。

把反胡风和反右运动中自己对一些受害者的鞭挞、批判、揭露大部删去。

2. 补写太多。

当时没有写就没有写。你不能过了多年后，要出版日记，就随意补充。把事实上原来没写的日记创作出来，即使说明是事后补写的也不妥。因为事后补写，却标明是当初的日期，等于虚构。

▲经过修饰了的《自白——我的日记》

3. 自白太少。

所谓自白应该是把坏思想或常人最不愿意说的思想暴露出来。比如对个人名利地位的考虑，随风倒的软弱，男女之情的欲念，母亲不是没有，日记中也有所流露，可是大部予以删除。

所以在我看来，《自白——我的日记》这部作品也算不上成功之作。尽管也反映出了一段历史，但链条的强度是由最薄弱的环节所决定。一些重大问题的基本事实不完全、不准确，有深度的自白稀少，文不对题，这部作品还能说成功吗？

我想，日记如果不删削那么多，少搞美化，多保留些原始面貌，原汁原味，其价值和效果会更好。为真实再现母亲当时的思想，我在本书中引用母亲的日记都是原始日记，而不是这部经过加工了的日记著作。

当然，此书也并非全部虚假不实，大体上还是真实的，仍有一定价值。比如透露了《青春之歌》出版时的重重困难；多处提到了关露、王莹的情况。这部书还挽救了一位同志的政治生命。原冀中十分区《黎明报》社社长黄雁星1944年2月一度被俘，后党籍问题迟迟没有解决。因母亲在这部书中提到了他的事，讲了一段为他辩解的话，催使这位同志的历史问题最终获得解决。

只可惜在一些大的问题上，这部著作“梳妆打扮”的痕迹过重。

母亲这么干自然与社会风气不正有关。文过饰非，随意修改历史的现象由来已久。母亲所干的这些举动，不少人，不少作家，甚至知名大作家也都干过。删改过去的书信、日记、作品，把自己过去干的不那么光彩的事涂抹掉，以维护自己形象的名人实在太多了。

母亲在1984年1月21日的日记中说：

> 我是个极端矛盾的人物，总想保持一个外表的虚名、好看……我恨自己的软弱、虚伪。

确实如此。太喜欢美，太过修饰，反而不美了。

这是母亲的一个教训，也是母亲的悲哀，时代的悲哀。

25. 儿女情很淡

5 个孩子有 4 个是找别人带的——我和哥哥一辈子不知道在母亲面前撒娇是什么滋味——孩子得病，也不着急——困难时期回家吃不饱饭，必须交粮票——整整 5 年不跟哥哥说一句话，患重病也不管——最疼爱的女儿不明不白地死了也不督促公安部门抓紧破案，甚至置之脑后——母爱能遗传，少母爱也能遗传——事业型女性，缺少亲情意识

有一个朋友对我说，不少女作家的孩子都对母亲一肚子意见。

我想自己就是那些孩子中的一个。

母亲作为一个作家是杰出的，但作为一个母亲，却有严重的欠缺。她生前多次承认自己不是一个好母亲。

母亲曾说她不喜欢小猫小狗。我感到她也不喜欢小孩儿。她的神经官能症使她怕吵闹，曾明确表示不欢迎别人带小孩来家里，说小孩一哭闹，她的心脏受不了。周末我们孩子一回家，她就抱怨太乱太吵。如同她的母亲整天醉心于打牌看戏，我的母亲整天醉心于她的写作，都同样不管孩子，儿女情很淡。

孩子生下后，她嫌带孩子麻烦，影响工作，5 个孩子有 4 个是找别人带的。

据母亲自己说，她跟张中行同居后，18 岁时在小汤山一个农民家生了第一个孩子。产后 12 天，因农村闹霍乱，不敢多呆，就把婴儿留在农村，自己返回北京。结果这个幼小生命长到 1 岁半时，生病夭折。

她第二个孩子徐然，只奶了 8 个月，也送回了河北农村老家。

第三个孩子青柯 1938 年冬生于河北深泽农村，刚过满月母亲就出去追

赶贺龙的部队，将孩子放在农村。以后不闻不问，直到8岁哥哥眼睛被人扎伤，才把他接到身边。母亲在1947年4月6日日记中也承认自己过去对青柯太冷漠了。

到生第四个孩子小胖时，母亲还想送给奶妈养。因为当时地委领导提倡女同志自己喂养孩子，她才被迫改变了主意，没有送出去。

到要生我时，她决定打胎，却因手续问题没有打成，只好在阜平生下来。又很快地把刚生下的我送回老家，找人喂奶。其实当时环境改善，很多同志都把孩子留在身边或附近。

▲刚进北京时的全家合影，最小者为小胖

她说她尊崇卢梭——卢梭就把自己的亲生孩子统统送给育婴堂，一个不要。

从年轻时起，她就不是整天围着孩子，想着孩子的人。所以才能冲出张中行的小家庭，去实现自我。参加革命以后，她更认为工作第一，革命第一，孩子是私事，是累赘。这从她的日记中能看出来。

1945年11月25日

……

过去我总认为奶孩子不是革命工作，为了工作，就应当把孩子给别人奶，自己腾出功夫来工作。后来看了聂荣臻同志的报告，说女同志是来杭鸡①等，才转变一些。但还是轻奶孩子，重工作。今年有了孩子，自己就矛盾。是奶呢，还是不奶呢？原来还有些奶的意思，后来敌人投降了，自己想到解放区将多少倍的扩大，根据形势，干部用的（得）更多，加上孩子很淘气，自己嫌麻烦，就决定了不奶。曾各处找奶母，但没找到。这时听说马同志不回十分区了，为了不愿把孩子丢得太远，这才自己奶着。开始想等到新工作岗位再找奶母，但以后十分区妇女部长给我写信，叫我千万自己奶孩子，她说她这次到冀中去开会才把思想整通。又加上十地委领导同志也叫我自己奶。杨英同志说自己养活一个孩子，至少可为革命服务20年，这是很伟大的工作呀。于是我才决定了自己奶。但是一阵阵，我还是有许多不良的思想使自己苦恼。尤其当孩子淘气或堕（缠）得自己不能动身时，就烦恼，生气，觉得冤枉……有时因为孩子的累赘，不能像许多同志似的活动，工作，内心也感到痛苦，感到自己前途将被葬送似的不安。一直到今天，也还是不断地自我斗争，不能完全安心地奶孩子。

1946年12月22日　阜平麻棚村

……最近一个多月来，因为保姆走了，为孩子更忙，更没法工作，心情陷入到一种从未有过的暴躁，抑郁。甚至不害羞地说，不如死了好。我不是母亲么？我不该为孩子忙么？我总不甘心真的为孩子沉陷到狭小的圈子里。我总想高飞，想大喊，想飞出这个圈子到群众当中去，到更丰富的战斗中去。可是现实呢？缝衣做饭，哄着胖胖，亲着胖胖，服侍着她……成了我生活中的全部——我常常无言地恐慌着，可不要永远这样下去呀！年岁一年年大了，而自己却一无所成。

1947年4月6日　麻棚

整整4个多月，我陷入痛苦中。从12月25日，我突然闹起病，

① 一种品种优良的鸡。

以后发觉是怀上孩子，精神更加了一层痛苦。中间，1月底，我曾得到组织许可到唐县附属医院去堕胎，刮子宫，但因未得卫生部许可，来回20天白跑一趟。现在肚子一天天大了，我只好等着把孩子生下来。我将要成为4个孩子的母亲，再加上革命所赋予我的任务，我常常觉得肩上是那样沉重，所应当做的是那样多，而实际做的却那么少。

……

母亲不愿为孩子多花费时间和精力，总怕孩子妨碍自己的工作和事业。在冀中抗日根据地的地道里，发生过女同志为避免被敌人发现，把襁褓中的亲生婴儿活活捂死的事情。这一情节，给母亲留下了深刻印象，似乎印证了一个道理：为了革命，为了个人生存，可以牺牲孩子。

她的母性不强，打姐姐徐然就是一例。那是解放战争期间，十来岁的徐然被送到六七十里外的一所住宿学校。因为不习惯，思念母亲，某天她偷偷溜出学校，从早到晚走了整整一天，返回到母亲身边。母亲看见累得疲惫不堪的女儿没有怜悯，却发起了无名火，用笤帚疙瘩狠狠打她，嫌她不守纪律。徐然用手挡护，手被打破流血。母亲第二天就托人给她送回学校。徐然的手背上为此留下了一个疤。

▲1952年全家在北海公园

母亲的童年很苦。她的父母感情破裂，各自寻欢作乐，不管孩子。她自己从生下后，就缺少母爱与父爱，老挨打。在这个冷酷环境里，潜意识中她也不知不觉地受到她父母的影响，对孩子的事漠不关心，不大管孩子。

举一个小小例子：小学三年级以前没有记忆，从我四年级以后到初中高中，学校开家长会，母亲没有去过一次。父亲也不去，总以工作忙，身体不好为由，让姑父或哥哥去。姑父是一个看大门的，文化程度很低。孩子在母亲心目中的位置排在很后很后。

孩子毕业后分配到外地，很多母亲总要亲自送到车站。而我和哥哥离开北京时，母亲不要说去火车站，连汽车站都不去，顶多送到家门口。

除了包饺子时，她会和保姆一起包，我没见过母亲周末为孩子们掌勺做饭，改善伙食。也很少见她给孩子缝补衣服，整理卫生。相反，都是孩子照顾她。

我成年后，妻子曾说我连擦屁股都不会，怎么搞的？因为母亲就从没教过我怎么擦，怎么系皮带，怎么剪指甲……母亲嫌麻烦，把我往托儿所一送了事。

母亲说她小时候，她的母亲从没抱过她，亲过她，给她过过生日。她也继承了这个特点。我4岁从农村来到北京，记忆中就没有被母亲抱过，亲过，过过生日，更没尝过坐在母亲膝盖上的滋味。哥哥也如此。别人都有向父母撒娇的经历，我和哥哥却一辈子不知道撒娇是何滋味。人家不喜欢你，撒娇都没法撒。

母亲童年时，她的母亲醉心于打牌串门，很少理她，她不得不跟街上捡煤核的孩子玩。可能受此影响，她自己也很少陪孩子玩。解放初母亲虽然常在家养病，却很少到我的房间，陪我呆一会儿。我只能在吃饭的时候，与她见面。平日还不许我在她住处附近跑跳，怕吵闹。我只好在后院里与一群鸡为伍，弄得全身是土。

父母来了客人，除了小胖，绝少让我和哥哥在场，既不愿意把我们介绍给他们的朋友，也不愿意他们的朋友看见我们。可能我们两个男孩土里土气，给他们丢脸。

她去苏联访问，到外地出差、参观、休养，不记得给我和哥哥带过什么小纪念品。我只记得她从北戴河回来，带过几个海星和海螺，也不是专门给我。

20世纪50年代，大多数人都不像现在的父母这样关爱孩子，把孩子放在首位。那时人们都埋头工作，把工作当作生活中第一重要的事，孩子的事是私事，常常排在后面。但像我母亲这样冷淡孩子，孩子病了也不在乎的却依旧是少数，并不多见。

我小时候曾患肠粘连，肚子疼，疼得满地打滚，吃什么吐什么。母亲认为是虫子病，没当回事。保姆看我痛得难受，吃药也不管用，一再去北屋向她报告，她都无动于衷，继续任我疼得呻吟，也不过来看看我。几天过去，我已奄奄一息，眼看要不行了，保姆向她通报再不看可能要出事，她才让哥哥带我去医院看病。医生检查之后马上动手术，后来对家人说，我的肠子都黑了，涨得快要破，再晚就没救了……母亲童年时得了病，父母一点不管。她拉肚子、冻伤脚、发烧感冒都没人理。所以自己的孩子得了病，她也没有去医院看的意识。她小时候得病后，都不治而痊愈。所以孩子得病，她并不着急。

我12岁左右又闹过一次肚子疼，很严重，育才学校把我送到友谊医院抢救，后又在校医院住了些天。这期间，尽管学校打电话通知了家长，母亲也没去学校看望。可萧华的儿子萧云在《我的母亲》一书中说，当他发高烧后，一连7天不退，他的母亲王新兰寸步不离地守了他7天。相比之下，我的母亲绝没有这么强的母爱。我患重病时，不记得她陪过我哪怕一天。

幼时身心受过摧残，把母亲的心变冷变硬。她也承袭了她父母的毛病，对孩子缺少关爱，甚至有些冷酷无情。哥哥上初中时，有一段时间肚子总疼，去医院检查也查不出什么毛病，可就是左侧肚子疼。以后查了多次，也弄不清楚什么原因。母亲和父亲就认为哥哥是故意装病，以索取关爱和照顾。哥哥疼得无心上课，含着泪说：我不是装病，是真的难受，真的疼呀！母亲依旧严词批判他：一个大小伙子，不要那么资产阶级贪生怕死，娇滴滴，无病呻吟。

——其实哥哥这是一种神经性腹疼，来源于母亲的遗传。

哥哥还告诉我：他高二时得了急性腮腺炎，腮帮子肿得老大，头昏脑涨，连睾丸也肿了，发高烧39度8。校医给了他一些药后，劝他赶紧回家休息。怎么回去呢？同学们建议他让家里找个车来接。因为高烧，哥哥走路摇摇晃晃，就给家里打电话报告自己发高烧，头很晕，请求父亲要个车来接一下。父亲与母亲商量了片刻后问：你现在能不能站起来？哥哥说能。父亲问：能不能走路？哥哥说头很晕，走路颤颤巍巍。父亲与母亲又商量了一番说：你能站起来，又能走路，还能打电话，病就不算重，你自己坐车回家吧。

101中校园很大，从宿舍到32路车站要走很远一段路。发高烧的哥哥就只好自己一步一步，缓缓地，踉踉跄跄地从宿舍走到汽车站。

——换了一般的母亲，哪怕找辆三轮车，也赶紧要把发高烧的孩子拉回家呀！

1958年国庆阅兵，清华大学搞了一个民兵师方队。哥哥手持7.62步枪参加了游行，之后又立刻赶到西郊百花山种树。因为条件艰苦，劳累过度，哥哥得了急性痢疾，只好回家休息。父母一肚子不高兴，责怪哥哥为什么总生病，是不是怕苦怕累？是不是要骗取照顾？除了批评和训斥，根本不理哥哥。哥哥一会儿上一趟厕所，最后拉得全身无力，走路要双手扶墙，以免跌倒。母亲也没当回事，只让保姆陪哥哥去医院看，拿了点药。以后哥哥的病转变成慢性痢疾，时好时坏，拉得面黄肌瘦。可父亲总说拉肚子不算病。家里来了客人常常当众嘲笑哥哥，说他娇气，怕死，小病大养，练武术练成了病包儿。母亲则完全站在父亲一边，对哥哥指责多，理解少。

哥哥满肚子委屈，曾一口气写了3封长信给父母，解释自己不是娇气，确实是闹肚子，吐诉了自己不被信任的痛苦心情。母亲却怒气冲冲给父亲写信说哥哥这3封长信是“一连气向我们投了3把长矛”，把哥哥写长信说成是向她发起“进攻”。母亲只看了其中一封，其他两封连看也不看。她伙同父亲痛斥哥哥“变质了”，变得“自私卑微”，就“只知自己的吃穿”。哥哥是个病号，成天拉肚子，没人管，当时正值三年困难时期，关注一下自己的吃穿何错之有？那时谁不关注吃穿呢？买粮要粮票，买布要布票。饥肠辘辘的我曾把哥哥的一包点心全偷吃光，哥哥尽管饿，还饿昏过，却不曾埋怨我一句，这怎么能说哥哥“自私卑微”呢？

孩子生病或挨整，一般的母亲都会很着急，很担心，可我的母亲却出奇的平静。她为什么这个样子？我琢磨是受她父母的影响。父母是孩子最好的老师。她的父母对孩子生病撒手不管，也无形中教育了她对自己的孩子也这样，以为这是不娇惯孩子。

我刚上小学时，母亲为省钱，常让我穿用老家的土布做的衣服。因为同学们穿土布的少，我就很显眼，比较土气，总被同学欺负。有同学还说我妈不是亲妈……回家后也不敢说，只是再也不穿那些土布衣服。母亲就批评我“不艰苦朴素，穿衣挑挑拣拣”。

困难时期，我正上初一，平时住校，饿得要命，整天就想着吃，回家也吃不饱，每顿饭就一碗米饭。母亲知道我饿，有时也曾给我一点吃的，但次数很少。我只有到姑姑家，才能敞开肚皮吃饱。姑姑家很穷，没有高干补助，可从来不管我要粮票。而我家的保姆却严格执行父母的命令：不交粮票不给吃饭。若少交几两粮票，保姆会追着屁股跟你要。因为父母给她撑腰，所以态度特横，只认粮票不认人。我和小胖常为交粮票的事跟保姆吵架。可父母总偏袒保姆，指责我们。

父亲浮肿了，他们买了不少高级糖、高级点心、高价营养品，但这些吃的都放在他们的屋，只供父母享用。他们出门就锁门，不容孩子染指。他们认为他们是老干部，比孩子重要，先顾他们要紧。

其实，不只父母，更高的干部中也有这样的。李锐的日记就曾记录过一段陈云在1948年10月11日一次会议上的讲话：“肺病打针，必要，不必要都打。小孩死了就死了，不能打。打必要干部。”言外之意，干部的生命比孩子重要。

可见，不把孩子当回事的观念相当普遍。

哥哥和我一样，回到家也吃不饱。他每次都主动交粮票，还带病帮父母干活，依旧老挨骂。他在清华大学饿昏过一次，回到家里也饿昏过一次。只有到姑姑家，他才能吃顿饱饭。姑姑竟然还给过他粮票！跟亲生父母一比，真让人感叹。

父母什么时候给过我们粮票呢？从来没有。

父亲在饭桌上常说：你们不要不知足，让你们和我们一起吃饭就够可以的了。我们有额外的照顾，你一个小孩已经沾了我们的光，别身在福中不知福——意思是你吃不饱就忍着吧。现在老百姓都挨饿，你已经比别人吃得好，挨点饿是正常的。如果多给你吃，等于是搞特殊化。

家里虽然吃得好一点，却吃不饱。我宁愿到姑姑家，吃差点，却能吃饱。

▲与三叔、三婶、姑姑、父亲（20世纪50年代）

我曾用报纸上的宣传，衡量过自己父母：不关爱自己孩子的人能关爱人民群众吗？对自己孩子冷酷的人，能对人民群众热情吗？母亲以自我为中心，很少想着孩子——长这么大没见过母亲干过一件为孩子而牺牲自己的事。

但随着阅历的增加，我渐渐发现，对自己孩子不好，对外人好的父母大有人在。这种父母对亲人冷酷，一毛不拔，对外人热情备至，有求必应。因为在那个时代，对外人热情，对亲人严厉，会被认为政治觉悟高，有阶级感情，先人后己，会受到媒体、单位和周围人的肯定和赞美。而对自己家人好，再好也不会得到官方的首肯和奖励，反倒会被认为儿女情长，觉悟低。儿女情长在那个时代是贬义词，表示你境界不高。

不由得想起了小胖姐。她在唐山军垦农场被整得几乎精神失常，流着泪恳求母亲去唐山替她向领导求求情。母亲没有去，只让大姐去了解了一下情况，也没解决问题。后来青柯去了，把小胖接回北京住了些天，精神才渐渐恢复了正常。

母亲年轻时，因为反对包办婚姻，让她妈非常气愤，曾与她断绝关系，停止供给生活费，这对她的伤害是终生的。她也变冰冷，不相信亲情，与舅舅、叔叔、姑姑等亲戚的关系都相当疏远，极少来往。与自己的孩子也动不动就断绝关系。

“文革”中，父母怕抄家，曾把1000块钱放在罐子里，埋在地下。等他们处境好些后，让哥哥去把罐子挖出来，却发现钱不翼而飞。父母马上怀疑是哥哥把钱贪污了。哥哥没有偷，当然不承认。为此产生矛盾，越积越深。一次，哥哥与母亲谈到这个问题时，争执起来，母亲大骂哥哥是“愚而诈”。平时温顺的哥哥气愤之极，不知怎么迸出一句：“杨沫同志，你别这样冤枉好人!”

母亲哪能允许孩子当面顶撞她？立即与哥哥断绝一切来往。但哥哥还没成家，没有去处，只能住在家里。从此，父母与哥哥一句话不说，连看都不看他一眼。一天，哥哥发高烧，连续几顿没吃饭，躺在吃饭屋的床上，盖着厚厚棉被。父母围坐在一旁的饭桌吃饭，视而不见，一句关心话没有。

哥哥后来被下放到湖北五七干校，摔伤右臂骨折，养病期间，举目无亲，用左手给父母写信，字写得歪歪扭扭。哥哥再次说明丢钱情况，并检讨了自己跟父母争吵不对，但中国和美国都还谈判了呢，你们为什么跟自己的亲生孩子一点不来往？信写得很长，但父母还是不理他。整整5年，父母不跟哥哥说一句话。最后，还是经过徐然姐姐做工作，洗清了哥哥身上的疑点，母亲才与哥哥恢复来往。

孩子的婚事母亲也不大重视。与别的母亲相比，她对孩子的终身大事虽然偶然也好奇地问问，可从没花心思认真帮忙。可能与早年被她母亲包办婚姻有关，反其母而行之，对孩子的婚事概不过问。据我所知，家里四个孩子结婚，她或则反对，或则不管。我结婚时很穷，向她要钱买家具，她说，哪个孩子结婚，我都没给过钱，为什么就对你特殊？嫌我庸俗。经反复跟她说，才给了200元（100元买床，100元代她请客吃饭)，这就算相当不错了。哥哥结婚一分钱没给，一件东西没送，只请吃了顿饭。

在小胖的问题上，最能看出，母亲的儿女情很淡。

1980年新刑法颁布后，公安局因证据不足准备释放了那个杀害小胖的嫌犯。此人已坐牢5年，拒不认罪。有个公安局的朋友把这消息透露给母亲，让她赶紧活动，找找公安局的关系，否则那家伙就放出来了。母亲却平静地说：随他去吧。小胖已经死了，把嫌犯再关再判也解决不了问题。何况那人还有三个孩子，算了。

朋友很惊异，说母亲太善良了，连凶手的孩子都那么关心。

——然而这对小胖善良吗？难道小胖的命就这么不值钱，杀了就杀了，凶手可以逍遥法外，照旧唱歌吗？如果说小胖死时，江青尚在台上，你害怕，还情有可原，但这个嫌犯释放时，江青已打倒多年，以母亲的人大常委身份和影响，完全可以为小胖的事，找有关部门领导交涉，再给好好查一查。可她自给老战友张烈（当时任市公安局副局长）写过一封信后，就再也没管，眼睁睁看着那个杀人嫌犯被释放。一年一年过去了，她借口忙，把小胖命案置之脑后。当哥哥问起这事时，她让哥哥写信催，自己却撒手不管。

私下她曾对林斤澜说过：这个事算了。那唱歌的也是个人才，反正人已死了，网开一面吧，不必再追究了，干吗非要以命抵命呢？

林斤澜感到母亲非常的大气，大度，重大事，不拘小情。

▲我与哥哥、母亲、小胖、父亲（1963 年左右）

但作为孩子，我却觉得她缺少母亲的责任感。孩子也是人，也有生命权，无辜被杀，做父母的不能置之不管。母亲坚信小胖是被那个唱歌的杀的，看电视时，一见有他，马上换台，却没有采取任何实际行动，督促有关部门查清小胖死因。她醉心于帮助刘亚光打官司，她有时间为刘亚光给这个中央领导、那个中央领导写信，却没有心思管管自己女儿小胖的命案，从没为小胖的事给中央领导写过一封信。

相比之下，一个农村妇女若遇见这种人命关天的事，肯定会为孩子不顾一切地奔走呼号，哪怕倾家荡产，要饭乞讨，也要上访申冤，不能让凶手逍遥法外。可小胖出事后，母亲难受是难受，却没有真正为小胖的案子花大气力。这是比一般老百姓觉悟高呢，还是不如一般老百姓呢?

母亲自己在1977年4月28日日记中说：

> 小胖，我的孩子，我对不起你！为了写作，我没有精力为你去奋斗，去打官司。也许今生你就这样冤枉地死了。

原交通部孙大光部长的夫人说：1975年小胖出事后不久，曾在柳荫街碰见了杨沫同志。当杨沫同志说到自己的女儿出事时，口气一点也不悲伤，似乎还兴致勃勃的，满面红光。这位部长夫人感到很困惑不解。

其实，母亲当然难过。小胖是她亲手带大的，她为小胖付出的心血和金钱最多。但她是情绪型的人，感情冲动得快，消失得也快。过了那一阵后，就平息了。

小胖“文革”中为保护母亲使尽了力气，可小胖被害后，母亲却是这等表现，令孩子们凄然……她总以写那个很糟糕的《东方欲晓》为借口，逃避做母亲的义务，逃避为小胖之死伸张正义的责任。在这一点上，她绝对是个有欠缺的母亲!

她后来让我（或许是哥哥，记不清了）把小胖的骨灰从老山骨灰堂取出来，放到家中，以后又拿到香山。说将来要把小胖的骨灰跟她一起埋在香山。可过了些年后，她又改变主意，认为家里放骨灰不吉利，吩咐罗秘书把小胖的骨灰给处理了。秘书去外面转了一圈，回来说把骨灰撒在了香山卧佛寺的一个土坡上。

从此，小胖的骨灰荡然无存，是被母亲给扔掉的。

出于内疚，母亲主动抚养起小胖的儿子禾禾。但她长年在外写书，经常把孩子一人丢在小红楼那空荡荡的家中。这孩子等于是孤儿，从十来岁就感受着说不出来的孤独和悲哀。

直到晚年，母亲才写了一篇文章纪念小胖，可能她有负疚之情吧。

多年来，我常常思忖，为什么母亲对孩子缺少爱?

除了战争年代，确实有顾不上的问题之外，恐怕与长期以来大批资产阶级人性论有关。从解放初期到“文革”，全社会不提倡母性、母爱。这被认为是一种资产阶级人性论而大加讨伐。冰心就因为宣扬“母爱”而受到批判。报纸、广播提倡为革命不讲亲情——亲不亲，阶级分。因而孩子揭发老子，老子揭发孩子，亲属之间划清界限司空见惯，并为官方舆论所提倡和赞许。母亲出身于剥削阶级家庭，要背叛自己的阶级就要表现得更极端。她从内心深处认为“儿女情长”是家庭妇女意识，觉悟低，境界不高。在毛主席的“革命第一，工作第一，他人第一”的长年教导下，精力更偏重于工作、事业和单位同事。认为孩子是个人私事，越少考虑越好。对同事、熟人甚至陌生的粉丝都远比对自己的孩子关心和热情。外人不穿袜子都要帮忙，自己的孩子明显地遇害，却撒手不管。在单位里见了谁都笑容可掬，有求必应，可回到家却对孩子指责多，表扬少，说变脸就变脸，说不理就不理——谓之曰：“严格要求，不娇生惯养。”

在那种革命至上的极端宣传下，类似母亲这样缺少母爱的母亲绝非个别，还有不少。

另外，与她早年受邓肯的影响有关，崇尚叛逆女性。刚开始叛逆封建礼教、叛逆传统观念，后来啥都叛逆，连基本人性也叛逆。如血缘意识、母性本能等全都否定。以为重亲情落后陈腐，平庸世俗；母性是动物本能，格调不高……所以，她与北京的亲哥哥过年也不来往；对幼儿缺少怜爱，对孩子生病和挨饿缺少同情。极其蔑视姑姑的亲情意识，认为只有家庭妇女才那样，母鸡的水平，没境界。

也恐怕有她生理上的原因。自从动了两次手术，过早摘除了卵巢、子宫，母亲性情变得烦躁易怒，为一点小事就生气。她自己就是个病人，需要别人照顾，自然对孩子缺少耐心和关爱。

还有，与父亲关系不好，父亲对孩子的冷漠传染了她。她在日记中多次埋怨父亲不管孩子，让她感到心理不平衡，结果她跟父亲一样也厌烦孩子，疏远孩子。

不过，据我看，与她母亲的遗传有很大关系。她母亲丁凤仪就不是一个很疼孩子，很母性的女人。

——母爱能遗传，少母爱也能遗传。

母亲生在一个破碎的家庭，她父母对孩子的态度潜移默化被她所接受。那就是“自己第一，孩子第二”。如果她父母很爱她，很关心她，视她为掌上明珠，她绝不会这个样子。母亲不知不觉中继承了她母亲丁凤仪对孩子的冷漠，管理粗疏，放任自流。母亲认为这种冷漠是不娇惯孩子。她可能觉得，她这样对待我们比她自己小时所受到的待遇好多了。起码她从没有像她母亲那样用牙咬我们。

在母亲的意识里，把正常母亲对孩子无微不至的关怀，为孩子宁肯牺牲自己的母爱统统当成了“娇生惯养”。记得1960年左右，她去看望了一位老战友后，回家感慨道：这个同志太惯孩子了！为讨孩子欢心，竟让小孩用手打自己的脸。小时这么惯，将来大了，他还不把你给杀了呀！

母亲曾微笑着告诉我：刚解放时，哥哥因为穿着破旧，总给家里跑腿干活，被邻居误以为是家里的勤务员——她可能很为自己不娇惯孩子自豪。其实当时干部家里穿得破、总干活的孩子很多，并不都被认为是家里的勤务员。我想真正原因是父母对哥哥冷淡，才给外人这个感觉。我也屡屡碰见过人们询问杨沫是不是你亲妈之类的问题。而母亲对自己与孩子疏远，有时候近乎很冷酷的对待总用“不惯孩子”来辩护，说她这是“置之死地而后生”的教育方法，似乎也有一定道理。但如果把孩子置之死地了，命都难保，还怎么能教育好？比如我割破手指流那么多血，她指使父亲打我，即便打伤残了，我的思想也转变不了，只能让我更恨他们。

母亲的家庭是特殊的，心理也比较特殊。她的慈母心也有，我被打成反革命后，她救了我。为哥哥调动工作，姐姐调回北京，她都找了人，帮了大忙。所以她也不是一点母爱没有，就是比较少。三年困难时期，她和父亲眼看着我和哥哥吃不饱，甚至饿昏了也不管，自己心安理得吃高级点心；她最疼爱的女儿不明不白死亡，嫌犯抓住后又给放了，她却没有劲头去奔走，上告，打官司。

——严格要求，不搞特殊化，不娇惯孩子也不能走极端，否则就成了冷酷和虐待。姐姐徐然是被母亲很宠爱的。在一篇怀念母亲的文章中曾说母亲“爱也温柔，爱也冷酷”，尽管委婉，也道出了母亲对子女有冷酷一面的事实。

事业型的女性，往往缺少亲情意识，不是好母亲。所以，很多女作家的孩子都对自己的母亲有一肚子意见。

26. 对外人好

从没和保姆吵过架——汇款单被人冒领也听之任之——外调没搞出几个“胡风分子”——拒绝监视关露、王莹——同情海默，一次就借给他500元——海默流着泪向冯牧痛斥江青——外面对她的评价都特别好

母亲平时在家的时候，看上去心情不是总好。她有病，有各种烦恼。但当来了客人，却立刻像变了一个人，满脸笑容，全身都散发着阳光。

记得那是困难时期，我们家从国务院宿舍搬到了柳荫街。原冀中妇救会主任赵亚平经常来串门。她就住在龙头井，离我家也就一里地。她一来，家里的气氛就特别温暖热乎，母亲喜形于色，说话变得亲切极了。赵亚平嗓门很大，一团火热。所以，小的时候，我很希望家里来客人，那样，妈妈就不会发脾气，就会对我好一些。哪怕有个工人来家干活，母亲也会变得极其温和文雅。

善待保姆是母亲对外人好的最典型例子。我从小到大，家里一直都有保姆。对每一个保姆，无论是优秀还是低劣，是聪明还是笨拙，是忠厚还是奸猾，母亲从来没对她们发过脾气，从来没训斥过她们。每来一个新保姆，母亲都教育我们要尊重保姆，尊重劳动人民。保姆来家后与我们同桌吃饭，母亲对她们嘘寒问暖。母亲还经常让我们帮助保姆干活，比如倒垃圾、拖地、浇花、洗碗等等。每逢我们跟保姆发生矛盾时，不管对错，不管我们怎么有理，母亲一律偏袒保姆，责备我们。

她平日对保姆总是和颜悦色，礼貌有加，看不出一点居高临下的态度。越是这样，保姆对她越好。她不在家时，都盼着她回来。而孩子，起码是我，受到的待遇有时还不如保姆。

另有一件事给我印象很深。我在内蒙古的时候，因为劳改干活，棉袄破破烂烂，都露出棉絮了。我给母亲寄了20元钱，请她给我买件棉袄。钱寄到母亲单位后，母亲却说没收到。我告诉母亲汇款单的号码，证明我确实是寄给她了，请她去单位查找。母亲却不再提此事，不了了之。多年后，我回到北京，经追问，母亲才告诉我，她查了，是单位的某个同事给私自领走，但她不愿为这20块钱去追究那位同事。人家这么干，恐怕也是有原因的，或许遇到什么紧急困难。我听了，很为自己的血汗钱让人偷领而气愤。觉得母亲对外人也太宽厚了，宽厚得有点过分。——这不是放纵坏蛋吗?

但姐姐哥哥如果领了她的稿费，没及时给她，她可绝不会答应，一定频频追讨，直到给她为止。

我儿子生下后，她从没有给小孙子买一件东西。她身在珠海，却能给北京老战友的孩子买坐月子用的尿布等。夏天，还能邀请那小两口住到香山自己的小院。她还曾送给朱述新的爱人（我育才小学的同学）300元买皮大衣。可作为她的孩子们却享受不到这种待遇。即便对她比较喜欢的两个女孩，也没买过这么贵重的衣服。徐然姐要她一个收音机，还得付给她钱。

母亲有个女同事韩霭丽，1963年左右调到市文联工作。母亲见她总不穿袜子，以为她生活困难。一次开完会后，母亲悄悄把她拉到没人地方，塞给她几双袜子说：我给你带来几双袜子。不料这位女同志笑了，婉言谢绝道，自己从小就不穿袜子，连冬天也不穿。弄得母亲有点尴尬，在文联传为笑谈。大家都感到了母亲的善良，对同事有爱心。

▲与吕果（右）（20世纪60年代）

可她对家里人，就另外一个面孔。小胖临死前一段，穷得叮当响，常常也没袜子穿，大冬天光着脚板穿棉鞋，她也没说给小胖几双袜子。

母亲就属于那类对外人好，对亲人比较冷淡的干部。

所以，母亲在外面口碑很好。

解放初期，母亲在北京市妇联工作期间，原北京市妇联副主任吕果，是母亲的下级。据吕果说：1949年底第一期《北京妇女》杂志创刊时，市委宣传部副部长廖沫沙审阅稿子后，指出文章知识分子气太重，只表扬了杨沫写的一篇《谈谈生孩子》，认为最联系实际，文字也最通俗。她很惊讶，杨沫不是医生，怎么会懂生孩子？经询问，才知道母亲在根据地工作时，给妇女接过生。那时农村婴儿死亡率高，原因是不讲卫生。母亲就琢磨出了用土法子消毒。由于她是妇女干部，生孩子是妇女的大事，自然就学会了接生。

▲1990年6月7日与吕果

这件小事，给吕果印象很深。自己有什么个人问题都对母亲说。而母亲也对吕果格外信任。写好《青春之歌》后，她首先就送给吕果，请喜欢文学的她提意见。可以说吕果是母亲《青春之歌》的第一个读者。吕果1948年才参加革命。母亲虽比她有资历，却不摆老资格，与她维系了45年的友谊。后来母亲成名后，写完《东方欲晓》，也是头一个送给吕果审读。吕果曾坦率地、一针见血地劝母亲把第一主角改为女性。由于母亲非常听吕果的话，我在被打成反革命的日子里，还曾给吕果写过信，请她在母亲面前替我求求情，让母亲帮我一把。

多年来母亲对吕果始终敬重如宾。每次来家，都滔滔不绝聊上几个钟头。平日，她跟孩子很少这么长时间地、这么耐心地、这么热忱地说话。

母亲对孩子花钱，管得比较严。我们有事管母亲要点钱，并不容易，必须要跟她讲明白原因，费些口舌，显得有点抠门。但她对外人却一点不抠门。作家舒丽珍含着泪对我说，1973 年因为档案不到位，她好长时间没有工资，生活非常困难，冬天连取暖煤都没钱买。那时她还默默无闻，没人注意。在一个大雪飞扬的日子，杨沫同志全身披着雪花，来到她家，给她送去了 100 元钱，鼓励她不要灰心，把作品写出来。当时带鱼一斤 0.38 元，牛肉一斤 0.75 元。100 元不是小数，能买很多东西。

▲在香山与舒丽珍（1973 年左右）

母亲曾很动情地向我介绍：舒丽珍是一位童工出身的作者，喜欢文学，非常刻苦。脸上涌现出真诚的赞叹。为舒丽珍的第一部作品《栾城火焰》的出版，母亲花了不少力气推荐，一次一次，最后在解放军文艺社出版。相比之下，我的书，母亲刚开始坚决反对，后期关系缓和了，才帮我推荐给花城出版社，只这一回，也没有成。《栾城火焰》出版后，母亲还给这部书写过书评，发表在《工人日报》上。她平时是很少给人写书评的，实在没有时间和精力，却给这个默默无闻的舒丽珍写了书评。从中也看出母亲对外人是多么善良。对方只是个普普通通的小干部，长年在基层工作。“文革”中与母亲在同一个学习班里才认识。

因此舒丽珍对母亲特别好。两个人维持了数十年的友谊。

▲ 1990 年代与舒丽珍

母亲认识了那位搞科技的刘亚光后，待他如上宾。每次他到家，顿顿买好吃的，每天花四五元菜钱。而刘走后，家里剩下姐姐与禾禾，母亲只留下 10 元钱，让她们过半个月。姐姐自然感觉悲哀（当时父亲去外地休养，家里没别人）。母亲为刘亚光简直豁出了命，整天找这个领导，找那个领导，不惜得罪很多人。她没有为任何孩子的事这么上心，这么投入，这么奋不顾身。

母亲还曾帮助过很多人。如资助烈士许晴的孩子许雷；为日本翻译家伊藤克解决住房奔走；帮助战友之子小齐调动工作；帮助女作家李玲修疏通关系，调入北京市内；还为在天堂河劳教的女孩李美珍的问题，给北京市公安局副局长张烈写信求助。仅仅由于这个素不相识的女孩给母亲写了 2 万字的长信，诉说自己的遭遇……

观察母亲的所作所为就会明白，世界上真有对家人冷淡对外人热情的人。

母亲的同事、朋友、战友中，有的出了事，挨了整，坐了牢，母亲虽然不敢公开为他们鸣冤，私下却还藕断丝连。她在日记中常批判自己的斗争性不强。我感到，这是因为母亲的所谓“小资产阶级思想感情”没有彻底肃清，对所谓的“堕落变质分子”、“反革命分子”、“修正主义分子”

等等不那么横眉怒目，落井下石。

她确实厌烦整人，比较温情主义。1955年搞“肃反”时，她作为文化部外调组组长，去上海、南京外调了半年多。白天外面跑，晚上写材料。虽然日夜苦干，费了不少力气，却没搞出几个“胡风分子”。当时创作所的党支部书记李英敏同志还曾在大会上表扬过她。不过调级时，惟独没有她的份，理由是没写出剧本。事隔多年之后，母亲谈起这事仍耿耿于怀。她说被外调的人，有些是定不下来的边缘人物，若要稍稍左一点的话，就会增加不少“胡风分子”。可自己坚持了实事求是，没为有成果就多揪出几个“反革命”。结果虽查清了被调对象的问题，让他们顺利过关，自己却一点没得到好报！

北影厂编剧海默遭到批判后，母亲对他相当同情，从没与他划清界限。

▲刚直倔强的海默

1942年母亲和海默曾在华北联大同过半年学。解放后母亲调到剧本创作所又与海默相遇，两个人就有了些来往。1953年母亲曾请海默看过《青春之歌》的初稿。他看后提了一些中肯的意见，并热情鼓舞了母亲一番。母亲根据他的意见，作了修改。《青春之歌》出版后，是海默最先告诉母亲：周扬同志肯定了《青春之歌》，为母亲的胜利由衷地高兴。

后来《青春之歌》大获全胜，母亲红极一时，而海默却倒了霉，他个性刚直，竟敢跟北影厂厂长韦明、北京市委书记处书记陈克寒等人顶撞。因为说大跃进的典型徐水县搞虚夸等，1960年被冠以“漏网右派”，开除党籍，撤销编剧职务、工资降三级、下去监督劳动。他执笔改编的剧本《红旗谱》、《粮食》等电影上映后，影片开头也全抹去了他的名字。但是，母亲没有因为海默遭到批判就歧视海默，与海默断绝来往。她依旧把海默当成朋友，期望他能时来运转。那时母亲还在北影厂当编剧，因生病休养，得以躲过了单位里的人人表态批判。我记得她在家里聊天时，每逢提到海默，都肃然起敬，夸他有才气，充满同情，从没说过海默一句坏话。

1960年左右，海默被下放到北京郊区牛栏山公社劳改，不久即患病半身麻木，卧床不起。北影厂视他为敌，年节补助的副食不给他。他请求跟领导谈话也不理睬。有时他病在床上三天不下地，吃不上饭，也没人管。在朝鲜负的腰伤，使他直不起腰。为看病四处借钱。在冀中战友、某名导演处只借到20元，气愤之余，借着酒醉，他把这导演家养的名贵花盆全给砸了。百般无奈下，他来信向母亲借500元，母亲二话没说，立即把钱借给了他。——要知道当时500元是很大一笔巨款啊。平日，保姆或老乡向母亲借10元、20元，她都哭穷，能不借就不借，能少借就少借。一下子借出去500元，从来没有过。

1962年搞甄别平反时，海默给摘掉"漏网右派"的帽子，恢复了党籍。1964年又发表了作品，有稿费后，立即把这500元钱还给了母亲。母亲很感动，在重病中给海默写了一封信：

海默同志：

来信及款都收到了，因我正生病住在医院里，回信迟了，你不会见怪吧？你有病，经济也有困难，看到汇来这多钱，很感激，也很不安。以后，情况好转，我们还该互相支援的。

我是因胆囊病，大年初一住到了解放军总医院的。来后，心脏病又犯了。长年害病，实在痛苦得很。你这个"壮士"怎么也闹得浑身是病呢？可要乘早治好，不要不在意，不然年纪大了，根治病更困难。你还常到北京来么？来时找我来谈谈吧？你结婚了也不告我，爱人叫什么名字？代问她好。

握手

杨沫

3.15

"文革"开始后，海默又成了北影厂的斗争目标。他硬骨铮铮，令人拍案叫绝。李少春的儿子李洪生说：海默真是条汉子！我打他一拳，他敢给我捶了回来。

批斗他时，北影厂的一位女士喊："大流氓、反动作家海默低头！"他当众回嘴道："我是反动作家，可我不是国民党的小老婆。"把这位女士气得脸发青，跳上台狠狠抽了他两个耳光。

红卫兵抄他家时，他还站在家门口试图阻挡。据邻居田壮壮回忆：“那海默特横，拿着老粗的火通条，向来抄家的红卫兵嚷：你们不许进我家！我这些书有很多孤本，绝版，都是国家财产——他家有 24 个书柜藏书。”

海默嫉恶如仇，曾流着泪，向冯牧痛斥过江青，并表示：“让这个女人夺了权，会把我们党带到哪里去！反正我铁了心了，就是打死我，我也不会给他们低头。”（见冯牧的《耕耘文集》第405页）

最后，海默果真被活活打死。死了 7 年之后，1975 年 7 月文化部核心组还以“恶毒攻击毛主席的无产阶级司令部”为由，将海默正式定为“现行反革命分子”，开除党籍。人们说：海默若不跟造反派对着干，硬顶硬闹，不至于被打死。

对比海默，母亲的斗争性就差多了。她不敢像海默那样以明显抗拒的态度，对待造反派。在高压面前，她唯唯诺诺，驯服听话。她出身不好，骨头先天就缺钙。可就这样，她也始终没有说过海默一句坏话。所以，海默的前妻张青予晚年跟女儿张研佳聊天时说：原来剧本创作所的那些女作家都跟你爸关系挺好。但你爸倒霉后，那些女作家都整你爸，惟独杨沫不整！

除了海默，母亲对关露、王莹以及柳溪这些给扣上了各种各样帽子的人都持友好态度。私下场合，从不避讳与这些人来往，在自己力所能及的范围内，给了这些人一些帮助。

比如，柳溪成了“右派”，被发配到农村劳改后，丈夫与她离了婚，什么东西也没给她，经济上非常困难。很多过去的熟人都不敢再和她来往。有一年，柳溪穷得连过冬的衣服都没有，绝望之中，托人向母亲求救。妈妈就挑了自己的一些旧衣服包了个包偷偷送给了她，东西虽不多，却也表达了母亲的一点心意。她本质上不是那种斗争性很盛，朋友一出事就翻脸不认的“革命左派”。所以，柳溪才敢伸手向她求助。

母亲对关露也一直很尊重。由于她的香山住所与关露、王莹毗邻，关系良好。20 世纪 50 年代有关部门的一个干部曾找到母亲，请母亲监视她俩，定期向该部门汇报，被母亲一口回绝。那时候，该有关部门交给你任务是对你的信任和器重，很少有人拒绝。母亲的态度让这名青年干部十分惊讶，随之是钦佩，以后他成为了母亲的忘年交。

在1957年9月24日的日记中，母亲说：

今天我的心里忽然感到很快活。上午开会传达“十一”的事情。开会后同关露一同到西单商场买了狐皮大衣筒子。我很佩服关露，被公安局错押了两年，出来后，精神仍然是那么活跃，没有对党不满的任何怨言、姿态。这才是个真正的革命者。

而关露确实有骨气。她自己身受那么大的冤枉，背着“汉奸”、“日本特务”的帽子，却还敢仗义执言，替母亲鸣不平。母亲在1957年11月19日日记中对此有记录：

……今天开完会出来和关露同路。关露说：“听林蓝说，别人去年都提了级，而却没有给你提。他们都不平。这不是根据德才资取人，而是单纯根据‘才’。”她还打算在明天的会上提出来。我赶忙说：“因为我没有写出剧本，所以并没有意见。你可不要提。”她说：“这与你无关，这是我们的意见。”

11月23日　星期六

在这个会上关露替我鸣不平。说我思想作风如何好，如果评级以“德”为第一标准，那么我该升级。而岳不该升两级，因他的思想作风有许多毛病云云。我听了这些话，心情是很复杂的。升级与否，我不愿计较这些。……我没有写出剧本，如果真的升级，也许并不好。可是一听关露说出许多人都认为我是一个好同志，接近群众，谦虚，因而为我鸣不平这些话语，我又很高兴。大概是满足了自己的虚荣心之故吧？

关露这么说，自然与领导的意见相左，要得罪人的。她却毫不在乎，显示出她刚正不阿的性格。与她相比，母亲就缺乏这样的斗争性。对领导惟命是从，即使有意见也不敢提。后来，母亲在香山租了房子，与关露来往更加密切。有时还带我去看关露。我记得，关露的鼻子总是红红的，有点像酒糟鼻，烫着头发，身材瘦小娇弱。即便关露当时名声很臭（传说她患有梅毒），母亲也不在乎。

记得有一次，母亲在香山住所带我去见关露之前，她睁大眼，郑重其事地对我介绍说：“关露是个大特务！”那神情像是在谈一个很可怕很可怕

▲关露出狱后在香山

的危险人物。我很不理解，她既然是个大特务，你为什么还要去看她呢？

有时母亲甚至头顶烈日，步行到她的住处，跟她聊家常，通报文坛上的消息，熟人的近况，没完没了。有时去还送给她一些从城里带来的食物。我心中产生了一个又一个的疑问，母亲为什么对一个“大特务、大汉奸”这么亲热呢？我那时也就十来岁，非常困惑。感到母亲口是心非，当面一套，背后一套。

关露独居香山一农民小院，树木丛生。1955年“肃反”运动中，她受潘汉年冤案的牵连被捕入狱两年，释放出来后，也从没有正式给她平反，群众威信很低，没人敢沾。其实她是受中共地下党领导廖承志的派遣才去当“汉奸特务”的。

母亲就以这样的“口是心非”，委婉地给悲苦寂寞的关露送去一缕温暖。

1957年12月19日母亲在日记中写道：

> 下午开会，谈谈读文件情况，并讨论如何检查。到四时多就完了。在关露屋子里坐了许久，深深同情她的痛苦。她谈到赵慧琛对她的冷酷，甚至伏桌哭了起来。

母亲没有因为关露的所谓历史问题而远远躲着她，疏远她。关露也对母亲很好，多次帮助母亲找房子。“文化大革命”中，1967年关露再次被捕，一关就是8年。1975年10月20日，母亲在日记中说：

> 被关了几年的关露前些时候放出来了。她仍然住到原来的房子里……自己生活很节省，几乎把钱都用在修房上。……关露是一个很好的同志。30年前，党派她做过日本人的情报工作，很有成绩。据说，她曾见过日本天皇。后来，在上海她的面目将要暴露时，党送她到了新四军中。在新四军中，她就因“汉奸”嫌疑被审查过。1955年

"肃反"时又被抓起来审查（也因她是被潘汉年发展入党的）。"文革"后再被审查。可是，每次放出来后，她都是高高兴兴的，从没有一句不满的牢骚话。这次，她告诉我，她关在秦城监狱中，里面生活不错，有抽水马桶，有图书馆，有时还可以散步……听她叙说，我心里很难过。前些年，我、王莹、关露三个人都住在香山，经常你来我往，互相看望。听说，"文革"中王莹被捕后已死于狱中，关露虽然出来了，可是，她又在弄房子……我写作忙，没有时间常去看望她，但想起她来，总有一种不大舒畅的感觉。她孤身一人无儿无女，比起她来，我幸运多了。……关露总是在造房、造房。造好了，给谁住啊？她忘了她已是将70岁的人了。但这话只能在自己的日记里说说，当她的面，是不好说的。……关露是女诗人，《十字街头》电影里，《朗里格朗》那首歌就是她写的。后来，大概由于刺激太深了，于是，她就用心造起房子来……写到这里，我感到悲哀。

关露年轻时结过婚，短暂地维持了3年后离异，终生未再嫁。晚年凄苦，病弱缠身，平反后9个月，用安眠药结束了苦难的一生。

从母亲的原始日记中可以看出：母亲不管关露沉浮，入狱出狱，多年来始终对她持同情态度。

母亲对外人的处世原则是宁肯自己吃亏，也不能让别人吃亏。哪怕自己的钱被人冒领，也不追讨。所以，外人对她评价都很好。

王蒙在《我看杨沫》一文中，这样写道：

文如其人。杨沫是一个极真诚，极本色，而又爱憎分明，嫉恶如仇的人。她不会趋奉，也不会摆谱，不会阴阳诡诈，也不会恣意妄为。她不会蝇营狗苟，也不会沽名钓誉，她从不躺在作家的宝座上颐指气使，寻衅滋事，她更不会以利欲熏心的污秽玷污文学的圣洁。她专心致志地从事创作，创作，还是创作。

吕果说：

相识多年，在漫长的岁月里，我目睹杨沫的大起大落，从默默无闻坐冷板凳，到一举成名誉满全国；从举国上下几百家小报围攻，千夫所指，到雨过天晴东山复出。真可谓"十年河东，十年河西"，荣辱无常。但杨沫是我见到的最少城府的人。无论局势怎样变化，无论朋友官海沉浮，无论自己失意得意，她总是那一个劲儿；坦坦荡荡，忠厚平易待人。几十年如一日，始终不变。文品如斯，人品如斯，翰墨交往数十年，是我友，亦是我师。(《我所了解的杨沫》)

中华社会大学校长于陆琳说：杨沫是一位靠得住的朋友。

27. 晚年的变化

破天荒头一次给孩子压岁钱——后来的老伴，纯净正直的李蕴昌给母亲带来巨大变化——罗秘书眼看大势已去，拼命挣扎，威胁恐吓，两人30年交往终于一刀两断——母亲返璞归真，可敬可爱，特别关心孩子和亲戚——李叔叔改变了杨沫，改变了我们家

20世纪80年代末，母亲对罗秘书越来越不满意，数次公开表示要换人。

1988年初，为了让小罗走，她与北师大的陈老师夫妇说好，请他们来香山居住，顶替小罗。小罗口头上答应搬走，却以种种借口拖延，拖了很长一段时间后，因陈老师家里有事，无法来香山，小罗得以度过这一关，继续赖在母亲住处。

到1989年初，我为小保姆的事去香山跟小罗大吵一架，被他骂为暴徒。母亲虽然埋怨我，偏袒小罗，并继续用他，可事实上，她跟小罗的关系已相当冷淡。

这年春节，她是在小红楼跟孩子们一起度过的。正月初一，全家团聚在一起，热热闹闹，温温馨馨。母亲还给每个孙子辈儿的小孩50元钱，让买点东西。这也是破天荒头一次。几十年来，父母从来没有给过孩子什么压岁钱。

聚餐之后，全家照了合影。我还单独跟母亲照了一张相互搂着的照片，这是我这辈子与母亲最亲密的一张照片。母亲的大手真温暖啊。

母亲一直微笑着，话不是很多，认真倾听着我们的聊天。

自从1982年大学毕业后，我感觉1989年春节是最甜美幸福的一个春节。

多少年来，母亲一到冬天就去珠海，很久很久没跟我们一起过春节了。

这一年，母亲发生了大变化。

思想观点上，她更独立，更贴近了人民群众。针对蔓延到各行各业的腐败，母亲对我感叹：现在这腐败，无论深度和广度，都前所未有。我想在香山住处办一个液化石油气本（那时购气要本，每家一个月限购两瓶），困难重重，从上到下得一个一个送礼，少了谁都不行……

她对终身制，以官为本，惟官是从，深恶痛绝。她对老百姓的冤案疾苦，深表同情，认真倾听，能尽一份力就尽一份力。为了河北雄县一个农民的历史冤案，她写信，她找人，她焦急。

▲与李叔叔相识于1989年

特别是这年5月，经人介绍，她认识了李叔叔，给她的生活带来了巨变。

李叔叔是一个搞化工的高级工程师，妻子3年前已病逝。他原籍河北新城县，正是十分区的地盘。母亲抗日战争时经常住在这里，对当地情况非常熟悉。两个人一见如故，很能谈到一块儿。

母亲喜欢古典音乐，李叔叔也喜欢。母亲还喜欢听民乐，李叔叔也不讨厌，并帮母亲搞来了《胡笳十八拍》、《平沙落雁》、《十面埋伏》等磁带。

两人都极度反感色情文学。对那本模仿《金瓶梅》写法，连篇累牍写床上事的畅销书嗤之以鼻。

李叔叔虽是搞化工的，但翻译过专业著作，有相当的写作能力。他博览群书，略知一些文学，跟母亲在一起有说不完的话。

李叔叔待人真诚。妻子患病期间，他给照顾得无微不至，在同事中都出了名。“文革”中他一个熟人被整成反革命，赶到外地农村劳改，后得了痢疾，回北京无家可归，很多人都不敢理睬。他却把病人接到自己家，养了很多天，直到痊愈为止。并还主动给那人的单位去信，反映这个人的种种困难，结果使那人的处境得以改善。换了亲兄弟，都未必能做得到。

自与母亲认识后，他感到杨沫是个好人，值得尊敬，就频频去医院探望母亲。当时母亲正住院做一个整容手术。为照顾母亲，他常常早8点来，晚8点走，一呆就是一天，几乎天天如此。

7月的一天，母亲无意中说，很久没吃天福号的酱肉了。

第二天赤日炎炎，他比往常来得晚，上午11点多钟才到。满头大汗走进病房。买来了一包包天福号的酱肉、酱肚、酱肝、酱猪耳朵、酱舌头……

母亲惊讶说：买这些怎么吃得了？

他用毛巾擦着汗水，喘息着，啊啊地说不出话来。大暑天从和平里骑车到西单买酱肉，再骑到黄寺的国防科工委医院，小伙子都难以忍受，何况70多岁的老人，何况心脏有病。

母亲很有些感动。

两个人接触了3个多月，彼此都挺满意，准备登记结婚。孩子们都持赞成态度。惟有罗秘书感到了恐慌。他特别找到了母亲的老朋友，原解放军报社副社长毕永畅以及中华社会大学校长于陆琳，诉说母亲与李叔叔交往及准备结婚的情况，贬损李叔叔“急功近利”……感叹“杨老师太容易上当受骗”。

▲母亲与她的哥哥、嫂子、白杨、李叔叔（1990年）

事后，他郑重其事告诉母亲：于陆琳说你都这么大岁数了，再结婚让人笑话！

其实于陆琳根本没说过，完全是他自己添油加醋，编造出来的。

但母亲不怕人笑话，于 1989 年 9 月去东德访问前，与李叔叔正式结了婚。

自然也有一些风言风语。有的说李叔叔是图母亲的名气，有的说是图母亲的钱。这些人不理解人的复杂性和多样性。马群里的马，牛群里的牛，那性情、嗜好、口味还都各不一样，何况人呢。李叔叔在化工界也很有名，他的工资不比母亲少。这些东西都不缺。他已 70 多岁，没兴趣当追星族，他更在乎自己的名誉。

他的同学、朋友一大堆，都睁着眼看着他呢。

以后的实践证明，他跟母亲杨沫的这一段姻缘，纯洁无邪，奉献远远多于索取。

……

母亲的日子热闹起来。李叔叔手脚勤快，为让母亲吃到新鲜可口的蔬菜，他经常亲自到菜市场采购，帮助指导小阿姨做饭。他很会照顾母亲，给母亲削苹果，切西瓜，剥核桃。过去，母亲嫌麻烦，总是把苹果洗干净，连皮吃，李叔叔来了之后，才吃上了削皮的苹果。

母亲的许多家务，都由他承担下来。他身体健康，骑着自行车四处跑，比那个病号秘书强多了。见母亲的稿子写好后，秘书没及时抄，就主动帮母亲抄。

罗秘书对李叔叔充满敌意，他感到自己的位置受到了严重威胁。

当李叔叔初来香山，发现还有个男秘书带着两个孩子在此居住，并跟母亲一起吃饭时就很不舒服。现在他立刻嗅出了这位秘书身上的邪气和对自己的敌意，他毫不退让，勇敢迎战，一点不八面玲珑。为保护母亲，他把母亲的后勤杂务及文稿的整理誊写，全都从秘书手中接了过来。他不怕累，不怕繁琐，坚持天天记账，让秘书再也不能像过去那样浑水摸鱼，随意宰杨沫了。

1990 年母亲在珠海染上肺炎，连着住了两次医院。老李就睡在一个小沙发加一只小凳上。他体形不瘦，却窝在这么狭小的地方，天天如此，没一句怨言。

香山有个张姓部队作家，认识当地某领导。秘书以杨沫的名义给他写信，想把自己的两间破房换植物园西边的一处新楼房，请张作家帮忙与某领导交涉。人家没理他，他就认为是李叔叔对张作家讲了他坏话，气得与李叔叔大吵大闹。

李叔叔是搞自然科学的，用严密的逻辑分析与他辩论。罗秘书虽然有着东北人的伶牙俐齿，机敏过人，又有些泼皮劲头，最后却被李叔叔问得哑口无言。

母亲也很快就领教了李叔叔的刚直。他对母亲写的东西，敢提出批评，有时还跟母亲争吵。一次母亲生气地说：你太好为人师，我不是请你来当我老师的！

他倔强地嚷道：别以为你是大作家就字字千金，天衣无缝！你写的东西有时马虎，有时文法不通！

《当代》的一位副主编没采访母亲就瞎写母亲，胡编乱造，李叔叔听说后比母亲还愤怒。这位老先生认死理，嫉恶如仇，出口伤人。很快就得罪了徐然，后来又得罪了介绍他认识母亲的亲戚维嘉。

他对母亲不拍不溜，常为点小事跟母亲争辩，弄得母亲一度很伤心，感到他没有涵养，气量狭小，不像个知识分子。母亲甚至还正式给他写过一信，警告他改改脾气，否则，自己终有忍受不了的一天。

▲在邓拓诗集座谈会上，旁边为邵燕祥（1993 年 9 月）

在母亲打官司期间，李叔叔没日没夜地写材料，到了废寝忘食的地步。为一些具体问题，跟这个吵，跟那个翻脸，伤了不少人。他自己气得犯了心脏病，住院治疗。天长日久，母亲发现他生气、发火、伤人，全是为了别人，没一件是为他自己。

李叔叔心地纯净，一点不油，一点不世故，很像个老小孩。对周围人的不良行为，不管是谁，他都直来直去，张口就说，不计后果。

母亲在一篇文章中写道：我感到他是块顽石，但这块石头上却闪着金子般的光亮。

母亲还说李叔叔对她不只开始时好，结婚后还是那么好。随着母亲年老病多，常常住院，李叔叔的任务也年年加重，却从不厌烦。他不放心小阿姨，始终自己亲自陪住，亲自为母亲端屎端尿，跑这办那。

他不像罗秘书那样殷勤伺候母亲是希图从母亲那里索取更多。他照看母亲，陪母亲说话，为母亲买药报销，誊抄稿件，写信复信……完全不图任何回报。与母亲共同生活后，他没让母亲给他买过一件值钱东西，给他或他孩子办过一件事。

母亲终于认识到了老李是个难得的好人，重情重义，有品有德，至诚至正。虽然毛病也突出，不那么圆滑，口无遮拦，四处得罪人，却像铅垂线一样正直。黄昏恋有这么好结果的实在不多，母亲很庆幸自己的福气。

罗秘书明白大势已去，对李叔叔恨之入骨。秘书的两个孩子，正值年少气盛，也视李叔叔为夺去父亲饭碗的仇人，一见到李叔叔就怒目瞪之。

母亲与朋友通电话时，这个秘书经常用自己屋的电话偷听。有一次母亲来电话了，她正通话时，李叔叔去秘书屋办事，发现秘书在偷听。李叔叔当即质问他为何偷听。这秘书嬉皮笑脸说："我是杨老师的克格勃。杨老师岁数大了，脑子不好，我要暗中保护好她。"

……

1990 年秋，母亲和李叔叔前往珠海过冬。罗秘书和他孩子竟然将母亲卧室的门锁打开，擅自睡在母亲床上。当时香山寓所所有房子都供秘书和他两个孩子使用，可他们还非要到母亲的卧室睡觉，盖着母亲的被子，枕着母亲的枕头……

世界上哪有这样的秘书！是不是欺人太甚了！

1992 年 3 月母亲出院后，到香山取两个剧本，发现不翼而飞。母亲很吃惊，气恼。她明明记得去年离开香山时自己把剧本放在写字台抽屉里，还用报纸包好，怎么就找不着了？母亲在1992年12月26日日记中说：

更有意外事，当我要去香山取剧本时，小罗在电话里说，我去年走时卧室的门没有锁。我更觉得蹊跷了，去年走时没有锁门，他为什么不立时打电话告诉我（他一直在香山替我看房子）？却待半年多后，我要去了，他才说出？这种种猫腻令我十分寒心，我才恍然明白，我是个东郭先生。过去不少人说这个人不好，我全不信，这个事实狠狠教训了我。以后我该擦亮眼睛了。可惜两个剧本的丢失使我的文集从原计划八本变成了七本……实在不寒而栗。

以后为剧本母亲多次询问罗秘书，他支支吾吾，推说不知道。又别有用心地问：是不是老李拿了？

母亲说，不会，老李绝不会拿。

罗秘书眨巴着眼睛说：老李恨我，会不会拿了稿子好嫁祸于我，挑拨您与我的关系？

他干过这类事，就以为别人也会干。1992年春，他给母亲写信辩解说：

苦觅姚文阻抄家，履险护伊免斗砸，不然画与人将烬，何来今朝迎晚霞。

暗示他对母亲有恩，“文革”中曾替母亲找来姚文元的那本小册子，保护了母亲。并竭力叫喊：我指天发誓，如果我拿（剧本），天打雷劈，车下粉身碎骨，子孙后代不得好死！！另外即便我真是个小人，但须知小人哲学就是损人利己，而拿你稿，寒你心，于我何利之有？

这个人满嘴谎言，已经没法让人相信了。他打着杨沫的旗号，哄骗一个退休老头，偷刻了人家的私章，暗暗到公证处公证，结果只花很少钱就给自己买了一块地。全是人家看杨沫的面子给他办的。

他很有一点鸡鸣狗盗的本领，精通捅锁之道。母亲香山和小红楼两处住所的所有房间，他都能打开。还能模仿母亲的签名，使他得以顺利冒领母亲的稿费。

李叔叔来了之后，他的利益受到了巨大损失。过去母亲的一切都是他

▲与邻居钟敬文及新凤霞

掌管，对内对外都他做主。现在，他靠边站了，大权旁落了。过去他吃喝住行全靠母亲，不仅是自己，一家人也都靠着母亲。现在李叔叔名正言顺，跟母亲一起过，他被排除在外，吃饭分开了，日常生活开支也都分开了，他难以忍受。

他知道在杨沫身边的日子屈指可数，就在物质上尽可能多的捞。小偷小摸就不提了。一次，居然模仿母亲的笔迹，在汇款单上签字，偷领了母亲的400元顾问费。后来汇款者告诉了母亲，才发现被小罗冒领，母亲质问他为：什么这样干？

最初他解释是有事急需用钱。后来又改口说是母亲欠他钱，倒打一耙。

母亲的小笔稿费常常拿不到，估计也都让他顺走。这个秘书没事就练字，却不练大书法家的笔体，专门临摹母亲那很一般般的书法，尤其临摹母亲的签名。其什么目的，昭然若揭。

让品行这么坏的人呆在自己身边，不是很可怕吗？李叔叔多次向母亲提出：自己可以找个人来香山看房子，当务之急是赶快让小罗走。

母亲接受了李叔叔的意见，一次次催小罗搬回自己家住。可这人非等闲之辈，让走就走。他欺负母亲年迈体衰，硬是不走。说什么这个小院里有他盖的两间房，他有权住在这里，你杨沫不能过河拆桥。

母亲反驳道，这两间房的产权是你的吗？那是我看你家人口多，就给了你1000块钱，让你盖了两间临时住房，怎么就成了你的呢？

1993年涨工资时，文联没给小罗涨，他又怀疑是李叔叔跟文联领导说了他坏话，不顾母亲身体有病住院，给母亲打电话威胁道："为什么不给我涨工资？哼，谁要背后坏我的事，我就让他活不成！让他活不成！"他怒气冲冲，最后一句话恶狠狠地重复了两遍。

母亲当时正在同仁医院住院，给气得说不出话，心脏骤然难受，赶忙吸氧。

曾经一口一个"恩师"，一口一个"玉体"，对母亲点头哈腰的人，最后却对母亲这么凶狠。

5月，母亲回到香山，和罗秘书摊牌，下决心解雇他，并给香山派出所打电话，讲述了秘书威胁自己的情况。6月1日，派出所的警察乘车前来母亲住处了解情况。小罗获知后，态度立刻转变，面带微笑，诚恳表示一定搬走。母亲给他写信说：

小罗：

一、前天电话上你表示可尽速搬走，这是明智的做法，越快越好。今我再特告知你，你最迟不得超过6月份搬走。因你有足够的房子可以居住，完全有条件很快地搬走。

二、请你把我还在你手中的材料、东西整理好，全部交还给我——如我的图章，两个户口本之一，和北植签的住房协议。还有其他如我的信件，写作资料等。

三、以前送给你的家具等，你叫我给你写证明，这不合理（都有什么，我哪里都记得）。可由你一式两份写明，我可以签字，分别保存。你借用的部分，如书箱、线装书及硬木小柜等，在你搬走前，必须交回。

四、你修了电冰箱，由王同志给你送去110元修理费。

总之，目前大局已定，我希望你尊重自己，我们争取善始善终。

杨沫

1993.6.4

我忙于写作，你有何意见，或对王同志说，或写信给我，我需平静，特忌外界干扰。

母亲在自己日记中说：

> 昨天给罗写了条子，限他月底搬，要他还图章、户口本、房子合同等，但未见他回音。常和李商量此事，心中甚烦，看来不由官方出面，他是不会走的。

1993年6月10日下午，母亲的电话线断了，外面下小雨，并无大风，母亲怀疑是小罗捣鬼，非常紧张。次日晨即派人到香山派出所报告。上午，派出所的田警官和周副所长前来看望母亲，安抚了一番并又交换了些意见。之后，他们正式出面找小罗谈，让他尽快走人，态度还很客气。

可是到了月底，这个病号秘书还没走。

6月25日，母亲只好把北京市文联领导赵金九和姐姐徐然全叫来了，一群人齐集香山，再次要求小罗立即搬走。面对众人，此人装出一副可怜相，满口答应。可又说他两个孩子大了，住房紧张，现住在杨沫院子里的房子是他自己盖的。

赵金九同志当即表示，那房子是杨沫同志出钱给你盖的，地皮是在杨沫同志家的院子里，怎么能说是你的房子。有谁能让外人在自己家院里盖房呢?

李叔叔质问，你打电话威胁杨沫，谁要坏你的事，就不让谁活，这是

▲与冀中战友李之琏

什么意思？你还要杀人行凶吗？

他辩解道：那是我一时激愤，一时冲动说的气话，并非真的要杀人。

最后在众人面前，他信誓旦旦保证会尽快搬走。可在把市文联领导一行人糊弄上车离去后，他全家老小依旧一天天住着，若无其事，没有任何搬走的迹象。

他很有点混不论的劲头，敢用报警的手段对付我；用无赖的手法对付母亲。他就像超级强力胶，不，像一条蚂蟥，牢牢粘在母亲身上，吸母亲的血，让母亲摆脱不掉。不只是家里人，连市文联的同志都鄙视这个“滚刀肉”，这个“泼皮”，这个蚂蟥式的人物。

他继续以住房紧张为借口，赖着不走。

母亲实在忍无可忍。他住房怎么紧张了？真是睁着眼说瞎话。老两口商量了一番后，再次向香山派出所求助。

母亲对香山派出所领导谈了秘书的最新情况，并详细讲了他怎么冒领汇款；怎么打着杨沫的旗号四处招摇撞骗；怎么看房子看丢了自己的剧本；怎么在电话中恐吓自己；怎么让他走，他赖着不走；他的两个孩子怎么把仇恨集中在老李身上，那男孩公开对老李说：我一见你就有气！跟这家人同住一个院子，老两口提心吊胆，毫无安全感。

所长表示：没说的，马上让他走。

这是1993年6月底，由香山派出所出面，严正警告罗秘书不得拖延，必须立刻搬走，否则一切后果自负。慑于专政机关的威力，这个人终于死了心，快快地搬离。

母亲给他的最后一封信是：

小罗同志：

你7月21日能搬出很好。没搬完东西延长一天，没关系，何必致歉！

有两件事，你必须给予答复：

一、你们在我的东墙外建的临时棚屋，我曾问你，是你们自己拆，还是由我们拆？你迄（今）未回答。不久我将要把院墙加高，你的棚屋必须拆掉，才能施工，请你决定后答复我。

二、“文革”中，我曾把日记中撕下一部分。在你这次退还我的信件和材料中未见到。记得当年这些日记是请你给我保存的，想你不会忘记此事，你留它无用，请退还我！

祝健康

杨沫

1993.7.22

然而这撕下的日记，罗秘书始终没有归还。和北京植物园签的住房协议以及线装书等也没归还。

母亲在1993年7月22日日记中说：小罗搬走，去一大病。

母亲与小罗长达30年的交往就此一刀两断，至死再无任何联系。

多年之后，李叔叔对我讲，要早知道你妈有个小罗，我是绝不会同她结婚的。这样的结婚对双方的名誉都是一个损失。但既然两人已经结了婚，若再离婚，影响太大，想到这里，只好咬牙忍受了下来。

罗秘书搬走之后，香山清静了。

从此，家里四分五裂的局面也宣告结束。母亲身上的正气压倒了邪气。她离佞者远了，离自己的孩子近了。

这其中，李叔叔功不可没。

李叔叔极其疼爱自己的三个孩子，对家庭有责任感，是一个尽职尽责的父亲。他们全家人彼此相依为命，互相牵挂，互相提携，频繁走动，家庭关系特别融洽。李叔叔没有父道尊严，与孩子平等交往。为办孩子的事可以牺牲自己的时间和嗜好，四处奔走。他喜欢为孩子掌勺做饭，喜欢帮助孩子干些家务。一个高级知识分子能这样的重亲情，俯首甘为孺子牛，令人起敬。他对原来的久病卧床的妻子，多年如一日，精心照料，不烦不厌，从没乱搞过一个女人。

在李叔叔这样一个特别重亲情的老伴熏陶下，母亲也恢复了亲情。

现在，母亲不再像候鸟一样年年冬天去南方，春天再返回。受李叔叔的影响，她愿意与孩子相处在一起了。她潜在的母爱苏醒，非常关心我们及孙子辈的情况，时不时写信或通电话，问长问短。我和哥哥此时都已是四五十岁的汉子，重又感到了母亲的温暖和慈爱。逢年过节全家又能团聚一堂，享受浓浓的亲情，和和美美。

母亲说这时候她才感受到了天伦之乐的幸福。

一次，李叔叔曾问她："过去经常去外地写书，一去数月半年，是否想家?"

母亲回答："哪有不疼爱儿女的母亲？我一生最大的遗憾就是亏欠了儿女们。他们自幼儿园到小学、中学、大学都是住校，节假日回来也未必能见到我。他们缺少母爱和母教，好可怜哇！"

▲与十分区战友罗云

母亲认识了自己作为母亲的不足，晚年加倍地弥补。她总是挂念着徐然、青柯和我。她为小胖写了文章鸣冤，常与徐然切磋写作并合著了一本《青蓝园》，还写了怀念我的文章。她热心帮助青柯为中华武术呐喊，协助四民武术社复社，并担任了名誉社长。母亲明显地变了，变得关心孩子的冷暖，对孩子的困难和要求，能管就管，特别通情达理，善解人意。

"慈母"这两个字是什么滋味，我在母亲的晚年终于尝到了。

她越来越重亲情，重友谊，多年来往很少的亲戚朋友全恢复了来往。与邢佞秘书密切时，她疏远了过去的老战友，现在与老战友重又密切起来，如胡开明夫妇、李宝光、罗云等。她并多次看望金肇野、崔璇夫妇。

1990 年 8 月母亲参加一次会议，在人大会堂西门内，遇见了路扬。他们已经十多年没有来往。这次相会使母亲万分感慨，8 月 9 日在日记中写道：

▲与十分区战友崔璇

他虽满脸白癜风，但白的是一个颜色，不难看，人也不显老。对我热情问候，并不因我曾责备过他而计较。人总是有感情的，记忆的闸门打开了一条缝，这次重逢，使我一下子抹掉了对他的不满，他还为我介绍了当年晋察冀的老领导杨成武同志，还见到张帆夫妇；意外遇见这些老战友，很高兴。

但母亲比较“自由化”。在官员和学者之间，母亲更喜欢接触学者，更能和做学问的人谈得来。她的朋友圈子中，知识分子大大超过了党政军官员。所以，她才能跟李叔叔情投意合，非常能说到一块。受李叔叔的影响，连个人爱好也变了，能跟着李叔叔看足球赛了。

近朱者赤，近墨者黑。母亲与一位很正直的老人结婚，自己的正直又发扬光大。晚年她干了几件漂亮事，例如：

中国社会科学院一位女研究员被丈夫遗弃，携三个子女生活，遇到住房问题，迟迟不得解决，1993 年 7 月给母亲写信求助。79 岁的母亲因身体多病，无力介入，就让李叔叔代表她给市人大主任张健民写信，反映此事，最后终于解决。

她帮助雄县的抗日堡垒户王汉秋打官司。替一个冤死狱中的普通农民多次写信申诉。

她为老干部徐明清鸣不平，为正直说话，为弱者说话，不怵得罪高官太太，为无权无势者说话。

她写文章高度评价老干部胡开明，指出这是个活着的彭德怀，应该大书特书，大歌特歌。

母亲的晚年返璞归真，可敬可爱。

母亲去世后，家里的东西，除了母亲的几张照片，李叔叔什么也没有拿。他干干净净来，又干干净净走。——他和母亲共同生活了 6 年多，钱合在一起花。他为母亲办了那么多事，付出了那么多心血，买了那么多东西，如空调、彩电、微波炉等等。他完全有理由拿走一些东西，可他两手空空地返回自己家。

母亲遗嘱中说给他6万元。他却以杨沫的名义全部捐给了现代文学馆。所以杨沫实际捐给了现代文学馆16万元。他把名声全送给了杨沫，自己隐姓埋名。

所以谁说他是图杨沫的名气，杨沫的钱，那是胡扯蛋！

李叔叔人格高尚，心肠善良。尽管罗秘书的两个孩子痛恨他，对他很不礼貌，他还认认真真给两个孩子写了一封长信，解释了为什么要解雇他们的父亲，一桩一桩地列举事实，驳斥其父的谎言。

他不愧是一个有骨气，不爱钱，不图名的学者。三姨白杨曾对李叔叔的小孩说：我真羡慕我姐姐找了个老李这么好的老伴。我就没有这个好福气。

母亲与李叔叔虽然只共同生活了6年3个多月，但母亲的晚年是幸福的。自从与李叔叔结合之后，母亲正常了，完整了，健全了，又恢复成了抗日战争时期的那个杨沫样子，平易近人，被罗秘书熏染的邪气完全消失，正义凛然。

晚年，母亲干的那几件事可钉可铆，掷地有声，博得了大家的尊敬。

李叔叔对母亲的影响不可低估。他像个心理医生，治愈了母亲心理上的痼疾。他一白发苍苍老翁，却纯洁如少女。从某种意义上可以说，他挽救了杨沫的灵魂，也挽救了我们破碎的家庭。

所以，我感谢李蕴昌叔叔，他改变了杨沫，也改变了我们家。

28. 不张狂

为见中学生推迟住院，瘸着腿与同学座谈——不默认被拔高，给组织写信说明自己不是1931年参加革命，也非游击队的领袖——不接受溢美之文，奋起打官司——否认布什要见她，否认周总理干预过《青春之歌》的讨论

多年的思想改造，已把母亲这个剥削阶级家庭出身的人，改造得相当成功。她时时处处都知道自己骨子里有剥削阶级烙印，对人不得骄狂，不得拿架子，翘尾巴。

1983年11月底，北京92中学老师找母亲，想请她跟同学们讲讲读书方面的体会，因该校发现一些同学喜欢读淫秽书籍。本来第二天她要住院做膝关节的手术，因前几天上车扭了一下，腿疼得无法走路，听了老师的想法和安排后，母亲马上打电话通知医院，推迟两天住院。次日她就克服着腿疼，一瘸一拐地与该校中学生们见面座谈，令该校师生甚为感动。

一个中学最高也就算个处级吧，母亲没有怠慢，也不敢怠慢。她虽是个知名作家，却一点不张狂。

母亲有人性上的弱点，比较好虚荣，这给她惹了祸。例如当年为面子好看，多填了一个入党介绍人。可又因为好虚荣，特别在乎自己的形象，《青春之歌》获得巨大成功之后，她也没有得意忘形，一直保持着比较清醒的头脑。即使是表扬她，表扬过头了，她也不默认，怕人家说三道四。

1960年，《青春之歌》俄文译本中关于母亲有这样的介绍：

杨沫，中国著名女作家，共产党员。1915年生于北京，中学毕业

▲母亲在家中与中学生（1991 年）

后，她曾担任过一个时期的家庭教师，后在小学校任教员。1931 年日本侵占中国，杨沫参加了反抗外国侵略、解放祖国的战士队伍。她领导了中国北部的一些妇女游击队组织。中国革命胜利之前，她在中国共产党机关报《人民日报》编辑部工作。

母亲说这篇文章错误很多。

1. 自己是 1914 年生的；

2. 自己没有中学毕业；

3. 自己是 1937 年参加抗战，不是 1931 年；

4. 自己并没有领导中国的游击队组织，而只是一个普通工作者。

换了一般人，对这些错误可能也就默认了。因为文章不是自己写的，纵使有错，也是翻译翻的，责任在翻译。况且也算不上什么严重错误，中国人能有几个懂俄文，看到这篇文章呢？但母亲却很较真。她特地写信到中国作协外委会，把苏联翻译的这些不符合事实的说法一一提出来。她重申：第一，我不是 1931 年参加革命，应为 1936 年。第二，我在这段期间从没有当过什么游击队长，只是一个普通的妇救会干部，负责宣传。

以后当有人采访她，准备写她时，她总要提起俄文译本这件事，告诫记者或作者，写我可以，但要实事求是，不要拔高。

写到这里，我不禁十分感叹。现在，有多少人为长级，为工资多一点，而故意造假，把工龄提前。还有多少人，为吹嘘自己，抬高身价，刻

◀母亲返回湖南湘阴故乡（1980年10月22日）

▶肖克将军看望母亲（1982年海南）

意把自己的官衔说高一点。像母亲这样别人吹捧过头，而亲自去信纠正的行为，实在稀少，实在有点憨傻。

1962年9月左右，《人民中国》和《中国文学》为了对外宣传的需要，采访了一些母亲的生活起居情况，折腾了半天，挺累挺麻烦。某天吃午饭时，母亲不自觉地把这次采访与同桌的同志谈了，他们开玩笑说，人怕出名猪怕壮呀！母亲也哈哈大笑。但后来母亲狠狠责备自己：什么话也存不住。给人说这些干什么？这不是有意在炫耀自己吗？告诫自己从今以后，不能向一些不太熟的同志谈自己这些个人的事（见1962年9月16日日记）。

她讨厌自吹自擂。经过长年的思想改造，不敢争位次，不敢盛气凌人。比如1978年文化部让她当中国作家代表团团长，访问巴基斯坦时，她多次向文化部表示自己当团长不合适，让曲波同志当团长比较好，自己可以当副团长。后来文化部说已经通知了巴基斯坦方面，不好再改了，她才只好接受。到了巴基斯坦后，副团长曲波常常代表她，以团长身份处理问题。母亲也从没计较。她心想，正好，省得我费神呢。

由于她不争官，不嫉妒新人，比较谦虚，与同志们的关系融洽，上上下下的同志都能接受她，她才能在1989年1月以绝对多数票当选为北京市文联主席。

母亲也不爱透露哪个大人物、知名人士对她好，接见了她。

早在20世纪50年代初毛主席就曾与她握过手，她却从没对我们孩子讲过。在一个普通人的心里，能与全国最高领袖毛主席握手，是多么光彩，多么值得炫耀呀！很少有人能保持住沉默。母亲却不曾对家人说过。我只是在她去世后，从她的日记中才知道她近距离见过毛主席。

“文革”前她住在颐和园期间，李立三同志多次看望她，与她聊天。1982年1月，她去海南岛访问，萧克同志曾到她的住处探望，这些她全都没告诉过家人。当路扬在中央军委办公厅当主任时，我们都不知道这个主任是母亲的老战友，关系非常密切，她在我们面前从来没有提过他。

母亲与吕正操的夫人刘沙，旷伏兆的夫人许更生都是冀中的老战友，经常来往，却很少跟人说。母亲与陈云的夫人于若木，妹妹于陆琳成为挚友，更鲜少向我们提及。

▲陈云夫人于若木及于陆琳在母亲珠海住处（20世纪80年代）

1982年6月15日美国知名人士陈香梅给母亲来信，表示很后悔没有与她在美国相见，我是在整理母亲信件时才发现陈香梅的信，母亲自己没跟人说过。

台湾作家江南被国民党特务暗杀后，有那么一段时间，江南成为新闻人物，港澳台及内地的大小报连篇累牍介绍他。母亲却沉默着。也是她去世后，我才发现江南给她写了好多的信，他们的关系非常密切。

越是家庭出身不好的人，对自己的要求往往越严格，越夹着尾巴做人。

母亲很在乎别人会怎么看待自己。

1936年冬刚出生的徐然患了重病，父母没有钱，就向房东柱子妈借了30元钱给徐然看病。一年后发生了“七七”事变，父母随即离开北京，参加了抗日战争。直到1949年再进北京，已是13年之后。母亲一直想找到这个人还债。几经寻觅，最后终于找到了柱子妈，归还了欠款。又过了很多年，徐然长大成人后，一次母亲提起这件事时，悄悄问姐姐：“我只给了柱子妈30块钱，是不是少了点儿？可是借了人家十来年呀！”

徐然姐姐感慨：柱子妈恐怕早就死了，妈妈把债还了这么些年之后，心里还念叨着这件事！

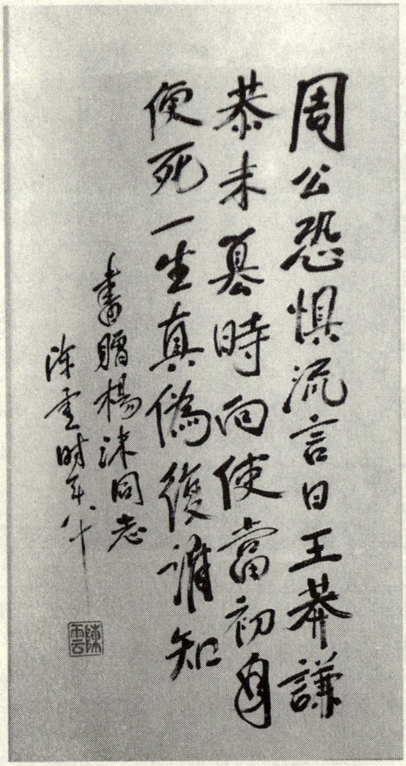

原北京市文联党组书记马玉田说：

1993年5月，我调到北京市文联工作，和杨沫同志有了接触。发现她原来是那样的谦虚、平易、善良，处处关心别人。比如，我和杨沫同志一块参加过多次活动。事先告诉她几点几分去车接她。她几乎每次都在预定钟点前的一个钟头，就作好了外出的准备。汽车一到，她往往已把门打开，准备上路了，从不让别人多等她一分钟。

在我和她交往中，最让我难以承受的，是她的“汇报”。我似乎有种心理障碍，总觉得“汇报”这个词包含着一种不平等，“汇报者”似乎低人一等。因此，即便对上级，也尽量绕开它，常用“跟你说点情况”之类的话代替“汇

▲陈云送给母亲的题词

报”。自从在党的机关工作，“汇报”用得多了，这才稍感习惯。尽管如此，杨沫同志在电话里提到向我汇报什么什么时，仍感到如芒刺在背。我几次对她说：你是前辈，是文联主席，千万不要再“汇报汇报”的。她却说，你是党组书记，我是一名党员，应该向你汇报。这件事虽小，却使我感悟到了一位有59年党龄的老共产党员的精神境界。

杨沫同志是知名作家，但和她交往中，从未感到她有一丝一毫的盛气凌人。1994年3月，她因病不能参加全国人民代表大会。书面发言稿写好后，托人给我捎来，并附一张纸条：“人大会议发言稿写出来了，因身体不适，写得很难，许多地方词不达意，说得不够深刻，有条理，希望你一定帮我改正某些不适当的词句，一定改！改！”一定后面，用了两个改字，还加了惊叹号。这是命令，却显示着真诚和谦虚的品德。我常想，有些人地位高了，名望大了，处处摆出名人的架势，不以平等态度待人，自己的文章一点不能碰。而杨沫这样的大名人，老党员，却让我这后生晚辈改她的稿子，这是何等的虚怀若谷啊！

作家柯兴也曾说，他刚到《北京文艺》当编辑时，曾经看过母亲的稿子《房东》，认为毛病不少，主张退稿。最后决定请母亲来编辑部，由他谈对稿子的意见。母亲始终和颜悦色地听着，最后表示愿意拿回去改，还说修改稿子对作家是很正常的事。令柯兴马上就感到了母亲的心胸，对她更加敬重。

如果换了我，遇到退稿的情况，心里肯定不舒服，脸色肯定难看。

中国的风气不好，盛行谄媚吹捧。结果嘴巴甜的人容易吃得开，飞黄腾达。比如介绍某人，明明默默无闻，谁也不知道，却非要在前面加上“著名”二字，什么著名教育家、著名雕塑家、著名核专家、著名企业家……可是母亲却绝不接受对她过分的不符合事实的颂扬。为此还打了一场官司。因为有人在一篇文章里吹嘘她世界知名，老布什总统来华访问期间特别约见了她。

母亲毫不含糊地声明，这是根本没有的事，根本没有。

那篇文章的题目叫《梅开二度访杨沫》，作者是《当代》文学刊物的一副主编。他以杨沫的朋友口吻，对母亲大加赞美，说了很多过头话。

让母亲生气的是，他写这篇文章根本没有采访母亲，母亲根本不认识他，他却自诩是杨沫的老友。文中很多情节都是杜撰。比如说他去北师大的住所拜访过父母，还一起谈天说地——北师大住所是父亲去世后母亲才搬来的，他哪可能见到父亲？又比如说1977年他去香山看望杨沫时就先睹了《英华之歌》，也是胡说，该书是1991年才出版。这位作者还说采访过我，也纯粹胡编，根本没有的事。

最为严重的是他声称：1989年2月美国总统布什访问中国时，特别接见了老作家杨沫……席间，布什总统举杯来到白发苍苍的杨沫面前，向杨沫微笑点头并高高举起杯。

——这完全是彻头彻尾的捏造。布什和母亲从来没有见过面。

他还说：《青春之歌》的出版是人民文学出版社社长冯雪峰亲自审稿，很快拍板决定出版。

——《青春之歌》是老战友秦兆阳介绍到作家出版社出版的，与冯雪峰一点关系没有。那时冯雪峰早已挨整，怎么可能审定此书？冯雪峰在文坛上的地位很高，作者是想利用冯雪峰来拔高母亲。

该文还无中生有地说，1959年《青春之歌》一书引起争论之后，在周总理和有关领导关怀下，茅盾写文章肯定了《青春之歌》，才把这场争论平息下去。

——事实是周总理并没有介入那场争论。

……

连俄文译本介绍杨沫的那样微小的不实，母亲都无法容忍，对这么严重不实的过分吹捧，母亲岂能无动于衷？

1991年，已经77岁高龄的母亲给刊载该文的山东济南《知识与生活》杂志写信，指出该文的错误，请对方将自己的信公开刊登。但此杂志不登，母亲只好给其上级主管部门写信，依旧无人理睬……该文作者得知后，给母亲写信，解释其动机是好的，是歌颂母亲的，并略致歉意，又表示自己文艺界朋友很多，奉劝母亲要三思而行，颇有威胁之意。在罗秘书摩拳擦掌，积极劝说下，母亲开始诉诸法律（秘书是想借打官司，让对方赔偿一些钱，从而自己捞点外快）。

对方极不理解。这篇文章的中心意思是歌颂你杨沫的，说总理关注小说《青春之歌》的讨论；说布什访问中国特别约见你；说冯雪峰拍板决定出版《青春之歌》等等都是突出你杨沫优秀，突出你杨沫名气大，突出你杨沫受重视，即使有些过，也都是说你好，怎么构成对你杨沫的名誉侵权呢？即便有些夸大，我也是好心的，对你杨沫没一点恶意啊。可你却要打官司起诉我，索赔名誉损失费，你杨沫是不是想钱想疯了？

母亲回答说，1959 年那次《青春之歌》的讨论，周总理从来没有过问；布什总统 1989 年访华也从来没有接见过我；冯雪峰跟《青春之歌》的出版没有一点关系，如果我默认了这篇文章，明知不对也不更正，了解内情的同志们会怎么看我？那我不成一个欺世盗名的骗子了吗？

谁都喜欢荣誉，母亲也不例外。文责自负，她已经 77 岁了，完全可以装不知道，置之不理。反正这都是别人瞎吹的，跟自己无关。中国有很多名人都被夸大吹捧过，也都默认了，从没听说哪个名人为吹捧过分而声讨作者，让其遭官司。

但母亲担心面对这么过分的吹捧，一声不吭，岂不等于默认？岂不是纵容虚假吹捧？午夜时分，扪心自问，能坦然无愧吗？将来还如何面对其他作家同行？还如何面对单位领导？

在一般人的心中，能被周总理关注是非常荣幸的，能被老布什总统邀请并接见也是极难得的。这表明了你很有分量，出类拔萃。有人巴不得跟大人物沾上点边，甚至会用移花接木的手段，把自己和大人物的照片合成在一起，用以美化自己，抬高身价。所以，对于这些吹捧，多数人都装不知道，听之任之。

可对母亲来说，却难以忍受。她是老实人，老实作家，不喜欢言过其实的吹捧，若默认这些没边儿没沿儿的瞎吹，等于降低了自己人格。

后来，对方四处散布说，杨沫为了屁大的小事，就打官司，无非是想敲人家几个钱。母亲回答说：我提出赔偿精神损失，是要在社会上造成一种气氛，对这种不顾事实的阿谀吹捧说一声“不!”，并不是图那几个钱。所得的钱我一个子儿不要，全捐出去。

那个罗秘书见帮助母亲打官司捞不到钱了，气急败坏，甚至秘密向对方传递情报。虽然出了内奸，但最后母亲还是赢了，如约把对方赔的钱凑够 2000 元捐给了希望工程。

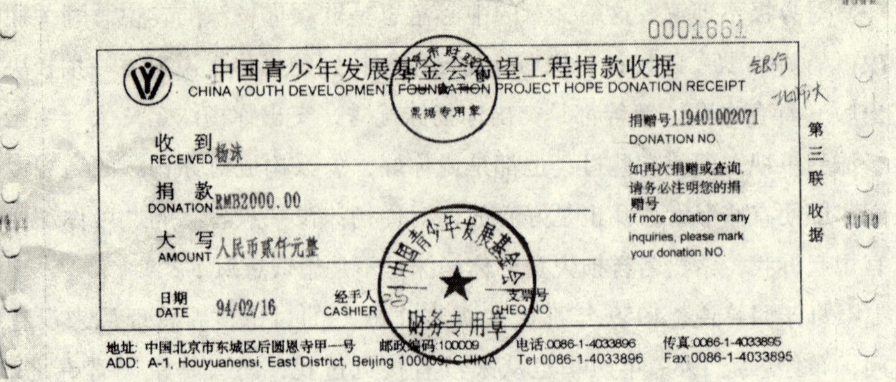
0001661

中国青少年发展基金会希望工程捐款收据

CHINA YOUTH DEVELOPMENT FOUNDATION PROJECT HOPE DONATION RECEIPT

银行

北师大

票据专用章

捐赠号119401002071
DONATION NO.

收 到 RECEIVED 杨沫

捐 款 DONATION RMB2000.00

大 写 AMOUNT 人民币贰仟元整

日期 DATE 94/02/16　经手人 CASHIER　支票号 CHEQ.NO.

中国青少年发展基金会 财务专用章

如再次捐赠或查询，请务必注明您的捐赠号
If more donation or any inquiries, please mark your donation NO.

第三联 收据

地址：中国北京市东城区后圆恩寺甲一号　邮政编码100009　电话:0086-1-4033896　传真:0086-1-4033895
ADD: A-1, Houyuanensi, East District, Beijing 100009, CHINA　Tel 0086-1-4033896　Fax:0086-1-4033895

▲为希望工程捐款2000元的收据

对方感叹道：今后写文章确实应该少一些溢美之言，否则，碰见了杨沫这样的人，反受惩罚。

29. 为明清大姐辩清白

毛主席明确表示：王观澜如果不是好同志，我们党内就没有好同志了——批邓子恢主张包产到户时一言不发——广西饿死很多人，他以爱人徐明清的名义给毛主席写信，揭露浮夸欺骗乃万恶之源——一贯“右倾”，渐渐失去信任——当年领导过江青的徐明清被怀疑是江青的同党——胡耀邦点名平反后仍遭人丑化——79 岁的杨沫挺身而出为徐大姐辩诬

1990 年底的某天，一位清瘦的老人来到 301 医院病房看望母亲。她手捧一束鲜花，使病房充满温馨芳香。这就是母亲慕名已久的王观澜同志的夫人徐明清大姐。

王观澜是一位资格很老的同志，他 1925 年加入共青团，次年转入共产党。1927 年党组织派他到莫斯科东方大学学习，其间与王明政见不同，受到打击。回国后，1931 年 11 月毛泽东当选为中华苏维埃政府主席时，指派王观澜筹备和主编中华苏维埃政府机关报《红色中华》，该报同时也是新闻社。因此王观澜也是我国新华社的创始人和第一任社长。

那段时间，王观澜住在毛主席隔壁，他们经常促膝交谈。当时毛主席也被排斥，两人都对王明左倾路线不满，很有共同语言，结为患难之交。

后来王观澜受王明一伙人打击，被开除党籍，撤销了职务。经毛主席多次催促，直到 1934 年才恢复了党籍。

长征期间，王观澜染上痢疾，极度虚弱，提着裤子行军。在最为困难时刻，碰上了毛主席。毛送给了他一双从江西带来的新布鞋，鼓励他跟上队伍。以后，王观澜常说，我的脚和主席一般大，长征时我穿上他送的鞋子，像坐上飞机一样，走路特别轻快。

到延安后，王观澜担任了陕甘宁边区党委副书记。王明、康生又诬陷他在莫斯科学习时有“托派嫌疑”。但毛主席明确表示：王观澜同志经过了我10年的亲自考验，这个同志如果不是好同志，我们党内就没有好同志了。

▲徐明清与王观澜夫妇

▲王观澜、徐明清、张琴秋在延安

王观澜这才过了关。

1937年底王观澜与徐明清结婚时，毛泽东、张闻天、李富春、蔡畅等都到场祝贺。次年11月20日，毛主席与江青结婚，王观澜夫妇也应邀参加了婚宴。

1941年王观澜十二指肠溃疡严重，神经紊乱，彻夜难眠。毛主席在傅连暲的陪同下步行五六里山路来中央医院看望，还送给了王观澜同志一只热水袋，不久，又派警卫员送来了一幅题词：

> 既来之，则安之，自己完全不着急，让体内慢慢生长抵抗力和它作斗争，直至最后战而胜之，这是对付慢性病的方法……

主席想到王观澜肠胃不好，又把自己烤食物用的铁夹子送给他。

观澜长期受王明打压，心情不舒畅。毛主席在一次中央会议上还特地号召到会的同志们都去医院看看观澜，并提醒大家不要同时去，以免把观澜同志搞累了。

王观澜资格这么老，毛主席对他又这么关心，可解放后职务却始终没有提升。什么原因呢？

据说他一贯右倾。

长征时，他曾负责审查过肃反对象，有些等待杀头的人，经他审理后，都给释放。

1957年反右时，王观澜是中央农村工作部副部长，分工负责“反右”。当时很多单位不管有没有，都宁多勿少，按百分比揪“右派”。如农业部就揪出了140多个“右派”，观澜同志却坚持实事求是，结果农村工作部只定了一个“右派”，相当相当扎眼，从此被上面认为严重右倾，受到了疏远和冷淡。

三年困难时期，面对农民大批死亡，观澜同志心如刀割，曾向爱人徐明清说，想给主席写一封信反映。徐明清坚决支持他的想法。于是，王观澜就以爱人的名义，给主席写了一封信，抒发了自己思想上的苦闷。信中说：

> ……
>
> 最近一段时间，我翻来覆去睡不着觉，精神苦闷，一些字义、概念都模糊了：左和右、真和假、是和非、快和慢、好和坏、内和外、敌和我、公和私、上和下、大和小、进和退、黑和白……广西（饿死人）二三千，震动那么大，如果二三万、二三十万、二三百万，或者数更大，面积更广，又将怎样呢？浮夸是害人之本，欺骗是万恶之源。主席处世英明，处处争取主动。我的海燕已经闭经四个多月了，李讷怎样？李讷应改为毛讷了吧？
>
> 此致
>
> 敬礼！
>
> 明清
>
> 1961年1月25日

广西二三千，是指饿死人数。他直截了当指出当时饿死的人不止二三百万，甚至更多，勇敢地抨击了说假话的世风。“改为毛讷”这句话，似是暗示主席要采纳不同意见。观澜写好信后把孩子们叫来，表示：我是党员，给主席写信反映了一些情况，豁出去了，最多丢官，你们要做好准备，也许我要回家去种地，但不要害怕。

他用信封套信封再套信封，通过中办转给江青再转给了毛泽东。

提心吊胆几天后，毛主席来电话说信收到了，没有批评，这才放下了心。

1962年北戴河会议期间，主席严厉批判了邓子恢搞包产到户的错误，很多老干部也都纷纷在大会上发言，表态拥护毛主席的意见，揭批邓子恢。但王观澜始终保持沉默。他认为邓老的意见就是毛主席最早的意见，只不过老人家自己后来变了。观澜的这一态度，让毛主席很失望，后在大会上不点名批评了他：有人解放后，整天吃饭、拉屎、睡大觉，就是不干工作……

▲徐明清在2001年

面对越来越“左”的政策，王观澜夫妇非常痛苦。他们跟毛主席很熟，本可以紧跟主席，良知却让他们跟不上了，落后了，与主席距离远了。他们对党内很多受批判的同志充满同情，他们虽然能通天，却不趋附极左政策。

明清是个重亲情，不重做官的人。有些来到延安的知识女性，革命热忱很高，却不愿当家庭妇女，不重亲情。如长征老干部关××同志的爱人，组织让她照顾丈夫，她说：我是来革命的，不是来照顾病人的。结果关××同志早早病死。而徐明清当时是陕甘宁边区的妇联主任，当党组织上让她照顾王观澜时，她二话没说，马上就交了官，回家伺候丈夫。

毛主席写给王观澜那一段对待疾病的题词，解放后公开发表，一时间家喻户晓。王观澜也全国闻名。这段话，鼓舞了无数疾病缠身的人，其中也包括母亲。可惜的是母亲没机会见到王观澜，他1982年就去世了，却在301医院意外地见到了他的夫人——徐明清大姐。母亲非常高兴，与大姐亲切地聊了起来。

明清大姐不由自主讲起了自己的坎坷遭遇。

明清1926年就参加了共产主义青年团，1929年转为中共党员，那时名叫徐一冰。1932年陶行知先生在上海创办了“晨更工学团”，21岁的徐明清负责起“晨更”的校务兼党的地下领导。她把这所学校办成了党在白区的一个秘密据点。

1933年夏，从青岛抵达上海的江青，经田汉先生的弟弟田源介绍，来到位于上海市郊的“晨更工学团”工作。那时江青已加入了共青团，是个追求进步的青年。她在明清的直接领导下工作、学习。如同明清一生中结识过的无数革命青年一样，江青那时的表现还不错，不像后来那么坏。

可是人世苍茫，谁曾料到，明清的暮年，却由此获罪。

1937年7月江青到达西安，找到了正在西安负责党的妇女工作的徐明清，提出了去延安的要求。这自然受到了明清的欢迎。不过她还是谨慎地询问了江青的详细情况，得知她没有正式的组织介绍信，就让她去找西安的八路军办事处，由办事处决定。

其后，邓颖超同志得知此情况，专门找江青谈话，了解情况，看了江青所演的一些电影和戏剧的照片集，确实思想比较进步。后经博古同志批准，同年8月，江青和其他青年一道乘八路军办事处的卡车去了延安。

“文革”中，明清因为历史上曾经被捕，在1972年和1975年两次被原农林部核心党组定为叛徒，并开除党籍。对此处理，明清多次表示不能接受，但单位却认为她不老实，反而对她进行残酷斗争。在这种情况下，她想到江青现在是中央政治局委员，有影响力，对自己被捕的情况了解，就给江青写信，请她出面证明自己不是叛徒。前后共写了3封，均是同样内容，但都没有回音。

“四人帮”倒台后，“文革”中被整得灰头土脸的徐明清也欢欣鼓舞，然而祸从天降。中央专案组的人查阅档案，发现徐明清曾是江青的领导，两人有过来往，就通过公安部找到明清，让她揭发江青是叛徒。那时，公安部一个副部长带着个书记员，天天乘灰色的吉姆车来王观澜家，一谈一上午，连口水也不喝。他们要求徐明清站在党的立场上，揭发江青历史上曾叛变自首过。但明清一点也不了解江青叛变的问题，无法做出这样的揭发。有关人士就开导她说：我们的实事求是是有前提的，那就是站稳立场，不能没有立场，更不能搞资产阶级的客观主义。暗示她只要站在革命的立场上，不实事求是也可以——形势需要把江青定成叛徒。

但明清还是不肯胡说八道。虽然她知道江青民愤极大，千夫所指，说江青是叛徒，符合民意，符合上面需要，能立大功，但她也不胡说。她觉得对任何人包括坏人也要实事求是，不能造谣夸大。

于是公安部门就以“帮助江青混入革命队伍，给江青写过信，包庇江青”的罪名把她正式逮捕，关进秦城监狱。

专案人员搞车轮战，对她日夜审讯，大搞逼供信。

由于在西安任妇女工委书记时，把江青介绍给八路军办事处；在延安时，曾给组织上写过证明江青思想比较进步的材料；“文革”中又给江青写了3封信，1977年3月6日中共中央10号文件点了徐明清的名：

> 1933年秋，江青在上海晨更工学团当教员时，就与当时晨更的负责人徐明清关系非常密切，后来两人先后被捕，自首叛变。她们1937年混入延安前就订立攻守同盟，长期相互包庇……同年10月，她隐瞒了自首叛变的历史，由徐明清出面作假证明，钻进党内。

这一段话，完全不是事实。历史上，江青并不是从一开始就这么坏，否则毛主席也不会娶她为妻。徐明清1937年给江青写的证明材料，与其他同志的证明材料都相吻合。当时的中组部也认为是真实可信的。

党中央很快就发现了这个问题。十一届三中全会召开之后，耀邦同志在给最高检察院的讲话中说：“四人帮”被粉碎两年了，我们还搞“左”的那一套，还乱抓人，现在要赶快放人，并一口气说了二十几个被抓者的名字，其中就有徐明清。

徐明清被释放之后，经中组部批准，1980年3月10日农业部为她平反，摘掉了“叛徒”帽子。但她与江青的关系问题，还没有完全澄清。1981年9月1日中央书记处专门讨论，认定徐明清同志没有包庇江青，要给徐明清彻底平反。

1982年1月，观澜同志去世前，耀邦总书记亲自到医院看望半昏迷状态的观澜同志，并对明清说：不要难过，这几年你受苦了！

明清与耀邦同志紧紧握手，哽咽得说不出话。耀邦又安慰道：“这事过去了！过去了！你要保重！”

谁曾想到，这事并没有过去，有人还在书中恶意丑化明清。

早在1980年12月，笔名珠珊所著的《江青野史》在香港出版，就把徐明清说成是江青的死党。1987年珠珊以大同小异的内容又在香港出版了《江青秘传》。1988年7月北京东方出版社出版了《女皇梦——江青外传》，这一次作者署了真名。紧接着，1988年10月，该作者所著的同样内容的《无冕女皇》又被中国民间文艺出版社出版。

江青作为毛泽东的夫人，是个人人皆知的公众人物，且又当过电影明星，因此有关她的纪实文学，出版后自然成为畅销书。所以该书作者才能反复出版江青的这部书稿。但此后她出的书中仍把徐明清写成了二号反面人物。继续说是徐明清把江青介绍到延安，为江青写假证明，帮她混入党内……

由于中央10号文件的错误，该作者第一次所写的《江青野史》尚情有可原。可是当1982年7月7日，中央组织部已发出了"徐明清没有包庇江青的问题"的红头文件后，此作者却接连出了3本有关江青的纪实文学，换汤不换药，不管把徐明清的名字改为"徐一冰"也好，"朋友"也好，"熟人"也好，其与江青勾结、狼狈为奸的内容并无改变。依然还用两人"亲如姐妹，一丘之貉"这样的语言，甚至还对徐明清进行人身攻击。说什么"论她的长相，的确没有什么可爱的地方，不单个子矮，风度不佳，满脸都是麻雀蛋……"

这些书继续广泛流传于海内外，其有关徐明清的描述，曾被一些文章所引用，弄得明清不明不清，声誉大损。

因为该书作者是位老同志的夫人，她所著的书自然有权威性，影响极大，结果严重丑化了徐明清同志的公众形象。尽管该作者在延安时也认识王观澜夫妇，私人之间并无矛盾。

其实，该作者当年在延安跟江青的关系也相当不错，还经常模仿江青的衣着和发型，能据此说她是江青的死党吗？

一身清白的徐明清无法忍受这种诬陷。自1981年3月她读到《江青野史》中有关她的描写后，便开始先向组织，后向法院进行申诉。70岁的她用颤抖的手，悲愤地写道：

> 1980年12月朱××用笔名珠珊在香港出版《江青野史》一书，利用"文革"中及"四人帮"倒台后对我迫害的材料，不顾事实真相，捏造情节，在该书中有7段文字指名道姓地对我侮辱诽谤。经我向中央申诉后，朱所在单位中央办公厅党组织曾对她批评教育；中共中央组织部王照华副部长曾向香港工委打招呼："此书不应再版"；中

共中央整党指导委员会的伍修权同志当面对她严肃批评……但她始终没有公开声明，更正、承认错误，因而使许多不知史实的人以此为据发表文章，继续扩大影响。更为严重的是，1987 年 7 月朱 × × 又在香港晨星出版社出版《江青秘传》一书，该书以《江青野史》同样的内容情节照登，只是以带括弧引号的“朋友”取代我的名字继续捏造历史……

在 1984 年 1 月 25 日的春节茶话会上，薄一波受党中央和邓小平委托，向老同志问候时，特别提及了 15 位 1927 年以前参加革命的老大姐，其中就有徐明清。尽管如此，那位高干夫人却置之不理，当 1988 年又出版了两本有关江青的书时，徐明清的“恶名”仍留在书中，徐明清没有办法，只好向法院提起诉讼。

然而法院却借口党员的问题应由党组织解决，迟迟不予受理。

明清大姐向母亲讲述了自己的遭遇后，母亲的心情非常沉重。打倒“四人帮”后，我们的司法建设取得很大进展。可是对一位受到如此污蔑和伤害的老革命，我们的法院为什么却不能挺身而出，进行保护。这是为什么？

与明清分手后，一连几天，母亲脑中总徘徊着这件事。不仅为明清大姐晚年的不幸遭遇，更为我国法制的种种弊端而沉痛。她忧伤、感慨，甚至愤懑。难道高干夫人就可以肆意污损别人清白，而免受法律追究吗？

母亲利用住院期间，详细看了明清送来的材料。阅毕，心里七上八下，难以平静。名誉屡屡受到诬蔑的明清大姐实在太不幸了！

1987 年 3 月 26 日中宣部《宣传动态》中明确指出：报刊、书籍、资料中，不要再引用中央 10 号文件有关徐明清的历史材料。可那位作者却无视这个现实，不把错写的部分删去或改正，只把名字稍加变动，继续再三出版。

鉴于该作者一连出了 4 本有关江青的书，也一连 4 次把徐明清当成反面人物写进书里，肆意往一位老同志头上泼脏水，年近八旬的徐明清为维护自己的名誉权，才不得不向法院提起诉讼。

1990 年 3 月北京市中级法院裁定：

“原告徐明清诉被告朱 × × 侵害名誉权纠纷一案，经本院审查认为，原状诉争之内容，已由有关部门处理，原告对原处理持有异议，应向有关部门申请解决……驳回原告徐明清的起诉。”

有关部门确实处理过，如中组部办公厅下发了关于“徐明清没有包庇江青问题”的文件，可是这些党内决定，广大党外群众并不知道。被告也不曾向徐明清赔礼道歉。法院仅仅向明清口头上宣读了一下被告检查信的大致内容：

一、以责任心出发接受（意见）。

二、过去没有恩怨，现在表示友好。

三、原著是依照文件（而写）。

四、我已按新文件（精神）照办，无抵触，请徐原谅。

而该作者的4本书在此检查之后，仍继续在海内外发行。这样的内部检查，怎么能够为徐明清恢复名誉呢？徐明清理所当然不服法院的宣判，又向市高级法院上诉，她在诉状中说：“我要求通过法律使朱××侵害我名誉权的问题得以解决，判令朱××发表公开声明，纠正错误，在社会上为我恢复名誉，消除恶劣影响。”

她没有提出精神赔偿问题，她打这官司不图一分钱，只是要对方认个错。

结果，二审依然被驳回。理由是：徐明清和朱都是共产党员，党组织既然已对朱××进行过批评，也就是组织上已予以解决，无须再由法律机关介入。

母亲很是不解：中国的民事诉讼法中，有哪一条规定说不审理党员之间的民事纠纷呢？难道法院只管非党群众之间的民事纠纷吗？过去不是也有很多党员之间打过民事官司吗？

我们的1926年就参加革命的老党员徐明清同志的名誉权为什么得不到法律的保护呢？

想到这里，母亲心里有说不出的难过和压抑。法院是否因为对方是高干夫人才不予受理？人们极易这样想，也不能不这样想。

换了普通人出书，这么恣意糟蹋别人的名誉，法院能不受理吗？为何对高干夫人就不敢触动？古人都知道“法不阿贵”，“法行于贱而屈于贵，天下将不服”，可我们的某些法院却刑不上贵夫人，何其悲哀啊！

明清1911年出生，现已80岁还得打这场官司。让她痛心的是自己写的文章，国内很多报刊竟然都不敢刊登，无非是对方的特殊身份。

母亲得悉了明清的处境后，决心写文章替她喊一嗓子。她与明清原本不认识，仅仅两家的孩子是同学。但当明清大姐向她倾诉了自己的遭遇后，母亲愤然。她想即使毛主席的夫人犯了错，都要处理，你怎么就可以为所欲为，随便诬蔑同志？

母亲全力以赴，奋笔疾书，于1991年初写了《我为明清辩清白》一文。

母亲说，不平则鸣，自己已耄耋老矣，也该无所畏惧了。

果不其然，北京的各家刊物都不敢登母亲的这篇文章。母亲只好托朋友吴康民在香港发，开始竟也碰了钉子，但经过母亲的多方联系，最终还是在《繁荣文摘》上发了。可内地却迟迟发不出来。

▲母亲给好友吴康民的信

为能发表它，母亲没少费力气。内地各大城市的刊物都对该文望而生畏，害怕出事，不敢登。一时间，大名鼎鼎的母亲居然找不到敢发表它的地方。母亲那时已经79岁了，白发苍苍，还要费口舌，四处找关系求人。

文稿漂泊了2年之久，到1993年5月才终于在海南岛上的一个很少人知道的杂志《特区法制》上发表。为了徐明清的这个案子，姐姐徐然也与母亲并肩作战，撰写文章，四处奔走。

其实，很多老同志都对那位高干夫人写的书有看法。帅孟奇就曾对张闻天夫人刘英说过：朱××怎么写起江青来了？她那时候，跟江青关系好得很哪！

刘英也有同感。曾多次对明清说：朱××那几本书在海内外造成了极坏影响，你应当写点文章，把你的情况说一说，这不仅是为了你的清白，更是为历史的真面目。刘英还为徐明清的回忆录题了词。萧克同志抱病给这本书题写了书名《明清岁月》。

《江青野史》官司纷争

——我为明清辨清白

■杨 沫

1990年末，我住北京301医院时，一天，一位清瘦、白净、娟秀的老年女同志到病房来看我，随她而来的一束鲜花带给病房温馨、柔香。更使我欣喜的是，见到了慕名已久的王观澜同志的夫人徐明清大姐。

"既来之，则安之，自已完全不着急，让体内慢慢生长抵抗力和它做斗争，直至最后战而胜之。"这是毛主席写给王观澜同志的一封信中的话。这句话，几十年来对我这个多病的人，起着不小的鼓励作用。观澜同志去世了，有机会见到他的夫人——老革

是通过上海地下党负责人王[illegible]打听到自己在西安，并没有正式的组织介绍信时，明清明确地觉得自己不能以组织的名义介绍她，只是把江青当年在上海的情况和现在的要求介绍给西安的八路军办事处，江青的去向请办事处决定。

原。可是当1982年7月7日，中共中央组织部已发出了"徐明清没有包庇江青的问题"的红头文件，为徐明清平反正名后，朱仲丽却接连又出了三本有关江青的纪实文学，换汤不换药，不管把徐明清的名字改成"徐一冰"也好，"朋友"也好，"张"姓"熟人"也好，其与江青勾结、狼狈为奸的内容并无改变。这些书依然"畅销，依然广泛流传于国内外，其有关徐明清的描述，还为一些著作者所引用。明清恶名，真个跳到黄河也难洗清了。

▲海南刊物《特区法制》登了母亲的文章

甚至连那位高干夫人的亲姐姐，另一位老同志的夫人，也对自己的妹妹非常有看法，因为她写的书与事实不符。

人们都是热爱正义的。

……

写到此，我不禁感叹：老战士徐明清真是实事求是的典范。她坚持说真话，不跟风。即使在监狱里，哪怕是对人人痛恨的江青也实事求是，不夸大，不编造，表现出了极其难得，极其少见的高贵品格。

而母亲杨沫则鲜明地站在年老病弱，多年受压的明清大姐一边。为老大姐写文章洗刷清白，不怵得罪高干夫人。

母亲少年时，曾苦学武术，幻想当侠客四处行侠仗义，打抱不平。六十多年过去，她这一本性仍旧未改，继为刘亚光鸣不平，丢了人大常委会委员后，又为明清大姐拔刀相助。这一次可比为刘亚光打官司有意义，有价值，让人肃然起敬。

此时，距离她的生命终点还有两年零7个月。

30. 为雄县农民王汉秋鸣冤

一位曾献出土地，剁下手指表示拥护我党抗日的农民 1960 年冤死狱中——女儿长期申诉得不到昭雪——母亲多次写信，仗义执言也没有用——最后找到当年十分区司令员，原河北省委书记刘秉彦出面才给予平反纠正——前后拖了 9 年之久，这时冤主的女儿已经 81 岁了，而母亲的生命也只剩下 1 年零 4 天

王汉秋是河北省雄县昝岗乡东河岗村的一位农民。

他父亲靠卖麻绳挣钱置了些地。父亲死后，他继承了这些土地，成为了一个小地主。可他花钱大手大脚，从不把心思放在发家致富上。用媳妇的话讲，他一当家后，日子就没得过了。

他好交朋友，仗义疏财。看见村里有人没粮食吃，就主动把自己的粮食送去。他对长工宽厚仁义，曾把一支鸟枪送给长工。长工的孙子到现在还喃喃不休地说这件事。

他是独子，念过私塾，看了不少书，特别喜欢读鲁迅的作品，深受其影响。

1939 年 10 月，霸县抗日民主政府举办了抗日积极分子训练班，从各区、村选拔一批优秀分子进行培训。王汉秋及女儿王以云都参加了，并认识了当时的霸县县长马建民。从此以后，王汉秋父女俩积极参加抗日活动，他家成了堡垒户。马建民杨沫夫妇来东河岗村时，经常住在他家。

王汉秋响应抗日民主政府号召当上了小学老师，教儿童团的孩子们抗日的道理。那时，离村 2 里地的昝岗就驻有日本鬼子和伪军，干这个工作要冒很大危险。

后来王汉秋成为了八路军联络员，经常为我党干部传送情报。他多次掏空倭瓜，将文件藏在里面，把情报送到宫岗。他还给路过此地的干部们画地图，标明敌人岗楼的位置，介绍同志们如何通过敌人的封锁圈。

除了掩护我父母外，雄县的张田县长和陈瑞科长以及区妇救会主任李子奇等等也都经常在他家居住，受到了很好的保护。

1943年王汉秋看见本村农民生活困苦，就把自己的大部分土地无偿贡献出来，交村公所统一分配给无地少地的农民。当个别人对他这么做的动机有所怀疑时，他一时愤激，把自己的左手小指剁下两节儿，写了血书“致函马建民”，面送给马建民县长，表明了自己坚决抗日，坚决拥护共产党的决心。

他是在自家用小片镐砍下的手指头。当他送到父亲住处时，母亲也在现场，亲眼目睹了这么一封血淋淋的信和血淋淋的手指头，印象深刻。

父亲把这封血书和手指头保存了好几年，舍不得扔。曾多次对人说：我一看这个就很难受，王汉秋是个真心跟共产党走的开明人士，抗日爱国的好典型。

1945年抗战胜利，父母赶赴新的工作岗位，这以后即与王汉秋失去了联系。

1984年已离休的父亲准备写回忆录，就给雄县昝岗公社写了一封信，打听王汉秋的情况，没有回音。父亲不甘心，又写了一封，还是没有回音。父亲感到蹊跷，虽然已过去39年，王汉秋本人可能不在世，可他的孩子还应该在呀！父亲又写了第三封信。

河北省雄县昝岗乡东河岗村村干部负责同志：

你们好！

我叫马建民，又叫程业，抗战时期在你们那里工作过。先做政权工作，后来负责分区抗联工作，除经常和你们村干部联系外，也经常和王汉秋同志联系。我们当时吸收王汉秋同志参加反攻建国同盟会。他表现不错。记得他有儿有女，可是忘记了他们的姓名。现在组织上号召写回忆录，我想打听一下他儿女的姓名和地址，麻烦你们来信告诉一下。我解放后一直在北京工作，目前已离休，估计王汉秋同志可能不在了，只好打听打听他儿女。

附上邮票八分，请费心回信吧。

祝你们安好。

我住北京柳荫街29号

马建民

1985.3.21

这第三封信寄到了大队，有人偷偷转交给了王汉秋之女王以云。她立即带着孩子前往北京，向父亲详细叙述了这些年的遭遇：

我爹1960年死在监狱里啦！

虽然他抗战胜利前就把土地全献了出来，可1947年土改时还斗争他，说他是地主。他想不通，对干部们说，我不能算地主。你们这样对待我，不符合共产党的政策。

村干部硬说他贡献土地是“畏罪交公”。

他不服气，据理力争，村干部嫌他不老实，给他吊在树上打。村里就两户地主，但土改时主要打我爹，因为他嘴硬，不承认自己是地主。天天斗，不让洗脸，寒碜他，还拿砖头砸，给他腿上的迎面骨砸了个窟窿。不只打他，还打我娘，说她是地主婆。见她是小脚，就叫她踩小砖。

后来，国民党打过来了，我爹也没因为挨斗，受了委屈，就投靠国民党。他的腿给打坏，拄着棍子跑了。他从没给国民党办过事，也没有反攻倒算过。

我爹想不通，自己早就把土地交了出去，为何还定成地主？他不断向干部们反映，跟人争辩，结果说他态度恶劣，搞顽抗，一次一次把他往区公所送，送一趟打一路，可区里每次都给退了回来。直到1951年镇反那次，送走后再没回来，这次给判了，说他反攻倒算，被雄县法院判处死刑。听瞅见过他的人讲，在县看守所里整天给他戴着三大件，脚镣、手铐、铁砣子。

后来保定地区给改判成死缓，送到石家庄第二监狱服刑。

1958年大跃进时，他们监狱犯人到徐水大炼钢铁，我爹累坏了身体，一天比一天虚弱。最后给家里的明信片上说，我现在连10斤重的东西都提不起来，病得不轻，你们快来看看我吧，再晚就见不着了。可当时家里很穷，哪有路费去看他？连五分钱都没有呀！

我爹是1960年生生给饿死的，才54岁。他个子大，吃得多。死前对人说：给我埋在老家。听到信儿后，我老伴找了两个人推着小车，来回步行600多里从石家庄把尸体拉了回来。结果村干部说我老伴没和阶级敌人划清界限，把他的大队会计给撤了。

因为爹坐大狱，我3个孩子不让上初中，大队不给盖章；上学、当民兵都不行。其实我老伴是贫农，我大哥因拥护共产党八路军，1943年被敌人打黑枪牺牲了。我家应该算烈属，却给定成了地主。1943年时，也就是土改前4年我们一家3口人就剩下6亩地，是全村大多数农民的水平，这怎能算地主呢？

村干部却说他是为了逃避斗争，提前分散了土地。

父亲马建民听罢感叹道：抗日战争时，我和王汉秋经常接触。他是真心抗日，真心拥护共产党的啊！

父亲立即为王以云起草了给河北省委的申诉信底稿。

此时，王汉秋的老伴已去世，上告的重担就落在了女儿王以云身上。

1985年4月30日王以云正式向河北省委提出申诉，从此踏上了漫长的告状之路。

河北省委：

我叫王以云，河北省雄县昝岗乡东河岗大队人，现年62岁，是王汉秋的独生女儿。我父亲王汉秋生于1906年，地主成份，有地110亩。他当家后，经过两年时间，只剩下55亩地。小时上过私塾，在雄县高小毕业，后即在家务农，从未参加过国民党的任何组织。“七七”事变后不久，在抗日县政府领导下，在本村教小学，（19）40年日本在我村附近的昝岗村安上据点后，我父亲开始做八路军的联络员。我家逐渐成为抗日工作人员的堡垒户。如（区）妇联的李子奇，现在中国（社会）科学院的离休干部马建民和中国作家协会的杨沫等同志，经常住在我家。

（19）42年我父亲积极缴纳公粮，并献出一部分土地，1943年我父亲为表示抗战到底的决心，曾切断一个手指，写一份誓死抗战到底的血书，交给我十分区抗联组织（这件事马建民和杨沫同志完全了解）。我父亲并参加过我党领导的反攻建国同盟会，做了不少工作。

1945年我父亲把剩余的土地完全献给国家，并将地契全部交给村干部。国民党反动派占领昝岗后，因他积极献出土地，怕被国民党抓捕，拄着拐棍逃跑。总之我父亲一生没有做过反革命事情，抗日战争时期和解放战争时期，一直积极拥护共产党，积极为共产党工作，不当汉奸，不进行反攻倒算。

可是在1947年平分土地时，村中却多次批斗他，最后一次竟将他的腿打伤。我的全家也受到牵连和打击。到1951年，个别村干部又抹杀我父亲参加革命工作的事实，颠倒黑白，制造假材料，将我父亲逮捕入狱。到1960年6月，我父亲体弱不支，含冤死在石家庄第二监狱。

为这事，我曾找过乡政府、县（委）农村工作部，要求复查，要求平反，但一直没有音信，没有结果。为落实党的平反政策，明辨是非，伸张正义，恳请省委对我父亲这一冤假错案，予以平反昭雪，不胜感激。

此致

敬礼

河北省雄县昝岗乡东河岗村

王以云

1985年4月30日

同年8月，父亲病逝，雄县领导前来参加遗体告别仪式，并当面向母亲表示王汉秋的问题已平反。

但当王以云到县法院询问时，却说还没有平，材料已报到省里，等省里决定。

一直拖到1989年春天，河北省高级法院正式决定：此案不能平反，维持原判。家属得知后，大吃一惊，非常痛苦。在这种情况下，王以云只好来北京向母亲求助。

已经75岁高龄的母亲立即提笔给河北省高级法院写了一封信，为冤死狱中的农民王汉秋说话。

河北省高级人民法院：

我是中国作家协会的杨沫，有一件事想向你们反映一下。

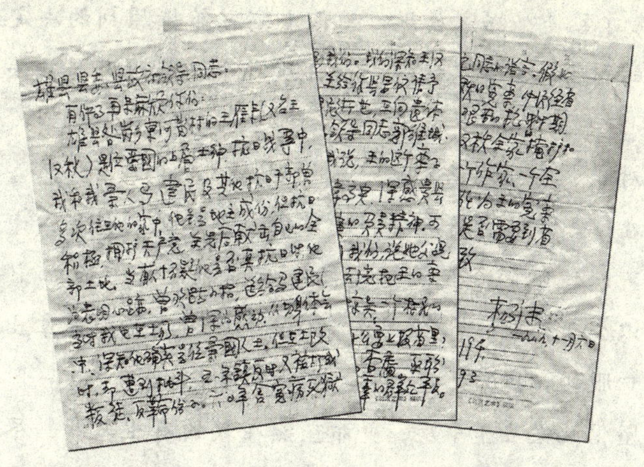

⊙母亲为王汉秋案给雄县县委写的信

抗日战争时期，我和我爱人马建民曾在雄县工作。当时，我们曾多次住在昝岗乡东河岗的王汉秋家，他虽是地主成份，但积极参加抗日，并主动交出土地。据我们了解，王汉秋一直是拥护共产党，拥护抗日的群众，为革命还做了一些有益的工作，并没有投敌叛变行为。但是在1947年土改时，他却受到了错误的批斗。1951年镇反时，又被打成反革命分子，逮捕入狱，1960年含冤死在狱中。

多年来，王汉秋的妻子、女儿迫切期望给他平反，我们也曾写过证明材料。据说县里曾在1985年进行过调查核实，于同年8月底在马建民去世后的告别仪式上，雄县来的两位领导郭维城、梅庆元曾当面告诉我说，这个案子已经平反。我即将此消息告诉了家属。但她们等了一年多，也没有见到平反的正式通知。后来多次去县法院询问，县法院同志说，案子的材料已报到省里，要听候省里处理。

到去年夏天已近3年了，仍无消息，家属很着急，又多次找我谈这事。我们建议她去省里询问。结果省里又推到县里。县法院一度说材料报到地区中级法院了，我们托人询问地区中级法院，却未能查到。

今年春天以来，家属又多次去县法院，后县法院终于答复，省里的处理结果已经送到县法院。决定是：维持原判，不能平反。

家属甚为震惊，我们也十分失望。

我实在不明白省里为什么不准平反？根据何在？而且为什么拖了

4年之久才答复？据家属说，她们看到在维持原判的决定后面附有颠倒是非的材料。家属甚为愤怒，怀疑是个别村干部与县法院个别人在捣鬼。

我对此也感到困惑不解。

现在家属依然背着沉重的反革命分子家属的包袱，十分苦恼，其心情是可以理解的。我希望省高院有关领导能在百忙中关照一下此事，予以公正处理。如万一确实不能平反，也希望能拿出让我们和家属心服口服的证据来。

我坚信此案应予平反，并希望能在我的有生之年，尽早听到平反昭雪的消息。

此致

敬礼！

杨沫

1989年9月31日

接着，母亲又提笔给雄县去信，说明王汉秋的冤案情况。

雄县县委、县政府领导同志：

有件事再来麻烦你们：

雄县昝岗乡东河岗村的王雁来（又名王汉秋）是位爱国的上层士绅。抗日战争中，我和我爱人马建民及其他抗日干部曾多次住在他的家中，他虽是地主成份，但抗日积极，拥护共产党，并先后献出自己的全部土地。当有人怀疑他是否真抗日时，他为表明心迹，曾砍断小指，送给马建民，当时我也在场，深为感动。从切身体会中，深知他确实是位爱国人士。但在土改时，却遭到批斗，（19）51年镇反时又被打成叛徒、反革命分子。（19）60年含冤病死在狱中。

她的女儿王以云1985年找到我们。我们深知王汉秋的为人，曾为他证明，并给你县写信请求予以平反。1985年秋，马建民逝世，在向遗体告别时，雄县来的两位领导郭维城、梅庆元同志曾当面向我说，王的这个案子已经平反。我们听了非常高兴，深感贵县认真落实纠正冤假错案的负责精神。可是后来王的女儿多次找到我们，说她父亲的案子并未平反，并说县法院把王的案子报到省法院。我有些惊呆，一个村民的平反案，县完全可以决定，为什么要上报省里？

这件事，请雄县领导费心查处，亟盼早日落实党的政策，为无辜的群众平反。以实践郭维城、梅庆元同志的诺言。假如雄县法院无法解决王汉秋的冤案，必须经省法院才能解决，那么当年在艰苦的抗战期间，我们曾多次受到王汉秋全家的掩护和舍命相助，今天我作为一个作家，一个全国人大代表，有义务，有责任为王的冤案争取昭雪平反。

是否需要到省里去反映？盼指教！

致

敬礼！

杨沫

1989年11月6日

我的通信处，北京香山东沟19号

电话819458　邮编100093

母亲为这位抗日战争中掩护过自己的老乡所蒙受到的冤屈而难过，而悲哀。她有点火了，感到有人在敷衍她，糊弄她。

果然过了一年还是没有音信。看来，母亲的名气虽然很大，人家并不认。中国讲究行政单位的级别，作家再有名也没用。

时间一天天过去，此案毫无进展。

对于一个普通农民来说，要想翻这个案实在困难重重。因为这起案子从1947年算起，已经过去40多年。即便是错案，中央有文件明确规定：凡涉及到镇反和土改运动中的案子，都不在平反冤假错案之列。

▲母亲一直关注王汉秋冤案

何况原村干部极力反对，强调要保护土改和镇反的革命成果。

因此，王汉秋的冤魂只好在“反动地主”的阴影下面继续哀号游荡。

其实十分区的很多老领导并没有忘记了这位农民。早在1987年原十分区政委旷伏兆将军在《严冬过后是春天》一文中就写道：

> 为了团结开明士绅和农村知识分子等社会上层人士共同抗日，在分区抗联的领导下，建立了反攻建国同盟会，简称反建会。……小河岗村地主王汉秋入会后，断指写血书，表示抗日决心（《星火燎原丛书之六》第153页）。

同年原十分区地委副书记杨英在《艰苦的斗争岁月》一文中也提及王汉秋断指的事（见《星火燎原丛书之六》第177页）。

更早的时候，1985年出版的《冀中十分区二联合县人民抗日斗争史料》第45页也清清楚楚说：

> 1943年10月，马建民任十分区抗联主任，恢复各县抗联会，加强对社会上层人士的统战工作。六联区小河岗王雁来（王汉秋）断指写血书致函马建民，表明反对妥协投降，坚决抗战到底。

可法院那些法官们不了解这些，也不认这些。他们要维护法律的尊严，不能轻易更改已发生法律效力的判决，尤其是涉及镇反和土改的案子，更非儿戏，母亲的一封信根本不起作用。

所以，尽管把自己手指头切下来，要誓死抗日，跟共产党走的农民，全十分区就他王汉秋一个，全河北省恐怕也是独一份，乃至全国也寥寥无几；尽管数篇革命回忆录中都提到他王汉秋的名字；尽管母亲关注这件事，多年来不断为王汉秋鸣冤，却全没用，王汉秋继续背着黑锅。

拖到1994年夏，这个案子申诉快9年了，忐忑不安的母亲实在忍无可忍，只好给老首长，原十分区司令员，“文革”后出任过河北省委书记、河北省省长的刘秉彦写信求助。信中说：

> 雄县老房东王以云（的）父亲王汉秋系我和马建民的堡垒户，王汉秋蒙冤致死，至今尚未平反，为此我给程维高省长一信（包括王以云本人申诉状），烦您代为转交，也许能起到一点作用。

在1955年被授予少将军衔的我军将领中，刘秉彦是少数几位抗日时期

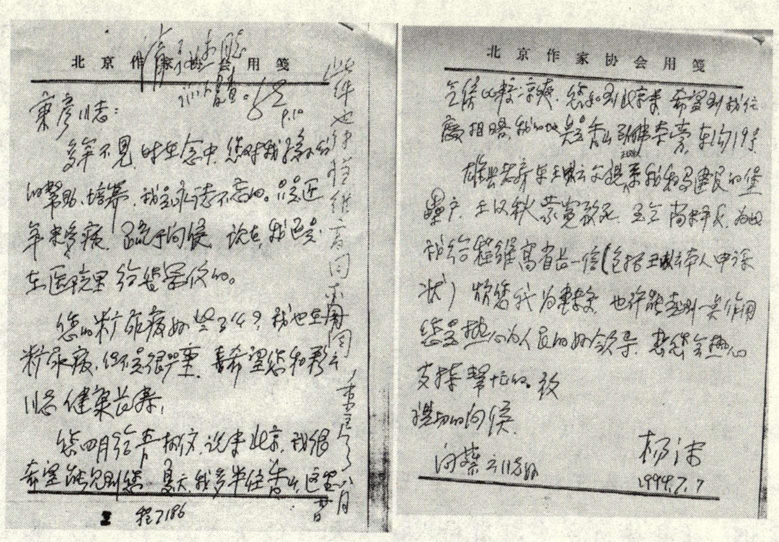

北京作家协会用笺

秉彦同志：

北京作家协会用笺

杨沫

▲母亲给刘秉彦的信

参加革命的将军，战功显赫。他对十分区老百姓的苦难遭遇也充满同情。接到母亲信后，刘秉彦立即给当时的省委书记程维高写信：

维高同志：

转来作家杨沫同志的信。虽然时过境迁，曲折若干年，但情况不会是假的。请批给有关部门去办。1942 年到 1943 年冬，隐蔽活动，每人都有自己的保（堡）垒户。她的情况，我也了解，特此证明。

握手

秉彦

8 月 30 日

次日，刘秉彦给母亲回信：

杨沫同志：

久疏问候，深以为歉。

我们都经过冀的血与火的生活，彼此都有过共同的“江东父老”。那里有多少沉冤未洗，难以推断。关于给王以云申诉情况的信，我已转给了维高同志，成否，固不可定，当尽力一谋也。专此奉告，顺问秋安。

秉彦

8 月 31 日　石家庄

程维高很痛快，于9月10日批示省高院予以复查。1994年12月河北省高级法院终于正式宣判王汉秋无罪。

刘秉彦最先得知了这一消息，马上把判决书寄给了哥哥青柯，青柯立即告诉了母亲。80岁的母亲得知后眉开眼笑，高兴地说：太好了，真不容易呀！你赶快把情况告诉她们家人！有关材料也都复印了给她们寄去一份。

河北高级人民法院刑事判决书

（1994）冀刑再终字第177号

原审被告人王汉秋，又名王雁来，男，判决时年四十六岁，高小文化，雄县昝岗乡东河岗村人。一九六〇年六月病死于河北省第二监狱。

原审被告人王汉秋反攻倒算一案，雄县人民法院一九五一年四月二十二日作出法刑字第70号刑事判决，以反攻倒算罪判处王汉秋死刑，剥夺公权终身。经原保定地区专署分院审核，判处死刑，缓期二年执行。本院于同年十月三日核准死刑，缓期二年执行，已发生法律效力。本院于一九五七年七月十一日以（57）刑一字第683号刑事裁定，对王汉秋减为有期徒刑十八年。被告之女王以云以王汉秋抗日战争时期为我党工作，土改前主动献出土地，原判事实不符为由提出申诉。本院依法组成合议庭审理了本案，现已审理终结。

经再审查明：王汉秋在我国抗日战争时期热爱祖国，曾掩护中共党员及干部多人。一九四三年主动将自己大部分土地分给村中农民，原判认定暗暗分散土地避免斗争不实。王汉秋谩骂干部，说杀共产党，打邢福祥属实，但说杀共产党是针对个别人而言，而且事出有因，当时已分别据情对王汉秋进行了处理，原判又定罪处刑不妥。被告王汉秋拆分房户金秀花房上几块砖，砍分出的枣树枝子两个属实，原判认定拆王亮房上砖三百多块，在房上种瓜及强伐枣树两棵的事实查无证据，不能认定。

本院认为，被告人王汉秋在抗日战争时期对我党做过有益工作，土改前主动献出土地分给农民，土改中又被斗挨打，产生了不满情绪，有反攻倒算行为，但构不成犯罪。经本院审判委员会讨论决定，判决如下：

一、撤销雄县人民法院一九五一年四月二十二日法刑字第70号刑事判决，本院一九五一年十月三日核准令及（57）刑一字第683号刑事裁定；

二、宣告被告人王汉秋无罪。

本判决为终审判决。

审判长　陈桂荣

审判员　段增云

审判员　陈国精

一九九四年十二月十五日

书记员　赵长山

从1985年4月开始申诉算起，这起案子历经9年零8个月。

2004年10月4日，笔者去雄县采访王汉秋的女儿王以云，她当时已81岁。老人对我说：

抗战那阵，你爸妈常在我家里住。雄县一带一提你父亲马建民都知道。那时候特别残酷，通八路是要杀头的。当时在炕沿下有一地道口，情况紧急时，就钻入地道；情况不紧急时，就让老马换上农民衣服，背上粪筐，由我爹给护送到安全地点。每次你父亲来，我爹都要亲自送老远老远。

判决书说他打邢福祥，完全是编的。人家哥儿五个，年轻力壮，我爹单身一人，能打他们吗？我爹是挨打的。其实，都是村干部背后指使的。他如果不打我爹，就不给土地证。

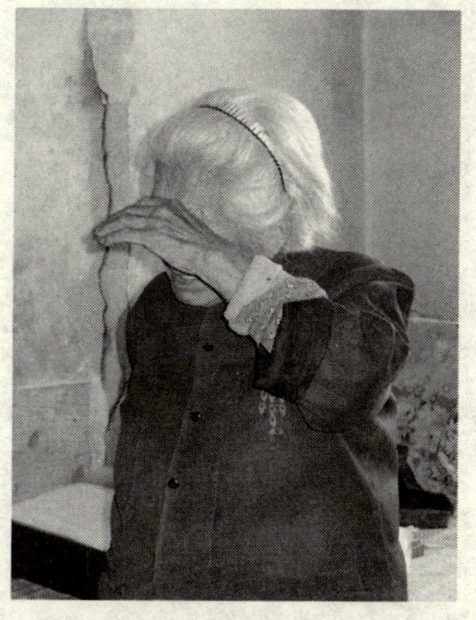

▲王汉秋的女儿流泪倾诉

唉，“文革”中可受罪大了……没少挨打、游街，非让我承认是地主，不承认就打。揪头发，拳打脚踢。最后实在受不了，要跳井，让孩子给拉住。我还喝过煤油和洋火盒上的皮儿（磷），几次寻死……

说到这儿，81岁的王以云呜呜地哭了。

燕赵多慷慨悲歌之士，王汉秋也算是其

中之一。在残酷的抗日战争中，十分区有一些干部经不住考验，成为可耻叛徒。如白沟区委书记郭刚、板家窝区委书记郑秀田、毛公寺区委书记张国昌、永清县县长贾树元等等都先后投敌叛变，疯狂追捕自己的同志。而他王汉秋，一个小地主，却比这些“共产党员”还可靠，还有操守，还顶天立地。即使自己受了委屈也不背叛共产党，投靠敌人。

十一届三中全会之后，这位上了众多革命回忆录里面的“反动地主”依旧继续蒙受着已延续了40多年的耻辱。他为抗日贡献了自己的几乎所有土地和一个手指头，最后却背着“反攻倒算”的罪名，惨死监狱。

尽管给他判刑时，全县四处张贴大布告，可现在平了反，仅仅在村里的高音喇叭广播了一下；尽管经济上丝毫没有赔偿；尽管判决书里还说他有反攻倒算行为——1947年土改时，他仅剩下6亩地，根本不算地主，怎么还能说他有反攻倒算行为？但对一个普通农民来说，花了9年多时间打官司，最终有这个结局已经非常难得了。他王汉秋总算被承认是热爱祖国的。那手指头没有白剁。

长眠在地下的王汉秋，可以安息了。

母亲那颗忐忑不安的心，也终于可以放下。

这一天距离母亲去世还有近一年的时间。

31. 为胡开明大呼喊

因批评浩然而导致两人关系疏远——原河北省副省长胡开明坚持讲真话，不断得罪人，官越做越小——在华北局会议大家都反对的情况下，他还把包产到组的材料直接递交毛主席，希望能得到支持——毛主席说他开明，就是胡开明，从此受到批判和打压——杨沫看了这位“河北的彭德怀”事迹后，感到深深的不安和内疚，在生前最后的一篇文章中做了忏悔和反思

晚年，母亲彻底摆脱了那个秘书之后，她一度被教条和世俗所减弱了的正义感沛然四射。

首先，她已经不把服从当作党性的惟一原则。她觉悟到了上面也有可能犯错误。当上面犯错误时，最高的党性是以人民利益为本，是坚持真理。

在她最后一部长篇小说《英华之歌》中，她花了很大篇幅描写抗日根据地内的肃托斗争，描写了几个年轻有为的革命干部，对敌斗争赤胆忠心，却被当成托派分子枪杀。也描写了林道静对这种情况的不满和反对。尽管受各种局限，这本书还很不理想，但母亲尽了力量，她完成这部书稿时已经77岁。

她对比较“正统”的朋友，不再做老好人，而是能够中肯地坦率地提出批评。

她的患难之交浩然，人品很好，娶了个农村的文盲老婆，又有病，真可谓糟糠之妻，却从不厌弃。这件事深深博得了母亲的尊敬。她曾多次在我面前赞叹浩然不简单。有名有利之后，被多个年轻漂亮又有文化的女同志追，也不动心。

但浩然比较固执，好钻牛角尖。在“文革”后期那么走红，那么受重用，写了一些遵命作品，却总不认错，总强调他躲着江青，不拍江青马屁的一面。而对自己作品中错误的一面，却认识不够，好像他一贯正确。因此不少作家都对他有意见。

应当说，比起一般人，浩然面对江青的重用和关照，还是头脑清醒，有所抵制的。他曾多次向母亲倾诉过自己被江青看中后内心的苦闷与不安。他不想抱江青的大腿，能躲就躲。从没因为被江青重用而狂妄，借势整人。而在当时，想抱江青粗腿者大有人在。从这点说，浩然确实有一股浩然之气，博得了包括母亲在内的一些同行的敬意。

但在当时的那种形势下，他也写了不少“奉旨”文章。打倒“四人帮”后，他对自己与江青保持距离的那一面，强调过多；对自己作品中极左的印痕那一面检查不够；对“文革”前农村受极左政策危害的那一面，也几乎没有认识，因而知识界对他的批评意见较多，其中有些人也说了一些很尖锐的话。浩然的心情非常沉重。他只好一头扎到农村，远离知识界，也远离文联的同行。

但就这样，日子也没有清静。

事件的起因是1990年6月11日在浩然的提议下，三河县举行了该县文联的成立大会。活动在燕郊影剧院举行，有上千人参加。头天晚上外地来宾就下榻于燕郊镇的行宫宾馆。参加庆祝大会的名人之多，规格之高，在三河县历史上前所未有，恐怕在全国县级单位里也少见。

文化部、中国作协、北京市委宣传部、河北省委宣传部等单位的头面人物都前来参加，如贺敬之、马烽、李志坚、韩立成、魏巍、徐光耀、管桦、翟向东、乔羽、柯岩、于是之、赵丽蓉、马泰等等，再加上各有关党政干部、新闻记者等约有200名贵宾，还请来本地各乡镇代表、文化系统及燕郊高中师生等800人前来助兴。中午在行宫宾馆摆了几十桌丰盛的宴席。

母亲也参加了这个活动，感觉规模过大，花钱太多。后来在北京市文联的支部生活会上她坦率地向浩然提出：一个小县城成立个文联，有必要搞那么大的排场庆祝吗？请来那么多人，又是开大会，又是办表演，又是吃，又是喝，净是山珍海味，太浪费了，劳民伤财。

浩然解释道：这是全国第一个县文联成立，当地政府自然重视，他们

▲母亲在上海参加作协会议（1995 年春）

要搞隆重一点也可以理解，但并非他的本意。

母亲的话，虽然只就三河县成立文联这件事而言，但其实也反映了社会上一部分人对浩然的情绪。她的批评给感觉很好的浩然迎头泼了一瓢冷水。

因为浩然长期扎根农村，这次又亲自担任三河县文联主席，媒体评价很高。他主张的文艺绿化工程——“立足三河，辐射周边，放眼全国”为农民文学鸣锣开道，博得了一片赞扬声。

与此同时，也引起了一些作家的疑虑，始终不认错的浩然是不是想以农村包围城市，积聚力量，积累资本，希图东山再起呢？因为即使你浩然人品再好，你的作品打着极左烙印却有目共睹。你的作品美化了 20 世纪 50 年代农村大搞集体化的那一段曲折历程——你大力批判了所谓的单干，所谓的走资本主义道路，讴歌了农村中极左的那一套，这怎么能否认掉呢？打倒“四人帮”后，你理所当然地受到批判和审查。尽管你不属于“四人帮”的帮派分子，但作品中的错误总还是有吧？可你却以中国农民的代言人自居，不承认自己的作品有问题。

其实，中国农民真正的代言人是邓子恢，他主张搞合作社慢一点，稳一点。三年困难时期，他赞成搞包产到户，拯救农民。而农村基层干部如钱让能、武念兹等也是代言人，他们主张包产，反对一大二公，代表了广大农民的呼声，却总被打压。

所以浩然这个态度让很多人接受不了，文联里也如此。可碍于情面，作家同行们都闷在心里，没人当面给他提意见。就是在这个背景之下，母亲面对面地、委婉地给浩然提了上述意见。

作家赵大年说，只有杨沫大姐敢当面批评浩然。

母亲在支部生活会上的发言，令浩然没有料到，自然很不高兴，以为是有人捅咕母亲向他开炮。其实并无任何人捅咕母亲，她完全是自己一时心血来潮，把憋在肚里的想法说了出来。她容易冲动，不那么深谋远虑。

事后，李叔叔批评了母亲，说她应该私下与浩然交换意见，不该在会上公开批评，给浩然弄得很尴尬。后果不好，引起了同志间不必要的误会和矛盾。

浩然在“文革”初期曾拼死保护过母亲，为此挨批挨斗。他被迫揭发母亲后，还偷偷给母亲通风报信……现在却被母亲在支部生活会上公开点名批评。虽然母亲态度温和，毫无恶意，但浩然心里肯定很伤心……从此与母亲疏远，几乎不再来往。1991 年 10 月 8 日，在小汤山召开的“杨沫文学创作研讨会”，很多作家都来了，而“文革”中保过母亲的浩然却没有参加。

母亲一笑置之。后来，在 1993 年 7 月 2 日的日记中她说：

> 听到浩然得了脑血栓，住进了通县医院，甚惦念。我应去看他，却无法去。胯腰仍不好，不能直腰走路，总弯腰像虾米一样走路。
>
> ……

1989 年 12 月，中国文联和中国作协的主要领导大改组。这两个新班子上任后存在一些问题，时间一长，下面意见颇大。母亲同情和理解众多作家的呼声，曾几次向有关部门反映这两个班子的问题。

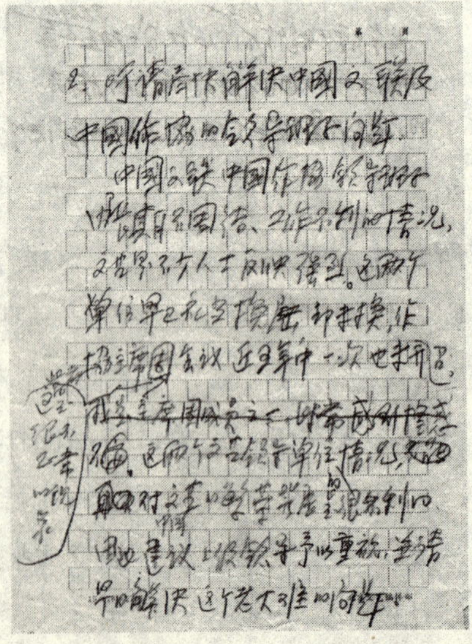
2、呼请尽快解决中国文联及

△母亲写的人大提案草稿

1994 年 3 月的人代会，80 岁的母亲因病没有参加，但她目睹广大作家的不满情绪，决心尽自己的一份绵薄之力。

她在病榻上写了一个改组中国文联和中国作协领导班子的正式提案，文中说："中国文联、中国作协领导班子内部长期不团结，工作不力的情况，文艺界不少人反映强烈。这两个单位早已应当换届，却未换，作协主席团会议近5年中一次也未召开，这些都是很不正常的现象。我是主席团成员之一，时常感到惶惑不安……因此建议上级领导予以重视，并请早日解决这个老大难的问题。"

尽管请求换领导，明摆着要得罪人，母亲也顾不得了。这份提议送到了多位中央领导同志处。在母亲的提案及其他主持正义的作家们的强烈呼吁下，1994年8月和9月中国文联和中国作协的领导班子终于做了调整，分别换上了高占祥和翟泰丰担任一把手。

▲胡开明在建国初期

1995年开始了。母亲生命中最后的一年开始了。

这年5月，一部介绍胡开明同志生平的书稿，送给母亲审阅。此时她已经81岁，身体每况愈下。肝部阵痛；膝关节受损，走路要靠轮椅；头还常常晕眩；眼睛出现了白内障。

但是母亲认认真真地读完书稿，她非常激动地说：胡开明是我的老领导、老战友。他表里如一，始终把解决人民疾苦放在首位，上对毛主席，下对普通农民，心里想什么就说什么。这样的干部才是我们党最宝贵的人才，太少见，太难得了！

可以说，小说《青春之歌》的成功，也有胡开明的贡献，他曾经热情地为母亲提供了很多素材。《青春之歌》中曾有一个情节，写某革命青年为躲避国民党抓捕，拂晓时分逃到一老人的家，那老人让他钻进女儿的被窝里，就是根据胡开明的亲身经历。

或许人到晚年，对战争岁月中的老战友更加怀念，更加珍重，母亲被胡开明的事迹深深打动。她苦苦思索了几天，要给老战友写一篇东西。

这时，距离她的生命尽头还有7个月。她的身体很虚弱。除了心脏病和血压高外，还患有肝硬化、糖尿病、盆腔炎、泌尿系感染、骨质增生等。她躺在床上，开始用颤抖的手，吃力地、一笔一画地讲述读了胡开明事迹后的感想。她写道：

▲母亲为胡开明写的文章原稿

解放战争时期，我就认识胡开明同志，我在《晋察冀日报》社工作时，他是我的领导。我为了写《青春之歌》，也曾向他了解过有关“一二·九”运动中的情况。当时我对他的印象一般：没有架子，时常乐呵呵地笑着。到60年代初，胡开明的名字忽然震了，传说他为解决农民饥饿问题，主张实行“包产”到组，上书毛主席，后来遭到批判，革职……我和他多年不见，不知真情，又不知他发配何处，无法通信。然而根据当时的情况，却从心里对他的遭遇暗暗同情。直到30年后的最近，读了你（贾文平）写的《真理与命运——胡开明传略》后，我眼前立刻矗立起一个闪光的、高大的、无私无畏的人。我这才比较全面深刻地了解他：他是我们党的一个多么可贵的、难得的干部啊！

……

在我心中，服从组织是天经地义，即使“文革”闹得那样死人累累，我还跟老伴争论。他说：“干部有错误，谁错撤换谁还不行？怎么一打一大片，真有这么多坏人吗？……”我争论说：“‘文化大革命’是毛主席亲自发动和领导的，哪还会有错？”我把毛主席看成了神，直到“文革”后期，闹得实在不像话了，我才有所觉悟。在我的一生经验中，像我这样的干部是多的：缺乏独立思考，不敢独立思考，绝对相信组织，即使明明是错了也相信。

相比之下，胡开明这样的干部太可尊敬了！

……

1959年当张家口地委书记葛启因对三面红旗有怀疑，有抵制而被撤职后，正在河北省担任副省长的胡开明去张家口接替葛启。本来他是受命反右的，但是到张家口不久，他就给被错打成“右倾机会主义分子”的同志们重新安排了领导职务……看到这里，我不禁被胡开明这种高度负责、全然忘我的大胆行为深深感动。

胡开明最特别的地方是他这个老干部爱提意见，常跟上面顶牛。他毕业于东北大学，喜欢独立思考，不随波逐流，从不惟上是从，结果他的官儿总做不大。从1954年起他就是河北省副省长，过了44年之后，临去世前，他还是个副省级。

1959年秋，张家口地委一把手葛启被打成了“右倾机会主义分子”。胡开明率领工作组进驻张家口，指导反右倾工作。可是他调查研究了一番后发现这些“右倾机会主义分子”说的话，办的事都没有错。特别是连公社一级的干部都揪出一批“右倾机会主义分子”，打击面过大。他利用手中的权力，果断决定公社一级的反右倾运动立即停止，保护了一大批基层干部。

为了救老百姓的命，他还不惜与领导顶撞。

1960年冬河北省委决定全省农民口粮从12月开始日均2两5。当时胡开明已担任张家口地委第一书记，面对农民大批死亡，他多次向省里反映2两5的定量不够吃，张家口气候寒冷，不能搞一刀切。并曾与省委领导刘××发生激烈辩论。他说人不是鸡，鸡每天吃2两5还差不多，但人绝对不行。经过艰苦的工作，最后终于争取到了日均3两75，农民的死亡人数立刻明显下降。

三年困难时期，他还为老百姓干了不少好事。

比如，在中央决定之前，胡开明就早早在张家口地区解散了食堂。他还允许集体牲畜私人圈养；允许个人开荒自救，谁种谁收；批准搞包产到组等等。这些措施后来都成了他的罪状，说是“走资本主义道路”。

他对整人从来没有兴趣。当省委领导认为张家口地区饿死人多的地方是坏人掌权，指示要开展“反坏夺权”斗争时，胡开明明确表示，饿死人的原因是粮食定量过低，不是什么坏人当道，下面哪有那么多坏人？在上级的一再逼迫下，他不得不展开“反坏夺权斗争”，但竭力缩小打击面，结果受到省里批评，说他“不抓阶级斗争”。

在1962年七千人大会上，他响应毛主席号召，面对面地给河北实际主持工作的省委领导刘提了意见，全然不顾个人得失。他指出刘××从大跃进以来，头脑发烧，不实事求是，一味反右，一味抬高指标，导致了严重的后果。却又拒不认错，打击异己，缺乏民主作风……胡开明越说越激动，当众把老婆劝他不要提意见的信念给大家听，号召同志们不要被老婆扯后腿，积极鸣放，把气出完。——结果四清时，他被扣上了“向党猖狂进攻”的帽子，早早就给揪出来打倒。

为了让农民吃饱饭，提高生产积极性，他冥思苦索。既然上面反对包产到户，他就总结出一套包产到组的生产方法。他声称组还是集体性质，不属单干。在张家口地区推广实行后，效果很好。

他长期从政，饱经风霜，却还像孩子般纯真，对上不谄，对下不欺，没有一点看风向、上面喜欢什么就说什么的陋习。刘××等省领导虽然不喜欢他，下面却眷恋他。他调回省后，张家口地区的13个县委书记联名给省委写信，挽留胡开明同志，舍不得他走。这在全河北省史无前例，全国恐怕也少见。

省委第一书记林铁很器重他，原来内定他回来当常务副省长。但上任前，林铁让他代表张家口地区出席华北局工作会议。他在会上逆着潮流，又公开宣传包产到组的主张，受到了大多数与会同志的批判。他成为众矢之的后仍不服气，在北戴河工作会议上，又把包产到组的材料直接递交给毛主席，希望说服毛主席，获得毛主席的支持。几天后，在一次全体会议上，毛主席发表讲话，其中说道：河北有一个副省长，很开明，但就是“胡”开明。

随着毛主席讲话的传达，胡开明成为了一个反面教员，全国闻名。

省委立刻让他写检查，写了一遍又一遍。常务副省长自然泡了汤，以后一直坐冷板凳。四清中，张家口地委被打成了“胡、葛、解阴谋反党集团”。“文革”中他又被打成了“反革命修正主义分子”、“叛徒”、“林铁的黑干将”……受到了残酷的批斗和殴打，甚至还被假枪毙过。

十一届三中全会后，胡开明虽然被平了反，那个在河北主持工作的省领导虽然被批判和调离，但在河北，一大帮整过他的人还在，这位“活着的彭德怀”的事迹并没有得到应有的宣传。

多年后，有人问胡开明：为什么给毛主席写信？

他说：人命关天，顾不得了。

胡开明给毛主席上书的举动是自杀性的，跟雄县农民王汉秋砍断手指头一样，让母亲深受震动。

最优秀的，最高尚的往往又是最污秽的，最低贱的。很多好人都出自于监狱、劳改地、寒舍、农村。

母亲原来很正统，很左，也正是在彭德怀、张志新、胡开明这样敢于“抗上”，敢于提意见的干部的感召下，促使了她的觉悟。应该说，母亲的出身和个性使她对极左的那一套天生就反感。只不过多年的、脱胎换骨的思想改造扭曲了她的本性。

20世纪50年代，姐姐徐然穿双高跟鞋，母亲斥之为资产阶级，与姐姐大吵大闹。姐姐漂亮，追她的人不少，高中时就有了男友，母亲坚决反对，说这不像新中国的青年，是思想空虚和堕落的表现，甚至还写信到姐姐的学校揭发告状。姐姐从新疆大学毕业前夕，母亲给当时在新疆工作的老战友武光去信，嘱托他一定要把姐姐分到最苦、最远的地方锻炼改造。

哥哥在清华大学工程物理系学习时，很想买辆自行车，母亲不同意，认为是特殊化。当时清华大学学生中，有自行车的并不少。哥哥一度总拉肚子，身体虚弱，向她要钱想买点营养品，她把哥哥臭骂一顿，说哥哥怕苦怕死，贪图享受，变修了。

“文革”中我养了一条小狗，被她批评为情调不健康，说只有资产阶级太太小姐们才养猫玩儿狗。反资产阶级自由化之后，学校并没有怎么样我，她却主动给北大中文系领导写信，说我的政治观点如何危险，如何自由化，要求对我严肃处理。

可悲呀，母亲由一个追求婚姻自由，追求真理的进步青年，变成了一个极左的老太太。她绝对听上级的话，绝对不会给领导提意见。对任何领导，包括自己亲属的领导、孩子的领导，她都毕恭毕敬，奉若神明，这几乎成了她的处世习惯。——是多年来要做“驯服工具”教育的结果。

对比胡开明的独立思考、敢于抗上的精神，母亲属于平庸之辈、跟风干部。

她花了多年时间写的《东方欲晓》，遵循当时主流的宣传框框，突出工农兵，突出正面人物。全书充满了编造的痕迹，虚假的拔高，虚假的贬低。人物杂乱，情节杜撰，即使加一点儿俊男美女的点缀，也缺少可读性。文艺为政治服务，为工农兵服务，就服务成了这个样子，一堆废品！多年的创作几乎毫无价值，这就是老母亲因循守旧，不敢越雷池一步的悲哀。这就是随波逐流，紧跟形势的悲哀。

因此81岁的母亲看到胡开明的事迹之后，才那么深深的不安和内疚。

胡开明为了老百姓不挨饿，屡屡给河北省领导提意见，直到给毛主席上书，提出解救措施，最后却受到一次一次的批判，落个身败名裂，臭名远扬。

而母亲尽管也受到过个别人的大批判，总体上却一帆风顺。这个荣誉，那个荣誉，又是出国，又是开世界大会，吹捧文章无数，光芒耀眼。有段时期，《青春之歌》名声大噪，远比胡开明有名。但随着岁月流逝，站在历史角度上看，胡开明的形象却越来越高大。

相比之下，母亲这样随大流的干部，驯服听话的作家，黯然失色。

年迈的母亲，说话已经有点儿哆哆嗦嗦的母亲，沉重地，一笔一画地写文章批判着自己，忏悔着自己：

> 胡开明的经历使我深感到，开顺风船的干部好当，上级怎么布置、安排，下面就怎么执行，出了错向上面一推，完事大吉。抗日战争时期，我在基层做了几年群众工作。那时也常遇到上级的布置并不适合基层实情，做起来群众并不欢迎。可是我的头脑中只知服从，绝不敢去违拗上级布置，实行实事求是的办法。经过“文革”，我才稍有觉悟。读了《真理与命运——胡开明传略》更加使我惭愧、汗颜。过去我的惟命是从，还总认为是对党的忠诚呢！胡开明与一般人不同，他的做法令人震惊。有人给上级汇报情况时，身揣截然相反的两份材料，待摸清领导意图后，再拿出上面喜欢的那一份交上去。而胡开明身上只有一份源于自己深入调查研究所得的材料，虽然明明知道拿出它来会遭批判，但是他依然坚持自己的看法。
>
> 结果如何呢？历史雄辩地证明，胡开明坚持调查研究，实事求是地提出符合当时当地的主张、政策和办法，是经得住检验的。他十几

年的苦难，也是党的苦难，人民的苦难。十一届三中全会以来，真理战胜谬误，雨过天晴，中国的天空霞光闪闪，胡开明同志被平反了！庆幸他亲自感受到了这份欢愉。可惜彭德怀元帅虽也平反，却没能亲自领会到这生命般的喜悦。

这是母亲生前写的最后一篇文章，也是母亲晚年写的最重要的一篇文章。除了对老领导胡开明表示了衷心的佩服和敬仰之外，也深刻地反省了自己。从字里行间，能看出母亲已经意识到了些什么，坦诚批判了自己的所谓"组织观念"，它标志着母亲的思想境界升华到新的高度。

母亲晚年的老伴李叔叔告诉我，母亲为写这封信花了很长时间。她身患疾病，下不了地，是躺在病床上，用块小木板托着稿纸断断续续写成的。原稿改得很乱，抹了改，改了抹，反反复复，看得出母亲费了很大的精力。

最后由李叔叔誊清抄好。

当母亲童年的时候，认识了共产党员方伯务，为此她感到自豪。而到晚年的时候，她又为自己的老领导胡开明同样感到自豪。此后一段时间，母亲四处向亲友们介绍胡开明，说这是个活着的彭德怀，是我身边的一位了不起的人物。

她还买了很多本《真理与命运——胡开明传略》，分送给亲戚朋友熟人。她郑重其事地表示："这种书对我们的干部有用，对青年也有用，应大量印刷，我想给有关方面写信，写文章，宣传这本书。"

年迈的母亲用发颤的声音说："胡开明是一位推动历史前进的永存的人。"

这时，距离她生命的终点还有 7 个月。

32. 安然迎接最后时刻

屡屡写遗嘱交待后事——捐献稿费10万元和所有著作的版权给中国现代文学馆——与从美国赶回的儿子相见时已不能说话

年轻的时候，母亲对死很敏感，很恐惧。她疑神疑鬼，有点小病就以为得了不治之症，痛苦得要命。她害怕见死人。看了《牺牲》那本书后，她难受得几个晚上睡不好觉。死难烈士的遗照，总在她眼前晃来晃去。

快到47岁时，她惴惴不安，情绪低落。因为她母亲是47岁死的，自己也马上就47岁了，全身是病，担心生命的尽头即将来临。她心情沉重，悲观的情绪挥之不去。她在日记里记录了这些感受，无比渴望着健康，渴望着生命，渴望着不要步母亲只活47岁的后尘。

许晴烈士坐牢期间，她冒充妹妹多次看望。许晴烈士的相片她保存终生。解放后还与许晴的狱友郑伊平重返功德林监狱，看望曾囚禁许晴的牢房。解放后曾数次写文章怀念许晴，并与许晴的狱友郑伊平结为至交。1976年2月，郑依平在海军总院去世，母亲虽非常难过，却怕受刺激，委托我去与遗体告别。

她最爱小胖，小胖去世后，她那么痛苦，经常涕泪交流，可也不敢去看看孩子的遗体。

她曾多次承认，自己怕死，怕死人，特别怕人死后，尸体腐臭了的样子。

不过随着进入老年，母亲的心态逐步放松平静。她知道那一天早晚会来到，她越来越能正视这一事实，越来越坦然。1979年9月10日，她在日记中说：

……我死了，不要木头做成的骨灰盒，只要个小土罐子，把我埋在我喜爱的香山土山上……

1984年1月21日，她在日记中说：

我在北京、珠海、香山有几个家，但却没有一个是我真正的家。我有不少朋友和亲人，但却感到异常的孤独——可怕的孤独。看到人们追名逐利，为世俗的偏见左右自己生活的种种情景，我仿佛有点“世人皆醉我独醒”的叹息。我所向往的生活啊，和现实距离太远了！一个人能够被人深深理解也太难了。历史上不少作家（主要是国外）常在功成名就之后，反而自杀了。因为这些人太敏感，对人生的美好憧憬太强烈，但现实却远远不是这样。受不住精神上的失望和痛苦，于是自杀。……我近来也常常想到死。我对周围一些事，感到厌倦、鄙视。这是为什么？真没法写出来……总之，我是个极端矛盾的人物，总想保持一个外表的虚名，好看，而内心里却又常不甘心。……我恨自己的软弱，虚伪……

1987年8月28日（农历七月初五）是母亲73岁生日。母亲在日记中写道：

前些天，在医院犯了心脏病，我一阵心血来潮，半夜爬下床写了三条，就算遗嘱吧。

一、把《青春之歌》原稿及八本日记赠给现代文学馆。

二、6000元存款分给四个孩子（包括小禾）。

三、不开追悼会，不向遗体告别；把骨灰放在瓦罐中，埋在香山屋后山坡上。因我爱香山。

1988年4月11日，她在日记中说：

来吧，什么病都来吧！反正一条命活了七十多岁早已够本，比起当年和我一起战斗、早早牺牲了性命的同志，我这条老命就算很幸运的了。

1991年12月21日，77岁的母亲要在301医院做右腿膝关节手术，事先又写好遗嘱。1992年10月她再次写了一个遗嘱。

遗 嘱

一、我死后，丧事从简，不开追悼会，不向遗体告别，把骨灰买一最粗糙的瓦罐，请求埋在香山我住处的后山坡上，挖一小坑埋掉，因我极爱香山。

二、存款6万元赠现代文学馆。我的文学书籍如现代文学馆需要，也赠他们。

三、马建民的书籍赠北师大。他的一些研究历史的资料也送师大历史系。他（用）十几年心血研究中国农民起义的资料，还是有价值的。

杨沫

1992.10.16

母亲似乎已看破红尘，对世间的污浊、虚伪、凶残感到厌烦。她在1993年1月5日日记中说：

> 今天午后，病房里突然紧张起来，大夫、护士往来穿梭，原来在抢救和我只隔一间房子的危重病人……到午后5时才安静了下来……那屋里的一张写字台被挪到走廊里……我知道，一定是人已不在了……我想到，有一天我也会有此情景。生生死死，人的生命谁也奈何不得……我很平静，静静地等待那天到来。届时，我的灵魂脱离了躯体，飞向浩茫的天宇。当我回首下望时，灰蒙蒙，雾茫茫，好污脏的人寰！熙熙攘攘，为名来，为利往，一片血腥……

现在，她不像过去那样，一提死就恐慌紧张。她心平气和，静静地等待着自己生命的终结。

1994年春，母亲的肝右叶发现了一小块可疑物。专家嘱每两月检查一次，监视其变化。这时母亲的思想有所变化，出于对巴金老人的尊重，她重做遗嘱：

遗嘱（给家中人的）

1994.6.8 于香山

我手中现在还有约26万人民币（美元2万8千，另有稿费约3万元人民币），我如死，这些钱要这样分配：

一、赠现代文学馆拾万元。

二、分李蕴昌陆万元。

三、余拾万元，每个后代分贰万伍千元。

我如继续活下去，每年各种开支，需从贰拾六万元中用去约贰万元左右，以此类推，给各方面的钱适当递减。

杨沫

1994.6.8　手书

20天后，又特地写了一个给中国现代文学馆捐献的遗嘱。

遗嘱

我把我的拾万元人民币积蓄，赠给现代文学馆。并把我所有著作的版权及稿酬，也全部赠给现代文学馆。

（我现年八十岁，也许还要活几年，那么生活中会用去一些，也可能适当减少对现代文学馆的赠予）

杨沫

1994.6.28

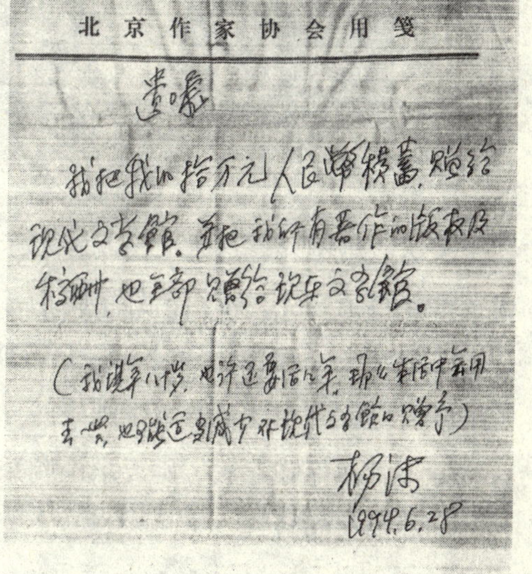
北京作家协会用笺

遗嘱

我把我的拾万元人民币积蓄，赠给现代文学馆，并把我所有著作的版权及稿酬，也全部赠给现代文学馆。

（我现年八十岁，也许还要活几年，那么生活中会用去一些，也可能适当减少对现代文学馆的赠予）

杨沫

1994.6.28

▲母亲捐献版权的遗嘱

为表诚意和慎重，母亲把此遗嘱的复印件交给了原北京市文联党组书记宋汎，请他监督执行。

1995年5月，写完赞颂胡开明的文章后，母亲感到身体越发不舒服，到同仁医院检查多日。7月经核磁共振，诊断肝上那块东西转变为恶性。后又发现左肺上方有一恶性肿块。

9月20日，医院向北京市文联党组书记马玉田通报了母亲的病情。大夫说，经过40天仔细检查，确诊为晚期癌症，且已转移。由于同仁不是治癌的专门医院，建议转院治疗。

面对绝症，母亲相当镇静。她说：我已经这么大岁数了，想得开。一

▲母亲神情安然地迎接最后时刻

辈子多次大难不死，这条命早就够本了。何况癌症也是可以治愈的，叶君健前些年得了癌症，不给治好了吗！

9月26日，经考虑再三，母亲转到北大医院治疗。因为她的好友，80岁的叶君健就是在这里治好了肺癌。

她不甘心保守疗法，她要求医院采取对叶君健采取过的方法，进行放疗，彻底消灭病敌。

10月6日，院方为她制定了一个医疗方案，进行放疗。

1995年10月10日，我在美国罗得岛州住处收到了母亲的一封信说：

近两个月在同仁医院住院期间，发现肝癌，且又转移成肺癌。现已由市委宣传部、市文联领导同志把我急转到北大医院，请肿瘤专家们商讨医治方案。我已82岁，恐怕凶多吉少，你们不要难过，着急，我精神还好，毕竟是经过战争的人。

这封信让我万万没有预料到。因为前几天，爱人利利刚从中国探亲回来，说母亲身体不错，没什么大问题。一时间如雷轰顶，我六神无主，竟然跟小孩一样流了泪，坐立不安，立刻给母亲写了一封信：

亲爱的妈妈：

今天上午，我收到了你的来信，眼泪情不自禁地涌了出来……

亲爱的妈妈啊，看见了你的信，好像听见了你的声音，面对病魔，你是那么镇定，那么平静，我深深地敬佩你，我的好妈妈！

此刻，我心乱如麻，不知干什么好，坐在桌子前，提笔给你写信。

前一阶段我听说妈妈住了院，但觉得还会像过去一样，住一阵就会出来，没有去信，也没有打电话。目前，我正集中精力把我的《血色黄昏》三部曲中的第一部改好。原计划改好后，春节前就回去，不管官方批不批，都回去。现在，妈妈发现了这个病，我就更要提前回去。妈妈啊！两个星期以内我一定会回到你的身边，陪着你。

亲爱的妈妈，我们是两代人，我们过去之间有过很多矛盾。小时候，你不在乎我，打过我；“文革”中我从背后给了你一刀；去内蒙古后，你又帮助我申诉；到四五天安门事件又被你们赶到山西大同，并断绝了关系，直到打倒“四人帮”，我考上大学回到北京；西单民主墙时，你又跟我断绝了一段关系……但你对我的好处，我是永生永世不会忘记的。妈妈给我买气枪，给我配无形眼镜，给我欧米伽手表，30 多年了，都还记在脑海中。在内蒙的那一段劳改，幸亏有妈妈帮忙，使我少熬了一段屈辱的“反革命”生活。

我们充满了矛盾，你怨我恨，又充满了母子之情的纠缠。我尽管身在遥远的美国，但每天都靠回忆过去过日子，而过去是离不开母亲的。

亲爱的妈妈呀，我敬佩你视死如归的气概。自然规律就是这么无情，我们迟早都要相会在茫茫的宇宙苍穹之中，只不过早几天，晚几天的事。

妈的精神状态是昂扬的，坚强的，有尊严的，真了不起，我服了，真的服了！

现在，面对身患重病住院的妈妈，我要诚实地告诉妈妈，我从 13 岁时，就爱你，就单相思你，就想回到你的肚子里！别看我从不主动理你，我心里是爱妈妈的啊！

因为我觉得妈妈非常美丽诱人。

在癌症面前，妈妈的沉着冷静态度就更加美丽，更加夺目！

只要保持乐观态度，妈还是可以延年益寿的。我的一个朋友的爱人，她母亲就得了胰腺癌，5年前动手术后，发现扩散得很厉害，但经过治疗，到现在活得好好的。

亲爱的妈妈，我离开中国6年了，还有很多的话要说，我会尽快地申请护照，在两个星期以内就返回我魂牵梦绕的祖国，回到母亲的身边。

好，这封信就先写到这儿，脑子很乱。今晚上，我会给你打个电话。

……

想念你的儿子　小波

1995.10.10 下午4点

晚上我与母亲通电话时，她的声音温和平静，还安慰说：我没事，现在情况还好，还稳定，你别急，把该办的事都办好了再回来。

不久，81岁的母亲得知我回国的手续遇到困难，用她哆哆嗦嗦的手，给中央领导乔石同志写了一封信，诉说自己风烛残年得了绝症，来日无多，希望能批准让在美国的儿子回国，最后见上一面。这恐怕是她一生中所写的最后一封信。

乔石立刻就批了，于是我回中国一路绿灯。

那天，当北京市有关部门的一位处长来到病房，向她当面宣读了中央首长的批示后，病榻上的母亲十分激动，一再表示衷心感谢。

11月16日，她托人给当时的北京市文联党组书记马玉田送去一信说："目前精神很好，食欲有所增加，白血球恢复正常状态，近两周都在8000以上，心脏病、糖尿病都得到了控制，没有兴风作浪，看来近期不会远行了。"

一直到11月底病重之前，母亲都从从容容，安安静静，状态很好。

大家也都满怀希望叶君健的奇迹在母亲身上重现。

哥哥和妻妹都告诉我，母亲现在情况稳定，眼下没什么危险。你先办你的事。如果有情况，会随时通知你。因此，我就订购了一台笔记本电脑。同时，去波士顿为母亲买了提高免疫力的药品，托人捎给母亲。几天后，仍没收到笔记本电脑。打电话问说是库房没货，得再等两天……

徐然的女儿蕾蕾获悉姥姥患重病，从美国专程来看望。她对姥姥的感情很深，几乎天天都来病房与姥姥说话。不幸的是那天她感冒了，却忘记

▲清醒时最后的照片，仍不忘带发套

了姥姥身体虚弱，依然前去看望姥姥。于是母亲被传染，开始咳嗽发烧。

鲁迅曾说人生最大的悲哀，不是死于敌手，而是死于自己人，死于最爱自己人的失误。蕾蕾不是有意的，她真的很爱姥姥，但又是蕾蕾传染了姥姥，害了姥姥。蕾蕾回到美国后，又把她爱人传染了，这才明白了自己的罪过，大哭一场。

当然北大医院的探视管理不严也是原因之一。事后我和李叔叔议论，若换了301医院，母亲就可能不会被传染，那里探视制度严格，或许完全是另一个结果。

11月20日母亲发高烧至40度，同时出现肺炎。3天后烧退下去，人却萎靡无力。母亲自感凶多吉少。一天深夜3点多钟，李叔叔扶她去完了厕所，她让李叔叔披上衣服，坐在她床前。她握着李叔叔的手说：看来那一天不久就到了，我一断气一切都完结，再过几天就变成了一小撮骨灰。老李，这几年，咱们在一起生活很美好，我心满意足，就是时间太短了，哪怕再多给我一两年就更好了……

把李叔叔说得喉咙干热，鼻子发酸。

“老李，不让你想我，不可能，但要是整天想得悲悲切切，那你可也快了。一定要换个想法，想咱们在一起的美好情景，高兴的日子。唉，过去的那一切多美呀！可惜这个幸福我再也享受不到了。”

“别说了！”李叔叔实在忍不住，低声啜泣，泪如泉涌。

“对不起，我知道你要难过，看你哭得这么难受，我也甘心了。但我要你记住我的话，以后少难过，多想想那些美好的事。记住了吗？听话。”她紧握着李叔叔的手。

夜深人静，静得可怕。

李叔叔紧紧握着母亲的手说：“要有信心。你这一辈子经过了多少危险，抢救过多少次，每次不都挺过来了？这次也会的。”

老两口默默握着手，过了不知多久，母亲说：“睡去吧，今天还有很多事。”

11月26日晨，我接到哥哥打来国际长途，说母亲病情恶化，总昏迷，说呓语，不能下地，让我赶快回国。我当即打电话退了笔记本电脑，并订好29日的飞机票。

11月28日凌晨3时接哥哥电话说，北大医院已下了病危通知书，母亲患梗阻性肺炎，呼吸困难，得吸氧，小便失禁，已插上导尿管。等晚上我再给哥哥打电话时，他说母亲有所好转，已能对护士说：我儿子要从美国回来看我……但还很危险。

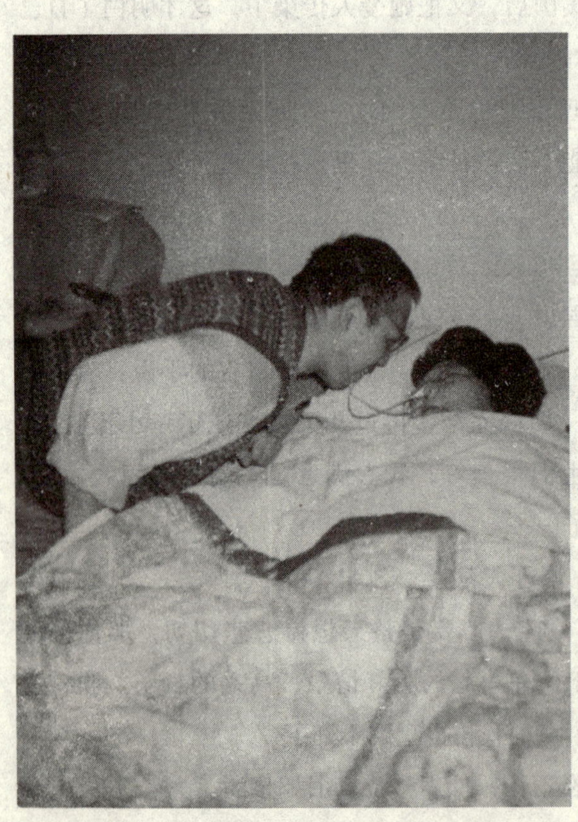

▲母亲睁开了眼睛

美国时间11月29日晚上，我离开了居住6年的美国罗得岛，飞往纽约，之后再换乘中国民航班机飞向北京。在飞机上坐了14个小时，到上海又停了几个钟头，一路上真感到度日如年。心里默默祷告，恳请母亲挺住，活着与我相见。

12月1日中午飞机终于抵达北京。当我从机场出来，守候在此的有关部门人员又盘问了我几个小时。哥哥在机场外一直等着，最后领我驱车来到医院。此时是下午4点，母亲已经说不出话。她的眼睛睁得很大，却一片空茫。全家十来口人，包括舅舅的孩子们都围在她的病床边。

4点以前，母亲还能说话。上午浩然来看她时，他们聊了好一会儿。母亲向浩然表示，自己还有很多事要干，一定要治好病。浩然安慰她不要想得太多，等将来身体好了，再考虑工作。临别时，望着气息奄奄的母亲，浩然流了泪。他哽咽地说："杨沫同志，我们俩认识多年，'文革'中又是患难之交。可老来多病，现在谁也顾不了谁了呀！"此时的浩然大病初愈，身体虚弱，文联的司机怕他过于激动，忙将他扶出了病房，两人就此诀别。

下午3点中国作协一把手翟泰丰前来看她，母亲又说了很多话。她可能是预感到自己即将远行，话格外多。再次向翟泰丰表示要把稿费和版权全部捐给中国现代文学馆。

下午4点以后，她渐渐的不能说话。当我走到母亲病床旁时，姐姐徐然告诉她：妈，小波儿回来了。

母亲没任何反应。她睁着眼睛，望着前面。我真正体会到了生离死别的滋味，怨恨自己没早点回来，为了等那个该死的笔记本电脑，永远失去了与母亲说话的机会。也埋怨自己太轻信了母亲、哥哥及妻妹的话，过分乐观。

徐然告诉我，就在上午，她还念叨白杨来了没有，小波儿来了没有？

握着母亲的大厚手，我鼻酸欲泪，百感交集。

三姨白杨因脑血栓半身瘫痪，没有探望姐姐，特让儿子晓松带来她的问候并送了1万元钱。

那一夜，母亲真是痛苦。高烧把母亲烧得双颊潮红，不住呻吟。她无法说话，我们也不知道她哪里难受，望着母亲那么痛苦，自己却爱莫能助，心如刀割。

母亲拉黑色的大便，尿红褐色的尿，大口大口地喘着粗气，虽然给她戴着氧气罩，还是憋得眼部凸起。她常常用力摇头，妄图脱掉氧气罩。嘴里嗫嚅着什么，后来我才猜到是说"没用"。

她不住地用手拔氧气管。听哥哥和李叔叔说她清醒的时候，曾向领导和家人多次表示，"我要安乐死，我憋得慌，给我些安眠药吧，我太痛苦了。共产党员也可以安乐死。"

母亲手背插着输液的针头，看护为省事，总把母亲的两个胳膊用绷带捆住，以免她的胳膊乱动，使针头脱落。我不忍总这么捆母亲，常把绷带解开，让她的手臂自由一会儿。

有时候，她难受得大喊：“妈呀！妈妈呀！”昔日雍容娴雅的母亲，此刻痛苦成这样，不止一次让我潸然泪下。那撕心揪肝的惨痛呻吟，就像指甲盖擦水泥地发出的声音。实在难以忍受时，我只好躲到走廊，让自己紧张的神经放松一下。

偶尔时刻，母亲苏醒过来后，问：“我还活着吗?”

我们说：“妈妈，你还活着。妈妈，你会好的。”

“我还活着，这不是梦呀?”

我们说：不是，这是真的。妈，你现在的烧退了，正在好转。

她半醒半昏地说：“我做梦了，我梦见了宇宙，还梦见了很多人。”

她说话的音调变了，像个刚学会说话的孩子，有点大舌头，吐字很慢：“我和老伴的感情很好，我和孩子们的感情也很好。我要恢复健康，出院与他们团圆。”

……

李叔叔从早到晚守候在她身旁，眼泪汪汪，呆若木鸡。母亲临终前抽搐时，情景很可怕。人们劝他回避一下，以免心脏犯病。他却毫无畏惧，长时间地紧握着母亲的手，还俯下身把头贴着母亲的脸，希图减轻一下母亲的痛苦。

33. 捐献版权和钱

人们感叹：《青春之歌》教育了整整几代人——妹妹白杨患重病未能见上一面——得不到的最爱，哥俩亲手扫骨灰，一粒骨渣也不扔弃——申请杨沫故居不成，只好将香山的院子交公——母亲的遗嘱得到完全的执行——中国文学史上捐版权的第一人——效果如何，众说纷纭

1995 年 12 月 11 日凌晨 1 点零 3 分母亲的心脏停止了跳动。

我们哥儿俩陪着她咽完了最后一口气。哥哥连续数星期吃住在医院，日夜陪在母亲身边，晚上就在病房的单人沙发上坐着睡觉，面色憔悴。我从美国回来后也夜夜住在医院，陪着母亲。姐姐徐然说我才回来几天就瘦了一圈。姐姐面色忧郁，眼睛布满血丝，常常孩子似的默默啜泣。

母亲静静躺着，好像睡着了，非常安详。她的大双眼皮越发美丽，她的塌鼻梁更加俊秀，她的脸孔无比端庄。

我亲手为母亲擦拭了身体，穿好衣服，又亲手给她搬到小铁床上，与哥哥一起护送她到太平间。最后又亲手将她搬到锈迹斑斑的铁抽屉里，用尸袋包好。在送进冰柜之前，我吻了母亲的前额，又吻了她的双颊和嘴唇。这是我一生中第一次吻尸体。

11 天后，我又跟几个殡葬工人一起把抽屉中的母亲抬放到床上，费了好大力气为她换好衣服，抬上灵车，守在她身旁，抵达八宝山。

儿不嫌母丑，狗不嫌家贫，我也不嫌母亲成了僵尸。

12 月 22 日在八宝山举行了遗体告别仪式。来人很多，黑压压的人群显示着各界民众对母亲的爱戴和怀念。大家说得最多的一句话是：“《青春之歌》教育了整整几代人。”

▲ 前来与母亲告别的人黑压压一片

▶ 老首长吕司令员献的花圈

原冀中军区司令员吕正操夫妇送来了花圈，秘书特地说明吕老因在上海不能参加遗体告别。十分区老首长旷伏兆夫妇、刘秉彦夫妇以及老领导、老战友胡开明夫妇、张致祥夫妇、于明涛夫妇等也献了花圈。

全国人大常委会委员长乔石、全国政协主席李瑞环、全国政协副主席宋任穷、巴金等献的花圈摆放在母亲的遗像旁。

尉健行、张致祥、伍绍祖、张健民、翟泰丰、李之琏、李宝光、杜导正夫妇、韩作黎、王观澜的夫人徐明清、邓子恢的夫人陈兰、邓拓的夫人丁一岚等以及浩然、管桦、柳溪等等数百人参加了遗体告别仪式。

来的人里有颤颤巍巍的老太太，有一瘸一拐的残疾者，有失声恸哭的中年妇女，还有土里土气的外地读者。一白发苍苍、满脸褶皱的老人对我说："杨沫的书影响太大了！教育了好几代人！要不，我这么大岁数的人是不会来这儿的。"

告别仪式完毕，照完相后，我又吻了吻母亲的脸，把脸贴在她冰冷的面额上，再与母亲身上的肉最后接触几下。

和哥哥办好火化手续后，经批准，我们陪她进入到那个空荡荡的火化车间。当年送别父亲时，我们俩就来过一次。这里除了一个工人，没有任何家属。就像担心父亲一个人走孤单，会害怕那个大铁炉子一样，我们哥儿俩也怕母亲一个人走孤单。女同志柔弱，更应该陪伴母亲走完这最后几步路。火化车间又高又大，里面排列着十来个放着尸体的狭小铁床，依次等待火化。焚化工人见了我和哥哥闯进大厅，十分客气，没让我们排队，主动走过来优先把母亲送进焚化炉。他说这是一台新进口的设备——用电，烧的速度快，无味，无污染。

◀吻别母亲

我们站在铁炉旁边，透过一个玻璃窗可窥视炉内渐渐变红，最后红得炫目耀眼，几乎吞没一切，惟放母亲的铁床依稀可辨。

一个钟头零10分钟之后，母亲从烈火中出来。铁床上变成了稀稀拉拉的白骨片。我和哥哥一捧一捧地把滚烫的骨块放进两个红绸口袋里。很多骨片较大，我就用手把它捏碎。此时脑子一片空白，什么感觉也没有。那骨片热乎乎的，好像带着母亲的体温。

如同当年把父亲的骨灰全部扫干净，装到骨灰袋里一样，我和哥哥又找来扫帚，把铁床上的所有骨渣全扫在一起，捧进口袋，一块也舍不得扔。

哥哥和我不是母亲的宠儿，她比较喜欢两个姐姐。但得不到的才最爱，从母亲病重后哥哥就一直像狗一样地守着她，我亦如此，每天吃住在医院，日夜陪住，直到母亲变成骨渣渣，也没有分离。

母亲是副部级待遇，但不是副部级。八宝山革命公墓有规定：副部级与副部级待遇是两回事，母亲的骨灰盒不能与父亲同放一室，只能放八宝山革命公墓东院。因骨灰盒只能放一点点骨灰，母亲的大部分骨灰我们都带回了家。

就在同一天，三姨白杨千里迢迢赴京，没有参加母亲的遗体告别仪式，却参加了一个“中华影星”颁奖典礼活动。报上登出来后，引起了我们家人的气愤。后来白杨的女儿安立来电话解释：是怕她出事，就没让她参加姨妈的遗体告别仪式。

我对她女儿安立说：母亲生前反复念叨：三妹在哪儿？让她来。

她说：我妈全知道，她很想来。但她自己也很病弱，要坐轮椅，头脑也不清醒。我们担心她身体受不了就没让她去。总之，这是一场误会，不是她不想去。

据安立说：颁奖活动白杨只去了10分钟，心脏病就犯了。她穿着黑衣服，一提起姐姐就哭。

设身处地想想，到八宝山与姐姐遗体告别是个很刺激、很悲痛的事。三姨白杨年岁那么大了，又身患重病，确实容易出问题，应该谅解。9个多月后，1996年9月18日三姨白杨去世，享年76岁。

在此之前，母亲的哥哥杨高岱已于1995年9月去世，早母亲3个月。兄妹三人按年龄顺序，均在一年内相继依次驾鹤西去。

母亲的遗嘱，得到了完全彻底的执行。

她生前多次表示，死后不要放在八宝山，那里一个骨灰盒紧挨着一个骨灰盒，重重叠叠，密密麻麻，拥挤得很。自己怕挤，死后，要长眠在大自然的怀抱里……（见1976年4月15日日记）

她说要把自己埋在香山住所后面的山坡上。但北京植物园有规定，公园内严禁埋死人，旧坟还要拆迁。怎么办呢？既要遵守公园规定，又要实现母亲的愿望。经过哥哥一趟趟找有关部门交涉，费尽了口舌，最后终获批准，条件是不立碑，不做墓。我和哥哥在她住所后面的半山腰上寻到了一处隐蔽地方，人迹罕至。就将装有她骨灰的瓦罐掩埋在几棵松树间，遂了她的愿。此处坐北朝南，依偎在一片青山翠柏之中，母亲能永远呼吸到香山植物园的清新空气。

▲兄弟俩在香山母亲的栖息地

为了有个标记，我还特地从山下背了一块大片石头，放在她墓旁。

本想把母亲香山卧佛寺旁的小院搞成一个杨沫故居。她的小院仅5间房，交公后派其他用场未必合适。少了它，公家也不至于有很大损失。但若利用现有条件，不用专门投资，办个杨沫纪念场所，给香山植物园增添一处有意义的文化景点，对植物园，对母亲，对家属都有好处。但时运不佳，1996年2月中共中央办公厅发了5号文件，要求各地严格控制建立纪念设施。其中说已故名人的故居，除经党中央、国务院批准外，一律坚持正常使用，不得腾出作纪念馆。我们只好放弃此念，将住所交公。

1996年3月8日，在什刹海的文采阁举行了杨沫捐赠仪式。我们把母亲的部分书籍及16万元现款，面交给了中国现代文学馆馆长李准。惟姐姐徐然没有到场。因为母亲最后时刻有口头遗嘱，文稿让她管。她对母亲把版权捐给现代文学馆持有异议，认为既损儿又不利己，拒绝参加。我当时悲痛心切，无暇考虑姐姐的意见，完全同意了李叔叔的主张，按母亲的书面遗嘱执行。

▲在捐献仪式上与母亲的生前好友，自左至右：
前排：毕永畅、吕果、罗云、于陆琳、李蕴昌
后排：青柯、舒丽珍、马玉田、宜风、作者

除了钱和版权外，我们还把母亲香山的书柜、家具、大批书籍、陈云赠的条幅等全部让文学馆的卡车拉走，帮她实现生前对巴金的承诺。

中国那么多知名作家，如鲁迅、郭沫若、茅盾、萧军、冰心、夏衍、老舍、曹禺等等没有捐版权的。外国作家也没听说过。雨果、海涅、托尔斯泰、高尔基、海明威、奥斯特洛夫斯基……哪个把版权捐了？惟母亲例外，这是母亲的与众不同。1996年3月15日《文艺报》载文说：杨沫是中国文学史上第一个捐献版权的作家。

与她同时代的诸多革命作家如柳青、周立波、丁玲、王愿坚等人去世后也从未捐献版权。对此，有人说，杨沫太沽名钓誉了，一切都围绕着她自己的名，至死也不忘记，心目中根本没有孩子。

还有人说这是李叔叔给她出的主意。

我经过了一番了解后，却要替母亲和李叔叔辩解几句。母亲不是那等沽名钓誉之辈，否则当人家吹捧她说美国的老布什总统来中国访问专门要

▲母亲与巴金（20世纪80年代）

求见她时，就不会拍案而起，跟人打官司。这个遗嘱，完全是母亲自己的决定，不是李叔叔的主意。

晚年母亲与巴金来往较多，非常欣赏巴金的《随想录》，两人很有共同语言。巴金在《随想录》里曾号召作家们为筹建现代文学馆添砖加瓦。母亲曾当面对巴金做过承诺，响应巴老的这一号召。她是老实人，说了就要做，不是给媒体装装样子。所以1994年夏，她经过慎重思考后决定把版权也一并捐给现代文学馆，给巴金的号召制造点影响。她认为版权没有几个钱，子女都各有各的工作，经济上完全独立，少了这点钱也没什么关系。她同时认为把版权捐了也省得孩子为争夺版税打架。

在那个崇尚革命的年代，中国很多作家都捐过稿费。比如柳青的《创业史》稿酬就全部捐给他所蹲点的陕西省长安县王曲公社。吴强的《红日》稿费、杜鹏程的《保卫延安》稿费也都大部分交了党费或捐出。赵树理更革命，曾拒领工资，还把一半稿费交党费。他下乡不要生活补助，全部自费，看病也自己花钱。全国第一个把自己女儿送到新疆干重体力劳动，甚至还把北京的四合院捐给中国作协，携全家返回山西老家。以至于“文革”中惨死山西，女儿和儿子被迫上街讨饭……

但他们再革命，也没有把版权捐出。

自古以来，沽名钓誉的作家很多，可他们之中哪个把版权捐了？对于母亲来说，就是要言行一致，说到做到，将来在天上与巴金相遇时能问心无愧。她很看重自己对巴老的承诺。如果说，这是沽名钓誉的话，那她也不在乎戴这顶帽子了……

1999 年 9 月中国现代文学馆建成，这其中多少也有母亲的一点点贡献。

当然从另一个侧面来说，捐版权也表明了她的儿女情淡薄。母亲没有什么金银财宝，她最贵重的遗产就是她的版权。但她却把最贵重的东西捐给了公家，不留给孩子。一般女工，一般农妇绝干不出来。等于直白地向世人宣布：我不在乎孩子，我不在乎传统，我不在乎所有作家的常规，我不在乎做母亲的基本底线……事实上，家里孩子没一个大款，都过着普通人的生活。尤其哥哥家，妻子长期患病，经济十分拮据。我刚从美国回来，没有任何收入，稿费早已花光，生活也很困难。可母亲不像其他母亲那样把孩子过得好不好放在心上。她有精神境界，不是姑姑那等家庭妇女，除了儿女，没其他追求。然而，母亲的这种精神境界大多数人能做到吗？截止到现在，她已经去世 15 年，全中国作家里依旧只有她一个人捐版权，并无人响应。著名的左派作家马烽、刘白羽、魏巍都在她之后去世，也并没捐版权。

这说明大多数人并不认可她的行为。

孩子的出生是无辜的。你不爱孩子就不要生，但既然生出来后就要对他负责。以不娇生惯养为名，对孩子疏于照管是母亲那一代女干部的通病。母爱被千古颂扬，就因为它无私奉献。绝大多数母亲在自己离世前都惦念着孩子，都想方设法要最后帮孩子一把，让自己的孩子不要比别的孩子过得差。母亲却没有这样的心思，她首先考虑的是把全部版权和大部分余钱捐给中国现代文学馆，以成全对巴金的承诺。

我从小就感到母亲以事业为重，不以孩子为重；以大义为重，不以小家为重。她所谓的事业就是个人在社会上的成功，她所谓的大义就是精神上的某种追求。为此，不惜牺牲对孩子的关爱。受母亲的影响，我也如此。为去越南抗美第一线的“大义”，用打砸抢父母的家来搞经费，等于踩着父母来实现自己当英雄的美梦，还美其名曰“大义灭亲”。在美国时为写书，终日闭门隐居，很少花时间给儿子。也没心思积极打工，为孩子多挣一些钱花。结果经济窘困，不少校外活动，儿子都无法参加，让孩子幼小心灵受到伤害。

有其母必有其子。事业重于亲情倒霉的是孩子啊！

我对母亲捐版权持很复杂的心态。一方面作为儿子，应当执行她的遗嘱。她要捐版权就给她捐，她要美名就给她美名，不稀罕她的财产，给不给我无所谓。毕竟每个孩子也分到了2.5万元，她还是有一点母爱的。另一方面，我也感到悲凉和心寒。儿女在她心目中的位置实在太不重要了。中国当代那么多作家，没有一个像她这么干的。

其实，如果母亲一定要捐的话，捐给中国最困难、最穷苦的老百姓也行，这才是真正的雪中送炭。中国还有很多在生死线上挣扎的不幸人群。给他们要比给官办机构更对路，更难得，更崇高！谁不知道，现今的官办机构都有合法经费，文艺单位也不例外，终归能有各种各样收入，并不缺钱。比如为建中国现代文学馆，国家一下就拨了1.5亿元。

后果呢，老妈捐献所有版权，导致家人失去了对母亲作品的监控权。致使根据她的原著改编的电视连续剧《青春之歌》胡编乱造，惨不忍睹，一个好端端的作品被糟蹋殆尽。这是母亲所没有料到的，也是她捐献版权的一个沉痛的教训。在这一点上，姐姐徐然反对是有道理的，所说“损儿不利己”成立。

34. 母亲与我

缺少父母的关爱，总怀念姑姑，怀念农村老家——为入团割破手指回家竟被毒打，给周总理写信控诉——数次断绝关系，令周围人怀疑她不是我的亲妈

我不是母亲的宠儿。

根据母亲日记记载，母亲怀下我后，身体很痛苦，以为生病，检查后才得知是妊娠反应。最初根本不想生我，还曾专门去唐县的边区医院打过一次，因为没介绍信而白跑一趟。第二趟又要打时，正好与郝治平同住一个病房。郝治平竭力劝说她把孩子生下来，这才将我生下。母亲后来多次对我说：生我时，流血很多，差点死掉。

所以，我是一个勉强生下来的，还差点要母亲命的孩子。据心理学家介绍，细胞是有记忆的。母亲对细胞的态度，决定了母子后天的关系。母亲怀我时很痛苦，不喜欢肚里的婴儿，两次要打掉，最后被迫生下了我，又流血过多，险些要命。因此我先天就不受母亲欢迎。

儿童心理学家还认为：3 岁前的幼儿是与父母建立依恋关系的黄金时期。如果错过了这段时期，父母即使付出再多，也很难扭转两代人的隔膜。3 岁前的孩子由谁带大，他就会跟谁亲，而且这种情感会是终生的。由奶奶抚养的孩子，就永远跟奶奶亲；由保姆抚养的孩子，就永远跟保姆亲。

我生下来后就送到了老家深泽县。由姑姑带到 4 岁才被接到北京。我对姑姑的感情远远胜过父母。我 1 岁半时，母亲在 1949 年 2 月 20 日的日记中说：

第二件事回到（老）家，看到了我的小儿子清波。为他往返数百里，颠簸劳累。但只短短地看了两个半天。他会走了，长得白白的，还不丑，但却不如小时漂亮。我对他并不太热，不如小胖亲，只是担心他这大还没有种痘，现在有的地方已发现天花，只怕他死掉。弄出来自己又没力量带，母亲说正月底弄回家去，不让奶妈奶了。

据母亲日记记载，1951 年 4 月 4 日她与父亲一道回了趟老家，4 月 16 日返回北京，把我接到北京。同来的还有爷爷、奶奶、姑姑母子。

北京家里现在很热闹。尤其清波是个非常顽皮粗野的混孩子。不会说话，可是心里不傻，大眼滴溜溜地看着大人来行事。秀端把他惯得很不听话，不高兴还打他娘（他管秀端叫娘）。于是，我和民狠狠打过他两回。他怕我们，听我们的话。回到北京干净了，也野得好些了（1951 年 5 月 3 日日记）。

▲我与奶奶、姑姑及小表哥在农村老家（1951 年）

我在父母的家尝到了挨打的滋味，很惧怕父母。但他们对我好一点也很激动。六一儿童节前夕，父亲给每个孩子都买了礼物，送给了我一把木刀。在 1951 年 5 月 31 日的日记中，母亲写道：

生疏的波子竟在屋里娇声娇气地喊起："爸爸，俺爸爸……"

但住一段时间，6月5日姑姑和爷爷奶奶等返回老家。我一下子举目无亲，像孤儿一样，整天坐在大门口哭着喊着要"娘"。以后，我从东屋搬到了保姆住的吃饭屋，与保姆住在一起。

虽然只与父母分别了短短4年，却造成了我与父母之间的深深隔膜。据说动物也如此，小狗生下后与母狗分开，过一阶段再放回窝，即便是亲生的，它的母亲也对它排斥。在北京的四合院里，我对父母没有一点亲切感，只觉得陌生和恐怖。很长时间管他们叫"爸爸"、"妈妈"都含含糊糊，勉勉强强。以至于父母认为我是大舌头，说话不清楚。

当时姐姐小胖住校，回家后能整天呆在北屋，跟母亲睡一个床。而我却只能与保姆住在一起，整天呆在保姆的屋。只有母亲叫我时，才敢到北屋去。我的天地就是厨房、吃饭屋以及后院。自己刚从乡村来，土里土气，又天生好动淘气，被母亲认为野，遭到冷遇。

记得有一次，家里来了人要住在保姆屋。小胖又不在家，我以为自己能跟妈妈睡一床了，窃窃私喜。但最后母亲却让我睡在父亲的大床上。

哥哥8岁时，眼睛被人扎坏，母亲才把他从农村老家接到身边。母亲在1947年5月26日的日记中说：

> 我看见青柯后，并不太喜欢他。因为他老躲着我们，跟父母没有什么感情似的。父母和儿女从小不在一起，就两不亲。这真有点可怕。

我也如此。极端害怕父母，跟他们没有什么感情，所以也不受待见。但我希望被父母爱，嫉妒小胖姐能跟母亲睡在一起。最怕父亲，他下手打得太重，太疼。

以后很快就给我送到了托儿所，全托，周六才能回家。记得是母亲领我到的托儿所，她走后，我曾撕心裂肺地哭叫。每逢周末，被接回家后，母亲见了我也都比较平淡。那时候我四五岁，记忆中，她从没有很热情地抱抱我或亲亲我。自然我也不敢偎依在母亲怀中撒娇，因为感觉不到她爱我。通常去托儿所接送我的是哥哥姐姐，后来雇了个三轮工人去接。母亲也接过我，可次数不多。

▲20 世纪 50 年代初全家合影，光头者是作者

母亲年幼时老挨她母亲的打，是暴力的受害者，但她对我——她自己的孩子也主张打。她认为孩子必须打才能教育好。

从 4 岁到 6 岁，两年工夫，我动了两次手术。第二次动完肠粘连的大手术后，肚上的伤口迟迟不愈合，出院继续在家养病。一天因为在窗台上点着蜡烛，蜡烛倒了不慎烧着窗户纸，窗户冒起了浓烟和火苗。我知道惹了大祸，又不敢说，怕挨打，就躲到厨房，紧挨保姆身边。幸亏母亲发现，从北屋冲出来，把火扑灭。之后她大发雷霆，拿着鸡毛掸子狠狠抽我，连吼带骂，把我抽倒在地上。

对一个五六岁的小孩，刚动完手术，腹部伤口还未痊愈，缠着绷带，这么凶狠毒打，痛上加痛，让我的心灵受到极大伤害，终生难忘。我哭了很久，怀念从没有打过我的姑姑。怀念农村的老家，那里虽然穷，却充满亲情。

印象中，母亲就打过我这一次，但让我刻骨铭心，永生难忘。

▲母亲与我

那时候，我很想讨母亲喜欢。母亲说：你肯定是瞎吃东西才肚子疼的。我就附和母亲的说法，编瞎话说捡了邻居家的玉米核吃了。其实肠粘连的病因不是乱吃，而是上一次手术引起的。因腹部手术后，手术区域会产生炎性反应。这种反应容易使肠壁之间或与腹壁之间形成粘连。

……

可能小学三年级左右，已搬到国务院宿舍住。大年初一家里吃饺子。我饿了，趁父母还没来吃饭，抢先吃了几个放在桌上的饺子。在旁边等着吃饭的小胖报告了父亲，说我没礼貌，跟她抢饭吃。父亲过来，满脸怒气，啪啪抽了我两个耳光。母亲对父亲大过年的打我，没一句批评。倒是老家来的妙然姐委婉地说：孩子再怎么地也不能大过年的抽嘴巴。

还有一次，父母本来说要带我去看表演，后临出发前又改变主意让小胖去。我躲到保姆的小屋里哭了。父亲发现我哭，大怒，上来就重重打了我一耳光。母亲却一言不发……

另外一次，我忘了犯什么错误，被父亲追到厨房来打。奶奶用身体死死地护着我，父亲的胳膊一挥，把奶奶推倒在地，上来噼里啪啦抽了我几下。事后奶奶呆呆坐着，默默流泪。母亲却完全站在父亲一边，百般替父亲辩解。

自奶奶被父亲推了一个跟头后，坚决要回农村。不久她就走了。没料到，从此我再也没有见过奶奶。但多少年来，始终忘不了奶奶，忘不了她为保护我，被父亲推了一个大跟头。

女人太护犊子不好，可一点不护犊子更不好。

我是在姑姑的爱抚下长大的，从不知道挨打的滋味。在自己的亲生父母家却屡屡尝到了挨打的滋味。就算我有些过分淘气，不用功学习，邋里邋遢，也不能这么打呀。这么打只是让我反感他们，恨他们。本来我就是从农村来的，跟他们有隔膜，再这么打，更让我内心对父母除了恐惧就是排斥，别的啥感觉没有。跟他们在一起时，特别紧张，生怕为点什么小事，大巴掌抡下来。

平时我见了父亲像老鼠见了猫，不寒而栗。父亲打我时，母亲从没像奶奶那样用身体保护我，阻止父亲行凶。相反，她总在旁边指责我，控诉我这不好那不好，给父亲火上浇油。现在回想起来，父亲发怒打我，多数都是听了母亲向他告状引起的。所以我对母亲也很恐惧。她发起火来，凶猛如母老虎。

农村的姑姑待我比待自己的儿子还好。每逢我和她的孩子争吵时，她总责备自己的儿子："小波还小，你应该让着他。"母亲却认为姑姑对我的爱是娇惯孩子，没文化的家庭妇女才这么干，嗤之以鼻。

我周末回到家后，母亲绝少到我的住处看看，与我说两句话。父母参加什么活动，看什么表演，到什么朋友家串门，很少带我去。平常，除非父母叫，我不敢去父母的屋。我的活动天地就是保姆屋和厨房以及养鸡的东院，只有吃饭时才能与父母见面。

所以我对父母缺少感情。"文革"中造他们的反，打砸抢他们绝非偶然。据常来家串门的人说，他们也感到母亲不大喜欢我，来了客人很少让我在场，外出很少带我。而我与母亲的隔膜也始终存在。到北京 10 多年后，我对姑姑仍比对母亲亲。跟姑姑在一起时，亲热随便，无拘无束，跟母亲在一起时，却拘谨害怕，总绷着脸。我叫"姑姑"时又响又亲，叫母亲"妈妈"时却含糊不清。

现在看来，母亲对我的冷漠与记忆细胞肯定有关。我是一个她不想生下来的孩子。但除了记忆细胞，我的毛病也让母亲反感。

一、我作为一个尝到了姑姑厚爱的小孩，回到自己家后，自然感觉母亲冷漠，对母亲不满。总缺少父爱母爱，我对父母也爱不起来。表情上就表现出来，对他们的态度也很冷淡，从不主动靠近。一回到家就闷在自己房间，没事从不去他们的屋。在他们面前总要表现自己的骨气，不乞求他们，不讨好他们。

二、我是从农村来的，没有卫生习惯。又受了《董存瑞》、《冲破黎明前的黑暗》、《钢铁战士》等电影影响，喜欢模仿影片中英雄人物的外貌，以脏为美，觉得全身战火硝烟，脸黑污污的才好看。不爱洗脸、洗澡，全校有名的肮脏龌龊。而母亲却喜欢干净。

三、我是小男孩，迷恋打仗，喜欢暴力。平时在家里总跑跑跳跳，玩战斗游戏。有时爬在地上匍匐前进；有时把石头当成手榴弹扔，大叫轰轰隆隆；有时又钻到桌子底下炸碉堡……母亲却比较小资，喜欢安静、典雅、艺术。她跟我这小男孩的爱好迥然不同，谈不到一块。用母亲的话说，我比较野，她不适应。

当然母亲心情好的时候，也有慈母的一面。

记得住在复兴门外国务院宿舍时，我正上小学，有那么几次，我星期六下午回到家，母亲亲自给我洗手，说我的手黑得像老鸹爪儿，把我双手按在洗脸池里，抹上肥皂，用刷子刷。那真是一种母爱，我觉得像吃了蜜一样，甜蜜极了。几十年过去仍然历历在目，一想起来还要冒口水。但这样的时候很少，更多的是淡漠，是疏远，是放任不管。母亲不懂教育，往往一顿怒骂就把她那母性温情给我带来的好感全骂没了影儿。

困难时期，我回家也吃不饱，每人一顿一碗米饭。但再饿，我也没有向父母要过吃的。因为跟他们有隔膜，不好意思。受奶奶影响，再穷，再吃不饱也要挺直腰，不伸手乞讨。偶尔母亲高兴时，会偷偷给我个苹果或一点食物，但次数很少。

1961年放暑假时，我回了趟老家，感受到了淳朴炽热的乡情。农村的大人小孩一个个对我都那么在乎，那么热情。返回北京的家后，几乎受不了家里的冰冷，憋在屋里泪流满面。母亲在1961年10月4日的日记中，记载了这件事：

> 小波呢，更有意思，去了一趟老家，为老家的人们得了“相思”病。近日他消瘦，精神萎靡。昨晚他给我留了一封信，却原来是想老家。为此，他常常哭，衣服不换，因为是从老家穿来的，脸也不洗，据说可留着老家的“乡土气”（甚至连小便都冲着老家的方向）。多么痴情的孩子！亏他想得出。这样对他健康学习都有妨碍，我立即给他写了一信。……孩子也许从我们身上感不到温暖，故而才如此热烈地

爱着老家的一切。

母亲分析得很对，我就是因为缺少家庭温暖，才那么怀念农村老家。尽管那里贫穷肮脏，吃得不好，整天啃倭瓜，上厕所时一群群苍蝇往屁股上落，根本不用手纸，就用土坷垃擦屁股，却有浓浓的亲情。

此后有段时间，母亲曾对我很不错。她为奖励我学习有进步，给我买了一支气枪，当时是39元，几乎相当于一个工人的月工资。全班同学有气枪的也就我一个。

1962年12月31日，初三第一学期年终，我递交了入团申请书。为表示决心，当着班团支书张均满的面，用刀割破左手中指，让血洒在申请书上。由于割得很深，血流如注。交完之后，我把左手放进左裤兜内，乘14路公共汽车回家。左裤腿被鲜血浸透一大片。车上有女乘客发现后，非常同情，叮嘱我赶紧去医院。

▲在中山公园与母亲

回到家后，我请母亲替我包扎伤口，并告诉了手指破了的原因。母亲一边包扎，一边阴沉着脸说：申请入团就非要割破手指头吗？你们学校有几个同学这么干的？新中国的青年有几个像你这样干的？

我一句话不说，脸色严肃。自认为这是件很革命的事，回到家却挨批，万万没有料到，非常抵触。

父亲也生了气，痛斥道：你这完全是旧社会封建江湖那一套！我们共产党从来不提倡这个！只有流氓、地痞、土匪、强盗才爱动刀子，弄一摊血！

父亲越说越气，怒目圆睁，冲上来就抽嘴巴，还用大皮鞋踢。

母亲在旁边骂："你真是罐里的王八，越长越抽抽。"

我默默无语，怒视他们。真不明白，他们为什么如此气急败坏？我一没偷，二没骗，三没耍流氓，仅仅为申请入团写血书就这么拳打脚踢，打得我耳朵呜呜响。革命老人徐特立就曾当众断指，难道也是封建江湖那一套吗？

那时我已15岁，实在咽不下这口气，含泪给周总理写信，诉说我为申请入团，惨遭父亲毒打的情况。并揭发父亲在家里大搞法西斯独裁，家长制统治。因为我看见过父亲的委任状上写着周恩来的名字，就给周总理写信，请他严肃处理马建民。

啊呀，14路汽车上的乘客，素不相识，对我都那么同情，而自己的亲生父母，却这么狠打一个鲜血浸透裤腿的15岁小孩。尤其，他们不是没文化的老粗，一个是大学校长，一个是著名作家。

我无比痛恨他们，亲手把他们的一张很美好、很阳光的合影照，一片一片撕成碎片。后来，母亲可能也意识到了这么打有些过分，我回家后主动与我说话示好，吃饭常给我夹菜。我眼睛近视，为让我应付参军体检，她花40元给我配了一副隐形眼镜。这在当时是一个工人的月工资，除了运动员、演员，全北京佩戴者寥寥无几。偶尔，她还亲切地管我叫"波子"，让我听了心直发颤，全身暖融融。

▲被我撕成碎片的父母合影照片

但母亲不总这样慈祥。她身体多病，经常住院，对我更多的时间是撒手不管。

除了感情上的隔膜之外，我跟母亲的矛盾也与我思想偏激，极左幼稚有关。我是冀中人，看了《平原游击队》、《冲破黎明前的黑暗》等反映冀中抗日战争的电影后，非常为自己家乡的八路军自豪。我回老家时，遇见过不少当年的八路军。他们现在都是农民，黑黢黢的，说话一口一个“他娘的”，身上衣服脏污污。我被自己家乡的“土八路”迷住了。回到学校也不洗脸，不洗脚，以脏为荣。我在全育才小学是出了名的不讲卫生，新衣服非要在墙上蹭脏了才穿。我觉得越脏越土才越像八路军战士，那才英武，在女生面前才帅气。

母亲却讲究穿戴，喜欢清洁。我把母亲讲卫生，天天洗脸，养花养草，欣赏字画，当成资产阶级，潜意识里觉得母亲资产阶级化了。特别是在《青春之歌》出版后，母亲成为名人，为参加各种社会活动，做了高级衣服，还穿高跟鞋，抹香水。我感到很丢人。因为从电影里知道，只有那些资本家太太，反面人物才这么打扮。

还有，我认为《青春之歌》小资产阶级情调太浓，不如《烈火金刚》好看，不大喜欢。这可能也让母亲不快。虽然她很有名，我却一点不愿意自己是个名作家的儿子，非常羡慕那些革军子弟。我崇拜解放军，在自己心目中，总觉得作家等同于资产阶级，不如革命军人光荣。为她写了这种小资味儿的书很难为情。初中上语文课，讲到她的一篇文章《林道静在狱中》时，我甚至想旷课，特别羞愧。

有时候，老家或根据地的老乡来找她，她总让保姆或我问清楚，对方是谁，有什么事？如果是求她帮忙的，常让我们说她不在家。而我却很可怜这些吃了闭门羹的老乡。觉得人家大老远来找你，你却骗人家。林道静对上门求助的穷苦人那么热情相待，你书上写的跟你实际做的不一样呀，所以对母亲有些看法。

上高中后，回家次数越来越少，基本上是一个月回一次。母亲也无所谓，绝少流露出想我的意思。所以，总感到母亲心里没有自己，憎恨这个家，觉得它散发着资产阶级霉气，充满虚伪和自私。

因此，“文革”前，我与母亲的冲突，多因为我的极左观念造成的。我受了当时“左”的宣传，总嫌她不革命，沾染了资产阶级生活习气。

“文革”开始后，父母挨了整，成了审查对象，多年的受冷漠让我潜在的对他们的不满大爆发。再加上受极左思潮影响，决心离家出走，做“千秋雄鬼死不还家”，到越南战场了此一生。于是才有捆绑姐姐，砸家里大柜，抢一笔钱的举动。真心实意地想一去不复返，永远不再进这个家门。

如果父母对我很好，感情深厚，关系融洽，我绝不会打砸抢他们。

我这个极端行为当然是错误的、幼稚的，更加剧了与父母的矛盾。母亲得知我打砸抢家里后，那天一生气，午饭还多吃了一个窝头。她的逻辑是：你既然这么绝情，视父母为敌人，那你就不是我儿子，而是个陌生人。一个陌生人抢我，骂我，有什么可伤心的呢？

1968年我下乡到内蒙古，1970年给打成了“现行反革命”，过着被监督改造的生活。父母与我中断了一切来往。父亲根本不指望，我只好给母亲写信求救，常常是我写四五封信，她才来一封回信，还总是要我向党和人民低头认罪。目睹连队里有的知青母亲，想儿心切，能不顾路途遥远，千里迢迢来内蒙古草原看望孩子。我明白即使我死在草原，母亲也不会来。我真羡慕并渴望有个能来看孩子的母亲。我常想，对孩子来说，要母亲就要有母爱的母亲。不管孩子，再有名气，再有钱的母亲有何用呢。

在内蒙古挨整多年后，我首次回到家那天，作家林斤澜正好在家里做客，他目睹了父母和我见面的情景，令他十分惊讶，印象深刻。30多年后他对我说：你父母跟你相见时那么平淡，只微微点点头，继续坐着，连杯水也不倒，这哪像跟孩子好几年没见又重逢的样子，就好像你刚刚出门遛弯儿回来。

这场面我早就忘了，却给林斤澜留下深深的记忆，感到我们家很怪，少见。

其实，从4岁回到北京的家，就这样，关系淡漠。我是个不被母亲欢迎的孩子，母亲的记忆细胞在冥冥中起着作用。

而“文革”之后，经过多年的最底层生活，我的思想观念大变。对比“文革”前的思想，发生了一百八十度大转弯，我从极左变成老右，又嫌母亲左了。嫌她思想保守正统，文章里总写光明面，套话官话太多，对受苦受难的老百姓缺少同情。

如果说我在草原上被打成了“反革命”，母亲不与我来往是被迫的话，那么以后她还两次与我断绝来往，真寒了我的心。

1976年初，母亲发现我在写《血色黄昏》，表示坚决反对，说我写的这部书稿是“大毒草”，是“控诉无产阶级专政”。为不让我写《血色黄昏》，她唆使父亲偷走了我的手稿。我到大同后发现手稿丢失，去信索要手稿，出言不逊，令父母大怒，分别来信与我断绝一切关系。母亲还让父亲转告他在大同的战友（帮我调动到大同的高万章叔叔），说我怎么不听话，让高叔叔不要对我太好。

我想不明白，你们帮我从“敌我矛盾”改为“人民内部矛盾”，帮我调离了内蒙古，就可以偷我的手稿吗？对你们偷手稿表示一下反对，就是过河拆桥吗？

差不多两年，跟家里一点没来往。当时我在大同当工人，过春节时无家可归，只好留在厂里。我再怎么保密也瞒不住身边好奇的眼睛。大家都知道我是杨沫的儿子，有工人认为杨沫肯定不是我亲妈，亲生母亲不会这么不管孩子。

在那一段日子里，我尝尽了有父母却是孤儿的滋味。

直到打倒“四人帮”，我从大同市考进北京大学，父母才与我完全恢复来往。但我们的思想还是谈不到一块儿，共同语言少。我为张志新的遭遇难受了好长一段时间，母亲却没有我这么强的感受。她重用那个秘书，她为科研油子花那么大的精力，却没有心思为张志新呐喊两声。

到北大后不久，开始批《苦恋》，提出四个坚持，又抓了人，因为对西单墙的看法不同，我与父母再次发生争论，他们又再次与我断绝关系。由于我曾与一法新社记者（原在北大学习的法国留学生）接触，介绍了知识青年的真实遭遇，受到了学校有关部门的注意，说我没打招呼，擅自接触外国记者，破坏了外事纪律。母亲从一位新华社的朋友处获悉后非常紧张，竟然在1979年4月8日给北大中文系写信，表示我一贯固执己见，不听他们的话，要求学校对我严加管教，如必要可给以处分……

幸亏班主任赵啧老师对我非常好，告知了我这一情况，并在系领导面前竭力替我辩解。当时的北大中文系党总支书记吕梁老师与我谈话后也坚定地保护了我，没有处理。

我悲愤地想：当形势紧张时，连学校的老师都出来帮我解困，而最应该站出来保护自己孩子的母亲，却主动给学校去信表态，批判孩子，要求处理孩子，从背后捅孩子一刀。哪有这样的母亲啊？如果儿子是卖国贼、杀人犯，强奸了妇女，贪污了巨款，母亲应该深明大义，不护犊子，积极揭发检举。但只因与孩子的观点不同，只因孩子跟法新社记者说了说知识青年和下层百姓在"四人帮"时期的苦难，怕给自己惹祸，就给孩子单位写信表态划清界限，这是母亲应该干的吗？连"马列主义老太太"都未必干得出来啊！

母亲的这一刀实在扎得太深了，让我对她寒透了心。她自己可能都不知道。我当然痛恨她，她的行为玷污了母亲的称号，太实用功利。这一次又断了很长时间来往。她不理我，我也不理她。再怎么苦也不乞求她，寒暑假都住在学校。那段无家可归的日子，只有远在贵州的姐姐徐然给我来信，送来一缕缕手足的温暖。后来经过徐然的说和，母亲跟我恢复了来往，然裂隙犹在。80 年代成家后很长一段时间，我与母亲来往甚少，再也不敢沾她。她说我"白眼狼"就说吧。

我不得不靠着自己的记忆，从头开始写草原插队回忆。《血色黄昏》是完全靠自己的努力，奋斗成功的。

我常常感慨，自己这个"反革命"真不好当。别人在外面是"反革命"，回到家里还能得到亲情温暖。而我这个"反革命"在外面受冷遇，回到家里还受冷遇。

父母可是从不承认对孩子不好。你要稍稍抱怨一下他们对孩子不够关心，他们就大发雷霆，或许是触动了他们的疼处。他们总认为他们生下了我就是对我的大恩大德，我的抱怨是忘恩负义，是身在福中不知福。

……

当然，我也不是个好儿子。我的青春期很叛逆，从不格外讨好她，在她面前总逞坚强，总不柔顺，总不低头。虽然我渴望爱，但在母亲面前，却偏偏装出一副不逢迎她，不巴结她的架势。她说断绝就断绝，她说不来往就不来往，她稍稍冷淡，就远远躲着她，从不主动亲近她，也从不关心她，从而导致母子的疏远。

我猜想，母亲内心深处可能不满意我对姑姑比对她好。她曾给过我一条天蓝色的毛裤。我嫌颜色太鲜艳了，送给了姑姑。她知道后，又从姑姑那里要了回来。1967 年 6 月我"抗美援越"失败后，来到成都，此时钱全花光了。10 日我从成都给姑姑寄过一封信，对姑姑说了一些心里话，托她替我向父亲要些生活费。谁知姑姑把这封信交给了父亲，此信父母一直保留着。父母去世后被我找到：

姑姑：

……我永远忘不了在那最困难的日子，你是怎样饿着肚子让我吃饱的……尽管他们给我吃鸡鸭鱼肉，给我手表、自行车，可只有和你在一起，才感到自由、随便、舒服，可以不用再扮“骗子”的角色。和他们在一起总仿佛有一层无形的隔膜。

这封信父母看了心情如何可想而知。他们明白对我再好也白搭。我平常在家里老老实实全是伪装，是在扮演“骗子”的角色。我不爱他们，只爱姑姑。所以母亲老骂我“忘恩负义”，是“白眼狼”，说不理就不理。

《血色黄昏》出版后，母亲曾批评我书里写的她不真实——主要是没有像别的吹捧文章，把她说得十全十美。其实，我已经把她美化了。

这个家给我造成的精神伤害是惨重的。

——为什么自己崇尚暴力，除了电影小说宣传之外，一部分原因就是幼年总挨打造成的。父亲打我数不清有多少次。他的拳头威力在家里所向披靡，传染了我。促使我迷信拳头，从初一起就拼命练块儿、悠双杠、举杠铃、摔跤打拳……以为自己身强力壮，武艺高强，父亲就不敢再打我。我信奉肌肉，信奉块儿，信奉实力，与他人相处产生纠纷时，首先考虑的就是用武力制胜。但拳头并不万能。我在美国给人打工卖苦力时常常感叹，如果当年把练块儿习武的劲头放在学英文上，自己的日子就要好过得多啊。

——我的孤僻也与这个家庭有关。父母不和的家庭，孩子大多孤僻怪异。除了姑姑和老家的亲戚，我不相信任何人，连亲生父母都这样冷酷自私，我还怎么相信外人？对任何生人，我第一个反应是戒备，是警觉。我信奉人性恶是四海皆准的真理。遇见生人总往坏里想，不爱交际，从不主动跟生人说话。在学校里，非常的不合群。老不见人的狗，见了人就会凶狠异常。我也习惯了自己的孤僻生活，见了生人冷冰冰，没有笑脸。

——社交能力、口头表达能力极差。家里来了客人，从不让我在场(可能是嫌我脏，嘴巴笨)。平时除了保姆，无人跟我说话。这样总不跟人接触，遇见生人就紧张，说不出话。结果毫无社交能力。上初中时，母亲让我去邮局寄东西，都得一遍一遍教我怎么跟邮局的人说。总不说话，说话能力自然低下。所以我跟人交往爱用笔写。有事向父母说时，即便在家里，也要写在纸上，用书面方式表达。

……

母亲从1963年认识了那个病号，到1978年认识了那个科研油子，到1985年纵容秘书抢父亲的东西，中间很长一段时间，她专注写书，专注与那两个小男人交往，疏远了孩子。多个大年三十，都没跟孩子们聚聚，全然没有考虑过孩子们的感受。所以每逢过年，望着别人全家团圆，欢欢喜喜，我惘然若失。

不过，母亲的冷漠也激发了我的奋斗意志。没有别的依靠，只能自己救自己。她疏远就疏远，我不求她。她多红，也不拍她的马屁。她瞧不起我，越发憋一口气，非要干出点成绩，证明自己！非要把自己的书搞出来！我锻炼身体，我磨砺意志，我犯了纪律不检查，我把憋在心中的话写成书，我一条路走到底……无非是在表现自己的独立和力量。

我对母亲的意见，也曾向她提过。父亲去世后，针对她袒护罗秘书抢拿父亲的财物，1986年2月5日我给母亲写信，劝她警惕小罗：

> 妈总说：孩子没有小罗对你好。其实，是你偏爱小罗胜过孩子。我们是多么希望能得到一点妈妈的爱，能多多给妈妈一点爱，能相濡以沫地母子一场啊！
>
> 孩子没有害你之心，倒是那种谦恭卑顺过头的人应须小心。

这封信自然惹她勃然大怒，毫无效果。她还是重用和依靠着那个邪佞秘书。

35. 晚年终于母子一场

一生有三个亮点，打不倒矣——《血色黄昏》的巨大反响触动了她——晚年回归正常的慈母，无可挑剔——下辈子还愿做她的儿子

孩子时代我害怕母亲。随着岁数的增长，体力的强壮，思想的“革命”，我叛逆起来，鄙视那些向她点头哈腰的人，看不惯母亲资产阶级贵妇人般的装束，与母亲越来越疏远。而母亲自然也能感觉到，对我也不大关注。我对母亲的不满，自然在行动上有所流露，她病了住院从没主动去看过，不愿讨好她。

“文革”中，她挨了整，我毫不同情，真的认为她资产阶级化了，腐化了，该整一整。特别是她跟那个机灵过头的小秘书厮混在一起，让我瞧不起。我感到她身上沾了邪气，对她十分鄙视。从 1964 年到 1985 年，20 多年中我就没和母亲照过一张相。除非有事求她帮忙，从不找她。

难怪她骂我白眼狼，过河拆桥。我做不到哥哥那样能以德报怨，即使受冷遇也能满腔热忱帮她办事跑腿儿。由于她给北大中文系写信表态，让我对她寒了心，很长一段时间跟她来往极少。大学毕业后，给我分到新影，但新影不接受。为工作问题，我只好又硬着头皮请母亲帮忙。母亲在给父亲的信中说：

> 小波连来两信，用着我，又是妈妈了。但我不和他一般见识。为他的事，我已写了五六封信，给袁文殊、司徒慧敏、新影党委、北大党委……

每到关键时刻，母亲还是帮我一把的。

可是，得罪一个人要比维住一个人容易得多。母亲对我的帮助，再有救命之恩，却往往让她自己的冷脸和几句恶毒的话全给毁掉。我很敏感，她对我一点点不好，都无法容忍。在外面风吹雨打，挨骂打架都能受，可回到家母亲对我冰冷一点，却痛苦之极，愤懑难耐。所以我对她热情不起来，若即若离。很长一段时间，她是不合格的母亲，我是不合格的儿子。她做母亲失败，我做儿子也失败。

我对母亲不在乎我，轻蔑我，非常愤慨。除了“文革”中打砸抢过她一回，后来我又偷过她一次。

那是父亲去世后，她纵容小秘书大肆抢掠家里的财产，我们几个孩子自然对母亲不满。我帮助她找到了家里一批最值钱的字画，如数交给了她，却不料她完全据为己有，说什么她是第一继承，等她不在了，孩子才能继承……我、徐然、青柯都很担心她会与小秘书私分了这些字画。父亲的很多东西，她都擅自给了小秘书。所以，我不得不给她寄去一张《法制日报》，上面有篇继承方面的法律问答。并写信说明孩子与她一样有权同时继承父亲的遗产，不存在母先子后。我借钱买摩托车，一直欠债，现很需要钱。她当时在珠海，看完了信，气得满脸通红，大发雷霆，骂我贪婪，白眼狼，父亲刚死就与她争父亲的遗产……徐然姐告诉我后，我自然愠怒。特别是想起整理父亲遗物时，发现了一封母亲1976年4月5日写给父亲的信，痛骂了我，令我怒火中烧。

老马：

……

小波前几天来一信，为他写的那东西。他疑你拿了。说如果烧了，他就要和你拼命。说什么“他不叫我活，我也不叫他活。反正我活着也没意思”等等混账话。气得我血压一下升高到二百多。这实在不是人，完全是畜生。过河立刻就拆桥。我已回信给他说：稿子是咱俩拿的，因想看看内容有无问题，以免出差错，所以才拿了他的。但因忙乱，也没顾得上看，现在我锁着收着。以后给他捎去或他回京时拿走。并批评了他的态度……

对这个人，我们不应再看成他是儿子。各方面关心他，关心是无用的。因你骂他，说他，他不管动机如何，即恨得要命，这又何必呢？以后，对他完全当外人看待，敬鬼神而远之。对他既不骂也不说，随他去好了。因为你说，骂，苦口婆心，他只会恩将仇报。

我怕你生气，本不想告你，但考虑他万一跑回家向你行凶呢？所以你必须有所准备。我想以后决心不再理他，来信也不回信。这个人实在太坏了……

（他写的那些东西不要动他的。还给他以后，即再也不理他。还顺便写信给高，要把他的情况告知一些，否则高对他太好了。）

沫　4月5日

我怎么实在太坏了？儿子的东西就可以偷吗？你帮我摘掉反革命帽子，帮我调离兵团，我就要永远诚惶诚恐地感谢你，我在内蒙古小土屋里苦苦写的稿子就可以被你们偷吗？我就不能向你们索要，否则就不是人，就是畜生，过河拆桥吗？

在家里多年的被冷遇，被漠视，再一次总爆发，无法克制。我决定采取行动，把那批字画再偷回来。你说我坏，我就坏吧！

——谁叫你们过去偷我手稿的？这是一报还一报。

自母亲去珠海后，罗秘书把母亲小红楼的卧室大门和大衣柜上的三个门全都贴上了白纸封条。我一见这封条就来火。只有单位的办公室逢年过节才贴封条，哪有在自己家里贴封条的？罗秘书贴封条的用意是警告我们孩子不要动家里的东西，显示他凌驾在我们孩子之上。滚你娘的蛋吧，不反抗他一下，岂能罢休。

1986年1月某天深夜，我开摩托车到小红楼，从门上的窗户钻进母亲的房间，撬开她的大衣柜，寻找字画。翻了半天也没找到，只好偷了她的一个照相机。

事后思忖，这个罗秘书早将字画转移。他贴封条，好像这里有什么贵重物品，其实是一种烟雾，制造的假象。为此老实的哥哥背上了黑锅——秘书和母亲都说照相机是他拿的，因小红楼无人居住，他经常去照看。后来哥哥因一时经济拮据，向我借钱，我送给了他100元，以表内心的愧疚。19年来这个秘密从未对任何人说，在此，我向哥哥表示诚挚的道歉。

母亲对我给她寄《法制日报》虽然生气，在徐然姐面前骂我贪婪，但当她从珠海回到北京后，心情已经平静，又主动给了我1000块钱，让我还

▲1989年2月6日大年初一合影

债。还语重心长地说：有妈总归比没妈强啊，外人谁给你1000块钱呢？我给人送礼几十块钱都要掂量掂量。

说得我心里热乎乎，惭愧不已，再也不忍向她提分父亲遗产的事。

我虽然很坏，又抢又偷又骗，不是好儿子，可是在我狞恶粗野的外貌下面，在我的内心深处，对母亲还是依恋的。三年困难时期，我最大的梦想是能重新钻到母亲肚子里，不再挨饿。青春期时，我所看中的美女都是像母亲那样圆乎乎的脸型和相貌。

母亲的记忆细胞，让我缺少母爱。来到这个世上，目睹别人母子亲密，非常羡慕，也曾有巴结讨好母亲的心。但一受到母亲的冷淡就发怒，绝了讨好她的念头。我在母亲面前，太刚愎，太敏感，太自尊，实在无法做到热脸贴冷屁股。

随着母亲一年一年衰老，她在变化。

早在20世纪80年代，她曾在给父亲的一封信中说：应该对孩子好一些。我们还能活多久？

自从我的书《血色黄昏》1987年底出版，并获得巨大反响后，对她是个震动。张光年告诉她，这本书是迄今为止写"文革"写得最好的一部；

王蒙对她说，你儿子炸了一颗原子弹；冯牧为这本书热情叫好奔走，还批评了评论界对这本书不重视。——这一切证明她当初反对我写是错误的，她被触动了。她开始认识到了这本书的价值，改变了态度。当有人说《血色黄昏》粗糙时，她还挺身而出替这本书辩解。

▲母亲与张光年交谈（20世纪80年代）

我的书出版后，始终没有送母亲一本。直到母亲对姐姐埋怨道：小波出了书，也不说给我一本，我这才送给她一本。因为当时，母亲的书《芳菲之歌》已出版一年多了，与《血色黄昏》相比，几乎毫无影响。我怕母亲伤心，就没给她书，也没告诉她我这本书的社会反响。不想给她大的刺激。因为她曾坚决反对过，以免让她尴尬。不料她从姐姐处知道了我这个思想后，说：我怎么伤心呢？两代人，不同时代的书怎么能相比？他越成功，我越高兴啊！

到了1989年，母亲的思想发生了重大转变。她与秘书关系恶化，我们的共同语言大大增多，那年的春节我与母亲合了很多影。尤其在那个难忘的夜晚，母亲几乎彻夜未眠，数次给我家打电话，询问我的下落，为我担心……早晨最终与我通话时，不禁啜泣哽咽。我们彻底消除了前嫌。

我去美国布朗大学做了访问学者之后，母亲不顾腿病和年迈，来到我的万寿路的家，缓缓爬上四楼，看望我的妻子和孩子。

为学好英文，我曾写信请她帮忙买一本英文句型方面的书，她立刻托

▲母亲与冯牧及日本友人伊藤克（1979 年）

李叔叔去买，跑了很多书店也没买到，结果给我捎来了五六本非我所要的书，厚厚一大摞，根本用不着，让我哭笑不得。1991 年 9 月 1 日母亲给我来信说：

儿子：

两年多不见了，时常想起你来。看见利利和肖肖，还有些安慰。现在，他们也要走了，心里很有些怅惘……

衷心地祝福你们的团圆。

妈妈

1991. 9. 1

在美国罗德岛的生活，我最大的感受是孤独冷清。美国人少，地广人稀。偌大超市，琳琅满目，却几乎空旷无人。从人群拥挤，热闹非凡的北京，来到那个地方，全是陌生的蓝眼黄发的异族人，白天大街上都行人稀少，晚上更寂静如坟地。我这个被兵团战友称为“孤狼”的人，也感觉难以适应。这种情况下，每接到母亲的信，都好似来了一堆火，让我全身暖洋洋。

波、利利：

接到波打字寄来的长信好久了，因为遇到一桩很不愉快的事（小燕子的官司打输了），气得我血压升高，又得为他们起草给人大常委会的信，好烦恼，好辛苦。……

波的书（《血色黎明》）写好了么？对利利务必温柔，体贴。她为你真不易，亲你们和我的小孙子。

妈妈

（1991）11.23

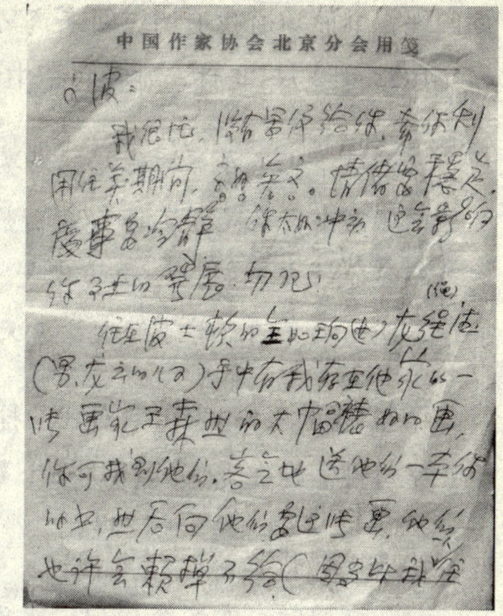

▲母亲的信

啊，妈妈说亲我，让我的心咚咚直跳。记忆中我从没与妈妈有肌肤之亲。所以，晚年母亲在信中说亲我，让我激动万分，就像被丢失的小孩突然又回到了母亲的怀抱，百感交集。即便只是语言上的肌肤之亲，也觉得幸福，鼻子发酸。

做访问学者三年后就没有钱了。为缓解我的经济困难，母亲让我拿着她写给波士顿的一位美籍女友，龙云儿媳妇的信，索要当初寄放在她处的一张名画。虽然没有要来，仍让我感到了母亲的温暖。

母亲还把她的几个美国关系介绍给我，如台湾女作家聂华苓、同学赵婉贞、台湾作家江南之妻崔荣芝等，让我有困难找她们。无奈相距遥远，我又不爱交际，没有去找。

成功的时候，谁都是朋友。但挫折的时候，只有母亲是最可靠的伴侣。

据李叔叔说，受到冷遇的小罗得知母亲给我写信后，竟说母亲与暴徒来往，以此进行要挟。但母亲没被吓到，继续与我通信。这一段“洋插队”期间，是母亲与我通信最勤的一个阶段。过去在内蒙古草原时，半年能收到母亲的一封信就不错。现在差不多一两个月一封。这时候母亲已年近八十，其中有的信，字迹歪歪扭扭，是她在重病中，用颤抖的手所写。

晚年的母亲经常思念漂泊在美国的我。起初是担心我容易激动，在外面闯祸；继而知道我迫切想回来，又整天盼望着我能够早日归来。

1992年2月29日，她在日记中说：

这个儿子在美国的花花世界里，仍然过着勤俭朴素的生活。每天除了写书，就是学英语。从他寄来的照片看，仍然和在国内一样穿着皱兮兮的夹克衫，一脸的倔气、傻气。每天自己不做饭，吃点面包、三明治之类的就算果了腹，天天如此，也难为了他……

字里行间，浸透着母亲对我的挂念和一片爱心，流露出了她潜藏心中的正常母性。她在1992年8月5日给我的信中说：

小波，利利：

在闲时，常怀念你们。我已年近八十，今生还能再见到你们么？每念及此，心常惘然。……

一直没有回香山。因为小罗这人太坏（有人告知我，因我不用他帮我打官司，他竟到对立面去讨好，说要顶住）。我如回香山，要立即辞退他（已找到代他的人）。他这种人是会使出更坏的手段报复的。为了减少精神负担，我们准备官司结案后再去香山，那时去对付他一个人，还好些。……

我以为如果从事写作，还是回到国内好（当然不是立即回来）。你自己都说，现在连许多词汇都忘掉了。你生长在中国，国内是根，没有根，你创作的叶子是无法茂盛的。……

就写这些吧。希望早日看到你们的回信。你们的信能使我感到极大的快慰。拥抱你们，亲小小孙儿。

妈妈

92.8.5

我心中又温暖，又酸楚。从小到大，从没有跟母亲拥抱过。她就是这么在信上说说，也让我觉得特别温暖，特别舒服，特别幸福。儿子马骁出生后，母亲也从没到我家看过他一次，抱过他一次，亲过一次，给他买过什么东西。可现在在信中说亲亲我儿子，也感觉异常的甜。她开始牵挂我儿子马骁了。来信劝我一定要教育他知道自己是个中国人，别丢了中文。尽管她老写错我儿子的名字，把骁骁写成小小。

人不可能老那么声名显赫。当我漂泊异域，隐姓埋名，从大红大紫到被国人渐渐遗忘时，1993 年 9 月她写了一篇文章《儿子老鬼》表达了对我的思念。此时，她已经 79 岁。这篇文章发表在畅销刊物《读者》(原载《北国风》）上，广为流传，对我是个极大的提携和鼓舞。

据徐然姐姐说：母亲病重昏迷期间，除了念叨妹妹白杨外，还常常念叨着我，清醒时总问：小波回来没有？

李叔叔也证实：她在昏迷中常常呼叫着白杨和我的名字。啊，那个厌烦我的记忆细胞早已不起作用。

我深受感动。所以望着临终前痛苦熬煎的母亲，数次难过得扑簌簌流泪。

在母亲的晚年，我们终于相濡以沫，真正地母子一场。

……

我对母亲的感情难以用几句话说清楚，非常复杂。对她的美好，我恋她；对她的不美好，我恨她。既得不到她的爱抚，就用冷淡她，疏远她来保护自己的自尊。她给了我生命，给我很多敏感的气质。我病危时她拯救过我，我被打成“反革命”后，她又帮助过我，我没有工作，她还曾一口气帮我写了五封信……令我爱她。可她不关心我，不把我当回事，还动不动跟我断绝关系，让有人认为我的妈不是亲妈，深深地伤害了我，令我又恨她。

到了晚年，她又回归了正常的母性，我亦难忘，亦心酸。这种复杂的感觉一言难尽。如同芥末、葱头、蜂蜜、蚁酸、辣椒、臭豆腐混合在一起，无法形容。

但不管母亲有多少毛病，怎么缺少母爱，理智告诉我，她还是值得尊敬的。

在民族危亡时刻，她没有窝在大城市北京过舒适安稳的小市民生活，却来到抗日战争的第一线——临近京津保，斗争最为残酷血腥的十分区。她睡在老百姓的土炕上，蹲老百姓肮脏的厕所，穿有虱子的土布衣服，吃着粗陋的食物，冒着生命危险四处奔走，完成上级任务。虽然她身边的战友三天两头牺牲，虽然她很怕死，却没有当叛徒、逃兵。——她一点也不比那些在延安的正牌文艺老战士差！

而她的第一个丈夫，后来的著名大学者张中行此时却坐在北京的书斋里读书，做学问，毫无生命之虑。难道母亲所选择的道路错了吗？不，绝对没错！她若跟大学者张中行生活，只会是个家庭妇女的下场，不可能有后来的成就。

这是她生命中第一个亮点。

母亲战胜病魔，苦熬数年，写出了《青春之歌》。不随文坛写工农兵的主旋律，大写了一个女性小知识分子，一个有浓厚小资情调的成长中的人物，一个平凡的前后多次恋爱的城市女性。真实客观，独树一帜，获得了广大读者的喜爱，全国的轰动，这是她生命中第二个亮点。

走出极左桎梏，坚持实事求是，主持正义，晚年为徐明清、王汉秋、胡开明等受压多年的人士奔走呐喊，不怵得罪高干夫人。她自己虽然年迈体衰，风烛残年，却体贴同情小人物的疾苦，重良知，重大义，挺身而出为那些弱者拔刀相助，是她生命中最后的亮点。

母亲不是神，也有人的各种缺点，也犯过错误。她写过失败的作品，对孩子缺少亲情，看错过人，被别人当枪使过……我在本书中都有所披露。可人一辈子，干出了这三个亮点，足矣！

▲与母亲最亲密的一张合影（1989 年）

母亲的身上有很多面。既有正统马列主义的一面，又有小资产阶级自由化的一面；既有善良的一面，又有无情的一面；既有坦率的一面，又有虚伪的一面。可不管有多少面，她一辈子干出了这三个亮点，打不倒矣！

我承认她这些亮点。只是当她漠视我的时候，说我坏话的时候，我才极其愤怒，在外面我能受委屈，在家里却受不了一点委屈。我是个爱也极端，恨也极端的坏儿子。

自从母亲离开了那秘书，她恢复了正常，恢复了堂堂正正，我对她再也没有意见。从 1989 年之后，她的晚年可以说是个完全合格的母亲。乐于助人，通情达理，富有亲情和母爱，无可挑剔。为老百姓干了几件很值得称道的好事，并狠狠教训了一下给她拍马屁拍过分的文人。

李叔叔说，获悉我被批准回国后，妈妈非常激动。她特地与李叔叔商量，让我回国后住在她北师大小红楼的住处。又担心我经济拮据，嘱托李叔叔给了我她的一个中国银行存折，上面有 1 万元存款。

临终前，母亲频频呼叫我的名字，表明她反感我的记忆细胞早已不复存在。为这，我就应该原谅母亲过去对我的一切伤害。

记得父亲去世后，一次我去看望她，临分手前，趁她心绪不定，我鼓足勇气，吻过她脸一次。母亲当时像触了电，全身抖动，几乎流泪。现在回想起来，母亲这种大龄女性名人，身处高处不胜寒，精神上非常孤独，感情生活的不幸，有时候让她的情商极低，非常容易被乖巧邪佞的小男人所欺骗，所利用。我理解了她，谅解了她。她走后，我给她戴了三个月的黑纱。父亲走，我只戴了一天；耀邦走戴了一个月。

她的小骨灰盒放在床头，日日夜夜伴随着自己。

我悲痛过了头，变成了母亲的一条狗，对所有伤害过她的人，发出狂吠。向姐姐女儿蕾蕾的公婆，当面表示了愤怒和谴责（那家把感冒传染给蕾蕾，再又传染给母亲）；对姐姐徐然的小女儿在遗体告别仪式上浓妆艳抹，提出批评；对有违母亲遗嘱的提议，哪怕是一点点变动也坚决反对，不惜得罪姐姐；对母亲爱过的李叔叔，全力以赴呵护……

年轻时，我和母亲冲突不断，多次断绝关系，但到她晚年才终于彼此相濡以沫。现在母亲没了，除非梦中，再也无法相见，一时间感到了冰冷刺骨般的巨大空虚和痛苦。最初的那半年，一提母亲就心如刀割，泪水盈眶，老是咳嗽。

母亲呀，生前你忙，不大喜欢我，与我在一起的时间很少，可是身后，我却能永远地和你厮守——装着你的木盒子就摆在我的电脑桌旁，随时都能看见。

我把母亲的照片挂放在各个房间，多多益善。使我在任何一间房里，任何一个地点都能一眼看见她。

母亲的几片白骨放在一小鼻烟盒里，去万里之外的美国打工时也陪着我。

母亲的大床我已经睡了10年，中间凹陷，有个大坑了，还要继续睡下去。

母亲的写字台，早已过时，又窄又小，桌面开裂，依旧舍不得扔。

10多年了，母亲的病历、X光照片、挂号证、药盒、假发、眼镜、小闹表、大洋娃娃等等悉数保存，感觉扔了就好像是把母亲扔了一样，难以割舍……惟一后悔的是当年忘了把母亲的头发剪下一缕，留个纪念。

我曾说过，下辈子如果当儿子，还当她的儿子。尽管当她的儿子很苦，得到爱抚不多，生了病不会被精心照料，长身体阶段回家吃不饱，当了“反革命”要跟你划清界限，有个风吹草动还向单位写信表态支持处分你，结婚时只给很少的钱……但还是愿意给她当儿子。

因为得不到的爱才最爱。物以稀为贵，她那稀微的母爱正因为少，才更难忘，更有诱惑力，更令我垂涎，梦寐以求。

还因为我是从她肚子里出来的，没有她就没有我。我闻惯了她身上的气味。骨血相联，从脚气、不能喝酒、不能熬夜、近视带散光，到好冲动、神经敏感、多愁善感，为写书啥都不顾等等全来自她的遗传。

还因为这辈子，我所遇到的几次大灾大难，都是她出面帮忙救了我。

我认了自己有个这样的妈。苦点就苦点，受冷落就受冷落，让人认为我不是她亲儿子就让人认为，应该知足。即使她一点不爱我，她一生干出了那三个亮点，也值得尊敬。何况，晚年她又给了我那么多的关爱，那么多的信任，那么多的提携。我缺钱，她给我找钱；我缺住处，她给我提供住处；我缺关系，她给我介绍关系……临终前还多次呼唤我的小名，足足弥补了过去的欠缺。

有这么个妈比没有要强多了！

如今，母亲已经离开我10多年，也不知她的魂灵飘浮在苍穹中的哪一个遥远的角落。不过，她生前用过的很多东西还在陪着我，继续散发着母亲温暖的体温。10 多年了，母亲的粗毛线帽子我冬天还戴，母亲的一堆尼龙袜被我留着逐一穿烂，母亲的大羽绒服我午休时还经常盖，母亲喜欢的洋娃娃继续放在柜上。母亲擦过的口红，我虽不抹，却也保留了 10 多年。一闻见那甜甜的香味，就想起了母亲身上的芳香。

母亲在我的心目中是最美丽的。那大圆脸盘、大金鱼眼、大扁鼻子、大宽嘴巴都清秀端庄，极有韵味，潜藏着善良、神秘、独特，百看不厌。

我忘不了内蒙古草原，我在那里被整得众叛亲离，屁滚尿流，几乎在死亡线上挣扎了好几年。

我也忘不了母亲。从 1989 年起，75 岁之后返璞归真，还原为一个完整正常的慈母。而那时我已 42 岁，胡子拉碴。

10 多年了，这个让我又恨又爱的母亲还有时在梦中与我相见，还常常让我鼻酸欲泪。

2005 年 6 月 22 日
于北师大小红楼
2011 年 3 月 26 日
修改补充于延庆里长沟

附录1：儿子老鬼

杨沫

老鬼极不寻常。

他不寻常，不是有伟大成就，超人品行，而是性情特别。

他从小在河北农村长大，4岁才回我们身边。七八岁时，他父亲带他回了趟河北省老家，住了不过半月，但当他回到北京后，对我的称呼变了，“妈妈”忽然变成了“娘”。有许多天，他不肯洗脸、洗澡、换衣服。不仅如此，小便时，总是脸朝南。我发现后，几次问他为什么这样，最后他才结结巴巴地说“想老家”。他是为了不把从老家带来的尘土洗掉，才不肯洗脸换衣服。至于朝南小便呢？那是因为老家在北京的南边。

赤子炽热的乡情，使人可气又感动。暗想，此子性情笃挚，不同寻常。后来上了师大附中，是住校生。这个不爱洗脸的脏孩子，为了鼻子上长了一个小包，怕在老师同学面前影响了自己的尊严，竟有一个多星期不上课，也不敢回家。这种情况，我和他父亲哪里知道，直到学校有一天找到家去。这孩子从小特别，又胆怯，又大胆，既调皮又老实。在小学时，老师就不断找家长告状。记得最严重的一次是在育才小学四年级时，下课后，这位鬼儿子逞能，爬上了教室外的大树顶，好高好高，老师发现后，忙到树下劝他下来，他就是不下来，最后把那个女老师急哭了。他觉得穿上新衣服难看，不像八路军，就故意在泥地上打滚，弄脏弄旧，全班数他肮脏，不讲卫生，总受批评。为此种种淘气的事，他小学总也入不了队，中学入不了团。

还是在初中时侯，他忽然啃起马列主义书籍。我们发现他在看《列宁主义问题》、《左派幼稚病》等书，劝他说：“小波（他的小名），你看这些还不到时侯。先看点基础书，首先看毛主席著作，学习要一步步来。”

这孩子从小沉默寡言，说话结巴。无论我们说什么，既不顶嘴、抬杠，也不唯唯诺诺，更不会像他小胖姐姐那样高谈阔论，发表自己的见解。但是他有主意。

我们那时候住在西城区柳荫街的三合院，大门里的过道是洋灰地，暑假的炎热天，正午，这洋灰地热得烫脚，可是鬼儿子光着膀子躺在这块水泥地上，一躺几个小时。开始全家都睡午觉，并不知情。后来被我发现了，看见儿子躺在赤热的阳光下晒着，浑身冒汗，晒得发红，我又气又恨，说了他。当然，说也无用。他从小固执，第二天照旧在阳光下狠狠晒着。高兴时，他也谈谈他的思想：想当英雄，就必须锻炼吃苦能力，耐受能力。请看他的其他行动。

这天他从学校回到家中，捂着一只手哭丧着脸，来到我们身边，却不出声。我问他怎么了，他嗫嚅道："手指头破了。"

"怎么破的?"我赶忙问。

半天他才吞吞吐吐地说："割破了。"

"割破了，怎么割破的?"他爸爸接着问。

"为了入团，表示决心，写血书……"

他爸听了，气得打了他耳光（他在日记里记下他爸打这耳光的账）。

这样的怪僻，虽然写了血书，流了不少血，还是入不了团。

他热爱解放军，十四五岁连着两年到宣武区征兵处报名参军。人家说他不够年岁不收他，他就一整天站在征兵处不走。第二天又去蘑菇。征兵同志见这么个脏孩子总来缠着，就耐心向他做说服工作。他不吭声，第三天照样又去。他有较深的近视，担心这会影响参军，就缠着我给他配隐形眼镜。给他配了，还是因为年龄小，参军梦没有实现。

高中他来到坐落在西郊的四十七中学。

他喜欢读书，古今中外小说读得不算少。崇拜中国的武松、关公，外国的斯巴达克斯、马特洛索夫等。于是，怪事不断出现。

有一天，他父亲在他的书包里发现了一小盒胭脂，我们俩都十分奇怪。他从小邋邋遢遢，常常不洗脸不漱口不洗脚，脸脏污污，脖子像黑车轴。这样的孩子怎么抹起胭脂来。等问他时，他回答说：关公是红脸，他要学关公。

还有其他举动：冬天的夜晚，高高的鹫峰山顶，寒风凛冽。只有阴影幢幢的光秃秃的树木，发出呼啸的怪声。鬼儿子独自一人上到鹫峰。到了山顶，找到一个避风的石头后面，团缩一团，睡到半夜，实在冷了就再悄悄地下山，跳过学校院墙，返回自己宿舍。——说是锻炼胆量。

我这儿子类似的行动还不少，没法细说，好多事都忘掉了，还是说说这孩子到“文化大革命”，有了异常的政治土壤后，他的更加惊人的表现吧！

1967年春夏之交的一个上午，有十个男女红卫兵闯进我家门。这天，我到单位参加运动去了，老伴也被电话通知去单位开会，家中只有他姑姑等几个女人。十个如狼似虎的红卫兵叫开街门后，冲进屋里、院里飞速地分头行动起来——有掐电话线的；有用带来的一筒筒黑墨汁，匆匆忙忙在院墙、屋地上涂写比斗还大的大字标语的；有个特壮的小伙子先把姑姑和侄女锁在东屋，然后冲到北屋把里面的大女儿用绳子双手紧紧地反绑起来，并在她嘴里塞了满满一嘴破布，最后把她推倒在床。接着用一把大斧头猛地劈开了我的大衣柜，把柜里的几百元钱、二百斤粮票和一个不错的收音机拿到手，最后对倒在床上的大女儿说：“警告你，不许报案！我这是为了革命，大义灭亲！不然，小心我们回来再收拾你！”

原来这壮小子就是老鬼马波。

十多分钟后，一场狂烈的风暴戛然终止，老鬼带着九个同学飞快地结束了这场战斗，夺门而走……

“文革”中，我十分幸运，单位里有浩然、李学鳌等一些同志暗中保护，家中并没有被抄过家。可是我的儿子却带人抄我砸了我……

这天上午浩然不叫我知道这件事。可是老伴骑车到学校一问，并没通知开会。原来是老鬼使了一个调虎离山计，怕爸爸是个男人，砸他抢他不容易，于是装成学校工作人员把爸爸骗走。等老伴回来看到家中发生的事情，急忙骑车来到我单位告诉我这件事。老头气坏了，想不到养了这么个儿子。我听了开始也生气，不过我很快就想通了：当时打砸抢是常事，心想叫那些造反的红卫兵抢走点东西算什么！平常我每顿饭只吃一两粮食，中午顶多吃二两。这天中午单位正好吃我爱吃的窝头，对儿子的绝望，使我反而一顿吃了四两大窝头。

午后，我回到家中。好家伙，不论院中的四面墙壁，还是我住的屋子地下，到处涂满了斗大的黑字：“打倒刘邓陶！”“打倒杨沫！”“打倒《青春之歌》！”“红卫兵万岁！”

好不刺眼！好不吓人！

各处寻找电话机，几天后才找到，原来被这些造反小子们藏到院里的假山后。接上电话，又把劈了一扇木门的衣柜换成了玻璃门。

至此老鬼的故事并没有完，遭劫后不过一周，他给我们写来了信，抬头不写父母亲，而称之为“马建民、杨沫”。信是从南宁寄来的，他说他们响应毛主席号召，去越南抗美援越，要做千秋雄鬼永不回家，以马革裹尸还葬耳！为了世界革命，勒令我们速寄南宁邮局五百元，否则当心我们的狗头！我们将遭到比上次更加惨重的打击……

这个儿子啊，怎么说呢？他和一伙同学抢了自己的家，弄些钱，然后去越南抗美。这些话我们相信。可是我们不赞成他这种做法，更不能屈服他的恐吓威胁。于是决定不给他回信，以后也不再理他。真的，有一年多，我们狠下心对他的行踪不闻不问。可是有关他的事仍旧不断传来。他们几次跨过中越边境，跑到那边，被越南边防军抓住送回中国境内，还挨过打。可是他们誓不罢休，依旧偷越国境，结果被中国边境民兵抓住，狠狠揍了一顿。这十位“英雄”渐渐有人受不住了，多数放弃去越南要回北京，只有马波或许还有一两个同学跟着他做“千秋雄鬼”。当时厌倦了国内的运动，却又没有出路的中学生们，充满天真的幻想，想去越南帮助打老美的很多。越方无法应付，只能遣返。马波极端固执，他挨打受罪最多，也还是没去成越南。最后又跑到四川、西藏。后来，不知怎么他们又胆大妄为地偷了枪，带回北京。

不久，偷枪的事被发现，海淀公安分局把他抓起来关了几个月。这时侯已是 1968 年夏天了。他从牢里给我们捎来纸条，此时我们又是妈妈爸爸了。他说里面很苦，饿得受不了，给饿昏过两次，恳求我们帮他找人早日释放。

我们想，这孩子天不怕，地不怕，总闯祸，应当让他在牢里受点罪，煞煞他的性子。我们仍然没有理他，不给他任何援助。以后公安局审查他只是一时冲动搞枪，没别的不法行为，就放他出来了。

这年秋天，学校分配他去山西插队，他觉得去农村干农活没意思，没去。终于有一天他和几个志同道合的同学，决定去内蒙，要在茫茫草原上干一番事业。他在 1987 年出版的小说《血色黄昏》中，如实地描绘了他临去内蒙时的情景：

"妈，我今天晚上要去内蒙了。"

"什么？你今天晚上走？"母亲睁大眼睛望着我。

"嗯，今晚上十一点五十分的火车。"

一阵沉默，只听见寒风在窗外一声声低吼。妈妈温和地问："你响应毛主席号召去边疆是对的，但你们不通过组织，自己跑去，人家会要么？"

"没问题，我们学校有好几个人自己跑到内蒙，人家全要了。"

"那档案、户口等手续怎么办？"

"那边收下后，再回来办。"

……

他们到内蒙古后，人家不收。于是又用刀割破手指写血书，感动了当地的军分区司令员，批准他们去西乌旗一个牧场劳动。

这地方奇寒，我生长在北京，虽读过"天苍苍、野茫茫，风吹草低见牛羊"的诗句，却很难想象那严寒的景象。

儿子后来回到北京，常对我说他们西乌旗的冷，那里六月天还能冻死人。牧民很经冻，可鼻子、耳朵、手指头照样给冻掉。最冷的天，人尿一出来就立刻成冰柱……可是这伙小青年，就割破手指写血书非要去这种令人生畏的地方。

但是，那个时代的青年呵，他们都遇到了怎样可悲的命运呢？儿子去内蒙8年，有6年是在"现行反革命"的专政下度过。他最好的锦绣年华，变成了血泪斑斑、伤痕累累、不人不兽的岁月。

刚到不久，他们就以阶级斗争为纲，抄了牧主的家。牧主家有什么呢？没有珠宝，没有一件值钱的东西，只有几十只羊。牧主的孩子穿得破破烂烂，鼻涕挂在嘴上。

可是这伙小青年尤其是老鬼——一马当先去抄去翻。他狠打牧主时，一个贫农老头看不惯，狠狠给他头上一镐把，将他打昏在地。老鬼苏醒后暴怒，抄起铁锹就追打这个贫农老头。他在学校就整天练打拳、摔跤，练得肌肉发达，如果一铁锹下去，还不出人命！是他的一个头脑冷静的同学狠狠抱住他，最后用力咬了他手指头，他才松了手。

他临去内蒙时，答应我不打架，好好干。可是，不出一年，他就给家中来信，夸耀战绩：

“妈妈，我打了一个马车班长，打得他鼻青脸肿，嗷嗷求饶。他一贯欺压知青，前些天，刮着白毛风，我赶大车去拉石头，从早晨上路，到天黑才赶了回来。不想半路上一块尖石头扎破了车带，车没法走了，我只好卸下石头，赶空车回来。不想这班长跑到连长那里告我说尖石头扎不破车带。我很气愤，回到班里，又发现班长打了我的晚饭，偷吃了我的包子。我饿了一天只好吃了碗冷小米饭充饥。实在忍无可忍了。第二天我当面警告他别当我们知青是好欺负的，他反而说我穷狂，不老实，并首先骂我，首先动手打我。我奋起自卫，很快把他打倒在地，不再动弹。但我的头被他用小斧头砍破了，流了好多血。夜里越想越觉得吃亏，听说他还不服气，第二天天刚亮，我又突然闯到他屋里，他还没起床，就用棍子一阵乱打。他从枕头下面抄起一把剪羊毛的大剪子，站起来和我拼命。幸亏我身体灵活，摔跤不错，没让他扎到要害。这家伙是有名的二杆子，能背400斤秫秸走二里地，经常欺压知识青年，吹牛会摔跤，被我摔了个八比零。

所以打到最后，他终不是我的对手，缩在墙角向我求饶，这才罢休。他被送往团部医院后，就四处告我……我在全连大会上主动做了检讨，承认第二天首先打他不对。可是，我能为连里的知青们，为我自己出口气，犯错误，写检讨也高兴……”

老鬼打架伤了人，更因为他在开门整党时，给指导员提了意见，于是给抓了起来，后逼大家揭发，一顶“现行反革命分子”的帽子扣到他头上，一戴就是6年。

当了“反革命”，他受的罪可大了。请看他的回忆：“赵干事打开抽屉，取出一堆铐子……拣了半天，拣了一个既小毛刺又多的，摘下原来的铐子后，复员兵把我的双手扭到背后，铐了半天也铐不上，铐子实在太小了，最后，还是那位复员兵痛快，他把我的手腕按在桌子上，两个（铐子）眼对准，用拳头狠砸，终于铐上。”“俩胳膊血液不畅通，酸麻酸麻，肩韧带阵阵剧疼。我只好用剜肉补疮办法，把双臂尽量往前拉，任手铐深深勒进皮肉里……”

他还被押到各连，一个连一个连地去游斗示众。每天打倒他的唾骂声把他搞得迷迷糊糊，不知自己是在做噩梦，还是活在可怕的现实中。有时，他曾冷静地想，分清敌我是革命的首要问题，怎么能随随便便把一个自觉自愿来边疆的知识青年定为阶级敌人呢？社会主义国家，毛主席领导下的中国怎么能出现这种事？难过极了他也想过死。但他很快打消了这念头。他要活，他坚信自己不是反革命，一定要看看最后到底谁对谁错。

自戴上“反革命”帽子后，人们纷纷躲避着他。过去一同去内蒙古的同学不理他，新来的兵团战士也不敢接近他。他成了毒菌，谁见了都躲得远远。他说：“那一道道轻蔑厌恶的目光好像烧红的烙铁，烙在脸颊上，烙在那皮肉虽薄却聚集着最多自尊细胞的地方。”他说：“我真担心自己受不了。”一时间，他众叛亲离，呼天天不应，喊地地无声，连我们——他的父母也不理他。

儿子这时给我们多次来信，说他被打成了“反革命”，很受了些苦。1970 年的时候，我们自己的情况也很不好。他父亲曾被隔离蹲牛棚 8 个月，以后虽给放出来了，还不断地写检查。我呢，先是因为《青春之歌》，被靠边站，以后成了“假党员”，再以后又被当成了隐藏最深的“准特务”。这时候哪顾得上管儿子的事。更主要的是，那时候我们对解放军领导的内蒙古兵团还十分相信。以为儿子被打成“反革命”，一定是问题严重，罪有应得。有一段时间没有同情他，也没有多理他。这当然更加重了儿子的痛苦。

可是后来，我们从切身体会中，从许多老将军、老干部的遭遇中，渐渐明白了“文革”中“反革命”这顶帽子无论多革命的同志都可能被戴到头上。何况孔武好斗，喜欢打架，又总直言不讳说话的马波呢？

自从 1971 年林彪事件发生后，我对儿子的事就大为关心了，写信鼓励他好好干，不要悲观，问题总是可以澄清的。接着我又像个乞儿，打躬作揖地给他的连领导、团领导、师领导一封封写信，不论大小官，一律称之为“敬爱的首长”，请求他们对马波的问题进行复查，说明他从小热爱党、热爱解放军，不会是反革命……我为儿子费尽了心机，可内蒙兵团那方面却音讯杳然。无奈我又在北京到处活动，找国务院接待室，托魏巍同志找北京军区，登门找王震同志却未得见面。总之依然无效。儿子依然在茫茫草原上戴着“反革命”枷锁痛苦地熬煎。

他的情况确实很惨。比如罚他上荒无人烟的石头山打石头、背石头。一个人住在荒山里好像狼一样过着孤独的生活。打了石头，又几吨几吨地一个人弯着腰从深坑里向地上背。他真有些像野兽了，不洗脸、不洗手、不洗换衣服，不理发，像个原始人，整年整月一个人生活。成天吃着粘着牛羊粪的食物，多少日子看不见人迹，实在烦闷极了他就对着苍茫天际，像狼一样怪嚎怪喊，以发泄胸中的积闷……因为长期不说话，当他以后回到人群中时，好多词汇都忘了，说话能力极差。

在这种艰苦日子里，他写信告知我们，就靠着连里一个女孩给了他生活下去的勇气。他深深爱着她，他有许多邪欲，可是一想到她，一看到她，心里立刻干净起来。那女孩身上焕发着纯洁的光辉，洗涤了他的灵魂。可女孩并不爱他，从不理他，他并不因为她的冷漠而灰心。这个女神占据了他整个心灵，在他兽化的生活中，内心中却蕴蓄着最真挚、最圣洁的情愫。我想我这自尊又粗野的儿子所以能够在那样悲惨的环境中活了下来，多亏有这个心中的“女神”支撑了他……

进入1975年，儿子在内蒙古风雪草原上，仍戴着“现行反革命分子”的帽子服苦役，我的心越来越不安。这时，许多被打成“走资派”、“特务”、“反革命”的人都陆续平反，怎么一个从小在革命家庭熏陶下长大，从没有反党反毛泽东思想情感的儿子，一个不过20多岁的小青年，没有杀人、放火、强奸、偷盗，只是路见不平跟人打场架，只是给领导提了点意见，竟没完没了地整了6年还不肯饶他。这时，一位战友给我出主意说，你给周总理写信吧，他关心体贴群众，也许能起作用。当时我知道批林批孔批周公，总理处境也不好，不忍心打扰他。但是为了儿子的前途，我终于给周总理写了信。果然不多久，就得到消息说，周总理把我的信转给了内蒙古的第一把手尤太忠同志，尤太忠批复内蒙兵团复查马波的问题。不久儿子也来了信，说兵团、师、团组成工作组下来复查，这消息给了我极大的欣慰。

但并不顺利。1973年12月29日，内蒙古兵团五师四十一团曾向兵团党委正式打报告，要求严惩马波，也惩办“其母杨沫”。

> ……1971年9·13事件后，他（马波）四处活动，污蔑兵团是法西斯专政。1972年冬，利用在外打石头之机，逃跑上访，后被发现抓回……先后四次在团部张贴大字报，攻击谩骂兵团领导同志，妄图进行翻案。其反动气焰十分嚣张……马波之所以敢公开站出来为自己翻案，是与其母杨沫分不开的。在9·13后，杨曾通过各种关系为马翻

案，并将中央关于粉碎林彪反革命集团的重要机密向其透露，多次来信为其出谋划策……建议：上级党委给马波之母杨沫工作单位党组织发函，指出其支持其子翻案是错误的，应进行必要的教育或组织处理。

儿子多年后搞到了这份材料。我也是多年后才知道这个漩涡的。我不知道在我挨整时，是否也有内蒙兵团的一砖一瓦。为了给儿子翻案，我很不易，儿子也险些遭受更大的不测。

但上面最终还是给儿子落实了政策。

有一天，连长把他找去，告诉他："你的问题就要处理了，改定为犯有严重政治错误，撤销监督改造。这就等于没事了。"

似乎天上响了一声霹雷，把个老鬼震得疯狂了起来，高兴得乱砸乱舞。请看他自己的形容："我要独自欢乐一下……冲进屋，插上门，胸口还闷得难受。一脚把破水桶踢飞，第二脚把牛粪堆踢个空中开花，乒乓碰在烟筒上。纵身跳上炕，打着滚，两脚朝天猛蹬，狂笑着，噢噢怪叫。顺手抄起一个墨水瓶，狠狠向墙上砸去，墙凹了个小坑，墨水瓶竟然没碎……"

"现行反革命"被改成了"犯有严重政治错误"，给他留了一个长长的尾巴，虽然如此，还让他如此兴奋。实在是因为"反革命"生活太苦了，勒紧的笼头能稍稍松松套，也能叫人如痴如醉。

这以后，每天下班回来，别的小青年们都打牌下棋。他呢，坐在水桶上，趴在炕沿上写呀写，写他在内蒙古的这一段遭遇。

知青们看他成天趴在炕沿没完没了地写，劝他说，"打打牌吧，老鬼，打一打年轻十岁。"

也有的知道他在写自己的经历，说："老鬼，算了吧，你的悲剧不过是无数大悲剧中的一个，比你更惨更倒霉的有的是！"

"不，我得写，不写我气得慌。"

儿子经常不洗脸，不洗脚，穿的衣服又破又烂又脏，岁数又大，眼睛一瞪还挺凶，怪吓人的，又属牛鬼蛇神一小撮，知青们就给他起了个外号老鬼。而对这个外号，儿子不但不恼，反而还以此为荣。后来出版了长篇纪实小说《血色黄昏》，就用笔名老鬼。

不管怎么说，儿子终于摘掉了“反革命”的帽子，终于在离家七年多后，批准他回家探亲，这对于年迈的我们总是一件快事。

儿子回到北京，举止也有些不寻常。他在草原步行惯了，从北京站出来回到北海后门附近的家里，足有十多公里，有方便的无轨电车，他却不坐，非要步行，说是害怕坐车见那么多人，害怕售票员把他当成外地人。走到天安门，他高兴极了，把内蒙古的脏皮帽子往天上仍，后给扔到垃圾箱里。回家后，他说坐在马桶上拉不出大便，非要跑大老远上街道的公用厕所。这孩子从小就怪，长大了还怪。

1975 年内蒙兵团解散，在草原上奋斗了七八年的百万知青先后纷纷自找门路，各奔前程。我们不会走后门，没有给儿子办回北京，无奈中托一个在大同当劳动局长的老战友把他送到大同矿山机械厂当工人。当他离开内蒙古前，给我们来过一封信，叙述他对内蒙古兵团的感慨，或者说愤慨。

他说内蒙组建兵团，盲目地大面积开荒种地，破坏了生态平衡，使水土流失，草原严重沙化。他们七连组建六年以来，所开垦的二万亩土地全部荒废，盖的四十个粮囤也全部变成没用的土包……他说，妈妈，完了，全完了！知青苦干了八年，最后是一场无效劳动……多么大的国际玩笑呵！无法统计的物资消耗，成千上万、几万几十万人力的消耗，这是一场亘古未有的对草原的大破坏呵！也是多少万青春生命的大浪费呵！听到领导传达兵团有上亿的亏损，把人们都惊呆了，有的悲伤，有的怒骂……啊呀，我们所开恳的大片大片荒地，现在长满了比人还高的野蒿子，马牛羊都不吃。我们痛心呀，美丽如画的大草原，绿草如茵的大平地，现在变成一片片光秃秃的，像狗啃的一样的荒地……

在北京期间，他仍旧继续写草原这段经历，被他父亲发现了，当时正批邓反击右倾翻案风，怕他再惹是非，老头把儿子的一摞手稿偷着拿走。可把儿子气坏了，给他父亲写信要，不惜要跟父亲拼命……为了安全起见，我们只好不跟他来往。

这孩子见稿子没希望要回，就又重新开始写。用他自己的话说：“靠摔跤打拳到社会上打抱不平，已被实践证明根本行不通，现在只有走妈妈的路来折腾一下了。”也就是用笔写书。他说：“即使我没有什么严谨的理论见解，缺少深刻的哲理，不懂现代美学，写出来的东西粗糙无味，但是如果能够反映出这个庞大社会的一角，反映出波澜壮阔的上山下乡运动的一个小小侧面，那就没白费力气。这一拳若打好了，比阿里的拳头还有力!”

1977年底，儿子去大同当了一年多工人后，恢复大学高考，他荣幸地考入了北京大学中文系新闻专业。此时他才正式回到北京。

他上着学，依然不忘写他的自传体书稿，毕业后被分配到中国法制报当了一名记者，仍在工作之余为他的书稿拼搏。写作了将近十年，经过了16家出版社过目，经过16次退稿的伤痛，他的书终于在1987年由工人出版社出版了。

出版后，真有点像他说的，打出了重重的一拳，比阿里还有力量。很快就发行了四十万册。以后又连续再版，一些青年人争读，北京的小书摊上也卖起了这本书。还有人说青出于蓝而胜于蓝，他写得比我好。他的书我没有参加过一点意见，他是从来不接受我的意见的。

出书不久，评论家冯牧这样评论他的书：“这部作品确确实实很强烈地打动了我，我觉得我受到了震撼。当然这可能和我比较熟悉、关心、惦念我国那数以万计的青年知识分子的命运有关。”“……我感到这部作品的真实与真诚是我过去读过的以知青为题材的作品所没有的，赤裸裸的真实，不容怀疑的真实，没有任何虚伪，没有任何矫饰，没有任何美化……”冯牧同志也指出了书中的一些粗糙不够精刻的缺点，但他总的评论还是说：“老鬼的处女作是这样的出手不凡，他没有辜负自己长达十年的经历和鲜血、汗水、眼泪混在一起的生活。对这段独特的、在世界上可能是独一无二而又具有普遍意义的生活经历，做出了、现在已经达到了的概括或表现。”

我对儿子过去有过许多的不满、许多的气恼、许多的失望。经过“文革”，我有了某些改变。我明白了我自己有不少固执的观念是陈旧的，我缺乏新颖独创的见解，因此我的写作也有过弯路。这样，我对儿子的不满、气恼、失望，减少了许多。当他的《血色黄昏》出版后，通过他的书(虽然这本书中有些地方丑化了我，骂了我)，我对他的了解更多了一些，不满、气恼、失望又减少了些。例如他得了稿费，什么也没买，就买了一部旧电脑，依旧穿得土气寒酸。他妻子不在家时，他只会就着大葱蘸酱啃馒头，在生活上从没有任何追求享受的念头或习惯。前几年去了美国，在布朗大学当访问学者，从他寄回的照片看，衣着神情和在国内没有两样，生活上还是自己不做饭，经常吃的是面包抹花生酱和白水。人家到了美国都大变样，而这个老鬼却依然故我，只是粗野气少了些，书卷气多了些，也依然嘴笨舌拙不会说话。

要发财就得做买卖，有些人在国外发了财，儿子别说做买卖，连打工都做不长。他自尊心太强，每次打工总是他先辞职不干。最近来信说：他给一家美国人看狗，每天住一晚，喂喂狗，早上遛遛，让狗撒撒尿，一天可挣十美元。他来信常谈到他对祖国亲人朋友的怀念。他在最近的信上说："妈妈，月是故乡明，到国外才体会到了。每逢我听到一首歌唱道：归来吧，归来哟，浪迹天涯的游子，归来吧，归来哟，别再四处漂泊……就常常热泪盈眶。"

他还说："我当然愿意回国当个作家，远胜过在美国当个最底层的卖苦力的二等公民……"他希望回来，我也希望他回来。随着岁月的流逝，随着暮年的到来，我对老鬼的人品、对他个性的"特别"、对他的"不寻常"有了更进一步的理解，于是我的气恼、我的不满和失望，也更加减轻、减轻。

……当读到他信中说"月是故乡明"的那段话时，我也忍不住热泪盈眶。

儿子直到年届四十有了自己的儿子后，才对母亲有了深挚的情感。

我也不禁常常怀念远在地球那一端的儿子。

原载《北国风》

▲美丽的母亲

附录2：杨沫大事年表

1914年8月25日　生于北京，原籍湖南省湘阴县

1922年—1928年　在北京第22小学和14小学，其间学过武术

1928年—1931年　在北京温泉女子中学

1931年夏　抗婚离家出走，秋在香河小学教书，与张中行热恋　17岁

1932年—1934年春　失业在家，与张中行同居

1933年1月　接触左翼进步青年及进步书籍，开始向往革命

1934年春—年底　河北定县铁路员工子弟小学教书，在《黑白》月刊上发表处女作《热南山地居民生活素描》　20岁

1935年—1936年1月　在北京、天津失业在家

1936年2月—5月　去香河小学教书，3月与马建民相识，6月与马建民结合，12月加入中国共产党　22岁

1937年“七七”事变之后，先赴上海，其间在《大晚报》发表过几篇短篇小说，后又赴冀中，投入抗日游击战争

1937年12月—1938年5月　在河北安国县妇救会任宣传部长

1938年5月—1939年5月　在冀中区妇救会任宣传部长

1939年5月—1941年5月　在冀中十分区妇救会任宣传部长　25岁—27岁

1941年5月　去后方医院养病

1942年5月—10月　在华北联合大学中文系学习

1942年11月—1943年4月　在冀中军区十分区政治部

1943年4月—1944年8月　返回冀中十分区任抗联会宣传部长

1944年8月—1945年10月　十分区《黎明报》编辑　30岁—31岁

1945年11月　在《晋察冀日报》（后改为《人民日报》）任编辑，文艺副刊主编

1949 年 5 月—1950 年底　调任北京市妇联宣传部副部长

1950 年　由作家出版社出版了中篇小说《苇塘纪事》　36 岁

1951 年　关系退回市委组织部，在家养病，9 月开始写《烧不尽的野火》

1952 年 11 月—1957 年底　在中央电影局剧本创作所任编剧、支部书记

1955 年 4 月　全部完成《烧不尽的野火》创作，改名为《青春之歌》

1957 年—1962 年　在北京电影制片厂任编剧

1958 年 1 月　长篇小说《青春之歌》出版　44 岁

1958 年 10 月　去苏联塔什干参加亚非作家会议

1959 年初　《中国青年》杂志发表郭开批评《青春之歌》的文章，全国展开讨论

1959 年 10 月　电影《青春之歌》公开上映

1962 年　调北京市文联任作协筹委会副主席

1964 年　去北京房山县南韩继大队蹲点　50 岁

1966 年 6 月　出席亚非作家紧急会议，之后回本单位参加“文化革命”运动

1967 年 4 月　《青春之歌》再次遭到大规模批判

1969 年 2 月　在清理阶级队伍中被揭露为“假党员”，被迫写认罪书

1971 年 1 月　正式恢复了党组织生活　57 岁

1972 年—1980 年　创作长篇小说《东方欲晓》

1975 年初　女儿小胖遇害　61 岁

1978 年 1 月　作为中国作家代表团团长访问巴基斯坦，3 月当选为第五届全国人大常委

1979 年初　开始为刘亚光申诉，5 月随中国作家代表团访问日本　65 岁

1980 年　当选为北京市文联副主席，同年发表《东方欲晓》第一部及报告文学《不是日记的日记》，9 月 6 日在《人民日报》发表替刘亚光辩解的文章。10 月 22 日回湖南湘阴县老家，10 月 28 日与中国科学院院长方毅面谈刘亚光的问题

1981 年 4 月　赴美参加国际女作家代表会议

1982 年 3 月　《杨沫散文选》出版

1985 年　《自白——我的日记》出版，8 月 30 日丈夫马建民去世　71 岁

1986 年　《芳菲之歌》出版，年底为《小说林》擅自登《杨沫的初恋》一文向有关部门提出抗议

1987 年 3 月　《小说林》同意召开记者招待会做检查，并公开见报

1989 年 1 月　当选为北京市文联主席，9 月与李蕴昌结婚并访问东德，11 月开始为雄县农民王汉秋写信申诉　75 岁

1990 年 1 月　《英华之歌》出版

1991 年初　替徐明清写文章辩解，10 月 8 日《杨沫文学创作学术研讨会》在北京小汤山召开

1991 年春—1992 年 11 月　为《梅开二度访杨沫》一文打官司，最后胜诉

1992 年—1994 年　《杨沫文集》出版

1994 年 3 月　在人大会议上写提案，呼吁改组中国文联和中国作协的领导班子

1995 年　5 月写完最后一篇文章，怀念老战友胡开明。

12 月 11 日去世，享年 81 岁

◀中国现代文学馆中杨沫的陈列室

后 记

在写作过程中，曾参考了以下书籍：

《杨沫文集》 杨沫 北京出版社

《青蓝园》 杨沫 徐然 学苑出版社

《冀中十分区革命斗争大事记》 中共党史出版社

《白杨传》 倪振良 中国文联出版公司

《新四军的艺术摇篮》 江苏文艺出版社

《星火燎原丛书6——平津保地区斗争专辑》 解放军出版社

《流年碎影》 张中行 中国社会科学出版社

《杨沫之路》 聂中林 军事科学出版社

《明清岁月》 徐明清

《平津郊甸的烽火——冀中十分区人民抗日斗争史料选辑》

《崔璇文集5》 崔璇 长征出版社

以及父母在“文革”中的检查交代材料、母亲的日记、笔记本和信件、姐姐徐然的若干篇文章等。

为真实再现历史原貌及当时的政治氛围，本书引用了一些大字报稿、传单、会议记录、信件等原始材料，基本上未做删改或处理，敬请相关人员谅解。

我还要特别向以下同志致谢：

原冀中军区司令员吕正操将军，他以还差15天就100岁的高龄，欣然为本书题词；

母亲的后老伴李蕴昌叔叔，现已85岁，仍不厌其详地向我介绍母亲晚年的工作生活情况以及一些事件的来龙去脉和有关背景，还就书稿中的重点章节提出了很好的修改意见及更正，并一再嘱托我不要过多写他；

哥哥马青柯仔细阅读了草稿，对照原著，字斟句酌，提出了非常具体的修改建议，帮助我纠正了不少瑕疵和错误。虽然有些看法不尽相同，其对我的大力支持和理解，令我感动。

另外还采访了以下同志：徐明清、王海燕、邵燕祥、王以云、宋汎、马联玉、王燕玲、葛文、谢芳、舒丽珍、张研佳、林斤澜、古立高、郑云鹭、魏巍、胡可、崔璇。

邵燕祥老师并细心阅读原稿，校正了很多错误。

陆万美之子陆云生、徐明清之女王海燕、胡开明之女胡冀燕、海默之女张研佳都向本人提供了他们亲属的照片和有关材料。

马晓力、陆微、王明义、刘世昭、王磊、朱宁娣、刘海燕、林绍刚、孙琪璋、孙晓婉、王金玲、杨杰、张利利以及中国现代文学馆也都为这本书贡献了力量。

在此，谨向以上诸位表示深深的谢意！

最后还要说一句：北京市三家村文化实业公司的老总张丽娜自己虽有很多困难，多年来却给了我始终如一的支持和援助。

老鬼

2005 年 6 月 22 日

《我的母亲杨沫》——《母亲杨沫》增修版说明

在我所出的几部书中，《母亲杨沫》一书是跟出版商闹得最不愉快的一次。

2005年，这部书稿被一个熟人介绍给了号称"著名出版家"的刘某，说他是某文艺出版社顾问。一俟签完合同，"著名出版家"即不再理我。他删改多处原稿之后，竟不给我本人审阅就直接送印厂印刷。当我向他提出要看清样时，他推说要赶在9月份图书节前出版，来不及给我看了。

等出版后，我才发现该书有多处严重错误：绝大多数是编辑上的错误。

显而易见，编辑校对排版极其粗糙马虎，或许根本没有校对。

我当即质问刘某为什么不给我看清样，否则，这些错误完全可以避免。刘某支支吾吾，无法自圆其说。鉴于他擅自在封一、封二、封底及环绕纸条等多处印上了"北京硕良文化发展有限责任公司策划"，我又在电话中质问刘某：我写这本书，从没跟你商量过，你怎么策划这本书了？他吞吞吐吐说，是社里让他写上策划人的，这样便于发行……最后，经过跟长江文艺出版社多次交涉，他们答应出5千册改错本。

但我在北京的各大书店中发现，所卖的仍然是粉色封面的版本。各地读者朋友反馈也均如此。市面上根本看不见改错版本。几年来到底印了多少也从不通知作者，说是印5万册，卖了5年多至今还在市面销售。真正的印数，恐怕只有出版商们心里明白。

本次再版有以下重要更正补充：

1）母亲保留的原新四军4师师长彭雪枫同志的照片被我误认为是许晴烈士，酿成大错。感谢新四军研究会的同志向我指出，这次修订本更正了许晴的照片；

2）2006年6月终于找到了抗战时的堡垒户王寿云大娘的后代，了解了母亲与她的交往，并得到了一张王寿云大娘的照片，补充进书中；

3）补充了父亲所写的马敦来烈士生平介绍；

4）补充了于洋及崔巍的女儿崔敏谈电影《青春之歌》的一些情况；

5）补充了母亲与一些朋友的友谊；

6）补充了母亲晚年帮助我的一些事例；

7）补充了对母亲捐献版权行为的分析和反思；

8）全书由头版32章，增加为35章；

9）更正了头版的错误；

10）补充了母亲所写《儿子老鬼》；

11）补充了邵燕祥老师写的一篇书评。

《母亲杨沫》头版发行后，受到了评论界及各方的好评。但也有人说我这是借写母亲的隐私来吸引读者。对此，简单回应几句：

作为孩子，母亲在单位的工作情况，在社会上的活动情况都不甚了解，最了解的是家里发生的事，所以本书有些家庭方面的内容。如果这就是写母亲隐私的话，那只好任人说去。

其实，写名人传记不应回避隐私。隐私是一个人生活中的重要组成部分，也最能反映出这个人的真实灵魂。很多在社会上道貌岸然的先生，回到家中，才显出了真正面目。所谓白天教授，晚上禽兽也。要真正认识一个人必须看看他在家庭生活中怎样表现。尤其名人更要公开隐私。比如收入、存款、健康、住房、婚恋、有无情人等等。你既是名人、公众人物，民众就有权知道你的私生活。

因此，为了写出一个尽可能真实的，不走样的母亲就必须要写母亲的家庭生活、情感生活，否则这个母亲就不完整，不真实。我的写作原则是可以牺牲一切却不能牺牲真实。人物传记尤其不能掺假，不能拔高，不能隐恶扬善，不能借口反对写隐私而只说好不说坏，为死者讳。无论世人如何看待，我都奉行真实第一，真实至上，以真实为准。

再强调一下：名人没有隐私。他们的错误有如日月之食，过也，人皆见之；更也，人皆仰之；不更也，人皆耻之。有些名人干了不体面的事又借口隐私而不许人说，不许人提，非常无知可笑。公众人物由于声名显赫获取了巨大好处，为此就要付出代价，就得容忍各类媒体、出版物对自己私生活的报道和议论。只有这样，社会才能公开透明，扶正去邪，遏制腐败，健康发展。

希望能看到更多，更真实的人物传记出版问世。

老鬼

2011年3月26日延庆县里长沟

图书在版编目（CIP）数据

我的母亲杨沫／老鬼著．—北京：同心出版社，2011.6
ISBN 978－7－5477－0107－2

Ⅰ.①我… Ⅱ.①老… Ⅲ.①杨沫（1914～1995）－生平事迹
Ⅳ.①K825.6

中国版本图书馆 CIP 数据核字（2011）第 059138 号

我的母亲杨沫

出版发行：同心出版社
地　　址：北京市东城区朝阳门南小街 6 号楼 303
邮　　编：100010
电　　话：发行部：（010）65255876　65251756
　　　　　总编室：（010）65252135
网　　址：www. bjd. com. cn/txcbs/
印　　刷：北京昌联印刷有限公司
经　　销：各地新华书店
版　　次：2011 年 6 月第 1 版
　　　　　2011 年 6 月第 1 次印刷
开　　本：787×1092　1/16
印　　张：28.25
字　　数：500 千字
定　　价：45.00 元